# 公務員試験
# 過去問攻略Vテキスト ⑩

TAC公務員講座 編

# 政治



TAC出版
TAC PUBLISHING Group

## はしがき

**本シリーズのねらい――「過去問」の徹底分析による効率的な学習を可能にする**

合格したければ「過去問」にあたれ。

あたりまえに思えるこの言葉の、ほんとうの意味を理解している人は、じつは少ないのかもしれません。過去問は、なんとなく目を通して安心してしまうものではなく、徹底的に分析されなくてはならないのです。とにかく数多くの問題にあたり、自力で解答していくうちに、ある分野は繰り返し出題され、ある分野はほとんど出題されないことに気づくはずです。ここまできて初めて、「過去問」にあたれ、という言葉が自分のものにできたといえるのではないでしょうか。

頻出分野が把握できたなら、もう合格への道筋の半分まで到達したといっても過言ではありません。時間を効率よく使ってどの分野からマスターしていくのか、計画と戦略が立てられるはずです。

とはいえ、教養試験も含めると20以上の科目を学習する必要がある公務員試験では、過去問にあたれといっても時間が足りない、というのが実状ではないでしょうか。

そこでTAC公務員講座では、みなさんに代わり全力を挙げて、「過去問」を徹底分析し、この『過去問攻略Vテキスト』シリーズにまとめあげました。

網羅的で平板な解説を避け、不必要な分野は思いきって削り、重要な論点に絞って厳選収録しています。また、図表を使ってわかりやすく整理されていますので、初学者でも知識のインプット・アウトプットが容易にできるはずです。

『過去問攻略Vテキスト』の一冊一冊には、“無駄なく勉強してぜったい合格してほしい”という、講師・スタッフの思いが込められています。公務員試験は長く孤独な戦いではありません。本書を通して、みなさんと私たちは合格への道を一緒に歩んでいくことができるのです。そのことを忘れないでください。そして、必ずや合格できることを心から信じています。

2019年8月　TAC公務員講座

## 第２版（大改訂版）　はしがき

長年、資格の学校 TAC の公務員対策講座で採用されてきた『過去問攻略Ｖテキスト』シリーズが、このたび大幅改訂されることになりました。

**◆より、過去問攻略に特化**

資格の学校 TAC の公務員講座チームが過去問を徹底分析。合格に必要な「標準的な問題」を解けるようにするための知識を過不足なく掲載しています。

『過去問攻略Ｖテキスト』に沿って学習することで、「やりすぎる」ことも「足りない」こともなく、必要かつ充分な公務員試験対策を進められます。

合格するために得点すべき問題は、このテキスト１冊で対策できます。

**◆より、わかりやすく**

執筆は資格の学校 TAC の公務員講座チームで、受験生指導に当たってきた講師陣が担当。受験生と接してきた講師が執筆するからこそ、どこをかみ砕いて説明すべきかがわかります。

読んでわかりやすいこと、講義で使いやすいことの両面を意識した原稿づくりにこだわりました。

**◆より、使いやすく**

・本文デザインを全面的に刷新しました。
・「過去問 Exercise」などのアウトプット要素も備え、知識の定着と確認を往復しながら学習できます。
・TAC 公務員講座の講義カリキュラムと連動。最適な順序でのインプットができます。

ともすれば 20 科目以上を学習しなければならない公務員試験においては、効率よく試験対策のできるインプット教材が不可欠です。『過去問攻略Ｖテキスト』は、上記のとおりそのニーズに応えるべく編まれています。

本書を活用して皆さんが公務員試験に合格することを祈念しております。

2022 年 4 月　TAC 公務員講座

## ●――〈政治学〉はしがき

本書は、地方上級·国家一般職レベルの大卒公務員試験の合格に向けて、過去問（過去に出題された問題）を徹底的に分析して作成されています。

過去問を分析すると、ある科目の学習範囲のなかでも出題の濃淡が見られることがわかります。本書はその出題傾向を踏まえて編まれた受験対策テキストですが、特に政治学という科目の性質に合わせて工夫された部分について、はじめに示しておきます。

### 1．人物肖像について

政治学をはじめ、隣接する科目である行政学や社会学を含めた政治系科目では、多くの外国人の思想家が登場します。受験生はこれらの人物を彼らの提起した議論とセットにして頭に入れていくことになるのですが、学習が進めば進むほど数が多くなり整理に苦労しがちです。

本書では、主に初出の際に可能な限り人物の肖像を掲載していますが、これはイメージを加えることで記憶を定着させやすくするための配慮です（試験で人物の肖像を記憶することが求められるわけではありません）。単に文字情報だけで暗記しようとすると苦しいものの、肖像が加わることで覚えやすくなることもあるでしょうから、ぜひ活用してください。

### 2．人物・主著・キーワードリスト

巻末に「人物・主著・キーワードリスト」を設け、本編に登場した重要な人物について、主著・キーワードとともにまとめています。こちらは人物名五十音順に並べていますので、人物事典のように利用して学習事項の整理に役立ててください。

### 3．過去問チェック

各節末に「過去問チェック」を設け、主にその節で学習した事柄の理解を確かめられるようにしています。当該論点の掲載箇所も示していますので、正解がわからない場合は戻って確認してください。

政治学においては、問題文の記述に含まれている誤りを見つけることが問題を解く作業の中心となるため、ほとんどの問題は記述の中に誤りを含むものとしています。この誤りは、人物とキーワードが食い違っているような単純なものから、提唱した学説の内容をきちんと理解していないとわからないようなもの、場合によっては常識的な推論まで動員して判断するようなものまでさまざまです。「過去問チェック」をとおして実際の出題の「呼吸」を体感しておきましょう。

また、解説を読んで、正しい基準で誤りと判断できたかどうかも併せて確認するようにしましょう。

2022年4月　TAC公務員講座

# 本書の使い方

本書は、本試験の広範な出題範囲からポイントを絞り込み、理解しやすいよう構成、解説した基本テキストです。以下は、本書の効果的な使い方ガイダンスです。

## 本文

**●アウトライン**
その節のアウトラインを示しています。これから学習する内容が、全体の中でどのような位置づけになるのか、留意しておくべきことがどのようなことなのか、あらかじめ把握したうえで読み進めていきましょう。

**●キーワード**
その節の学習で登場する重要な用語をあらかじめ示しています。

**●項目ごとの重要度**
節全体の重要度とは別に、見出し項目ごとの重要度も示しています。

---

国家一般職★★★／国家専門職★★★／特別区Ⅰ類★★★

### 1 政治学の基礎概念

第１節では、政治、権力、権威、支配の正当性について学習します。そもそも権力とは何か。政治の世界ではどのように権力が行使されるのか。どのような種類の権力があるか。しかし、権力だけでは秩序を生み出すことは難しく、権力を行使する際の根拠（支配の正当性）も要求されます。このように第１節では政治の基本的なメカニズムについて解説していきます。

**キーワード**

「社会に対する価値の権威的配分」／権力／正当性／権力の実体概念・関係概念／価値剥奪としての権力／多元主義的権力／支配の正当性（伝統的／カリスマ的／合法的）／ミランダとクレデンダ

#### 1 政治の概念

##### 1.1 政治とは何か ★★★

**(1) 様々な政治の定義**

政治の定義は学者の数だけ存在するとも言われる。例えば、憲法学者C.シュミットは政治を「**友と敵の区別**」であるとし、経済学者K.マルクスは政治を「**階級闘争**」であると定義している。⇒第7章第1節 1.1・第6章第2節 4.5

**(2) イーストンによる政治の定義**

このように論者によって様々であるが、政治学において最も有名な定義がアメリカの政治学者D.イーストンの定義である。彼によれば、政治とは、「**社会に対する価値の権威的配分**」であるという。

すなわち、社会という集団において、財、権利、安全など価値があるものを、誰が優先的に使用したり利用したりできるかを、拘束力のある形で決定するのが政治というわけである。

2　第１章　国家と権力

**●受験先ごとの重要度**
各種公務員試験の出題において、この節の内容がどの程度重要かを示していますので、学習にメリハリをつけるための目安として利用してください。

㊍★☆☆ ←→ ★★★㊭
重要度

第1章 国家と権力

経済と政治の比較

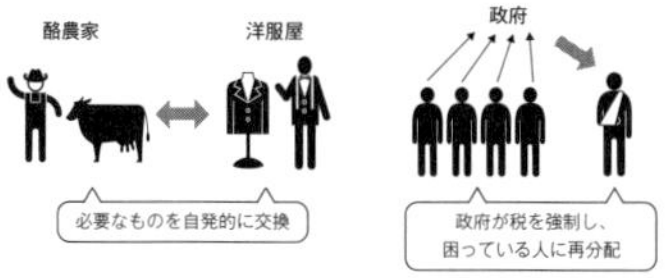


**●図・表**
抽象的な概念を理解しやすくするための図や、関連し合う事項を区別しやすくするための表を適宜設けています。

## 1.2 権力と正当性 ★★☆

**(1) 政治学の分析対象**

以上のように政治とは、「**集団として意志決定し、負担や便益を配分し、集団の間に秩序を形成すること**」であるとも言い換えられる。

集団として意志決定をすることは、学校のクラスでも企業でしばしば見られるが、政治学という学問の場合には、主な分析対象は、国家や政府となる。そして、分析の際には以下の2つに特に注目する。

**(2) 権力(強制力)**

そもそも国家や政府の決定に従わない者がいたらどうするのか。国家は、決定やルールに違反し秩序を乱す者を従わせることのできる能力を必要とする。この権力にはどのようなものがあるかということも政治学の重要な分析の対象となる。⇒❷

**(3) 正当性(正統性)**

そもそもなぜ人々は国家や政府に従う必要があるのか。国家が成り立つためには、集団としての決定やルールに従うことが「正しい」ことだと人々に思わせることが必要であり、その手段や方法が問題となる。⇒❸

**Power UP 正当性と正統性**

「正当性」については「正統性」と表記するテキストもある。結論から言えば公務員試験的には「どちらでも良い」。

まず、一般論で言えば、国語辞書等では、正統は「正しい系統や血筋」、正当は「道理に適っていること」(大辞林) と区別される。しかし、専門用語として用いる場合には意味が異なる。

法学や哲学では基本的に、正当性 (justness) は「道義的倫理的正しさを説く価値判断」(結果の正しさ)、正統性 (legitimacy) は「正当性に関する判断が正しい根拠に基づいているかの基準」(手続きの妥当性) と区別される。例えば、「ナチス政権は、正統性はあるが、正当性はない」というように区別して用いることが出来る。

ただし、政治学はそのあたりの区別が学者次第の所が多く、「正統(当)性」などという表記もあり、出題時も一定していない。つまり、筆記試験においても、どちらを用いても構わない。

1 政治学の基礎概念 3

**●Power Up**
直接的な出題は少ないものの、学習事項の理解を深めるのに役立つ記事をまとめています。初読時は参考程度に利用してください。

(※図はいずれもサンプルです)

## 過去問チェック

実際の試験での出題を、選択肢の記述ごとに分解して掲載したものです。本文の学習内容を正しく理解できているかを確認するのに利用してください。
問題文の末尾に、出題された試験と年度、本編中での該当箇所を示しています。わからない問題があれば、戻って確認してみましょう。

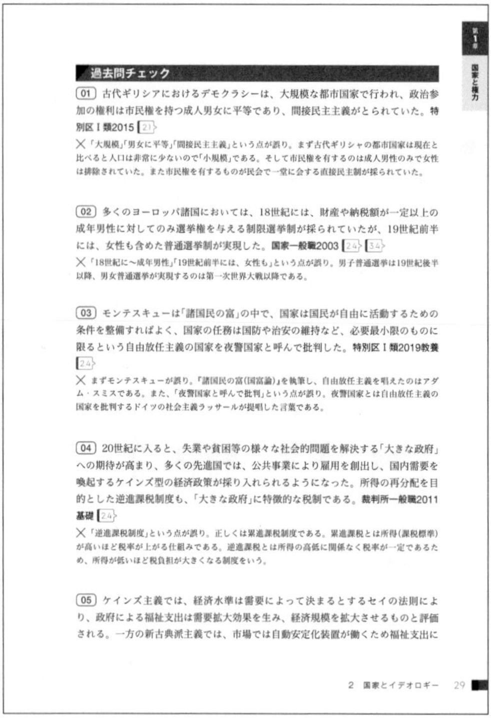
第1章 国家と権力

過去問チェック

01 古代ギリシアにおけるデモクラシーは、大規模な都市国家で行われ、政治参加の権利は市民権を持つ成人男女に平等であり、間接民主主義がとられていた。特別区Ⅰ類2015 2.1

× 「大規模」「男女に平等」「間接民主主義」という点が誤り。まず古代ギリシャの都市国家は現在と比べると人口は非常に少ないので「小規模」である。そして市民権を有するのは成人男性のみで女性は排除されていた。また市民権を有するものが民会で一堂に会する直接民主制が採られていた。

02 多くのヨーロッパ諸国においては、18世紀には、財産や納税額が一定以上の成年男性に対してのみ選挙権を与える制限選挙制が採られていたが、19世紀前半には、女性も含めた普通選挙制が実現した。国家一般職2003 2.4 3.4

× 「18世紀に～成年男性」「19世紀前半には、女性も」という点が誤り。男子普通選挙は19世紀後半以降、男女普通選挙が実現するのは第一次世界大戦以降である。

03 モンテスキューは「諸国民の富」の中で、国家は国民が自由に活動するための条件を整備すればよく、国家の任務は国防や治安の維持など、必要最小限のものに限るという自由放任主義の国家を夜警国家と呼んで批判した。特別区Ⅰ類2019教養 2.4

× まずモンテスキューが誤り。『諸国民の富(国富論)』を執筆し、自由放任主義を唱えたのはアダム・スミスである。また、「夜警国家と呼んで批判」という点が誤り。夜警国家とは自由放任主義の国家を批判するドイツの社会主義ラッサールが提唱した言葉である。

04 20世紀に入ると、失業や貧困等の様々な社会的問題を解決する「大きな政府」への期待が高まり、多くの先進国では、公共事業により雇用を創出し、国内需要を喚起するケインズ型の経済政策が採り入れられるようになった。所得の再分配を目的とした逆進課税制度も、「大きな政府」に特徴的な税制である。裁判所一般職2011基礎 2.4

× 「逆進課税制度」という点が誤り。正しくは累進課税制度である。累進課税とは所得(課税標準)が高いほど税率が上がる仕組みである。逆進課税とは所得の高低に関係なく税率が一定であるため、所得が低いほど税負担が大きくなる制度をいう。

05 ケインズ主義では、経済水準は需要によって決まるとするセイの法則により、政府による福祉支出は需要拡大効果を生み、経済規模を拡大させるものと評価される。一方の新古典派主義では、市場では自動安定化装置が働くため福祉支出に

2 国家とイデオロギー 29

## 過去問Exercise

章の終わりに、実際の過去問にチャレンジしてみましょう。
解説は選択肢(記述)ごとに詳しく掲載していますので、正解できたかどうかだけでなく、正しい基準で判断できたかどうかも意識しながら取り組むようにしましょう。

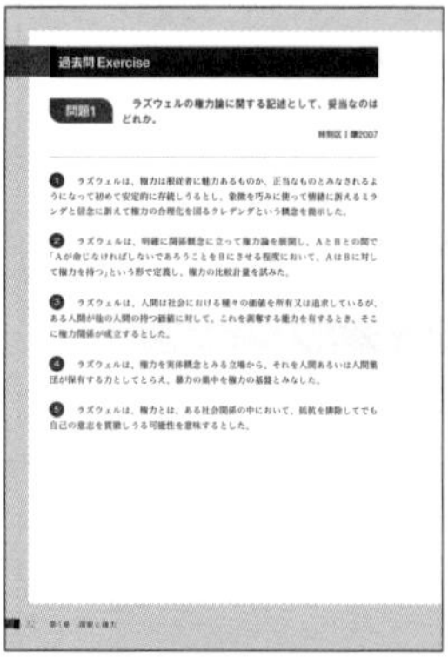
過去問 Exercise

問題1 ラズウェルの権力論に関する記述として、妥当なのはどれか。

特別区Ⅰ類2007

1 ラズウェルは、権力は服従者に魅力あるものか、正当なものとみなされるようになって初めて安定的に存続しうるとし、象徴を巧みに使って情緒に訴えるミランダと信念に訴えて権力の合理化を図るクレデンダという概念を提示した。

2 ラズウェルは、明確に関係概念に立って権力論を展開し、AとBとの間で「Aが命じなければしないであろうことをBにさせる程度において、AはBに対して権力を持つ」という形で定義し、権力の比較計量を試みた。

3 ラズウェルは、人間は社会における種々の価値を所有又は追求しているが、ある人間が他の人間の持つ価値に対して、これを剥奪する権力を有するとき、そこに権力関係が成立するとした。

4 ラズウェルは、権力を実体概念とみる立場から、それを人間あるいは人間集団が保有する力としてとらえ、暴力の集中を権力の基盤とみなした。

5 ラズウェルは、権力とは、ある社会関係の中において、抵抗を排除してでも自己の意志を貫徹しうる可能性を意味するとした。

32 第1章 国家と権力

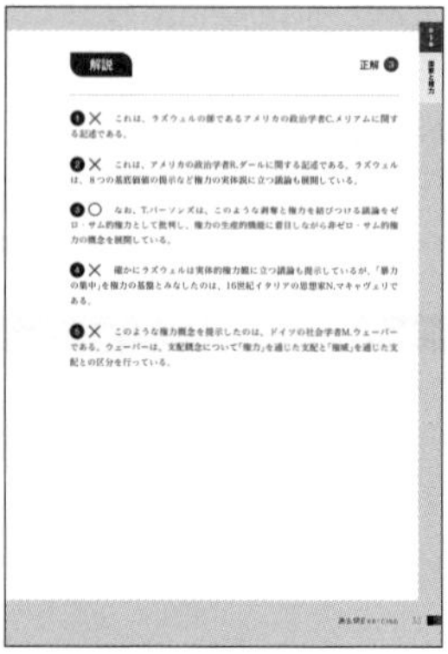
解説 正解 3

1 × これは、ラズウェルの師であるアメリカの政治学者C.メリアムに関する記述である。

2 × これは、アメリカの政治学者R.ダールに関する記述である。ラズウェルは、8つの基底価値の提示など権力の実体説に立つ議論も展開している。

3 ○ なお、T.パーソンズは、このような剥奪と権力を結びつける議論をゼロ・サム的権力として批判し、権力の生産的機能に着目しながら非ゼロ・サム的権力の概念を展開している。

4 × 確かにラズウェルは実体的権力観に立つ議論も提示しているが、「暴力の集中」を権力の基盤とみなしたのは、16世紀イタリアの思想家N.マキャヴェリである。

5 × このような権力概念を提示したのは、ドイツの社会学者M.ウェーバーである。ウェーバーは、支配概念について「権力」を通じた支配と「権威」を通じた支配との区分を行っている。

過去問Exercise 33

CONTENTS

## 第5章　政治過程



## 第6章　政治思想



## 第7章　現代の民主政治

# 第1章

# 国家と権力

第１章では、政治学を学習する上で欠かせない基礎概念について学習します。例えば、政治や権力という概念は今後ほぼあらゆる分野で登場しますが、そのとらえ方は時代や論者によって様々であり、「交通整理」が必要です。第１節では、政治の定義や権力の理論といった基礎概念について解説します。そして第２節では国家の歴史的な変遷や、自由主義、民主主義といったイデオロギーについて解説します。

# 1 政治学の基礎概念

第１節では、政治、権力、権威、支配の正当性について学習します。そもそも権力とは何か。政治の世界ではどのように権力が行使されるのか。どのような種類の権力があるか。しかし、権力だけでは秩序を生み出すことは難しく、権力を行使する際の根拠（支配の正当性）も要求されます。このように第１節では政治の基本的なメカニズムについて解説していきます。

---

**キーワード**

「社会に対する価値の権威的配分」／権力／正当性／権力の実体概念・関係概念／価値剥奪としての権力／多元主義的権力／支配の正当性（伝統的／カリスマ的／合法的）／ミランダとクレデンダ

## 1 政治の概念

### 1.1 政治とは何か ★★★

#### （1）様々な政治の定義

政治の定義は学者の数だけ存在するとも言われる。例えば、憲法学者**C.シュミット**は政治を「**友と敵の区別**」であるとし、経済学者**K.マルクス**は政治を「**階級闘争**」であると定義している。⇒**第7章第1節** 1.1 ・**第6章第2節** 4.5

#### （2）イーストンによる政治の定義

このように論者によって様々であるが、政治学において最も有名な定義がアメリカの政治学者**D.イーストン**の定義である。彼によれば、政治とは、「**社会に対する価値の権威的配分**」であるという。

すなわち、社会という集団において、財、権利、安全など価値があるものを、誰が優先的に使用したり利用したりできるかを、拘束力のある形で決定するのが政治というわけである。

経済と政治の比較

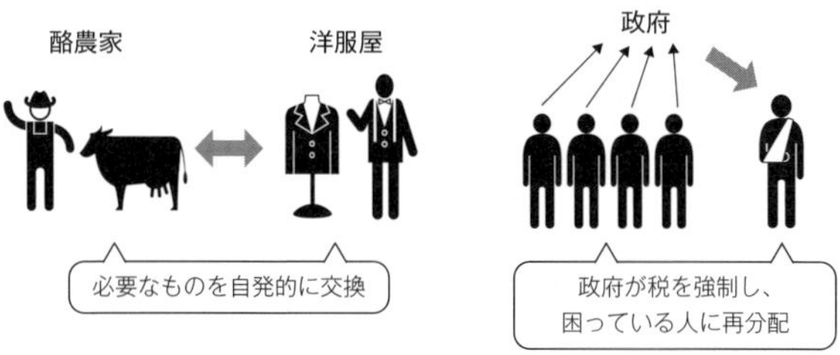


## 1.2 権力と正当性

★★★

### (1) 政治学の分析対象

以上のように政治とは、「**集団として意志決定し、負担や便益を配分し、集団の間に秩序を形成すること**」であるとも言い換えられる。

集団として意志決定をすることは、学校のクラスでも企業でしばしば見られるが、政治学という学問の場合には、主な分析対象は、国家や政府となる。そして、分析の際には以下の２つに特に注目する。

### (2) 権力（強制力）

そもそも国家や政府の決定に従わない者がいたらどうするのか。国家は、決定やルールに違反し秩序を乱す者を従わせることのできる能力を必要とする。この権力にはどのようなものがあるかということも政治学の重要な分析の対象となる。⇒❷

### (3) 正当性（正統性）

そもそもなぜ人々は国家や政府に従う必要があるのか。国家が成り立つためには、集団としての決定やルールに従うことが「正しい」ことだと人々に思わせることが必要であり、その手段や方法が問題となる。⇒❸

**Power UP　正当性と正統性**

「正当性」については「正統性」と表記するテキストもある。結論から言えば公務員試験的には「どちらでも良い」。

まず、一般論で言えば、国語辞書等では、正統は「正しい系統や血筋」、正当は「道理に適っていること」（大辞林）と区別される。しかし、専門用語として用いる場合には意味が異なる。

法学や哲学では基本的に、正当性（justness）は「道義的倫理的正しさを説く価値判断」（結果の正しさ）、正統性（legitimacy）は「正当性に関する判断が正しい根拠に基づいているかの基準」（手続きの妥当性）と区別される。例えば、「ナチス政権は、正統性はあるが、正当性はない」というように区別して用いることが出来る。

ただし、政治学はそのあたりの区別が学者次第の所が多く、「正統（当）性」などという表記もあり、出題時も一定していない。つまり、筆記試験においても、どちらを用いても構わない。

## 2 権　力

### 2.1 ウェーバーの権力論

★★★

#### (1) 定　義

M.ウェーバー
[1864～1920]

権力の古典的定義として有名なのが、M.ウェーバーによるものであり、権力を「**ある社会関係の中において、抵抗を排除してでも、自己の意志を貫徹しうるすべての可能性**」としている。

#### (2) 特　徴

以上の定義においてポイントとなるのは、「**抵抗を排除してでも**」という点である。相手が抵抗したときに、それを排除できなければ権力を有するとは言えない。

相手の抵抗をはねつけて自分がやりたいように出来るときに権力があるというのである。

### 2.2 権力の実体概念と関係概念

#### (1) 背　景

ウェーバーの定義以外にも政治学には様々な権力の定義が存在している。これらの多様な権力論を政治学者の**C.フリードリッヒ**は、**実体概念**と**関係概念**の２つに分類している。

#### (2) 概　要

| | **権力の実体概念**<br>（実体的権力観） | **権力の関係概念**<br>（機能的権力観） |
|---|---|---|
| 視点 | 権力の「所有」に注目する議論<br>すなわち、具体的にどんな力を持っているかに注目する | 権力の「相互作用」に注目する議論<br>すなわち、どれだけの服従を確保できるかという実効（機能）に注目する |
| 主な論者 | ○**N.マキャヴェリ**<br>権力資源：**暴力（軍隊）の集中**<br>○**K.マルクス**<br>権力資源：**富（生産手段）の所有**<br>○**H.ラズウェル**<br>権力資源：富や知識など**多様な価値** | ○**R.ダール**<br>「Aの働きがなければBは行わないであろうことを、AがBに行わせる限りにおいて、AはBに対して権力を持つ」 |

### (3) 特　徴

政治学の世界では、その直感的な理解しやすさ故にかつては実体概念が支配的であった。しかし政治の科学的分析が重視されるようになると、関係概念が主流となったとされている。

以下では、現代の政治学者であるラズウェルとダールの権力論について詳細に解説していこう。

実体概念と関係概念

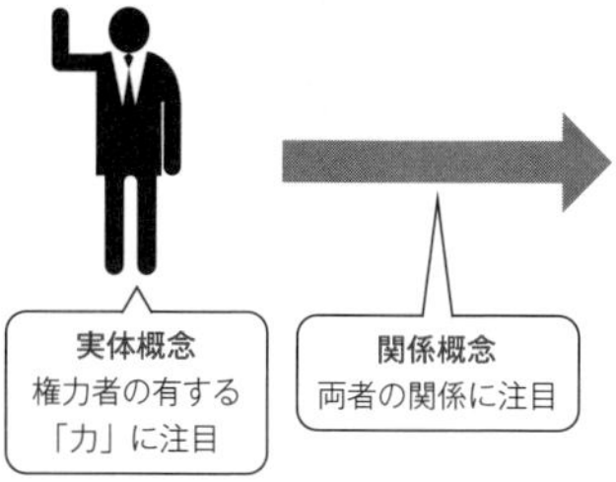

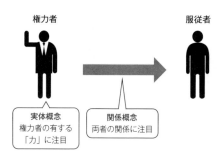

## 2.3 ラズウェル：「価値剥奪」としての権力 ★★☆

### (1) 定　義

アメリカの政治学者**H.ラズウェル**は、権力とは「ある行為の型に違反すれば、**価値剥奪**が期待されるような関係」であると定義した。

H.ラズウェル
[1902 ~ 1978]

つまり、言うことを聞かなければ、大事にしている「価値あるもの」を奪われる可能性があるときに人は言うことをきく、つまり権力が発生したと考えているのである。

### (2)「多様な価値」を権力資源とする権力の実体概念

では、「価値あるもの」とは何か。人間は富、健康、愛など様々なものを価値あるものと考えている。ラズウェルはこれら「**多様な価値**」が権力行使の際の手段となると考えたのである。

例えばのび太はジャイアンの言うことを聞かなければ、殴られて痛い思いをする。健康という価値を奪われたくないのび太はジャイアンの言うことをきく。また、しずかちゃんの言うことを聞かなければ嫌われてしまう。つまり、愛という価値が奪われてしまうので言うことをきく。このようにラズウェルは現代社会において価値が多様であり、その価値こそが権力の手段となると考えたことから、彼の議論は**権力の実体概念**に分類されている[1]。

ドラえもんの世界で見るラズウェルの権力論

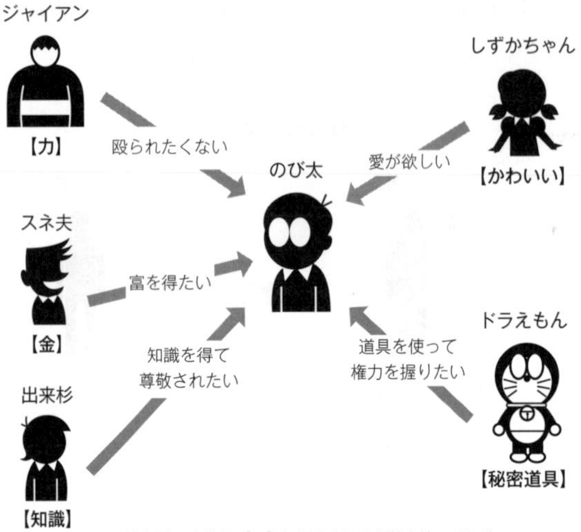


のび太以外の人物は【　】に示すような価値を持っており、
のび太はそれを理由に彼らの言うことを聞く。

## 2.4 ダール：多元主義的権力 ★★★

### (1) 概　要

#### ① 権力の関係概念

アメリカの政治学者R.ダール(1915～2014)は、「**Aの働きがなければBは行わないであろうことを、AがBに行わせる限りにおいて、AはBに対して権力を持つ**」と定義している。この定義は、権力者の有する「力」そのものには注目せず、服従者の反応を重視している点に特徴がある。つまり、権力者と服従者の「関係」からとらえた定義であり、**権力の関係概念**に分類される。

#### ② 多元主義的権力

また、ダールは後述するようにアメリカ社会の多元性を強調した多元主義の代表

---

1　政治学者によってはラズウェルを関係概念に分類する者もいるが、公務員試験の出題実績から本書では実体概念として位置づけている。

格とみなされたので、こうした権力論は**多元主義的権力**とも呼ばれる。多元主義的権力は以下のように権力を理解する点に特徴がある。

### （2）多元主義的権力観の特徴

#### ① 権力資源の多様性

権力を行使するときに動員する手段(権力資源)は、人員、資金、権限、情報、専門的技能など多様であり、これらの権力資源は様々な個人や集団に**多元的に存在**していると考える。

つまり、どこかにすべての力を独占した権力者集団がいるという見方を否定している点に特徴がある。⇒**第7章第4節❶**

#### ② 観察可能な事象としての権力

また、多元主義的権力観で、権力行使は実際の行動を直接観察しなければならないと考えている。つまり、「Ａの強制でＢがある行動をとった」という事実があって、そこに権力が発生したと解されるのである。

後述するように権力論には「見えない権力」を分析しようとする議論があり、ダールの権力論とは対照的なものとなっている。⇒**第7章第4節❶**

#### ③ 権力は量的に把握可能で、権力の大きさは比較衡量できる

そして、多元主義的権力観では、Ａが「働きかけをした場合」と「しなかった場合」を比較するなどして、Ａの持つ権力の大きさは計算できるという前提に立つ。つまり、権力を**主観的にではなく客観的に分析**しようという点に特徴がある。

このようにダールは科学的な政治学を推進した点でも知られている。

多元主義的権力のイメージ

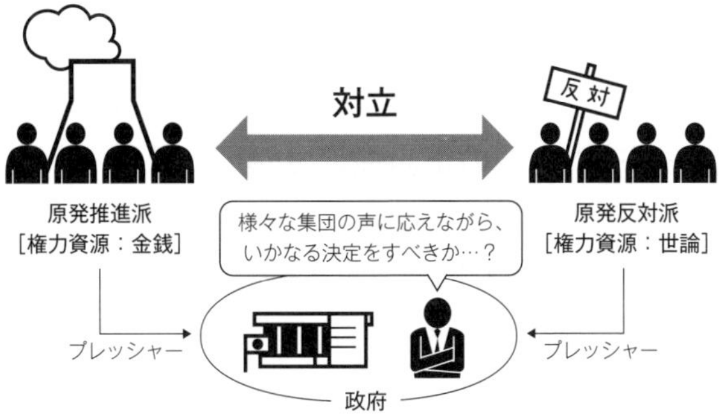

## 3 権威と支配の正当性

### 3.1 権力と権威 ★★★

**(1) 権力と権威の相違点**

権力と似たようなイメージを持つ言葉に**権威**というものがある。権力が、一般的には強制によって服従を確保するものを指すのに対して、権威は、**無条件に(強制がなくとも)服従**を確保することを意味する。

**(2) 権力の権威化**

権力は強制力の行使という形である程度のコストがかかるのに対して、権威は相手側が自発的に服従するため、支配にかかるコストが低い。

したがって、権力は、自らを権威化(支配を正当化)することで、支配の効率性を高めようとするのである。

権力の権威化

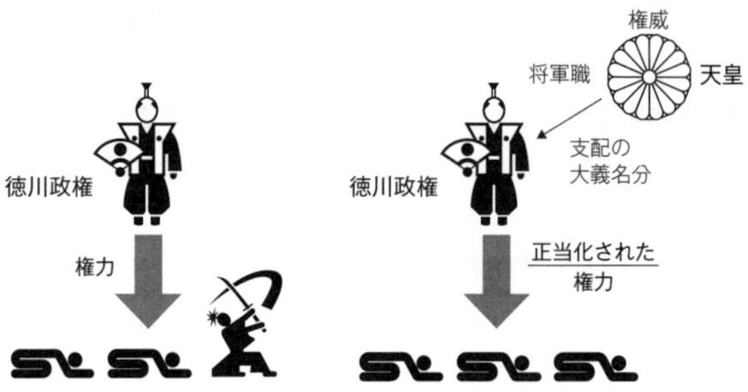

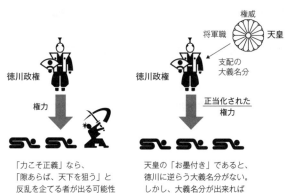

「力こそ正義」なら、「隙あらば、天下を狙う」と反乱を企てる者が出る可能性が高まる。

天皇の「お墨付き」であると、徳川に逆らう大義名分がない。しかし、大義名分が出来れば逆らうことも可能である。

### 3.2 ウェーバー：支配の正当性の３類型 ★★★

**(1) 背　景**

では、権威にはどのようなものがあるだろうか。M.ウェーバーは、権威の成立こそが政治的支配の核心部分にあたると考え、支配が正当化される根拠を分析している。これが支配の正当性である。

### (2) 支配の正当性

**支配の正当性**とは、権力者の発した命令が被支配者によって**無条件に(自発的に)**受け入れられる根拠が何かを示すものである。ウェーバーはこれを以下の表のように3つに類型化している。

### (3) 支配の正当性の3類型

支配の正当性の3類型

| 類型 | 伝統的正当性 | カリスマ的正当性 | 合法的正当性 |
|---|---|---|---|
| 要点 | **「伝統」で決まっているから**<br>支配者は身分で決まり、決定は先例に則って行われる。 | **支配者が「優れている」から**<br>伝統社会の停滞を打破し、支配者個人への信仰で成り立つ。 | **「ルール」に則っているから**<br>明示的かつ予測可能な一般的ルールに従う。 |
| 特徴 | 古代から封建社会に至る時期の農耕社会で一般的である。 | ・どの時代にも見られる。<br>・非日常的であるため不安定である。 | 現代社会で最もよく用いられる正当性の根拠である。 |
| 事例 | 家父長的支配 | 預言者、革命家、軍事的英雄 | **官僚制的支配** |

### (4) 3類型の特徴

#### ① 3類型は「理念型」である

以上の3類型はあくまで**理念型**であるとされる。理念型とは、重要な部分を抽象・強調して、不要な部分を省略したものである。つまり、現実そのままではない。

したがって、**現実には各支配の類型は混合**した形で現れる。

#### ② 支配の内容が正しいかどうか問題とならない

また、ウェーバーの議論は被支配者(服従者)の「支持」それ自体に力点が置かれており、その内容の是非は問われていない。したがって、例えば制度化された手続に従う限り独裁者の命令であっても合法的正当性の範疇に含まれるのである。

**Power UP　カリスマの日常化**

カリスマ的正当性は本来特定の人物の非日常的な能力に由来するものであり、その人物がいなくなった際には成り立たないはずである。しかし、カリスマ性が血や地位によって受け継がれる場合もあり、ウェーバーはこれを「カリスマの日常化」と呼んでいる。

例えばナポレオン三世のように自身は凡庸ではあったが、叔父(ナポレオン一世)が偉大であったためにカリスマを持つケースは、「世襲カリスマ」、ローマ教皇のように、本人の能力というよりはローマ教皇という地位によってカリスマ性を持つ場合には「官職カリスマ」という。

## 3.3 ハーバーマス：理性的コミュニケーション ★★★

### (1) ウェーバー批判

以上のようなウェーバーの議論に対して、ドイツの社会学者**J.ハーバーマス**は、ウェーバーの言う合法的正当性は、法の形式的な合理性のみを問題としたもので、法の内容上の正しさを問題としていないと批判した。

### (2)「理性的コミュニケーション」による正当化の原理

そこで、合法的正当性のかわりに、「**理性的コミュニケーション**」を通して形成された合意だけが、普遍的に適用可能な法規範を基礎付ける支配の正当性たりうるとしている。

つまり、ウェーバーと異なり、ハーバーマスは法の内容上の正しさを重視したのである。

## 3.4 メリアム：ミランダとクレデンダ ★★★

### (1) 背　景

先述のように権力は権威を獲得しようと試みるものである。では具体的にどのような手段を用いるのだろうか。これを検討したのがアメリカの政治学者**C.メリアム**(1874～1953)である。

彼は、ヒトラー政権誕生前夜のドイツを訪問した経験から『政治権力』(1934)を著し、ナチスがどのように「権威」を獲得したかを分析している。彼は政治学を社会学、心理学と結び付ける試みを通じて「政治学の科学化」を提唱したことでも知られている。

### (2) 権力の定義

メリアムによれば、権力とは集団の統合現象であり、集団形成の必要性から生まれるものであるという。そして、この権力を心理的に補強する手段(権威付づける方法)には、ミランダとクレデンダの２つがあるという。

| | ミランダ | クレデンダ |
|---|---|---|
| 定義 | 政治的象徴形式によって集団への一体化をうながすもの（権力への一体化）をいう | 統治への尊敬、服従、自己犠牲に結びつくような理論（権力の合理化）をいう |
| 特徴 | **感情**に働きかける**非合理的**な側面 | **知性**に働きかける**合理的**な側面 |
| 事例 | 記念日、記念碑、旗、音楽、行進、儀式等 | イデオロギー（もっともらしい正当化の理屈） |

**ナチスの党大会の様子**

左の写真は1934年ドイツ・ナチス党のニュルンベルク党大会の様子である。

ナチスの「お抱え」建築家アルベルト・シュペーアによって設計されたもので、130台ものサーチライトが夜空に向かって投光されている「光の大聖堂（カテドラル）」とも呼ばれるナチス芸術の傑作の一つとして有名である。

以上のようにナチスは大衆を盛り上げるイベントに長けており、メリアムのいうミランダとはナチスのこのような側面に注目したものである。

## 過去問チェック

**01** ラズウェルは、権力を実体概念とみる立場から、それを人間あるいは人間集団が保有する力としてとらえ、暴力の集中を権力の基礎とみなした。**特別区Ⅰ類2007** 2.2

× ラズウェルではなく、マキャヴェリの説明であれば妥当である。

**02** ダールは、権力行使の基盤となるものを権力基底と呼び、20世紀の社会的価値の多元化を背景に、富、知識、技能、尊敬、愛情など多様な能力や資質が権力行使の基盤になることを指摘した。**特別区Ⅰ類2011** 2.3

× ダールではなく、ラズウェルの説明であれば妥当である。

**03** 権力の関係概念は、第二次世界大戦後に西欧で発達した政治学で多く用いられたものであり、ほかからの働きかけがなければBが行わないことを、AがBに行わせることができるとき、AはBに対して権力を持つとしたC.W.ミルズの権力概念などがその典型である。**国家一般職2003** 2.4

× ミルズではなく、ダールの説明であれば妥当である。

**04** M.ウェーバーは、権力の正当性の根拠を三つの類型に分類し、権力の正当性の根拠は、文明社会の発達に伴って、「カリスマ的正当性」から「伝統的正当性」を経て、「合法的正当性」へと三つの段階を経て移行していくと主張した。**国家専門職2004** 3.2

×「文明社会の発達に伴って……段階を経て移行」という点が誤り。あくまで類型であり、発展段階の議論ではない。したがって、現代でもカリスマ的正当性や伝統的正当性の要素を保つ場合がある。

05 合法的正当性では、実質的正当性が要されるので、法律としての体裁さえ整えば国家は何をしても自由だとする法律万能主義に陥る危険性はない。**特別区Ⅰ類2004** 3.2

× 「実質的正当性が要される」、「法律万能主義に陥る危険性はない」という点が誤り。まず実質的正当性とは要するに「内容の正しさ」を意味している。合法的正当性はあくまで根拠となる法があるかどうかだけが問題となり、法の内容上の正しさは問われていない。したがって、根拠となる法律があれば何でもできるという法律万能主義に陥る危険性がある。

06 J.ハーバーマスは、自由で理性的なコミュニケーションを可能とする「理想的発話状況」の達成が現実には不可能であることから、こうしたコミュニケーションを必要とせずに政治的な正統性の調達を可能とするような、自己完結的な法的システム構築の重要性を訴えた。**国家一般職2014** 3.3

× 「達成が現実は不可能」、「コミュニケーションを必要とせず」という点が誤り。ハーバーマスはコミュニケーションを重視する立場であり、コミュニケーションを通じた正当化の重要性を強調する論者である。

07 メリアムは、理性に働きかけ政治権力の正当化を図るミランダと、記念碑、旗、儀式などの象徴を用い、権力の非合理的側面から権力の正当化を図るクレデンダがあり、現代の大衆社会ではクレデンダが効果的に利用されやすいとした。**特別区Ⅰ類2016** 3.4

× ミランダとクレデンダの説明が逆なので誤り。理性に働きかけるのがクレデンダ、感情や情緒(非合理的側面)に働きかけるのがミランダである。儀式などを巧みに演出して大衆の支持を調達したのがナチスであり、現代の大衆社会ではミランダが効果的に利用されやすい。

国家一般職★★★／国家専門職★★★／特別区Ⅰ類★☆☆

# 2 国家とイデオロギー

第2節では、国家とイデオロギーについて解説します。古代ギリシャのポリス（都市国家）と現代国家では一体何が異なるのでしょうか。現代の福祉国家の特徴とは一体何でしょうか。国家といってもその在り方は時代によって異なり、その変化を理解しておく必要があります。また、政治を語る際に欠かせないのが、自由主義や民主主義といった理念（イデオロギー）であり、右翼や左翼といった言葉も今後は頻繁に登場します。これらから政治学を学習する上で欠かせない基本概念について当面の見取り図を提供するのが第2節の目的です。

---

**キーワード**

ポリス（都市国家）／直接民主制／間接民主制／近代主権国家／自由放任主義（レッセ・フェール）／市場の失敗／ケインズ経済学／夜警国家／「小さな政府」と「大きな政府」／新自由主義（ネオリベラリズム）／自由主義と民主主義／保守とリベラル

## 1 国家とは何か

### 1.1 ウェーバーの定義 ★☆☆

そもそも国家とは何だろうか。政治学において最も有名な国家の定義の1つがM.ウェーバーによるものである。

彼は近代国家とは「**国境で仕切られたある一定の地理的領域内で、物理的強制力の行使を独占する組織**」であるとした。これは現代でもよく用いられるもので、この定義では国家の存立に不可欠な3つの要素が示されている。

### 1.2 ウェーバーの考える国家の構成要素 ★☆☆

**（1）主権を有する領土を持つこと（領域性）**

国家には自ら支配し、法律を適用し、税金を徴収できる場所が必要である。

**（2）軍事力や警察力などを独占していること（物理的強制力の独占）**

国家には、その意志に従わない者がいた時に強制できる実力が必要である。

**（3）国家の定めたルールに自発的に服従すること（正当性）**

国家の権力行使が妥当であると人々に認識され、自発的な服従を得る権威が存在していることが必要である。

## 2 国家の変遷

国家といっても、その仕組みや役割は時代によって様々である。ここでは古代ギリシャを起点として、国家がどのように変化してきたのか、現代の国家はどのような状況に置かれているのかということを概観する。

### 2.1 古代ギリシャのポリス（都市国家） ★★★

政治学の世界において、国家の起源はアテナイの**ポリス（都市国家）**に求められる。特にポリスの代表格であるアテナイでは、**直接民主制**（代表を経ずに国民が直接参加する民主制）が採用されており、**民主主義の起源**ともされる。

実際アテナイでは、成人男性のみが「市民」とされ、市民が一人一票を持ち、ポリスの最高議決機関である**民会**に参加していた。また、行政（実務担当者）については、現在のように専門職員は置かれることはなく、抽選で選出されていた点に特徴がある。

**アテナイのアクロポリス**

写真は古代ギリシャのアクロポリス。山頂にパルテノン神殿がそびえ、その周囲には広場や市場があり、アテネの中心として栄えた。アクロポリスの西側のピュニクスの丘では市民が参加する民会が開催された。古代ギリシャのアテナイは最盛期で、神奈川県を上回る領域に成年男性市民およそ４万人が居住した。民会は年40回ほど開催され、一度に数千人が集まったといわれる。通常は挙手で採決したといわれる。

## 2.2 ヨーロッパ中世と近代主権国家 ★★★

### (1) ヨーロッパ中世

中世(封建社会)は、封建領主、国王、皇帝、司教、都市国家など多様な主体が入り乱れた**多元的な世界**であった。ただし、権威あるローマ・カトリック教会の下で普遍的な秩序が存在した。

### (2) 絶対王政と近代主権国家の誕生

しかし、宗教改革によりカトリック教会の権威が失墜すると、国王の権力が強化され、次第に国王を中心として国内を一元的に統治する体制が確立した。これが**絶対王政(絶対主義国家)**である。

絶対王政では**官僚制**(分業化した専門の行政官)と**常備軍**(職業軍人による常設の軍隊)が整備され、その権力は**王権神授説**によって正当化された。

絶対王政は、領域、主権、国民(**国家の三要素**)を有している点で、現代国家と同様であり、**近代主権国家**の起源でもある。

**Power UP 近代主権国家と国際社会**

近代主権国家の誕生とは、全体として見ると相互に独立した国家が対等な関係で外交・通商を行う世界が誕生したことを意味し、これを主権国家システム(体系)と呼ぶ。
したがって、外交や通商には国際的なルール(国際法)が必要となる。つまり、主権国家の誕生とは、「国際法」によって広く結びついた「国際社会」を生み出すことにもなった。

## Power UP　中世と主権国家

・中世

中世の時代は庶民にとって王は言葉も通じない「外国人」であり、貴族は王との主従関係を複数かけもちした。領土は飛び地ばかりの複雑に入り組んだジグソーパズルのような現代人にとっては「複雑怪奇」な世界が中世である。

他方で、現代の国際社会は、相互依存が進展し、NGO、国際機関、地域共同体など多様な非国家主体が入り混じり、主権国家が相対化されたカオスな状況を呈していると見ることもできる。これを国際関係学では「新しい中世」という。

・主権国家

主権とはそもそも「最高の」という意味で、自らの上には上位権力を認めないことを意味する。

したがって、暴力（警察や軍隊）と徴税を独占し、領域内での宗教さえ決定できる「至高」の存在が主権国家なのである。このような主権国家が世界に拡大していくのを国際関係学では「近代世界システム」と呼んでいる。

日本の明治維新も主権国家化の典型である。主権国家化に失敗すると、国家も運営できない「未開地域」として、欧米列強の植民地となってしまったのである。

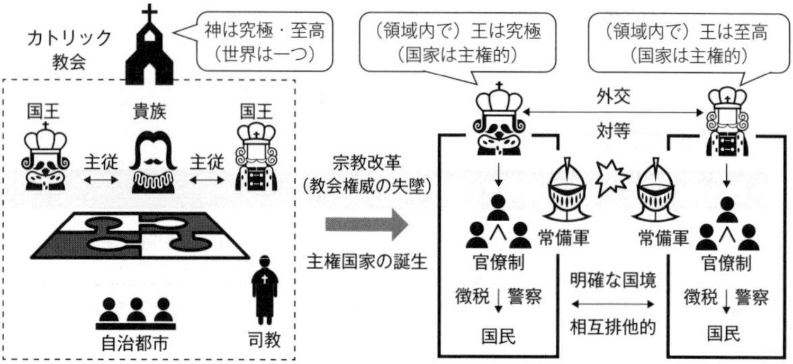

## 2.3 近代市民革命 ★★★

### (1) 絶対王政

絶対王政では国家の政治的・経済的統一が進展し、中央集権体制が確立することで、中世(封建社会)は崩壊した。

しかし身分制や特権的商人などは残存した。特に特権的商人(商業資本家：貿易・流通で財をなす商人)は、国王から貿易の独占権などを与えられ、**重商主義**(保護貿易で国富を増大)の下で利益を享受した。

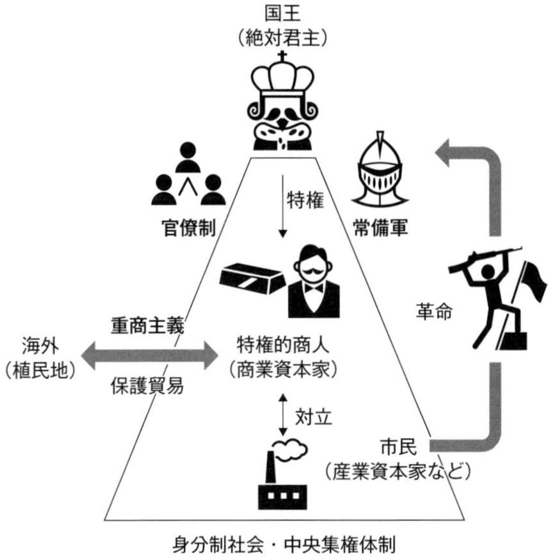


### (2) 市民の台頭と近代市民革命

一方、資本主義経済が発達し、産業革命などを背景に成長した産業資本家(工場経営者などの実業家)を中心とする「**市民**」(**教養と財産のある市民：ブルジョアジー**)が台頭すると、既存の特権身分(王、貴族など)と対立するようになった。

例えば、フランスでは、特権身分と市民及び生活苦にあえぐ下層市民・貧農らとの対立が激化し、絶対王政は革命によって打倒され、市民が政治の担い手となった。

このような市民革命の理論的根拠となったのが、**近代自然法思想**や**社会契約論**である。⇒第6章第2節❷

## 2.4 近代国家から現代国家へ ★★★

### (1) 社会の変化

近代国家では「市民」が政治の担い手となり、大衆(一般庶民)に参政権は認められなかった(**制限選挙**)。

しかし、19世紀以降次第に**普通選挙制度**が導入され、**議会制民主主義**が定着することで現代国家では大衆が政治の担い手となった。

庶民は納税額が少なく国家に貢献していないし、知識も乏しくて「自己決定」できないから参政権は不要では？
市民社会
制限選挙
大衆社会
普通選挙
兵役で国家に貢献しているのに権利がないのはおかしい。貧乏ゆえの教育不足を嘆くなら教育や福祉を国家が提供すべきでは？

（2）経済の変化

近代国家では、市民は自由な経済活動のために市場に対する介入を極力さけることを要望し、**自由放任主義**（**レッセ・フェール**：フランス語で「為すにまかせよ」の意）が基本となった。

この理論的な根拠となったのが、18世紀の英の経済学者**A.スミス**である。**市場の自動調節機能**（神の「**見えざる手**」）が働くため、政府が手を加えることなく財の適切な配分が市場を通じて達成され、社会全体の福祉が増大するとした。

しかし、20世紀になると世界恐慌の発生など従来の経済学では対処できない問題が生じたため（**市場の失敗**）、金融・財政政策によって景気変動を調節する必要性が生じた。その理論的根拠となったのが**J.M.ケインズ**の**ケインズ経済学**である。

「自分の利益だけを追求することでしばしば社会全体にとっての利益が実現する」『国富論』（1776）

A.スミス［1723～1790］

従来の経済学は景気が良い時だけの「特殊」な条件だけを想定している。しかし、失業や不況も含めたより「一般」的な理論が必要である。『雇用、利子及び貨幣の一般理論』（1936）

J.M.ケインズ［1883～1946］

**Power UP　古典派経済学とケインズ経済学**

かつての経済学（古典派経済学）では「供給が需要を生み出す」（セイの法則）という考えが主流であった。要するに経済水準は供給によって決定されるもので、需要を増やすには供給を増やせばよいという考えである。

したがって景気の悪化も供給不足を是正することで対処できるとし、政府の経済に対する不介入が当然とされていた。しかし古典派経済学は現実の失業問題や景気の低迷に有効な対策を提示することはできなかった。

これに対してケインズ経済学はセイの法則を批判し、「経済水準は需要によって決まる」と考え、政府が公共事業や社会保障を通じて需要を生み出すことによって景気が回復すると主張したのである。

例えば無駄とされる公共事業であっても、失業者が雇用されて労働者となり、その労働者がその収入によって財やサービスを購入するというように経済的波及効果が期待できる。このように政府による経済介入を正当化するという経済学上の大きな革命を起こしたのがケインズ経済学である。

### (3) 政府・国家の変化

#### ① 夜警国家・立法国家・小さな政府

近代国家では自由放任主義が基本とされたため、政府の役割は国防・警察・裁判などの最低限で良いとする「**小さな政府**」が志向された(財政規模が少なくて済むという意味で**安価な政府**(チープ・ガバメント)ともいう)。国家権力の中心は立法府(議会)にあると考えられたことから、**立法国家**とも呼ばれる。

しかし、「安価な政府」つまり「小さな政府」では、様々な社会問題(労働問題・都市問題)に対処できないため、ドイツの社会主義者**F.ラッサール**によって**夜警国家**とも揶揄された。

#### ② 福祉国家・行政国家・大きな政府

その後、各国では都市化や産業化が進み、そして世界大戦などを経験する中で、国家の役割は次第に拡大していった。特に国家が総力を挙げて戦う(総力戦)ためには、国民の協力が必要であり、戦時経済のためには労働組合や社会主義政党の協力も不可欠であるため、国民の要望に応え参政権を拡大し、福祉制度の充実などを進めた。

こうして、福祉を国家の責務として行う**福祉国家**が誕生した。このように現代国家はその範囲や役割を拡大させ、法律の中身を行政に委ねる**委任立法**の増大など立法府に対する行政府の優位を生み出したことから**行政国家**と呼ばれ、その規模が巨大化したことから**大きな政府**ともいう。

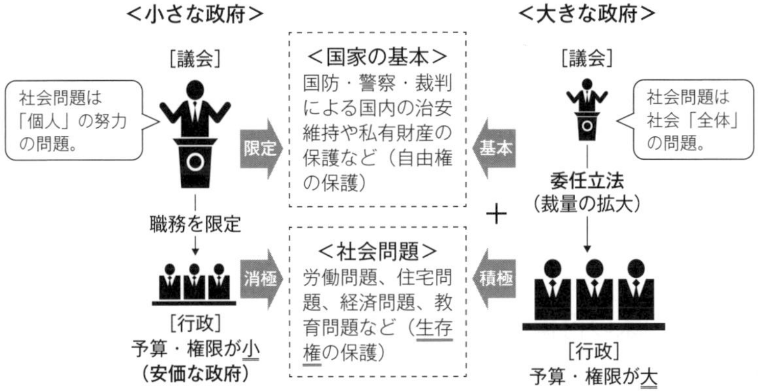

まとめ

| | 近代国家（19世紀） | 背景 → | 現代国家（20世紀） |
|---|---|---|---|
| 社会 | **市民社会**<br>市民が政治の担い手 | 普通選挙 | **大衆社会**<br>大衆が政治の担い手 |
| 経済 | **自由放任主義**<br>市場メカニズムに委ねる | 世界恐慌<br>**（市場の失敗）** | **ケインズ主義**<br>市場メカニズムに介入 |
| 政府 | **小さな政府**<br>政府の役割は最低限の<br>「安価な政府」<br>（チープガバメント） | 世界大戦 | **大きな政府**<br>経済政策や社会保障など<br>に積極的に取り組む<br>（予算や公務員の増大） |
| 権力の中心 | 立法府優位の「**立法国家**」 | 行政の高度化 | 行政府優位の「**行政国家**」 |
| 国家の実態 | **夜警国家・消極国家**<br>（自由権の保障に限定） | 産業化・都市化 | **福祉国家・積極国家**<br>（生存権の保障も重視） |

**Power UP　戦争・福祉・民主主義**

「戦争が民主主義と福祉を生み出す」と理解しておくとだいたいの重要事項をまとめて整理できる。

まず、参政権については、例えばイギリスの場合、男子普通選挙は1918年、女子普通選挙は1928年に実現した。アメリカでは男子は1870年、女子は1920年である。世界大戦では女性が軍需産業などで重要な労働力となり、傷病兵の看護なども行い、国家の一員としての発言力が高まったことが大きな要因である。ドイツもワイマール憲法によって女性参政権が認められるようになった。

そして、福祉についても、第一次世界大戦後のドイツのワイマール憲法（1919）において世界で初めて憲法で社会権が規定された。また、第二次世界大戦中のイギリスでは、ベヴァリッジ報告（1942）において、ナショナルミニマム（国民に保障する最低限の生活水準）という原則が示され、「ゆりかごから墓場まで」という福祉の体系的なプログラムが提案された。これは、その後多くの国々の福祉政策の指針ともなった。また、第二次世界大戦後の冷戦（東西対立）は、共産主義諸国に対抗する必要から西側諸国が福祉を拡充する動機を与えることになったのである。

以上のように参政権、福祉といったものが皮肉なことに戦争を契機として拡充していったことが分かるだろう。

## 2.5 福祉国家の再編と新自由主義 ★★★

### (1) 政府の失敗

第二次世界大戦後の先進国は福祉国家化を進めた。しかし、福祉国家化に伴い予算や公務員が増大するため、財政上の負担も大きくなった。

また、政府が社会や経済の様々な場面でその活動を増大させることがかえって民間企業の活動の障害となっているという認識も生まれた。これを「**政府の失敗**」という。

### (2) 新自由主義の登場

特に1970年代の**石油危機**以降、財政赤字を縮小し、再び市場メカニズムの意義を積極的に評価し、政府の規模を見直すことを求める**新自由主義**(ネオ・リベラリズム)が登場した。

例えば、国営企業の民営化や規制緩和を推進したイギリスの**サッチャー首相**(サッチャリズム)、アメリカの**レーガン大統領**(レーガノミクス)、日本の**中曽根首相**などが代表的である。

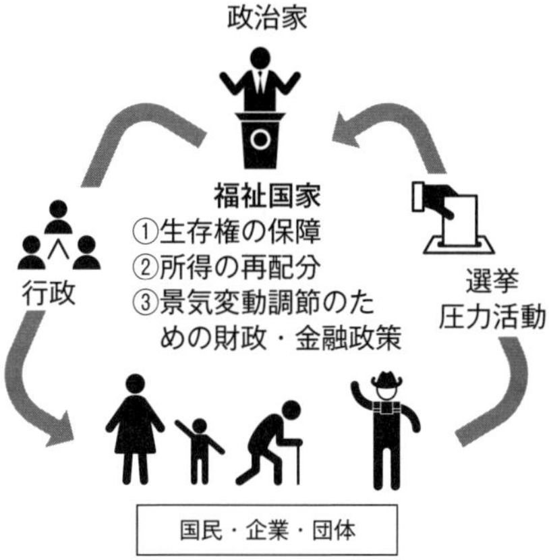


## 2.6 エスピン＝アンデルセン：福祉国家の3類型 ★★★

### (1) 背　景

現代の先進国は皆多かれ少なかれ福祉国家である。しかし、福祉国家といっても当然その内実は多様である。

例えば、アメリカは世界第一位の経済力を有するが、福祉政策については世界的に見劣りする部分が多い。他方で北欧の小国に過ぎないスウェーデンが「福祉大国」として日本でも紹介されていることを知るものは多いのではないだろうか。

### (2) 概　要

そこで、デンマークの政治学者**G.エスピン＝アンデルセン**(1947～　)は、現代の福祉国家の多様性に注目し、①**脱商品化指標**、②**階層化指標**、③**脱家族化指標**の３つの基準に基づいて、福祉国家を３つに類型化している(注：もともとは①と②の２つの指標で発表し、後に３番目の脱家族化指標を追加している)。

**① 脱商品化指標**

社会政策の受給資格の寛容度を示す指標である。具体的には市場に依拠することなく生活を維持できる程度(労働力の商品化の程度)を意味している。

例えば、病気の時に無理して働く(労働力という商品を販売する)必要がなければ脱商品化は高いとされる。

**② 階層化指標**

福祉受給の階層格差の高低を示す指標である。具体的には職業や地位の違いによって社会保険の受給水準が異なる程度を示す。

**③ 脱家族化指標**

人々が家族から独立して経済的資源を活用できる程度を示す指標である。具体的には福祉において家族に依存する程度を示す。

例えば、育児を代わってくれる存在がおらず、母親が働きに行くことができないのであれば、脱家族化が低いとされる。

**福祉国家の3類型**

| | 社会民主主義型 | 自由主義型 | 保守主義型 |
|---|---|---|---|
| 脱商品化 | 高 | 低 | やや高 |
| 階層化 | 低 | 高 | 高 |
| 脱家族化 | 高 | 中 | 低 |
| 重要な社会セクター | 政府 | 市場 | 家族 |
| 代表例とその特徴 | スウェーデン | アメリカ | ドイツ |
| | **①脱商品化が「高い」**:失業などに対する各種所得保障が充実している。<br>**②階層化が「低い」**:どの社会階層も単一の普遍的な社会保険制度に編入するなど普遍主義的である。<br>**③脱家族化が「高い」**:女性の場合、介護や育児サービスを利用して自前の収入を獲得できる。 | **①脱商品化が「低い」**:失業などに対する各種所得保障が限定的である。<br>**②階層化が「高い」**:社会保障受給者と非受給者との間で階層の二重構造が存在する。<br>**③脱家族化が「中程度」**:女性の就業は奨励されるが、介護や育児支援は市場原理の下で供給される。 | **①脱商品化が「やや高い」**:失業などに対する各種所得保障が充実している。<br>**②階層化が「高い」**:職業別・地位別に社会保険制度が分立し、階層間格差がある。<br>**③脱家族化が「低い」**:伝統的家族を重視するため、所得保障も男性稼得者を中心に行われる。 |

### (3) 留意点

ただし、以上の３つの類型はあくまで理念型であり、これらに含まれない国もある。

例えばイギリスは「社会民主主義」と「自由主義」の混合型であり、日本は「保守主義」と「自由主義」の混合型であると指摘している。

## 3 イデオロギー

### 3.1 イデオロギーの定義 ★☆☆

**イデオロギー**（ideology）とは「**観念形態**」、「**信念体系**」などと訳されるが、政治的・社会的意見や思想傾向という意味でも用いられる。定訳が不在で多義的な概念でもある。ここでは、政治学を学習する上で欠かせない代表的なイデオロギーである、自由主義、民主主義などの概念を説明しておきたい。

イデオロギーの見取り図

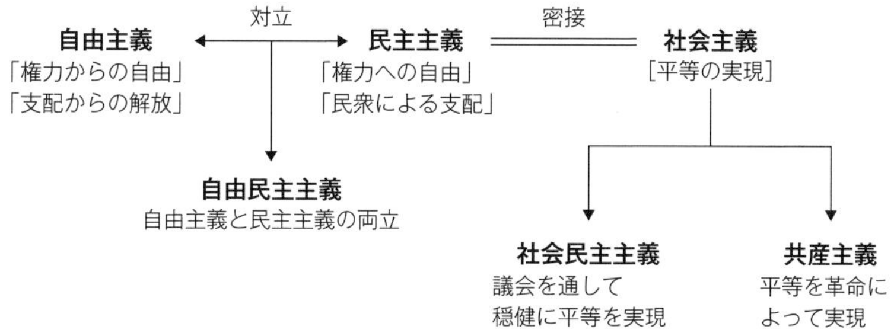


**Power UP　民主主義・社会主義・共産主義**

社会主義についてはいずれ第７章で学習する内容であるが、今後の政治学の学習にとって不可欠な内容でもあるので簡単に補足しておこう。

社会主義とは要するに資本主義の発展によって生じた不平等の拡大などの社会問題を、社会全体の在り方を根本的に変革することで解決することを目指す思想をいう。したがって社会主義の思想は、民衆の支配を求める民主主義とは非常に密接な関係にあり、19世紀では民主主義と社会主義はほぼ同じ立場を意味した。

しかし、議会制民主主義が定着していく中で、社会主義の立場も社会民主主義と共産主義の２つに大きく分かれていくようになった。社会民主主義が議会制度を通じて協調しながら穏健に平等の実現を目指すのに対して、武力行使を通じた革命（暴力革命）によって理想とする平等な社会の実現を目指すのが共産主義である。

## 3.2 自由主義 ★★☆

### (1) 背　景

「**自由主義**」という概念は19世紀初頭に完成したとされる。この時代の自由主義は、後述する現代のものと比較するために、**古典的自由主義**とも称される。

### (2) 古典的自由主義の要素

「**政治的自由**」(**権力からの自由**)を追求する立場であり、主に以下のような3つの柱からなり立っている。

**古典的自由主義の3つの柱**

| ①信仰・思想・良心の自由 | ②生命と私的所有の保障 | ③権力の分立 |
|---|---|---|
| 16～17世紀の宗教戦争から、個人の信仰を尊重し合う「宗教的寛容」が生まれ、これが、政治的・道徳的主張などの思想の自由、出版の自由などに拡大した。 | J. ロックの所有権論などによって正当化。ロックは、労働によって自然物に価値を与える行為は尊いとする労働価値説を唱え、財産の所有を肯定した。 | 16世紀の絶対王政に対する反省から、権力の分立による王権の制限がロックやC. モンテスキューなどによって展開した。 |

### (3) 古典的自由主義の問題点

ただし、古典的自由主義の担い手は、新興中産階級である**ブルジョアジー（市民）**であり、社会主義や民主主義からは、ブルジョアジーの資本蓄積の「正当化」の理論と批判された。このような批判を受けて、自由主義は様々に変容していくが、これらについては主に第7章で学習する。

## 3.3 民主主義 ★★☆

### (1) 背　景

民主主義は古代ギリシャのアテナイのポリスで行われた**直接民主制を起源**としており、デモクラシーという言葉もギリシャ語のデモクラティア(デモス[民衆]＋クラティア[支配])に由来している。

したがって、民主主義にも多様な意味があるが、元来は「**民衆による支配**」を端的に意味する言葉である。憲法学では「**権力への自由**」とも呼んでいる。

### (2) 古代の民主主義と現代の民主主義の比較

これから学習していくように民主主義にも多様な意味がある。そこで、とりあえずは図表でまとめたように、古代と現代では前提とする社会が大きく異なり、民主主義を実現する制度も異なるという点を理解しておこう。

| | 古代の民主主義 | 現代の民主主義 |
|---|---|---|
| 社会 | 共通の信仰などが存在する自然的な共同社会<br>(規模が狭い) | 大規模で利害の対立が顕在化した社会<br>(規模が大きい) |
| 体制 | **直接民主制** | **間接民主制** |

## 3.4 自由主義と民主主義の「対立」と「調和」 ★★☆

### (1) 自由主義と民主主義の対立

もう一度整理しておこう。自由主義は「権力からの自由」であり、民主主義は「民衆の支配」である。つまり、自由主義は支配そのものを否定したり、抑制したりすることを重視した概念であるが、民主主義は支配そのものを決して否定していないのである。そうではなく、例えば王や貴族ではなく、民衆こそが支配者であるべきだというのが民主主義の本質である。

したがって、**自由主義と民主主義は本来全く相容れない概念**であった。図表に見られるように、自由主義と民主主義は19世紀前半まではその支持者も異なり、大きな対立があった。

19世紀前半までの対立状況

| 自由主義 | | 民主主義 |
|---|---|---|
| 「権力からの自由」<br>「支配からの解放」 | 基本理念 | 「権力への自由」<br>「民衆の支配」 |
| 中流階級以上の市民 | 主な支持者 | 下層市民・無産市民 |
| 立憲主義と議会制を重視するものの、財産と教養ある市民に選挙権を限定する。 | 特徴 | 市民革命の成果を、農民・都市下層民などにも及ぼそうとする運動で、社会主義と親和性が高い。 |
| 大衆の政治参加は、多数による少数の抑圧(多数の専制)をもたらす可能性がある。 | 対立点 | 自由主義は、ブルジョアジーの利益に役立つのみである。 |

### (2) 自由主義と民主主義の「調和」

以上のように当初は相容れないとされた自由主義と民主主義は、自由民主主義という言葉が示すように、今日では矛盾なく結びつくものとして理解されるようになった。これらの思想的な転換点については第6章で学習するため、本章では割愛する。とりあえず、自由主義と民主主義の両立は、政治制度的には**議会制民主主義**の確立によって実現したという点だけ理解しておこう。

### (3) 主要国における普通選挙の導入時期

議会制民主主義の確立とは、普通選挙制の実現を意味している。主要国における正確な導入年については、図表を確認してもらいたい。

とりあえずは、男子普通選挙は概ね19世紀半ば以降であり、女子普通選挙は概ね第一次世界大戦以降であるという点、少なくとも日本では、男子普通選挙が大正デモクラシーを経て1925年、女子普通選挙が第二次世界大戦後の1945年であるという点をおさえておけばよい。

主要国の普通選挙制度の導入年

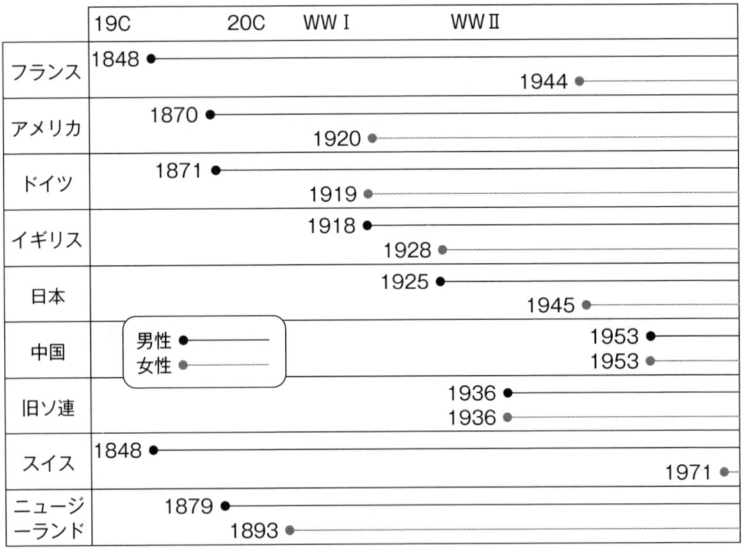

## 3.5 「右」と「左」 ★★★

### (1) 背 景

政治的な意見や立場を「右翼と左翼」、「右と左」という言葉で表現することは日常的に広く行われている。そもそも右と左という言葉は、フランス革命後の議会で、議長席から見て右側を「穏健派」(漸進的な改革を志向)、左側を「急進派」(徹底した革命を志向)が占めたことに由来している。

現代でも概ね以上のような意味で用いることが可能であるが、それぞれの国の事情を反映して、右や左が意味するところにはズレがある。そこで、ここでは日本とアメリカでの主だった意味合いについて解説しておく。

### (2) かつての日本の対立軸

ヨーロッパやアメリカの場合、左右を決める基準は、多くの場合、福祉や経済政策をめぐるものである。ただし、戦後日本では防衛や外交、憲法問題などのイデオロギー対立が主軸となってきた点に大きな特徴がある。

| 革新(左) | 争点 | 保守(右) |
|---|---|---|
| 護憲 | 憲法改正 | 改憲 |
| 日米安保廃棄 | 防衛問題 | 日米安保維持 |
| 日の丸・君が代反対 | 天皇制度 | 日の丸・君が代賛成 |
| 社会党・共産党 | 党派 | 自民党 |

**Power UP 保守と改憲**

保守という言葉は「何かを守る」という意味があるので、なぜ保守が憲法改正(改憲)の立場なのかということに疑問を持つ人もいるだろう。

日本国憲法は占領国アメリカから「押し付けられたもの」であるという認識を持つ人々にとっては、現在の憲法は本来の姿ではないため「元に戻す」必要がある。それが伝統的な本来の姿を守るということであり、ゆえに保守ということになる。

逆に憲法9条で「戦力の不保持」を規定した現行憲法を護るという立場は、戦前の軍国主義の復活を防ぎ、究極の理想を追求するという点では「革新」というわけである。

**Power UP 自民党政権の特徴**

本文では欧米の左右の軸は福祉や経済政策によるところが多く、かつての日本はそうではなかったという趣旨のことを指摘したが、補足しておこう。

昔の自民党は欧米の保守政権と比べると経済的統制の度合いが高く、経済的次元だけみれば、社会民主主義に近いと指摘されることが多い。かつての自民党が長期政権を担えたのは経済成長をすすめながら、その成長の果実を経済発展から取り残された地方や集団に配分して、「平等な成長」を達成しようとする「大きな政府」を志向し、それが支持されてきたからである。

### (3) 1980年代以降の対立軸

しかし、以上に見たような左右の対立軸は、特に憲法問題ではまだ残存しているものの、現在では主要な対立軸ではもはやなくなっている。

近年の日本での右(保守)と左(革新)の対立軸は主に、安全保障・外交(例えば防衛力強化、北朝鮮への圧力などに賛成か反対か)、小さな政府か否かの政策次元で構成されるようになっている。

### (4) アメリカの政党対立軸：保守とリベラル

では、アメリカにおける左右の軸はどうであろうか。アメリカでは主に**保守とリベラル**の軸で語られる。

ここでの注意点は、現代アメリカにおいては、リベラル(リベラリズム)という言葉は一般に、経済・社会問題への積極的な介入を主張する福祉国家型自由主義の意で用いられていることである。

| リベラル | | 保守 |
|---|---|---|
| 自由や平等の実現のために個人や社会への介入を認める「積極的自由」を重視 | 自由 | 個人や社会への介入を極力避ける「消極的自由」を重視 |
| 肯定的 | 政府介入（経済面） | 否定的 |
| 民主党 | 党派 | 共和党 |

**Power UP　アメリカの保守**

「保守」というイデオロギーはその国の「伝統」を尊重するという点で概ね各国共通である。ヨーロッパや日本は貴族や王（天皇）といった歴史や伝統があり、それぞれの保守派はもちろんこうした伝統を重視する。

では、アメリカの伝統とは何だろうか。それは建国の出発点である「自由と独立」である。イギリスの植民地から脱するために、アメリカ人は銃を手に取り、自由と独立を勝ち取った。このような「伝統」を重視する立場からすれば、銃の所有は「伝統」に依拠したものであり、当然憲法で認められた権利として尊重されなければならない。アメリカで乱射事件が相次いでも銃規制に反対するのは保守派（共和党）の人々である。

## 過去問チェック

01 古代ギリシアにおけるデモクラシーは、大規模な都市国家で行われ、政治参加の権利は市民権を持つ成人男女に平等であり、間接民主主義がとられていた。**特別区Ⅰ類2015** 2.1

×「大規模」「男女に平等」「間接民主主義」という点が誤り。まず古代ギリシャの都市国家は現在と比べると人口は非常に少ないので「小規模」である。そして市民権を有するのは成人男性のみで女性は排除されていた。また市民権を有するものが民会で一堂に会する直接民主制が採られていた。

02 多くのヨーロッパ諸国においては、18世紀には、財産や納税額が一定以上の成年男性に対してのみ選挙権を与える制限選挙制が採られていたが、19世紀前半には、女性も含めた普通選挙制が実現した。**国家一般職2003** 2.4 3.4

×「18世紀に～成年男性」「19世紀前半には、女性も」という点が誤り。男子普通選挙は19世紀後半以降、男女普通選挙が実現するのは第一次世界大戦以降である。

03 モンテスキューは「諸国民の富」の中で、国家は国民が自由に活動するための条件を整備すればよく、国家の任務は国防や治安の維持など、必要最小限のものに限るという自由放任主義の国家を夜警国家と呼んで批判した。**特別区Ⅰ類2019教養** 2.4

× まずモンテスキューが誤り。『諸国民の富(国富論)』を執筆し、自由放任主義を唱えたのはアダム・スミスである。また、「夜警国家と呼んで批判」という点が誤り。夜警国家とは自由放任主義の国家を批判するドイツの社会主義ラッサールが提唱した言葉である。

04 20世紀に入ると、失業や貧困等の様々な社会的問題を解決する「大きな政府」への期待が高まり、多くの先進国では、公共事業により雇用を創出し、国内需要を喚起するケインズ型の経済政策が採り入れられるようになった。所得の再分配を目的とした逆進課税制度も、「大きな政府」に特徴的な税制である。**裁判所一般職2011基礎** 2.4

×「逆進課税制度」という点が誤り。正しくは累進課税制度である。累進課税とは所得(課税標準)が高いほど税率が上がる仕組みである。逆進課税とは所得の高低に関係なく税率が一定であるため、所得が低いほど税負担が大きくなる制度をいう。

05 ケインズ主義では、経済水準は需要によって決まるとするセイの法則により、政府による福祉支出は需要拡大効果を生み、経済規模を拡大させるものと評価される。一方の新古典派主義では、市場では自動安定化装置が働くため福祉支出に

よる需要拡大は不可能であり、福祉政策は経済の安定に寄与しないとする。**国家一般職2008** 2.4

× まず「需要によって決まるとするセイの法則」という点が誤り。正しくは「需要は供給によって決まる」と考えるのがセイの法則であり、ケインズ以前の古典派経済学の前提である。また「新古典派主義では〜福祉政策は経済の安定に寄与しない」という点も誤り。新古典派主義とは古典派経済学とケインズ経済学を統合した立場であり、ケインズを否定するものではない。

**06** G.エスピン＝アンデルセンは、GNPの多寡と歴史的に福祉政策の推進に前向きであったか否か(歴史的経路依存性の有無)という二つの指標を使い、国家を４つに類型化した。そして、GNPの水準が高く、歴史的に福祉政策に積極的であった(歴史的経路依存性がある)英国型の国家において、最も福祉国家化が進むとした。**国家一般職2008** 2.6

× まず、エスピン=アンデルセンが用いた指標は、脱商品化、階層化、脱家族化などの指標であり、GNPの多寡では福祉国家を分類できないという立場である。そしてこれらの指標を用いて福祉国家を社会民主主義型、自由主義型、保守主義型の３つに分類しているので「４つ」という点も誤り。また、脱商品化が高く、階層化が低く、脱家族化が高く最も福祉が進展しているのは社会民主主義型のスウェーデンとされているので「英国型が最も福祉国家化」という点も誤り。

**07** アメリカ合衆国においては、リベラリズムと保守主義の対立を見ることができる。例えば、1960年代において連邦政府が保守主義に基づき行っていた「貧困との戦い」という社会福祉政策に対して、リベラリズムの観点から社会福祉政策が労働者の勤労意欲を失わせただけでなく、政府権力の肥大化と自由の侵害を招いたという批判が行われた。**国家総合職2005** 3.5

× 保守主義とリベラリズムの説明が逆になっている。社会福祉政策を重視するのがアメリカのリベラリズム、自由を重視する観点から社会福祉政策に批判的なのがアメリカの保守主義である。

## 過去問 Exercise

**問題1**　ラズウェルの権力論に関する記述として、妥当なのはどれか。

特別区Ⅰ類2007

---

**1**　ラズウェルは、権力は服従者に魅力あるものか、正当なものとみなされるようになって初めて安定的に存続しうるとし、象徴を巧みに使って情緒に訴えるミランダと信念に訴えて権力の合理化を図るクレデンダという概念を提示した。

**2**　ラズウェルは、明確に関係概念に立って権力論を展開し、ＡとＢとの間で「Ａが命じなければしないであろうことをＢにさせる程度において、ＡはＢに対して権力を持つ」という形で定義し、権力の比較計量を試みた。

**3**　ラズウェルは、人間は社会における種々の価値を所有又は追求しているが、ある人間が他の人間の持つ価値に対して、これを剥奪する能力を有するとき、そこに権力関係が成立するとした。

**4**　ラズウェルは、権力を実体概念とみる立場から、それを人間あるいは人間集団が保有する力としてとらえ、暴力の集中を権力の基盤とみなした。

**5**　ラズウェルは、権力とは、ある社会関係の中において、抵抗を排除してでも自己の意志を貫徹しうる可能性を意味するとした。

## 解説

正解 ❸

❶ × これは、ラズウェルの師であるアメリカの政治学者C.メリアムに関する記述である。

❷ × これは、アメリカの政治学者R.ダールに関する記述である。ラズウェルは、８つの基底価値の提示など権力の実体説に立つ議論も展開している。

❸ ○ なお、T.パーソンズは、このような剥奪と権力を結びつける議論をゼロ・サム的権力として批判し、権力の生産的機能に着目しながら非ゼロ・サム的権力の概念を展開している。

❹ × 確かにラズウェルは実体的権力観に立つ議論も提示しているが、「暴力の集中」を権力の基盤とみなしたのは、16世紀イタリアの思想家N.マキャヴェリである。

❺ × このような権力概念を提示したのは、ドイツの社会学者M.ウェーバーである。ウェーバーは、支配概念について「権力」を通じた支配と「権威」を通じた支配との区分を行っている。

## 問題2

**権力に関する次の記述のうち、妥当なのはどれか。**

国家一般職2003

❶ 権力の実体概念は、権力を人間又は人間集団の保有する何らかの力、例えば、物理的強制力(暴力)、経済的強制力(財力)、心理的強制力(魅力)などととらえるものである。D.イーストンや丸山真男がこのように権力を実体概念でとらえた代表的な人物である。

❷ 権力の関係概念は、第二次世界大戦後に西欧で発達した政治学で多く用いられたものであり、ほかからの働きかけがなければBが行わないことを、AがBに行わせることができるとき、AはBに対して権力を持つとしたC.W.ミルズの権力概念などがその典型である。

❸ 権力の関係概念は、権力を具体的な状況における人間又は集団の相互関係においてとらえるものである。これは、権力を、具体的な状況や人間関係の中で、どれだけの服従を確保できるかという点に着目してみようとする点で、機能的なとらえ方だともいえる。

❹ H.A.サイモンは、権力と権威を分けて考え、権力は、例えば他人からのメッセージを、その内容を自身で検討した後に、進んで受容するときにみられるものであるとした。彼によれば、権威が強制により服従を確保するのに対し、権力は強制がなくとも服従を確保し得るものであるといえる。

❺ M.ウェーバーは、支配の正統性の三類型として、神権的正統性、自然権的正統性、人民主権的正統性の三つを挙げることにより、権力者の発した命令が被治者によって無条件に受け入れられるための根拠が何であるかを示した。

## 解説

正解 ③

❶ × D.イーストンや丸山真男が、権力を実体概念で捉えた代表的人物とはいえない。イーストンは、「権力とは、ある個人ないし集団が、自らの目的の方向へと他者の行為を決定できるような関係である」と定義している。また、丸山真男は、「われわれにとって大事なことは、抽象的にその二つの考え方の是非を決めて一方的に加担することではなくて、実体概念なり、関係概念なりから、権力現象の把握についてそれぞれどのような思考法上の特色ないし傾向性が生じるか、また歴史的にどのような政治的イデオロギーと結びついてきたか、ということを実例に基づいて調査することであろう」と述べている。

❷ × 権力の関係概念は、第二次世界大戦後にアメリカで発達し、政治学で多く用いられたもので、R.ダールの権力概念などがその典型である。

❸ ○ 妥当な記述である。実体概念との違いをしっかり確認しよう。

❹ × サイモンは、権威とは「他人からのメッセージをその内容を自身で検討せずにしかし進んで受容する現象である」としている。彼によれば、権力が強制により服従を確保するのに対し、権威は強制がなくとも服従を確保しうるものであるといえる。

❺ × ウェーバーは、支配の正統性(正当性)の三類型として、「伝統的正統性」「カリスマ的正統性」「合法的正統性」の三つを挙げている。

# 第2章

# 議会と民主政治の仕組み

第２章では、議会と民主政治について学習します。議会（立法府）はほぼすべての国において政治制度の要であり、議会を中心とした政治が行われています。しかし、議会といってもその内実は様々であり、第１節では議会の歴史や類型について解説します。また、議会を中心とした政治といっても、議会と行政府の関係も国によっては大きく異なります。第３節では、議院内閣制と大統領制の特徴を解説しながら、イギリスとアメリカの政治の特徴や実態についても説明していきます。

# 1 議　会

第１節では議会の歴史や議会政治の原則などについて解説します。日本でも国会議員は「国民の代表」とされていますが、それはどのような意味なのでしょうか。そして、議会といっても一院なのか二院なのかなど世界の議会もそのあり方は多様です。また、議会での審議も国によってその実態は大きく異なります。本節は議会の様々な形について学習することを目的としています。

---

**キーワード**

身分制議会／地域代表／国民代表／ブリストル演説／変換型議会とアリーナ型議会／議会主義の危機／一院制と二院制

## 1 議会の歴史

### 1.1 議会の変遷 ★★★

#### (１) 中世の議会

現在の議会の歴史は中世にまで遡ることができる。13～14世紀の中世ヨーロッパで、近代議会の前身である**身分制議会**(等族会議)が登場した。その主要な役割は国王の課税に承認を与えることにあり、貴族や聖職者など特定の身分に属する人々の代表が集う場所であった。

#### (２) 近代の議会

18世紀の市民革命以降、身分制議会は近代議会へと発展した。例えば名誉革命後のイギリスでは議会は国民全体を代表する議員(**国民代表の原理**)からなる立法機関として位置づけられるようになり、議会中心の政治が行われるようになった(**議会中心主義**)。

#### (３) 議会制民主主義の確立

ただし、議会中心主義による政治は、当初「財産と教養ある市民」によって担われており、一般庶民には参政権は与えられておらず、現実的には国民全体を代表したものではなかった。

しかし、19世紀後半以降、普通選挙が制度化され、大衆の政治参加が実現したことで、議会主義と民主主義が初めて接合し、議会制民主主義が確立するようになったのである。



## 1.2 国民代表の原理 ★★★

### (1) 代表の類型

議会とは、主に選挙を通じて選ばれた代表(議員)が集い、政治的意志決定をするための機関である。しかし、「代表」と言っても様々な種類や考え方がある。

まず「**身分代表**」とは貴族など特定の身分から選出される場合をいう。「**地域代表**」とは特定の地域から選出され、特定の地域の利益実現のために活動する場合をいう。そして「**職能代表**」とは特定の職業団体などから選出され、特定の団体の利益実現のために活動する場合をいう。

以上の3つは、政治家(代表)とは選出母体の「**代理人**」であって、選出母体の部分利益を表出するために活動するということを前提としている。

### (2) 国民代表の原点：バークのブリストル演説

E.バーク
[1729～97]

これに対して、政治家(代表)とは、その選出母体の利害に拘束されることなく、国民全体の利益を実現すべきであるという考えがあり、これを「**国民代表**」という。

この観念を初めて提起したのがイギリスの政治家・思想家である**E.バーク**である。彼は**ブリストル演説**(1774)において、議員は「全体の一般的理性に基づいて判断」するものであり、議員は地域単位で選ばれても、全国民の利益を実現するために行動するものだと述べ、今日の国民代表の原理を提唱したことで知られている。

代表概念の比較

| 身分代表・地域代表・職能代表 | 国民代表 |
|---|---|
| 選出母体(部分集団)の利害に拘束される「**代理人**」であり、部分利益の表出を目指す。 | 選出母体(部分集団)の利害に拘束されることなく、全体利益の実現を目指す「**指導者**」としての位置づけ。 |

# 2 議会政治の原理

## 2.1 議会政治の原理 ★★★

### (1) 議会政治の原理

現代の政治は議会を中心とした代議制(間接民主制)が中心である。これが十分に機能するには、3つの原理が満たされる必要があると言われる。このように議会こそが政治的意思決定の中心であるという考えを**議会主義**という。

| | |
|---|---|
| **①国民代表の原理** | 議員は選出母体の指示に従うのではなく、国民全体の代表として行動する。 |
| **②審議の原理** | 議会では公開の場で十分かつ慎重な審議を行う。この審議により、政治的課題や与野党間の見解の相違が明らかになり、政策の選択肢が有権者に提示される。 |
| **③行政監督の原理** | 行政が議会の制定した法律を忠実に実行しているかどうかを監視し、さらに行政府の活動全般も監視する。 |

### (2) 多数決の原理

また、今日の議会では、多くの場合その意思決定は多数決を通じて行われる。本来議会制民主主義では、十分な議論の上で合意を形成することが期待されており、全員一致が好ましい。しかし、議論を続けても意見の一致を見ない場合には、多数派の意見を全体の意見とするという論理が採られている。

したがって、多数派が少数派の意見をどこまで吸収できるかということが重要であり、本来は討論の過程で少数意見を多数意思に吸収し、多数派の歩み寄りで妥協を形成することが好ましいとされている。

## 2.2 議会主義の危機 ★☆☆

政治的・社会的条件の変化により、現代の議会政治は十分に機能していないのではないか。このような見方を「**議会主義の危機**」という。危機を生み出している要因には主に以下のようなものがある。

| | |
|---|---|
| **①利益の多様化** | 普通選挙の実現で有権者の利害関係が複雑となった結果、何が国民全体の利益であるかが不明確となり、議会の統合能力が低下した。 |
| **②審議の原則の形骸化** | 党派間の対立が固定化され、審議が政党単位で行われることが多くなり、議会での有効な妥協や譲歩の可能性が低くなった。また、議会で審議すべき議案の量が増大し、十分な討論が出来なくなった。 |
| **③行政国家化** | 行政国家により官僚の役割が大きくなる一方で、議会の役割は相対的に低下し、行政の監督機能が十分に果たせなくなった。 |

# 3 議会の類型

## 3.1 一院制と二院制 ★★☆

| | 一院制 | 二院制 |
|---|---|---|
| 特徴 | 1つの議院から構成 | ・下院は国民の直接選挙<br>・上院は任命・選挙（直接又は間接） |
| 主な採用国 | スカンジナビア諸国（デンマーク、フィンランド・スウェーデン）、新興の小国（アフリカなど）、旧共産主義諸国（ブルガリア、チェコ、ルーマニア、ハンガリーなど）、中国、韓国など | ①貴族の代表が源流<br>イギリス、フランス、イタリア、ポルトガル、スペイン、日本等<br>②**連邦制国家**における地域利益の代表<br>アメリカ、ドイツ、スイス、ロシア、オランダ等 |

## 3.2 変換型議会とアリーナ型議会 ★★★

### (1) 背　景

議会には立法、政府監視、政策争点の明示など様々な機能があるが、国によりいずれの機能を重視するかという点で大きな相違があり、様々な類型がある。

アメリカの政治学者**N.ポルスビー**(1934～2007)が提案した**変換型議会**と**アリーナ型議会**という類型が現在では最も一般的なモデルとして知られている。

### (2) 変換型議会とアリーナ型議会

| | **変換型議会**<br>(transformative) | **アリーナ型議会**<br>(arena) |
|---|---|---|
| 概要 | 議会は、社会の様々な要求を法律(政策)に「**変換**」する機能を果たしている。 | 議会は、与野党が争点を明らかにし、各々の政策を有権者に訴える**アリーナ**(闘技場)として機能している。 |
| 事例 | **アメリカ議会**が典型<br>委員会中心主義を採用し、委員会における活発な立法活動を行う。 | **イギリス議会**が典型<br>本会議中心主義を採用し、本会議において与野党間の活発なディベートを行う。 |

### (3) アリーナ型議会の特徴

以上のようにアリーナ型議会であるイギリスの議会は、与野党の争点を国民に明示することを主たる役割とする「**討論の議会**」である。したがって、イギリスの議場は諸外国と比べても特徴的な作りとなっている。

まずは左の図に示す日本の衆議院の本会議場の配置を見て欲しい。日本の本会議場は非常に広く、与野党の一般議員は共に議員席に着席しており、発言者は演壇に立ち議員席に向かって演説するというスタイルである。したがって、そもそも討論をするような状況ではない。

他方でイギリスの本会議場は右の図に示すように、与党席と野党席が向かい合う形で配置され、**与党席の最前列には内閣**が、**野党席の最前列には影の内閣**が座っている。本会議場での討論は最前列の幹部を中心に展開され、ときに後列の一般議員も参加するという形で進展する。このように本会議場のレイアウト自体が与野党の対立を演出する舞台となっているのである。**⇒第3節❷**

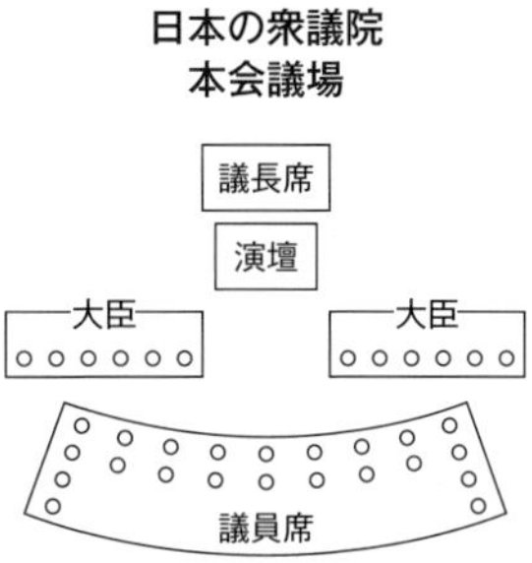


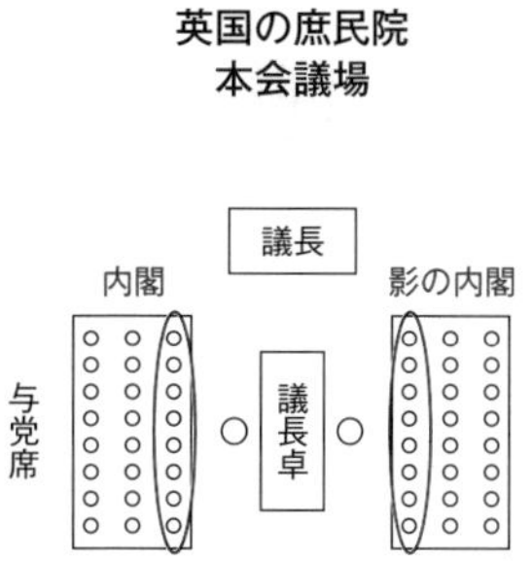


## 過去問チェック

**01** E.バークは、議員に求められるのは自分の選挙区の選挙民の利害を代理・代弁することであると論じて、「国民代表」に関する新たな概念を提起した。また、政党を、様々な利害が対立する社会において、特定の集団利益を表出し、実現するための組織であると定義した。**国家一般職2006** 1.2

× 「選挙区の選挙民の利害を代理・代弁」するのは地域代表、「特定の集団利益を表出」するのは職能代表であるから誤り。国民代表とは選挙区や特定の集団利益にとらわれずに国民全体の利益を実現しようとするものをいう。

**02** 議会には、一議院で議会を構成する一院制と、二つの議院で構成する二院制があり、連邦制国家は一院制を採用する傾向があるのに対し、単一国家は二院制を採用する傾向がある。**東京都Ⅰ類2003** 3.1

× 連邦制国家が二院制、単一国家が一院制であるので誤り。連邦制国家で連邦制を構成する州などを代表する議院を設けるのが通例であり、二院制の国家が大半である。

**03** ポルスビーは、内閣や与党が提出した「法案」を粛々と可決して「法律」に変換するのが主たる任務になっている議会を「変換型」、個々の議員が自らの政策の優劣を競う討論の場となっている議会を「アリーナ型」と呼んだ。日本の国会は英国議会同様「変換型」の典型であるが、近年は米国流の「アリーナ型」を目指す改革が進められている。**国家一般職2011** 3.2

× 変換型がアメリカ、アリーナ型がイギリスであるから誤り。日本は変換型とアリーナ型の両方の要素を有する混合タイプである。例えば党首討論は与野党対立を演出する点でアリーナ型の要素であり、政策秘書は個々の議員の立法能力を高めるという点で変換型の要素である。

# 2 国　会

第２節では日本の立法府である国会の概要について説明します。国会については、内閣との関係のように憲法上重要な論点もあります。ただし、そのような内容については憲法学に委ね、本節では、国会がどのように審議を行っているのか、どのような組織から構成されているのかといった立法過程における国会の実態の部分を中心に説明していきます。

**キーワード**

本会議中心主義と委員会中心主義／党首討論／国対政治／国会対策委員会／国会無能論と国会機能論／ヴィスコシティ（粘着性）／会期不継続の原則

## 1 国会の地位と権限

### 1.1 国会の地位　★★★

日本の政治制度は議会制民主主義を基本としており、国民の意思は国会に代表され、国会が公開の討論を通じて、国政の基本方針を決定する。このように国会は憲法上重要な地位を占めており、国会は憲法上、①**国民の代表機関**、②**国権の最高機関**、③**唯一の立法機関**という３つの地位を占めている。

#### （1）国民の代表機関

憲法では「両議院は、全国民を代表する選挙された議員でこれを構成する」(43条１項)と規定されている。このように、国会あるいはその構成員である議員が国民を代表するという考え方は近代立憲主義の基本原理の１つである。

もっとも、国民の「代表」といっても何を代表するのかという点については様々な立場がある。⇒**第1節** 1.2

### (2) 国権の最高機関

そして、憲法では「国会は国権の最高機関」(41条)と規定されている。最高機関であるとは、国会が主権者である国民によって選出された国民の代表機関であり、立法権を始め国政上重要な権限を有していることを強調したものである(この表現が憲法上はどのような意味を有するのかは憲法学で学習されたい)。

### (3) 唯一の立法機関

さらに憲法では国会は「唯一の立法機関」(41条)とも規定されている。これは国会以外での立法(法律の制定)を原則として認めないことを意味している。法律は国民の権利や義務に関する重要な法規範であることから、これを制定する権力を国会が独占しているのである。

例えば、犯罪と刑罰(罪刑法定主義)、課税(租税法定主義)、行政機関の構成と権限(行政機関法定主義)は法律で定められている。

## 1.2 国会の組織 ★★☆

### (1) 二院制

国会は衆議院と参議院によって構成されている。組織上の主な違いは以下の図表の通りである。選挙の仕組みについては詳しくは第３章を参照されたい。

| 衆議院 | | 参議院 |
|---|---|---|
| 465人<br>(小選挙区289人・比例代表176人) | 定数 | 248人<br>(選挙区148人・比例代表100人) |
| 4年 | 任期 | 6年 |
| 小選挙区及び比例代表(11ブロック) | 選挙 | 選挙区及び比例代表(全国) |
| あり | 解散 | なし |
| あり | 不信任 | なし |

### (2) 本会議と委員会

国会における立法作業は、両院それぞれにおける**本会議**(全議員が出席して行う会議)と**委員会**(政策分野ごとに設置された少人数の会議)を中心として行われる。

明治憲法の時代には立法作業の中心は本会議が担う本会議中心主義であったが、戦後の日本国憲法下では立法作業の実質は委員会が担う**委員会中心主義**となっている。

### (3) 委員会

では、法案審議の要となる委員会にはどのようなものがあるか。各院の委員会は下掲の表のように常任委員会と特別委員会の２つに分類されている。また、参議院だけに存在する委員会類似の機関として調査会というものもある。

| | 概要 | 事例 |
|---|---|---|
| **常任委員会** | 種類は国会法で定められており、衆参両院にそれぞれ内容の異なる17種の常任委員会が設置されている[1]。現状では、ほぼ各省に対応した分野別の縦割りになっている。 | 予算委員会<br>外務委員会等 |
| **特別委員会** | 常任委員会の所管に属しない特定の案件の審査のため各議院の議決によって設置される。特別の案件に関する国政調査を目的として調査特別委員会が設けられる例も多い。 | 東日本大震災復興特別委員会等 |

### (4) 主な常任委員会

委員会の数は多いが、試験対策として重要なのは以下の３つである。これらの委員会はメディアの露出度が多く注目が集まりやすい。

#### ① 予算委員会

**予算委員会**は、予算審議を所管する委員会である。

ただし、実際の審議では、予算そのものよりも、政府の行政運営全般に対する質疑に重点が置かれ、肝心の予算審議に費やされる時間は限られている。与党の政策の失敗やスキャンダル追及の場所としてしばしば用いられる。

#### ② 議院運営委員会

**議院運営委員会**は、会期の決定や案件の委員会付託など議事運営に関する事項について議長の諮問に答えるなど、幅広く議事の運営に携わる委員会である。法案審議のスケジュールなど具体的な議事の運営に関しては、同委員会での交渉で決定される。

後述するように野党の抵抗場所として重要な意味を持つ。

#### ③ 国家基本政策委員会

**国家基本政策委員会**は、法案審議は行わず、党首討論(首相対野党党首の論戦)の

1　衆議院と参議院では常任委員会はほぼ同じものが設置されているが、名称や所管は微妙に異なる。例えば、衆議院では外務委員会と安全保障委員会が設置されているが、参議院は外交防衛委員会の１つにまとめられている。

場を提供するために、衆参両院に設置されている常任委員会である。

**イギリスの党首討論をモデル**としたもので、国会審議活性化法に基づき、2000年から導入されている。

| Power UP | 党首討論の実際 |
|---|---|
| 実際の党首討論は、もっぱら両院の国家基本政策委員会の合同審査会の形式で、首相（与党の党首）と野党の党首同士の1対1の討論として開催されている。開催日程については与野党間の申し合わせで「1か月に1回」とされているが、少ない質疑時間を複数の野党で分け合うことで十分な議論が展開されているとは言えず、年によってはそもそも開催されないこともあるなど課題も多い。 | |

## 1.3 国会の権限 ★★☆

### （1）概　要

国会は主に以下のような権限を有している。なお、下記のもの以外にも国会には各種権能があるが、省略している。詳しくは憲法学で学習されたい。

#### ① 立法権

法案を審議及び議決する（憲法59条）。法案は両議院で可決したときに法律となる。

#### ② 財政議決権

国の予算を審議及び議決し（86条）、決算の承認を行ったりする（90条）。予算審議については衆議院に先議権がある（60条）。

#### ③ 行政部監督権

内閣の長である内閣総理大臣は国会議員の中から国会の議決によって指名される（67条）。また衆議院については内閣不信任決議権を有している（69条）。

### （2）衆議院の優越

以上のように国会には様々な権限があるが、両院が対立することで国政運営がままならない場合もありうる。そこで憲法では衆議院に優越的地位を与えている。このように二院制の場合に一方の議院に優越的地位を与えることは一般的であり、多くの国では「**下院の優越**」が規定されている。

日本の衆議院の場合には、内閣不信任決議権は衆議院のみが有し、予算先議権があり、内閣総理大臣の指名が両院で異なる場合には衆議院の指名が国会の指名となるといった優越権がある。また立法に関しては、両院で異なる議決をした時は、衆議院で出席議員の３分の２以上の多数で再可決すれば、衆議院の議決が国会の議決となるといった優越権がある。

## 1.4 国会と内閣 ★★★

### (1) 概　要

国の行政権は内閣に属している(65条)。行政権とは議会が制定した法律を現実に施行する権力のことであり、その行使については議会によって統制されている。

以下では内閣についての主だった特徴を確認しながら、内閣と国会の関係について説明する。詳細な説明については憲法学で学習されたい。

### (2) 内閣の組織

#### ① 組　織

内閣はその首長たる内閣総理大臣及び国務大臣で組織されており、内閣の職権は内閣総理大臣が主宰する閣議を通じて行使される。

閣議の運営方法については憲法その他の法律に規定はないが、**全会一致(全員一致)で決定すること**が慣例となっている。

#### ② 内閣総理大臣

内閣総理大臣は国会議員の中から国会によって指名され、天皇によって任命される。内閣総理大臣は内閣を代表する首長であり、行政権の最高責任者と位置づけられている。

合議体である内閣を統率するためには強い権力が必要であり、**国務大臣の任命権及び罷免権を有している。**

#### ③ 国務大臣

国務大臣は内閣総理大臣により任命され、天皇により認証(内閣総理大臣による任命を天皇が公にする儀式)される。

国務大臣は内閣の一員として閣議に参加するともに、多くの者は担当する行政機関の長として行政事務を分担管理する。国務大臣は最大で17名とされており、その過半数は国会議員でなければならない(68条)。

**Power UP** 様々な大臣

今後各種の政治系科目や法律学を学んでいく上で、様々な大臣の名称について触れることになるので簡単に解説しておきたい。

まず「国務大臣」とは内閣の構成員を指す場合の呼称である。また「主任の大臣」とは担当する行政機関の長であることを指す。ただし、中には担当する行政機関がない大臣もおり、これを「無任所大臣」という。また、内閣府という行政機関には特別な大臣職である「特命担当大臣」というのも置かれている。

### (3) 日本の統治機構と権力分立

内閣は、法律の執行、外交関係の処理、条約の締結、予算の作成、政令(内閣が制定する命令)の制定、天皇の国事行為に関する助言と承認など様々な権限を有している。

ここでは、内閣、国会、裁判所という3つの機関の関係(日本の統治機関の仕組み)と内閣と国会の関係に焦点をあてて説明する。詳しくは憲法で学習されたい。

下掲の図にあるように、日本の統治機構は3つに分割され、互いに抑制と均衡(チェック・アンド・バランス)の関係にあること、主権者たる国民も選挙や最高裁判所裁判官の国民審査などによって大きく関与していることが確認できればよい。

日本の統治機構

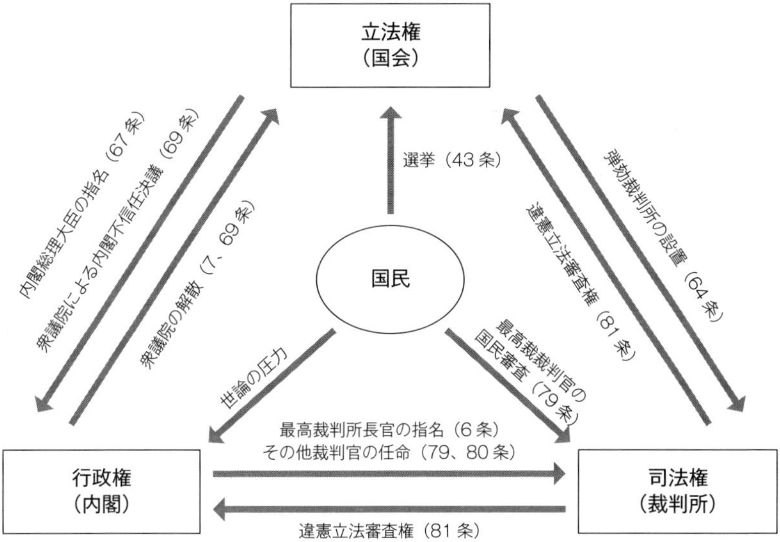


(注) 条文はすべて憲法

# 2 国会での法案審議

## 2.1 法案審議のプロセス ★★★

### (1) 法案作成

国会に提出される法案はそもそも誰が作成しているのか。国会に提出される法案は、**内閣提出法案**と**議員提出法案**の２種類に分類される。前者は行政府である内閣が提出する法案で閣法とも呼ばれる。

法案の実質はその分野を所管している行政機関によって作成されたものである。後者は文字通りで国会議員がとりまとめた法案であり、衆議院議員提出の衆法、参議院議員提出の参法に分類される。

### (2) 議事日程の決定

まず国会に提出された法案は、提出された院の議長によって所管の委員会に付託される。議事の順序は正式には議院運営委員会(議運)によって決定されるが、実質的には議運の前に与野党の**国会対策委員会**(後述)での折衝で決定される。

### (3) 委員会の審査

そして提出された法案は、これを付託された委員会で審査するのが原則である。日本は**委員会中心主義**を採用しているため、法案の審査は実質的に委員会を中心に行われ、委員会での審査が法案の成否を左右する。

委員会における審査は、趣旨説明、質疑、討論、採決の順序で行われる。重要法案などの場合には質疑の後に、公聴会や参考人質疑が行われる場合もある。

また、本会議での議決によって委員会審査を省略することも可能であり、委員会審査を経ずに法案が本会議に提出される場合もある。

### (4) 本会議の審議

法案は委員会で採決された後、本会議に送付される。本会議では議長の定めるスケジュールにしたがって審議が行われ、議事日程に関して問題があれば議院運営委員会で調整する。議員からの申し出があれば審議・討論が行われるが、概して形式的なものにとどまる。

審議の中心は委員会であるため、本会議はほとんど儀礼の場所であるのが実態である。

### (5) 両院協議会

衆議院と参議院は互いに独立して審議をしており、互いの意思が一致するとは限らない。そこで両院の議決が異なった場合には、両院協議会が開催される。

両院協議会は、衆議院と参議院から選ばれた10名ずつの協議委員で組織され、出席協議委員の３分の２以上の多数で議決されたときに両院協議会の成案となる。

**Power UP　政府委員と政府参考人**

かつては政府委員という国会審議において国務大臣を補佐するために任命された官僚がおり、大臣に代わって政府委員が答弁することが可能であった。しかし、本来議員同士の間の論戦の場であるべき国会審議が政府委員の答弁によって形骸化しているとの批判があった。

そこで、1999年の国会審議活性化法によって、政府委員制度は廃止され、現在は大臣・副大臣・政務官を中心とした答弁が行われるようになっている。

ただし、政府委員の廃止は官僚答弁が全面的に禁止されたことを意味するものではない。官僚は、委員会の求めに応じて、「政府参考人」という立場で答弁することが可能である。政府参考人とは、行政に関する細目や技術的事項について調査する場合に、委員会の求めに応じて説明を行う官僚である。

国会審議の過程（衆議院先議の場合）

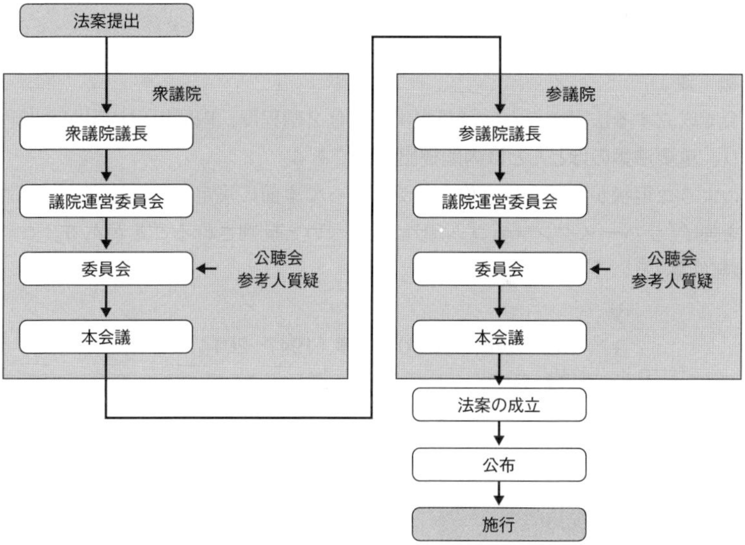


## 2.2 国対政治 ★★

上述のように国会の議事運営は国会の正式な機関である議院運営委員会で行うことになっている。しかし、いわゆる55年体制(自民党の長期政権時代)の下では、実質的な議事運営は各党の**国会対策委員会**の間の協議で決定されるという慣行が続いてきた。

このように議事運営が、政党の内部組織に過ぎない**国会対策委員会(国対)の間での密室の取引により決定**されることは「**国対政治**」と呼ばれ、国会審議の形骸化を招いていると批判されてきた。

国対政治

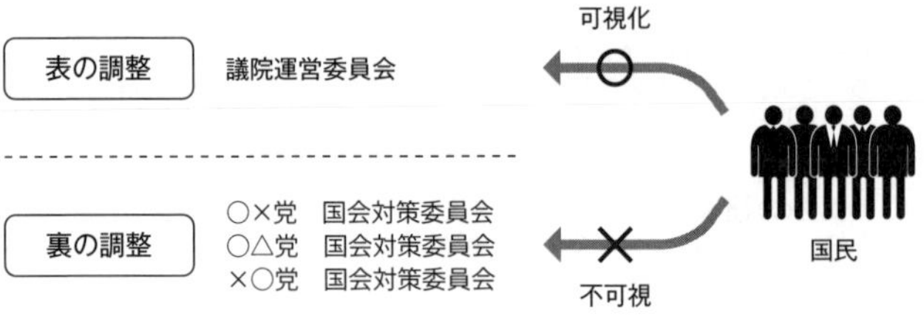


## 2.3 国会無能論 ★★★

### (1) 概　要

国会で成立する法案のうち、議員提出法案は2割程度、内閣提出法案が8割程度であり、**重要法案のほとんどは内閣提出法案**である。

このような現状から国会は官僚と与党によって事前に決定された法案に対して承認印を押す「ラバースタンプ」(ゴム印)に過ぎないと批判されることがある。これを「**国会無能論**」という。

法案の提出件数及び成立率（1947~2014）

| | 提出件数 | 成立率 |
|---|---|---|
| 内閣提出法案(閣法) | 9,683 | 88.5% |
| 衆議院議員提出法案(衆法) | 3,782 | 36.3% |
| 参議院議員提出法案(参法) | 1,483 | 14.8% |

### (2) 批　判

しかし、以上のデータだけでは、日本の国会が「無能」であるとは言えない。イギリスやフランスなども内閣提出法案が多く、成立率が高いからである。

つまり、議院内閣制を採る国は内閣提出法案の数、成立率が高いのが一般的なのである。

## 2.4 国会機能論 ★★★

### (1) 概　要

以上のような国会無能論に対して、議会の能力は立法機能だけで測れるものではなく、議会が政策に与える**消極的な意味での影響力も考慮すべきである**という立場もある。これを**国会機能論**という。

例えば**J.ブロンデル**は、議会の能力を測る指標として、**法案を妨害・廃案する能力**を**ヴィスコシティ**（viscosity：**粘着性**）と名付け、議会のヴィスコシティが高ければ、議会は機能していると考えた。

### (2) M. モチヅキの研究

#### ① 概　要

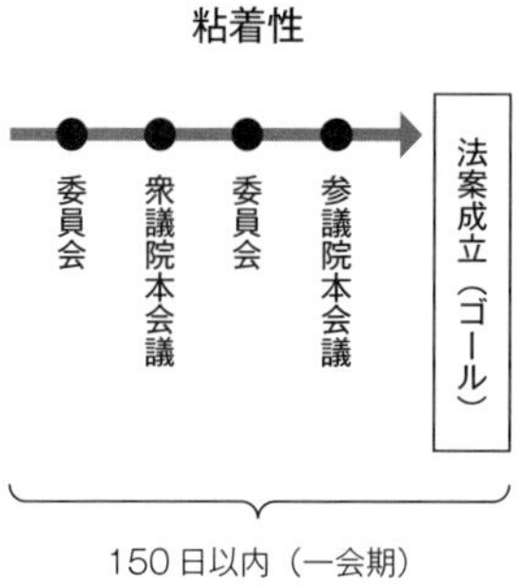


アメリカの政治学者**M.モチヅキ**は、ヴィスコシティを日本の国会研究に適用し、野党は国会のルールを活用して、内閣提出法案の成立を妨害することで影響力を行使していると分析した。

彼によれば、野党は以下のような手段を用いて内閣提出法案の成立を妨害し、一定の影響力を発揮しているという。

#### ② 野党の抵抗の手段となる国会のルール

モチヅキは国会のヴィスコシティを高める要因として、以下の４つを指摘しており、このような手段で与党の法案を時間切れによる廃案となるように活動し、与党からの妥協を引き出そうとするという。

**(ア) 二院制**

衆議院の優越が認められているものの、参議院は一般法案に関して衆議院とほぼ対等に等しい影響力を持っている。このため参議院での審議中に時間切れに追い込まれ、政府は法案の成立を断念することがある。

**(イ) 会期制と会期不継続の原則**

日本の国会は一会期が150日以内と諸外国と比較しても短く、国会審議は１年間に数回の会期に分断されている（年間複数会期制）。

そして、各法案の審議はその会期内限りであり、次の会期には継続せず、会期を越えると審議未了で廃案という「**会期不継続の原則**」を採用している。

### (ウ) 委員会制

日本の国会は委員会中心主義を採用しているため、法案審議は政策領域ごとの委員会に分かれている。このため野党に多くの抵抗の機会を与えることになる。

### (エ) 全会一致の慣行

国会の委員会の審議事項や日程などの議事運営については、与野党の委員からなる理事会の合意に基づいて行われており、その決定は**全会一致の慣行**に基づいている。

あくまで慣行であり法令に基づくルールではないため、与党は野党を無視して議事運営をすすめることは可能ではある。しかし、野党を無視すると、野党の徹底的な抵抗やメディアからの批判を受けるため、与党は通常はこの慣例を守るのである。

**Power UP** 「会期不継続の原則」の例外

先述のように会期中に成立しなかった法案は審議未了で廃案となるのが原則である。ただし、すべての法案が廃案となるわけではなく、国会の閉会中や次の会期に審査することも可能である。

閉会中であっても各議院の議決があれば審査可能であり、これを継続審査（閉会中審査）という。継続審査が行われた法案は、次の会期に持ち込まれて審査される。

## 過去問チェック

**01** 国会は委員会主義をとっており、本会議で審議される議案は、決議案も含め、事前にいずれかの委員会で可決されたものでなければならない。すべての議案は、先議院たる衆議院の議長に提出された後、いずれかの委員会に付託され、趣旨説明、質疑等を経て採決されることになるが、当該委員会において否決された議案はその時点で廃案となる。**国家一般職2011** 1.2 1.3

× 「本会議で審議される議案は～いずれかの委員会で可決されたものでなければならない」「すべての議案は～委員会に付託され」が誤り。本会議の議決があれば委員会審査を省略することも可能である。また、「すべての議案は、先議院たる衆議院」が誤り。衆議院が先議するのは予算案だけである。さらに、「否決された議案はその時点で廃案」が誤り。例えば衆議院で可決され、参議院で否決された場合には衆議院での再可決ということもある。

**02** 日本の国会では、衆議院と参議院の二院制がとられており、首相指名及び予算については、衆議院の参議院に対する優越が定められている一方、条約承認及び裁判官の弾劾については、参議院の衆議院に対する優越が定められており、権力が

分散するようになっている。**国家専門職2006** 1.3

╳「条約承認及び裁判官の弾劾については、参議院の衆議院に対する優越」が誤り。参議院は衆議院に対する優越権を持たない。

**03** 議院内閣制を採用している日本では、憲法において、国会は「唯一の立法機関」と定められていることから、国会による立法以外の実質的意味の立法は、憲法の特別の定めがある場合を除いて許されないという、国会中心立法の原則が採られている。このため、国会において承認の議決を得た場合に限り、内閣は法案を提出することができる。**国家一般職2012** 2.1

╳「国会において承認の議決を得た限りにおいて」が誤り。内閣は法案の発案権を有しており、国会の議決の有無に関わらず法案を提出することができる。

**04** 英国においては、内閣が、官僚を、政権への奉仕者として、下院の本会議に出席して発言させることが通例である。一方、日本においては、平成11（1999）年に政府委員制度が廃止されたことにより、内閣が、官僚を、国会の審議において発言させることができなくなった。**国家一般職2010** 2.1

╳ まずイギリスでは議員である大臣が発言するのが原則であり、官僚は議会で発言することはできない。日本ではかつて大臣に代わって答弁することができる政府委員が存在していたが現在では廃止されている。ただし、これは官僚が国会において一切発言できないことを意味するものではない。委員会の求めに応じて官僚は「政府参考人」という形で発言を行うことがある。

**05** 我が国では、内閣提出法案として国会に提出される法案に関して、国会対策委員会が各党への根回しや交渉を担当している。国会対策委員会は国会の主要な常任委員会の一つであり、国会審議が与野党の対立で行き詰まった場合には、各党の国会対策委員が状況打開のための協議を行う。**国家一般職2002** 2.1 2.2

╳「国会対策委員会は国会の主要な常任委員会」という点が誤り。国会の常任委員会の1つとして国会審議の日程などを調整するのは議院運営委員会である。国会対策委員会はあくまで各政党の内部組織として設けられているものである。

**06** 第二次世界大戦後の我が国の国会は、英国型とアメリカ型の制度を採り入れた混血型の議会という性格を持つといえるが、近年、与野党の論戦を活性化させるために導入された党首討論の制度と、国会議員の政策形成能力を高めて議員立法を活性化させるために導入された政策担当秘書の制度は、いずれもアメリカ議会にモデルを求めたものである。**国家一般職2008** 1.2

╳ 政策担当秘書はアメリカ議会を参考にしたものであるが、党首討論はイギリスの議会を参考にしたものであるので誤り。

**07** M.モチヅキは、我が国の国会は二院制や会期制、委員会制、審議ルールをめぐる全会一致の慣行といった要因のためにヴィスコシティ(粘着性)が高く、政府の提出する予算案や法案が野党の抵抗によって成立しないことが少なくないと主張した。実際、第二次世界大戦後の内閣提出法案の成立率は7割程度であり、残りの3割程度は野党によって否決されている。**国家一般職2008** 2.4

✕ まず「成立率は7割程度」という点が誤り。戦後の閣法の成立率は約9割である。また「残りの3割程度は野党によって否決」という点が誤り。そもそも与党の方が過半数を確保しているはずなので、原則的には野党によって否決はできない。野党はヴィスコシティが高いことを利用して時間稼ぎをし、審議未了の「廃案」を目指すのである。

**08** 国会における議案の採決は多数決によるのが原則であるが、議事運営に関しては全会一致ルールが採用されている。例えば、国会の会期日程は、衆参両院の議院運営委員会の議を経て、両院が決定するが、国会法の定めにより、同委員会の決定は全会一致で行われなければならないので、国会の会期を延長する際には、すべての会派の賛成が不可欠となっている。**国家一般職2011** 2.4

✕ 「国会法の定めにより」という点が誤り。全会一致はあくまで「慣行」であり、国会法などによって制度化されたものではない。

**09** 国会法は、「会期中に議決に至らなかった案件は、後会に継続しない」と定め、会期不継続の原則を規定している。このため、会期末までに成立しなかった案件は審議未了として廃案になる。会期不継続の原則を徹底するため、次の会期において継続して審議することはいかなる場合も認められておらず、野党が審議において与党に抵抗できる機会が減少することから、会期不継続の原則によって議会審議の粘着性は低下すると考えられる。**国家専門職2016** 2.4

✕ まず「継続して審議することはいかなる場合も認められておらず」という点が誤り。会期不継続の原則についても例外があり、議院の議決に基づいて議院の閉会中に継続審査が可能である。「閉会中審査」と呼ばれている。また「粘着性が低下」という点も誤り。会期不継続の原則は法案審議に時間制限を設けることを意味し、野党による時間稼ぎの手段として用いることができる。つまり、会期不継続の原則は粘着性を高めることになる。

# 3 議院内閣制と大統領制

第3節では代表的な政治制度である議院内閣制と大統領制について説明します。世界の国々は概ねこの2つのいずれかに、あるいは2つの混合形態である半大統領制に分類されます。そして、基本的な特徴を理解した上で、それぞれの制度の母国であるイギリスとアメリカの議会や立法過程の特徴や実態について説明します。

**キーワード**

本人・代理人モデル／一元代表制と二元代表制／「権力の分立」と「権力の融合」／分割政府／不文憲法／影の内閣／連邦制国家／教書提出／法案拒否権

## 1 議院内閣制と大統領制

### 1.1 議院内閣制と大統領制の比較 ★★★

(1) 概　要

現代の政府のあり方は、行政府と立法府の関係を基準として、**議院内閣制**(議会制ともいう)と**大統領制**の２つに分類される。また、この両者の特徴を併せ持つ体制として、**半大統領制**も存在する。

(2) 本人・代理人モデルによる比較

議院内閣制と大統領制の違いは、**本人・代理人モデル**(**プリンシパル・エージェント・モデル**)によって説明することができる。

① 議院内閣制

議院内閣制では、まず有権者を「本人」、議会を「代理人」とする関係が形成されている。また、議会は有権者の「代理人」というだけでなく、首相(内閣)を選出するという点では「本人」としての役割も果たしている。

つまり、議院内閣制とは、有権者→議会→首相(内閣)というように本人・代理人の系統が一本で形成されている仕組みである(**一元代表制**)。

② **大統領制**

これに対して、大統領制は、全国の有権者という「本人」から選出される大統領という「代理人」と、各地方の選挙区の有権者から選出される議員という「代理人」の２つが存在している。

つまり、大統領制とは有権者→大統領及び有権者→議会という本人・代理人の系統が二本形成される仕組みである（**二元代表制**）。

議院内閣制と大統領制の比較

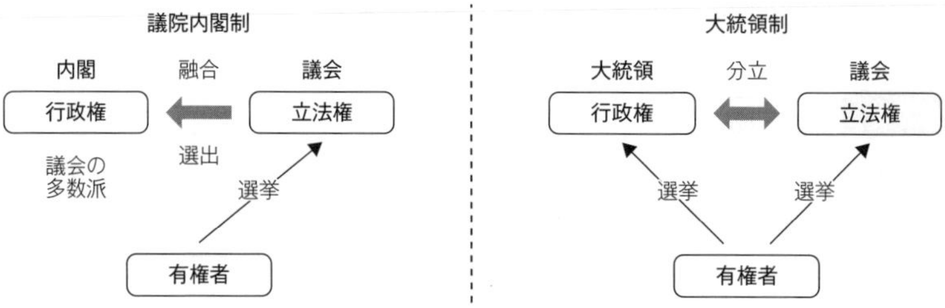


## 1.2 議院内閣制の基本的な仕組み ★★★

### （1）概　要

先述のように、議院内閣制は本人・代理人の系統が一本であり、代理人が複数存在していないため、立法府と行政府の対立は生じにくい。

つまり、立法府と行政府の間で「**権力の融合**」した体制となっている。

### （2）主な採用国

議院内閣制は、日本はもちろんイギリスなどの西ヨーロッパ諸国の多くで採用されている。また、インド、タイ、オーストラリア、ニュージーランドなどアジア・オセアニア地域も議院内閣制が比較的多く用いられている。

### （3）特　徴

① **首相・内閣（行政府の首長）は議会（立法府）によって選出される**

行政府の首長である首相と内閣は議会により選出される。つまり、国民により直接選出されるのではなく、立法府により間接的に選出される。

### ② 首相と内閣は議会に責任を負う

首相及び内閣は議会によって選出されたため、その地位は議会の信任に依存している。したがって、議会の信任を失った場合には、不信任投票より退陣を迫られる。

### ③ 内閣の合議制

内閣における首相の地位は様々なタイプがあるが、常に集団的に政策決定を行う合議制が採用されている。

議院内閣制の長短

| 長所 | 短所 |
|---|---|
| **① 迅速かつ効率的な立法**<br>内閣提出法案が大半を占め、その成立率が極めて高い。<br><br>**② 議会による不信任投票**<br>議会による不信任投票で首相を辞任させることが可能であるため、選挙民の信を失った政治指導者を辞めさせることが容易。<br><br>**③ 首相の資質**<br>議会経験の長い指導者が首相になるケースが多く、統治の術に長けた人物が首相となる[1]。 | **① 連立内閣の不安定性**<br>複数の小政党が連立内閣により政府を構成する場合、議会制は不安定なものとなり、政権の頻繁な交替が生じる可能性がある。例えば、イタリアでは、1946～94年の間に53の政権が誕生し、平均11か月しか持たなかった。 |

## 1.3 大統領制の基本的な仕組み ★★★

### (1) 概　要

大統領制では代理人が複数存在していることから、代理人同士の対立、具体的には大統領と議会の間での対立が生じる可能性が高い。つまり、立法府と行政府の間での「**権力の分立**」を徹底した体制となっている。

したがって、**大統領という役職者が存在するだけでは大統領制とはいえず**、あくまで立法府と行政府との関係によって分類される。例えば、ドイツ、フランス、ロ

**1** 例えば、大統領制を採用するアメリカのオバマ大統領はイリノイ州議会上院2期、連邦議会上院1期だけの経験を経て、トランプ大統領は公職経験皆無で大統領に就任した。他方、議院内閣制を採用する日本の鳩山由紀夫首相は衆議院8期、菅直人首相は10期で首相となった。つまり、議院内閣制の首相は議会経験が長い者が就任する傾向にある。

シアなどには大統領がいるが、大統領制には分類されない。

### (2) 主な採用国

大統領制は、いわゆる主要先進国ではアメリカのみで採用されている。ブラジルやアルゼンチンなどのラテンアメリカでは大統領制が主流である。また、韓国、インドネシア、フィリピンなどアジア地域の一部でも導入されている。

### (3) 特　徴

#### ① 大統領は国民により直接選出される

行政部の首長である大統領は国民により直接選挙で選ばれる。したがって、大統領は議会から独立した固有の民主的正統性を有する。

#### ② 大統領の任期は憲法で明記されている

行政府の首長である大統領の任期は、憲法で定められており、固定的である。他方で、議会の任期も同様に固定的で、大統領は議会を解散する権利を有さない。アメリカでは任期４年、３選が禁止されている。

#### ③ 大統領は独任の長である

大統領は行政府の首長として、独任で権限を行使する。各省長官はあくまで大統領のアドバイザーという位置づけである。

大統領制の長短

| 長所 | 短所 |
|---|---|
| ① 行政府の安定性<br>大統領は議会内の政治的影響力に関係なく、任期中に権限を安定的に行使することができる。<br><br>② 民主的正統性<br>国民による直接選出は、議会制において首相が議会で選出されるのに比べてより民主的である。<br><br>③ 厳格な権力分立<br>行政府と立法府の権力分立は、権力の専制から個人の自由を守るのに適合的である。 | ① 分割政府(divided government)<br>大統領の政党と議会多数派の政党が一致しない場合、政権運営が困難になる可能性がある。<br><br>② 非連続的な政治過程<br>大統領の任期が固定的であることは、政策の継続的修正を困難にする可能性がある。<br><br>③ 社会の分裂<br>1つの政党からなる大統領が行政権を独占する仕組み(勝者独占方式：winner-take-all)は、社会の分裂を悪化させる可能性がある。 |

## 2 イギリスの政治

イギリスの政治機構

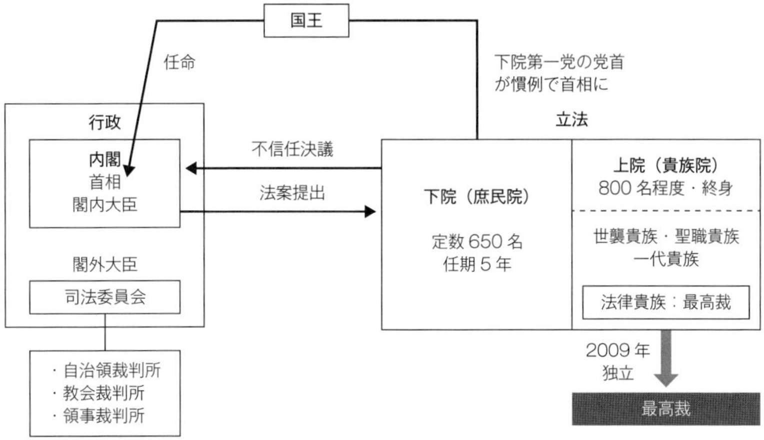


イギリスの政治制度の基本概要

| | |
|---|---|
| 政治体制 | 国王を元首とする立憲君主制であり、**議院内閣制**の母国である。また、イギリス憲法は様々な慣習や法律の集合体であり、統一された憲法典が存在しない**不文憲法**の国である。 |
| 元首 | 国王は国家元首として、議会の召集・解散、法律の制定・公布などの権限を持つが、**「君臨すれども統治せず」**の原則の下で、行政権は内閣、立法権は議会、司法権は裁判所に委ねられている。 |
| 行政 | 内閣が行政府の最高機関。首相は下院第一党の党首が国王によって任命される。大臣は首相の提案に基づいて議員の中から国王が任命する。内閣は下院に対して連帯して責任を負う。 |
| 立法 | 上院と下院からなる**二院制**。**上院は貴族と勅任の議員**から構成されている。1998年以来上院改革が続けられており、世襲貴族議員は大幅に削減されている。**下院は小選挙区により選出**される。イギリスでは下院優位の原則が確立しており、予算など重要法案は下院を通過すれば国王の裁可を得て成立する。 |
| 司法 | かつてイギリス国内の最高裁は上院であったが、2009年に独立の最高裁が誕生した。イギリスは**「議会主権」**とも言われるように議会の権限が強固で、議会が唯一絶対の立法機関とされているため、司法機関に**違憲立法審査権はない**。 |
| 政党 | 19世紀は保守党と自由党、20世紀後半からは保守党と労働党の**二大政党制**である。<br>ただし、二大政党以外にも自民党のような有力政党や地域政党が存在する。 |

## 2.1 イギリスの内閣 ★★★

### (1) 歴　史

現在のイギリスの議院内閣制は、18世紀前半の**ウォルポール**内閣の時代に確立したと言われる。イギリスの議院内閣制は首相の強いリーダーシップが発揮される体制であり、首相内閣制(首相制)とも称される。

### (2) 任　命

内閣の最高責任者は首相であり、国王が任命する。ただし、国王による任命は形式的なもので、**下院第一党の党首が慣例で首相**に任命される。閣僚の任免は首相の提言によって国王がこれを行う。

日本と異なり、**閣僚はすべて議員**でなければならないという慣習が確立している。

### (3) 閣僚の種類

内閣の構成員である閣僚(大臣)は**閣内大臣**と**閣外大臣**の２つに分類される。

#### ① 閣内大臣

常時閣議に出席する大臣である。ポスト・数は首相の専権事項であり、内閣ごとに構成や名称が変更される場合がある。

また、内閣と与党の一体性を確保するため、党幹事長など(議会内での取りまとめ役)の党内の役職者が閣内大臣の一員となるのが慣例である。

#### ② 閣外大臣

必要なときだけ閣議に参加し、閣内大臣の補佐など行うこと目的とした大臣である。日本の副大臣はこれをモデルとして設置されている(ただし、日本の副大臣は閣議には参加しない)。

### (4) 影の内閣

#### ① 概　要

イギリスの野党第一党は、常時政権交代に備えて「**影の内閣**」(**シャドーキャビネット**)を組織している。そして、これらを制度的に保障するため、第一野党党首には議員歳費とは別に国から特別手当が支給されている。

② 日本での導入

日本では旧民主党が影の内閣をモデルとして、自主的に「次の内閣」を組織していた。自民党も2009年に野党になり翌年「シャドウ・キャビネット」を組織したことがある。ただし、日本では政党の自主的な取組みとして行われており、**英国のような制度的裏付けはない**。

**Power UP　議院内閣制の起源**

英国王ジョージ１世はドイツ出身で英語を解さず、英国内にも関心が薄かったため、当時の第一大蔵卿であったR.ウォルポールが閣議を主宰するようになり、首相と呼ばれるようになった。

また、ウォルポールは、下院の総選挙で自分の所属するホイッグ党の議席を減らすと総辞職をし、内閣が議会に責任を負う先例を作った。以降これが定着し議院内閣制と呼ばれるようになった。

丸投げ

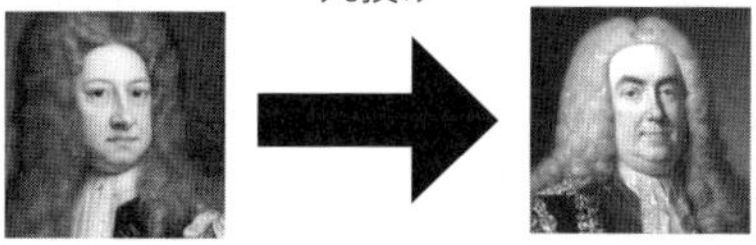

ジョージ1世　ウォルポール

## 2.2 イギリスの立法過程 ★★★

(1) 概　要

三読会制による**本会議中心主義**が採られており、ポルスビーの議会類型では、**アリーナ型議会**の典型とされる。

(2) 二院制

貴族院(上院)と庶民院(下院)の二院制である。ただし、上院は世襲貴族・一代貴族などの**非選議員**であり、権限は制約されている。予算案や法律案を上院が否決しても、下院の採決のみで成立させることができるなど、**下院優越の原則**が確立している(議会法で成文化されている)。

(3) 法案審議の特徴

法案審議の中心は本会議(**読会**)であり、特に第二読会において、与党の閣僚や野党の「影の内閣」など与野党の指導的議員を中心に法案の基本原則について討議する。条文ごとの細かな審議は委員会に委ねられる。

### (4) フロントベンチャーとバックベンチャー

先述のようにイギリス下院の本会議場は、与党と野党が相対する対面式の構造となっており、与党の主要閣僚は与党座席の最前列、野党幹部(影の内閣)は野党座席の最前列に座って論戦に臨む。

前列に座る幹部議員は**フロントベンチャー**、新人議員など後列に座る議員は**バックベンチャー**と称される。

**立法過程**

[第一読会]　：議事日程表に法案と提出者を記載
↓
[第二読会]　：与野党の討論（debate）で法案の骨格部分を決定
↓
[委員会審議]：条文ごとの逐条審議
↓
[委員会報告]：委員会で可決した修正点を審議
↓
[第三読会]　：総括審議（用語の形式的修正のみ）

**議院内閣制の日英比較**

| | イギリス | 日本 |
|---|---|---|
| 首相の選出 | 下院の第一党党首が慣例で首相に | 国会で指名選挙<br>(第一党党首とは限らない) |
| 内閣の構成 | 大臣はすべて議員 | 過半数が議員 |
| 上下両院 | 下院の優越 | |
| | 上院：非公選 | 参議院：選挙区と比例代表制 |
| | 下院：小選挙区 | 衆議院：小選挙区比例代表並立制 |
| 裁判所の違憲審査 | 違憲審査権なし | 違憲審査権あり |
| 憲法 | 不文憲法 | 成文憲法 |
| 立法過程 | 本会議中心主義 | 委員会中心主義<br>(戦前は本会議中心主義) |
| 首相の判断による議会の解散 | なし<br>(2022年1月現在) | あり |

## 2.3 イギリスの政党 ★★☆

### (1) 概　要

イギリスは**二大政党制**の代表国である。19世紀イギリスでは、自由党と保守党の二大政党が交互に政権を担当する二大政党制であった。20世紀初頭には労働党が自由党から分党して三党制となり、その後自由党が勢力を失う中で労働党は支持を拡大し、戦後は**保守党**と**労働党**の二大政党制となった。

### (2) イギリスの主要政党

| | |
|---|---|
| **保守党** | トーリー党を前身とする保守政党。政策的には小さな政府と自由市場経済を重視してきた。**富裕層**を主な支持基盤としている。 |
| **労働党** | 1900年に労働組合などを代表する政治組織として結成された政党で、元来は**社会主義政党**。第一次大戦期に党勢を拡大し、第二次大戦後は二大政党の1つになった。**ブレア**党首（首相）時代に国民政党への脱皮が図られ、新生労働党（ニュー・レイバー）と呼ばれた。 |
| **自由民主党** | ホイッグ党を前身とする自由党と社会民主主義者グループが合流して結成された政党で、イデオロギー的には中道左派・リベラル。保守党・労働党に次ぐ第三党として一定の票を獲得してきたが、現在は低迷中である。 |
| その他 | スコットランド国民党、ウェールズ国民党のように特定の地方においてのみ有力な政党が複数存在している。 |

### （3）近年のイギリスの下院総選挙の結果

イギリスは二大政党制の代表国であり、二大政党のいずれかが単独で政権を担当するのが通例である。ただし、例外もあり、2010年には第二次世界大戦後初となる連立政権（保守党と自由民主党）が誕生している。

イギリスの下院総選挙の結果

| | 議席数と得票率 | | 首相 |
|---|---|---|---|
| | 保守党 | 労働党 | |
| 1979 | 339席（44%） | 269席（37%） | M.サッチャー（保守） |
| 1983 | 397席（42%） | 209席（28%） | |
| 1987 | 376席（42%） | 229席（30%） | |
| （1990年首相交代） | | | J.メージャー（保守） |
| 1992 | 336席（42%） | 271席（35%） | |
| 1997 | 165席（31%） | 419席（44%） | T.ブレア（労働） |
| 2001 | 166席（31%） | 413席（41%） | |
| 2005 | 197席（33%） | 356席（36%） | |
| （2007年首相交代） | | | G.ブラウン（労働） |
| 2010 | 307席（36%） | 258席（29%） | D.キャメロン（保守） |
| 2015 | 331席（36%） | 232席（30%） | |
| （2016年首相交代） | | | T.メイ（保守） |
| 2017 | 318席（42%） | 262席（40%） | |
| （2019年首相交代） | | | B.ジョンソン（保守） |
| 2019 | 365席（43%） | 203席（32%） | |

（注）小選挙区制であるイギリスでは議席数と得票率に大きな乖離が生じるのが特徴である。例えば、2005年の選挙では得票率が３%差であるにも関わらず、議席数は150席以上の開きがある。

# 3 アメリカの政治

アメリカの政治機構

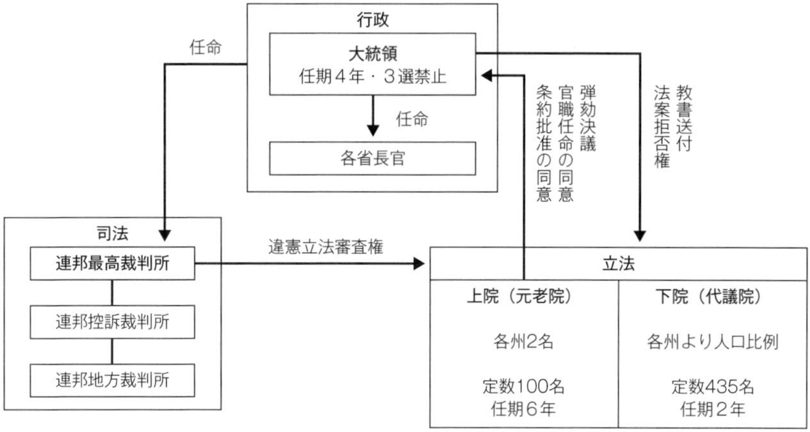


アメリカの政治制度の基本概要

| | |
|---|---|
| 政治体制 | **大統領制**を採用し、大統領に強力な権限を付与しているが、**連邦制**(地域的権力分立)と**厳格な三権分立**により、徹底した権力分立を行っている。 |
| 元首 | 大統領は国家元首であるとともに、行政府の責任者として国民に直接責任を負っている。有権者は大統領を直接選挙するのではなく、大統領選挙人を選出することで大統領を選出する(**間接選挙**)。 |
| 行政 | 大統領が行政府の最高機関。大統領が単独で行政権を有する独任制が採られている。大統領は上院の同意を得た上で各省長官を任命し、政府を形成する。 |
| 立法 | 上院と下院からなる二院制。上院は各州2名から選出され、州代表の性格を帯びている。下院は各州に人口比例で議席が配分され、小選挙区で選出される。解散はなく、**議員だけが法案提出権を有する**。 |
| 司法 | 連邦司法部門は、連邦最高裁判所、連邦控訴裁判所、連邦地方裁判所から構成されている。裁判所は判例によって確立した**違憲立法審査権を有する**。 |
| 政党 | 共和党と民主党が**二大政党制**を形成している。二党以外にも政党はあるが、連邦議会に議席を有するのは共和党と民主党だけである。 |

## 3.1 連邦制 ★★★

### (1) 単一主権国家

国家主権の在り方や、中央政府(国)と地方政府(自治体)の関係は各国において様々であるが、一般に**単一主権国家**と**連邦制国家**に分類される。

単一主権国家(単一制)とは、**主権と憲法を中央政府が有しており**、地方政府は中央政府によって認められた範囲内で政策決定や実施を行うタイプの国家をいう。日本、イギリス、フランスなどが単一主権国家に該当する。

### (2) 連邦制国家

他方で、もともと**州(地方政府)などが主権や憲法を有しており**、主権の一部を国(連邦政府)に移譲して設立されている国家を連邦制国家という。アメリカは世界で初めての連邦制国家であり、ドイツ、スイスなどが採用している。

例えば、アメリカの場合、連邦政府は国防や外交など一部の権限を州から移譲されているが、その他の多くの役割は州独自に行われている。州は独自の憲法、立法機関、司法機関を有しており、各種の法律は州によって様々であるなど、連邦政府と州政府との間で権力が大きく分割されている。

## 3.2 アメリカの大統領 ★★★

### (1) 大統領の選出

大統領は大統領選挙人によって選出されるため、**形式上は間接選挙**だが、**実質的には直接選挙**といえる制度である。大統領の**任期は4年**であり、**3選が禁止**されている(かつて3選禁止は慣習に過ぎなかったが、1951年から憲法規定となっている)。

### (2) 大統領の主な権限

| | |
|---|---|
| **①行政権** | 行政権は大統領個人に属する独任制である。大統領は行政府の長として政府を組織し各省庁官らにより内閣が構成される。 |
| **②教書提出** | 法案提出権はない。ただし、議会に教書(政策上・立法上の意見書)を提出することができる。 |
| **③法案拒否権** | 法案は大統領の承認・署名を経て初めて法律となるため、署名拒否で法案の成立を妨害することが可能である。 |
| **④軍の最高司令官** | 陸海空の三軍の最高司令官であり、大統領は軍を自己の裁量で動かす権限が与えられている。ただし、宣戦布告は議会の権限である。 |
| **⑤各省長官・連邦最高裁判事等の任命権** | 外交官、連邦最高裁や高裁の判事、各省長官など重要な官職の指名権を有する。ただし、任命に際しては上院の同意が必要である。 |
| **⑥条約の締結権** | 条約を締結する権限を有する。ただし、上院が条約の批准権を持つ[2]。 |

### (3) 内　閣

大統領は行政府の長として各省長官を任命し、政府を組織する。各省長官は内閣(cabinet)を構成し、大統領に対して責任を負い、大統領を補佐・助言を行う。**各省長官は議員と兼職ができず、**議会にも出席できない。

### (4) 副大統領

大統領選挙において大統領とセットで選出される。上院議長を兼任し、大統領が欠けた場合には大統領になる。

### (5) 大統領の罷免

#### ① 概　要

議院内閣制と異なり、議会による不信任決議、大統領による**議会の解散はない**。ただし、以下のとおり、議会による大統領の罷免は可能である。

---

**2** 国家間の法的な取り決めである条約は、首相や大統領など行政機関の首長同士の署名だけでは成立せず、議会などの国家機関による承認手続(批准)を経て効力を発する。

② 仕組み

大統領の犯罪行為(反逆・収賄など)と思われる事件が発生した場合、まず、下院による**弾劾訴追**が行われ(過半数以上で可決成立)、次に上院による**弾劾裁判**(出席議員の３分の２以上で可決成立)で大統領の罷免が決定する。

③ 現　状

クリントン大統領やトランプ大統領のように訴追されたケースはあるが、**弾劾裁判で罷免された事例は皆無**である。

## 3.3 アメリカの議会 ★★★

アメリカ議会は上院と下院の二院制である。立法上の権限は上下両院対等であるが、それぞれが持つ専有事項がある。ただし、連邦制を採るアメリカでは「州の代表」という性格を有する上院の方がステータスが高いとされている。

| | 上院(元老院) | 下院(代議院) |
|---|---|---|
| 選出 | 定数は各州2名(合計100名)<br>2年ごとに3分の1が改選される。1回の選挙で選ばれるのは一人であり、小選挙区制の仕組みである。 | 各州に人口比例で配分(合計435名)<br>小選挙区で選出。 |
| 任期 | 6年 | 2年 |
| 専有事項 | ・各省長官、大使、最高裁判事などの**任命承認権**<br>・**条約批准同意権**<br>・大統領の弾劾裁判 | ・予算関係・歳出関係法案の先議権<br>・大統領の弾劾訴追 |
| 特徴 | 州の規模にかかわらず平等に各州2名であるため、事実上「州代表」の性質を帯びている。 | 立法上の権限は対等であるが、条約批准の同意、各省庁官等の任命承認などの点で上院に劣る。 |

## 3.4 アメリカの立法過程 ★★★

### (1) 概　要

**委員会中心主義**が採られており、ポルスビーによると**変換型議会**の特徴をもつ。

### (2) 法案提出

連邦議会への**法案提出権は連邦議会議員のみが有する**。近年は年間で上院千数百件、下院で2,000～3,000件程度と日本と比べると膨大な数の法案が提出されている。

形式としてはすべての法案は議員が提出する議員立法であるが、重要法案の大半は実質的には大統領が作成していると言われている。

### (3) 審議の過程

審議の中心は委員会である。法案は委員会での議決を経て、本会議で議決され、別の院に送付される。法案は上下両院を通過しても大統領の署名が必要であり、大統領が**拒否権**を行使する時がある。

その場合には、再度上院・下院両方で出席議員の３分の２以上の多数で可決すれば、拒否権を覆すこと(**オーバーライド**)ができる。ただし覆されるケースは稀であり、大統領が拒否権を行使した法案の多くは廃案となる。

### (4) 法案審議の特徴

政党規律が弱いため、党派を超えた結束が容易である。このため、**ログ・ローリング**(「票の貸し借り」)や**クロス・ヴォーティング**(他党の多数派に賛成する現象)がしばしば見られる。また、上院では長時間の演説による審議の引き延ばし(**フィリバスター**)も行われる。

アメリカの立法過程（下院先議の場合）

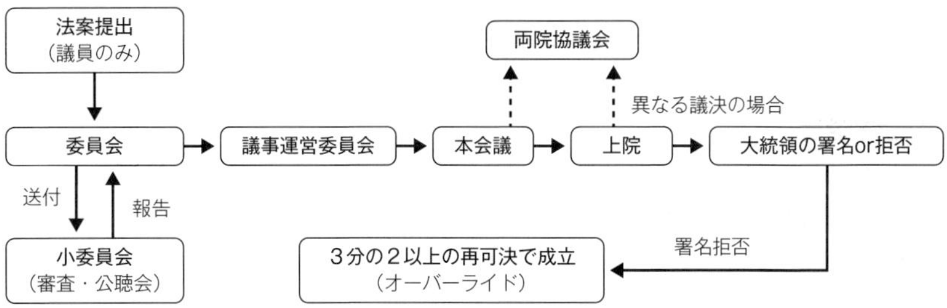

## 3.5 アメリカの政党 ★★★

### （1）主な政党

アメリカの連邦議会では、無所属議員が存在するものの、政党では共和党と民主党が議席を独占しており、**二大政党制**の典型となっている。

| | |
|---|---|
| **共和党** | アメリカの「**保守**」政党。政策的には、「小さな政府」を志向する。元来はアメリカ北東部・中西部を支持基盤とする政党だが、1960年代以降南部にも進出している。 |
| **民主党** | アメリカの「**リベラル**」政党。当初は農村部・南部を支持基盤としていたが、F.ローズベルト大統領のニューディール政策により、支持基盤を北部労働者・黒人にも拡大した（ニューディール連合）。 |
| **その他** | 共和党と民主党以外にも多数の政党が存在しており、時には大統領選挙でも一定の支持を得ることもあるが、全国的な基盤もなく勢力的には弱小である。 |

### （2）政党組織の特徴

#### ① 組織構造

アメリカでは恒常的な政党組織が地域レベル（郡や市単位）にしか存在しないため、全国レベルで見ると**各州の自律的な政党組織の連合体**という性格が強い。

州や全国規模では、大統領選挙や州知事といった重要な公職選挙の前に開かれる党大会やその準備のための委員会が設けられる程度であり、党全体を代表する**党首も存在しない**。

#### ② 党　員

そして、党の全国組織が事実上存在しないため、日本やイギリスのように、党費を支払って登録する正式な党員制度も存在しない。したがって、**その政党に帰属意識を持つ人（支持者）が「政党員」**とみなされる。

アメリカに関するニュースで「共和党員」「民主党員」という表現を聞いたこともあるだろうが、正確な意味は「共和党支持者」「民主党支持者」である。

#### ③ 選挙活動

また、政党としての結束が弱いため、選挙は政党中心ではなく、候補者中心に展開される。例えば、予備選挙は政党の候補者を選出するための選挙であるため、政党は中立的立場に立つ。

### ④ イデオロギー対立

各政党のイデオロギー的なまとまりが弱く、日本のような**党議拘束も存在しない**。したがって、各議員が自律的に行動することが多い。

**英米の政党の比較**

| | アメリカの政党 | イギリスの政党 |
|---|---|---|
| 組織構造 | 分権的（「各州政党の連合体」） | 党首を中心とする集権的組織 |
| 党規律 | 弱い | 強い |
| 党員 | 支持者が党員とみなされる | 登録制（党費納入） |
| 選挙 | 候補者中心 | 党中心 |
| 第三党の存在 | 有力な第三党なし | 有力な第三党が存在 |

**Power UP　アメリカの政党のイデオロギー対立**

かつてのアメリカでは本文の記述のように政党のイデオロギー的まとまりが弱いとされてきた。しかし、近年のアメリカでは、共和党と民主党双方が議会での投票に際して共同歩調をとることが多く一体性を強めている。

これは、党幹部が党議拘束などの規律によって反対票を抑え込んでいるのはなく、政策面で同じことを考えている議員が増えたから、つまりイデオロギー的な同質性（凝集性）が強まったからである。

## 過去問チェック

(01) 英国の議会は、貴族議員によって構成される貴族院と有権者の直接選挙で選出された議員によって構成される庶民院から成る。庶民院での首相指名選挙によって選ばれた者が国王から首相に任命される一方、貴族院は最高裁判所としての機能を有している。**国家一般職2016** ❷

× 「庶民院の首相指名選挙」が誤り。イギリスでは慣例として庶民院第一党の党首が首相に任命されるため、指名選挙はない。また「貴族院は最高裁判所」という点が誤り。かつては貴族院が最高裁の役割を担っていたが、現在は独立した最高裁判所が設置されている。

(02) 英国の議会は立憲制度上君主、貴族院、庶民院の三者から成る。貴族院は世襲貴族及び一代貴族を議員とするが、近年の貴族院改革により、大半の世襲貴族の議席が廃止されている。貴族院は庶民院による立法に関して、法案を修正することはできないが、採決を遅らせることによって実質的な拒否権を保持している。**国家総合職2007** ❷ 2.2

× 「貴族院は～実質的な拒否権を保持」という点が誤り。イギリスの議会は庶民院の優越が定着しており、庶民院は貴族院の同意なしに法律を成立させることが可能である。

(03) 英国では、議員が閣僚となる場合、議員を辞職しなければならない。これにより、立法権と行政権の融合が抑制されるが、内閣提出法案が修正されたり、廃案となったりすることも多い。このため、法案審議において活発な党首討論が行われるような制度が設けられている。**国家一般職2006** 2.1

× まず「議員を辞職」という点が誤り。イギリスの閣僚はすべて議員であることが伝統であり、辞職しない。また「廃案となったりすることも多い」という点も誤り。日本と同じく内閣提出法案の成立率は高く、廃案となることは稀である。

(04) イギリスでは、野党は「影の内閣」を組織し、与党の政策の代替案を用意する。政権交代時にこの「影の内閣」の構成や政策内容の継続性を確保するため、野党党首は重要な政策課題については首相や官僚と情報を共有化し、俸給が支給されるなどその地位が確立されている。我が国でも、イギリス型の「影の内閣」を制度化するために内閣法が改正された。**国家一般職2004** 2.1

× 「我が国でも～「影の内閣」を制度化」という点が誤り。日本では政党の自主的な取り組みとして「影の内閣」に類似するものを行っている場合があるが、制度化されたものではない。

(05) 英国議会では、三回の読会を通して法案審議が行われる。最も実質的な審議が行われる第二読会では、バックベンチャーと呼ばれる政府と野党の有力議員が議場で向かい合い、法案の原則等について討論する。この審議は全て委員会の場で行われるため、英国議会の在り方は委員会中心主義である。**国家一般職2019** 2.2

× まず「バックベンチャー～野党の有力議員」という点が誤り。政府の役職者や野党の有力議員などは議場の前列に座るため、フロントベンチャーと呼ばれる。これら以外の議場の後列の議員がバックベンチャーである。また「審議はすべて委員会」「委員会中心主義」が誤り。イギリスは本会議中心主義であり、審議はすべて本会議で行われる。

(06) 合衆国憲法は、「本憲法によって各州に委任されず、また連邦政府に対して禁止されなかった権限は、連邦政府に留保される」としており、連邦政府の権限は極めて強いものとなっている。**特別区Ⅰ類2020** 3.1

× まず「連邦政府に留保される」が誤り。正しくは「州に留保される」である。アメリカの連邦制はもともと州という主権を有する存在があり、その一部の権力は連邦政府に委ねるという形式である。したがって「連邦政府の権限は極めて強い」という点も誤り。州は大きな権力を有しており、連邦政府の権限は大きく制限されている。

**07** 大統領制は、執政長官たる大統領を議会とは別に選出し、また、議会には大統領の解任権を与えず、大統領に一定の任期を与えることによって、行政権と立法権を分立させる。そのため、大統領制においては、原則として大統領の権限は立法には及ばないが、アメリカ合衆国の大統領が法案提出権や法案拒否権、大統領令の制定権を有しているように、一定の範囲内において、立法に対する大統領の関与を認めることもある。**国家一般職2010** 3.2

×「法案提出権～を有しているように」が誤り。アメリカの大統領は議会が可決した法案を拒否することや、大統領令の制定はできるが、法案を提出することはできない。三権分立を維持するために、行政府の首長たる大統領には立法に関する権限を強く制限しているのである。

**08** 大統領制は、原則として国民による直接選挙によって大統領が選出され、大統領によって各省長官が任命される制度である。大統領制においては議会と大統領が独立して牽制しあうことが基本となっているが、大統領制を採用する米国では憲法において各省長官の半数を連邦議会議員が占めることと定められている。**国家一般職2012** 3.2

×「各省長官の半数を連邦議会議員」が誤り。アメリカでは三権分立を厳格に維持するために、議員と行政府の兼職を認めていない。

**09** 大統領は、連邦議会を解散する権限を有しないが、連邦議会は、大統領を弾劾する権限を有している。しかし、実際には、連邦議会は、党派的利益に基づく弾劾権の行使は慎んでおり、大統領弾劾のための訴追がなされた例はない。**国家専門職2001** 3.2

×「訴追がなされた例はない」は誤り。これまで弾劾された大統領はいないが、訴追された大統領は少数ながら存在している。

**10** 大統領は、議会が可決した法案に対して拒否権を行使することができ、拒否権を行使した場合、その法案が法律として成立することは一切ない。**特別区Ⅰ類2014** 3.4

×「法律として成立することは一切ない」という点が誤り。例え大統領の拒否権が行使されたとしても、上下両院の３分の２以上の多数で可決すれば、拒否権を覆すことができる。

**11** アメリカ合衆国の連邦議会における立法過程の特徴の一つは、重要法案のほとんどが実質的に議員によって提出されていることにある。また、党議拘束が強いことから、議員間で法案の相互支持に関する取引、いわゆる「丸太転がし(ログ・ローリング)」や「交差投票(クロス・ヴォーティング)」などが行われやすい傾向にあ

る。**国家一般職2004** 3.4

× まず「重要法案のほとんどが実質的に議員によって提出」が誤り。形式的には議員提出であるが、重要法案の大半は実質的には行政府が作成していると言われる。また「党議拘束が強い」が誤り。アメリカの政党には党議拘束が存在せず、各議員の行動が自律的であるところに特徴がある。

(12) 民主、共和の各党の党首の選出は、4年に一度の大統領選挙に行われる全国規模の党大会においてのみ行われる。また、党首の選出は党員による多数決によって行われるため、我が国の各政党党首と比べて党員の利益を代表しやすい。**国家一般職2005** 3.5

× まず「党首の選出」という点が誤り。そもそもアメリカの政党は分権的であり、党首が存在しないところに特徴がある。したがって「党員の利益を代表しやすい」も誤り。そもそも党として一枚岩ではないため、党員の利益は日本やイギリスと比較すると代表しにくい。

(13) 連邦議会は、上院と下院とで構成され、いずれも各州を選挙区とし人口に比例した定数が定められている。法案提出権は、両院とも同様に有しているが、下院は条約及び公務員任命の同意権を有している点で上院に優越している。**国家専門職2001** 3.3

× 「下院は～上院に優越」という点が誤り。条約及び公務員任命の同意権は上院の有する権限である。

## 過去問 Exercise

**問題1**　議院内閣制又は大統領制に関する記述として、妥当なのはどれか。

特別区Ⅰ類2018

❶　政治制度の分類として、議院内閣制と大統領制があるが、議院内閣制は抑制均衡を図るという見地から内閣と議会が厳格な分立をとるのに対し、大統領制は両者の協力関係を重視して緩やかな分立をとっている。

❷　議院内閣制の典型例はイギリスであり、大統領制の典型例はアメリカであるが、フランスの政治制度は、国民の選挙によって選出される大統領の他に首相がおり、半大統領制と呼ばれる。

❸　議院内閣制では、内閣が議会の意思によって形成され、議会は不信任決議権で内閣をチェックする権限を持ち、大統領制をとるアメリカでは、大統領が議会を解散する権限を持っていることが特徴である。

❹　議院内閣制では、法案の提出権は議員及び内閣に認められているが、大統領制をとるアメリカでは、大統領は議会に法案を提出することはできず、議会を通過した法案に対する拒否権も認められていない。

❺　日本は、イギリスに近い議院内閣制であり、日本、イギリスともに国務大臣は過半数を国会議員から選べばよいが、イギリスでは下院の第一党の党首が慣例的に首相に任命されるという相違点もある。

## 解説

正解 ❷

❶ × 議院内閣制と大統領制の説明内容が逆である。「内閣と議会が厳格な分立をとる」のは大統領制であり、「両者の協力関係を重視して緩やかな分立をとる」のは議院内閣制である。

❷ ○ 本肢記述にある「半大統領制」をとる国として、フランスの他にロシアなどがある。

❸ × アメリカ大統領は、「議会解散権」を持っていない。

❹ × アメリカ大統領は、「法案拒否権」を持っている。

❺ × イギリスの国務大臣は、すべて議会議員でなければならない。

## 問題2

次の文は、ポルスビーの議会類型論に関する記述であるが、文中の空所Ａ～Ｄに該当する語又は国名の組合せとして、妥当なのはどれか。

特別区Ⅰ類2015

アメリカの政治学者ポルスビーは、開放的な政治システムのもとにある議会の機能の中心が、議員・政党等に媒介された社会的要求を政策へ変換することにあるとし、現代議会を大きく次の２類型に整理した。

[ A ] 型議会は、人々の要求を議員が法案にし、具体的な立法作業を議員が担っているので、「立法作業の議会」ともいう。そこでは、[ B ] の議会が代表例とされている。

[ C ] 型議会は、与党の意向に沿って官僚らが法案を作成し、議会は政府法案をめぐり与野党で論戦する「論戦の議会」ともいう。そこでは、[ D ] の議会が代表例とされている。

| | A | B | C | D |
|---|---|---|---|---|
| 1 | 変換 | イギリス | アリーナ | アメリカ |
| 2 | 変換 | アメリカ | アリーナ | イギリス |
| 3 | アリーナ | アメリカ | 変換 | フランス |
| 4 | アリーナ | イギリス | 変換 | アメリカ |
| 5 | アリーナ | フランス | 変換 | イギリス |

## 解説

正解 ❷

ポルスビーのいう「変換型議会」とは、議員が中心となって立法作業を行う議会を指しており、この型の議会は社会の様々な要求を政策や法律に変換する機能を果たしている点に特徴がある。アメリカ議会が「変換型議会」の典型例とされている。したがって、空欄**A**には「変換」が、また空欄**B**には「アメリカ」が該当する。

それに対して「アリーナ型議会」においては、政策や法案作成の中心的役割が議会から選出された内閣に求められており、議会では政府提出法案をめぐって与野党間で激しい論戦が行われる。そうした論戦を通して与野党両陣営は、有権者に対して自らの政策をアピールすることに重点を置いており、イギリス議会がこの「アリーナ型議会」の典型例とされている。したがって、空欄**C**には「アリーナ」が、また空欄**D**には「イギリス」が該当する。

# 第3章

# 各国の政治制度と選挙

第3章では、既に学習したイギリスとアメリカ以外の主要国の政治制度について解説します。第1節ではドイツ、フランス、イタリア、韓国、ロシア、中国の政治制度について、第2節ではこれらの政治制度の中心を占める選挙制度について解説します。選挙制度は小選挙区制や比例代表制など多様な手法があり、中には日本では全く馴染みのない制度もあります。これらの多様な選挙制度の長所や短所について解説していきます。

# 1 各国の政治制度

第1節では各国の政治制度について学習します。主要先進国の政治制度は基本的に議院内閣制または大統領制を採用しており、中にはその混合形態である半大統領制を採る国もあります。また、中国のように日本や欧米の自由民主主義体制とは異なる政治体制もあります。これらの主要国の政治制度の特徴を理解するのが本節の目的です。

**キーワード**

小選挙区比例代表併用制／5％阻止条項／絶対多数2回投票制／半大統領制／保革共存政権／民主集中制

## 1 ドイツの政治

ドイツの政治機構

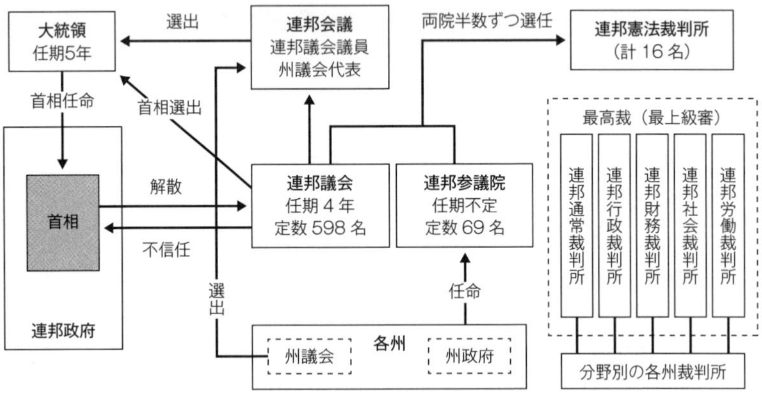

ドイツの政治制度の基本概要

| | |
|---|---|
| 政治体制 | 各州の独立性が高く、各州がそれぞれ司法・立法・行政の各機関を持つ**連邦制**を採用。また、大統領が存在するが、実質的な行政権は内閣が行使し、内閣は議会の信任を必要とする点で**議院内閣制**。 |
| 元首 | 大統領が国家元首。連邦会議によって選出されるが、実質的な権限はほとんどなく、象徴的存在。 |
| 行政 | 連邦政府は連邦大統領と内閣によって構成される。連邦首相は連邦大統領の提議に基づいて、連邦議会が選出し、連邦大統領によって任命される。 |
| 立法 | 連邦議会と連邦参議院の**二院制**。連邦議会は国民の直接選挙によって選出された議員によって構成される。連邦参議院は州政府が任命した代表によって構成されるもので、州代表の機関としての性格を持つ。一般的な立法事項に関しては連邦議会が優位しているが、州の権限などに関わる法案の場合には連邦参議院の同意が不可欠となっている。 |
| 司法 | 裁判所は分野別に設置されており、各分野の最高裁とは別に違憲審査を担当する**連邦憲法裁判所**が設置されている。 |
| 政党 | ワイマール期のドイツは小党分裂と不安定な連立政権が続いてきたが、戦後のドイツは「**穏健な多党制**」の下で、安定した連立政権を形成してきた。 |

## 1.1 大統領と内閣 ★★☆

### (1) 大統領

大統領は**間接選挙**により選出され(連邦議会議員と州議会の代表により構成される連邦会議)、任期５年(再選は１回のみ)。国家元首として連邦議会の招集や解散、首相や大臣の任免などを行うが、その**役割は形式的**なものに限定されている。

### (2) 内　閣

連邦大統領による候補者の提議に基づき、連邦議会により選挙され、連邦議会で過半数を得たものが連邦首相に選出され、連邦大統領により任命される。また、連邦議会は首相に対する不信任決議が可能である。

このように首相は議会への信任を必要とするので、ドイツの政治制度は**議院内閣制**である。

## 1.2 議　会 ★★★

### (1) 連邦議会と連邦参議院

**連邦議会**は「**国民代表の機関**」であり、**連邦参議院**は「**州代表の機関**」という性格を持つ。したがって、連邦議会の優位が確立している。

ただし、基本法(憲法)の改正や州に関わる法案の場合には連邦参議院の同意が不可欠となっている。

### (2) 選　出

連邦議会議員は**小選挙区比例代表併用制**で選出される。比例代表では各政党の議席配分方式としてサンラグ方式が用いられており、小政党の乱立を防止するため、得票率が５％以下の政党には議席が配分されない(**5%阻止条項**)。

### (3) 建設的不信任

ドイツでは、ワイマール時代に不信任決議が乱発され政治的不安定を招いたことの反省から、日本とは異なる不信任決議の仕組みが採用されている。

具体的には、不信任決議に際しては、予め後任の首相を選出する必要があり、建設的不信任と呼ばれている。

| | 連邦議会(下院) | 連邦参議院(上院) |
|---|---|---|
| 選出 | **小選挙区比例代表併用制** | **州政府が任命** |
| 特徴 | 国民代表の機関 | 州代表の機関 |
| 権限 | ① 法案の先議権<br>② 連邦参議院の同意を必要としない法案については再可決で成立(**連邦議会の優位**)。 | ① 連邦議会が可決した法律について異議・同意の提出権<br>② 基本法の改正、各州の行政や財政に関する法案は連邦参議院の同意が不可欠 |

**Power UP　連邦議会の解散**

ドイツの下院である連邦議会にも解散はある。ただし、日本とは仕組みが異なり、連邦首相の判断で一方的に解散はできない。連邦議会が解散されるのは、連邦首相の提出した信任決議案が総議員の過半数の賛成を得られなかった場合、連邦首相選出選挙で総議員の過半数の支持を得るものがいなかった場合だけである。

したがって、これまで解散が行われたのは1972年、83年、2005年の３回に過ぎず、極めて稀である。

## 1.3 政　党 ★★★

### (1) ドイツの政党システム

戦前のドイツ(ワイマールドイツ)は政党の数も多く、ナチ党が台頭するなど「**極端な多党制**」の典型とされる。しかし、戦後ドイツは安定した「**穏健な多党制**」となっている。**⇒第4章第3節❶**

ドイツの主な政党

<table>
<tr><td>キリスト教民主同盟<br>(CDU)</td><td>キリスト教的世界観に基づいた政治の実現を基本理念とする保守政党、CSUと姉妹政党。</td><td rowspan="2">右派</td></tr>
<tr><td>キリスト教社会同盟<br>(CSU)</td><td>キリスト教保守主義、CDUより保守的。通常CDUと一つの政党と扱われ、CDU／CSUと表記する。</td></tr>
<tr><td>自由民主党<br>(FDP)</td><td>ドイツ自由主義の伝統に立つ諸政党が結成。規模は小さいが、連立のパートナーとして存在感を持つ。</td><td>中道</td></tr>
<tr><td>社会民主党<br>(SPD)</td><td>欧州の社会民主主義を代表する政党。マルクス主義の労働階級政党の色彩が強かったが、国民政党に脱皮し、現実路線に転換。多様な社会階層から支持を受けている。</td><td rowspan="2">左派</td></tr>
<tr><td>緑の党<br>(90年連合／緑の党)</td><td>環境保護、女性解放、反戦平和などを唱える市民グループにより1979年に結成。1983年の選挙で初めて連邦議会に進出。1993年に旧東独の市民グループの連合体「90年連合」と合併。</td></tr>
<tr><td>ドイツのための選択肢<br>(AfD)</td><td>2013年反ユーロを掲げて結党。移民にも強く反対する右派政党。2017年の総選挙で初の議席を獲得し、CDU／CSU、SPDに次ぐ第3党に躍進した。</td><td>右派</td></tr>
</table>

### （2）戦後ドイツの政権

戦後ドイツは小選挙比例代表併用制という、要するに**比例代表制を基本とする選挙制度**を採用した。この結果、単独で過半数を得る政党が登場することは基本的になく、**連立政権**が常態となっている。

**戦後ドイツ（1969～）の各政党の議席配分**

| 年 | CDU／CSU | FDP | SPD | 緑の党 | 首相 |
|---|---|---|---|---|---|
| 1969 | 46.1% | 5.8% | 42.7% |  | W.ブラント（SPD） |
| 1972 | 44.9% | 8.4% | 45.8% |  |  |
| 1976 | 48.6% | 7.9% | 42.6% |  | H.シュミット（SPD） |
| 1980 | 44.5% | 10.6% | 42.9% | 1.5% |  |
| 1983 | 48.8% | 7% | 38.2% | 5.6% | H.コール（CDU） |
| 1987 | 44.3% | 9.1% | 37% | 8.3% |  |

1989年統一ドイツ

| 年 | CDU／CSU | FDP | SPD | 緑の党 | 首相 |
|---|---|---|---|---|---|
| 1990 | 43.8% | 11% | 33.5% | 3.9% | H.コール（CDU） |
| 1994 | 41.5% | 6.9% | 36.4% | 7.3% |  |
| 1998 | 35.1% | 6.2% | 40.9% | 6.7% | G.シュレーダー（SPD） |
| 2002 | 38.5% | 7.4% | 38.5% | 8.6% |  |
| 2005 | 35.2% | 9.8% | 34.3% | 8.1% | A.メルケル（CDU） |
| 2009 | 33.8% | 14.6% | 23% | 10.7% |  |
| 2013 | 41.5% | 4.8% | 25.7% | 8.4% |  |
| 2017 | 34.6% | 11% | 21.5% | 9.4% |  |
| 2021 | 24.1% | 11.5% | 25.7% | 14.8% | O.ショルツ（SPD） |

：連立政権を表す

## 2 フランスの政治

フランスの政治機構

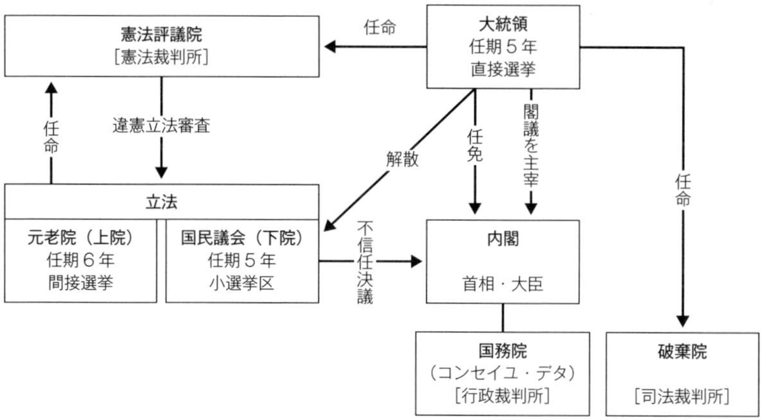


フランスの政治制度の基本概要

| | |
|---|---|
| 政治体制 | 大統領制と議院内閣制の要素を合わせ持つ**半大統領制**。 |
| 元首 | 大統領が国家元首。任期は5年、国民の直接選挙によって選出される。首相の任免権など幅広い権限を有し、フランス政治制度の要の存在。 |
| 行政 | 大統領は首相と閣僚を任命し、閣議を主宰する。憲法上、大統領と内閣の権限分担は曖昧だが、慣習上、内閣が国政、大統領が外交を担う。 |
| 立法 | 元老院と国民議会の**二院制**。国民議会は小選挙区制によって直接選出されるが、元老院は県選出代議士・県議会議員・市町村議員などによって構成される選挙人団から選出される。 |
| 司法 | 司法裁判所と行政裁判所が厳格に分離しており、行政裁判は行政権の一部となっている。また、憲法裁判所として憲法評議院が設置されており、違憲立法審査を行っている。 |
| 政党 | 第3共和政以来、多数の政党が離合集散を繰り返しており、多党制が特徴。現在は、保守・右派の国民運動連合と革新の社会党の二極の構造になっている。 |

## 2.1 大統領と内閣 ★★★

### (1) 大統領の選出

大統領は国民の直接選挙により選出される。ただし、第１回投票で過半数の得票者がいない場合には、上位２名の決選投票となる(**絶対多数2回投票制**)。

大統領の任期は５年、再選は２回までとなっている。

### (2) 大統領の権限

行政権は大統領及び議会の信任を必要とする内閣が担当するため、フランスは大統領制と議院内閣制が混合した**半大統領制**である。

| | |
|---|---|
| **① 首相·閣僚の任免** | 首相を単独で任命し、首相の提議に基づき閣僚を任命する。ただし、議会が不信任決議権を有するので、国民議会多数派の信任を得られるものを任命することが事実上求められる(議院内閣制の要素)。 |
| **② 国民議会の解散** | 首相と両院の議長に諮った上で(ただし意見に従う必要はない)国民議会を解散できる(議院内閣制の要素)。 |
| **③ 国民投票の提案** | 重要法案や条約批准などの重要案件の可否を直接国民に付託することができる。 |
| ④ 閣議の主宰 | 大統領は議長として閣議(大臣会議)を主宰する。 |

### (3) 内　閣

#### ① 内　閣

フランスの内閣は、大統領、首相、大臣などによって構成されている。首相及び大臣は議員との兼職を認められていない。内閣の閣議は国家元首である大統領が主宰するが、実際の政府は首相によって率いられている(半大統領制)。

#### ② 特　徴

大統領は議会多数派の政党から首相を任命せざるを得ないため、例えば大統領が保守政党、首相が革新政党という政権が誕生する場合があり、**保革共存政権**(コアビタシオン)と呼ばれる。現在の第五共和制でコアビタシオンは過去に３回生じたことがある。

ただし、現在は大統領選挙と国民議会選挙のタイミングを合わせて行うようになっているため、コアビタシオンの可能性は大幅に低下している。

## 2.2 議　会 ★★★

国民議会と元老院の二院からなり、国民議会に優位な権限が与えられている。

| | 国民議会(下院) | 元老院(上院) |
|---|---|---|
| 選出 | 小選挙区制 | 間接選挙 |
| | **絶対多数2回投票制**:第1回投票で過半数以上の候補者がいない場合、12.5%以上の得票を獲得した候補者の間で決選投票(2回目は相対多数で決定) | 県議会・市町村議会の議員など選挙人団による選挙で、3年毎2分の1ずつ改選される。 |
| 権限と特徴 | ○予算など先議権、**政府への不信任決議権**<br>○両院で異なる議決の場合には国民議会で最終議決 | ○解散はない |

**Power UP** 2017年のフランス大統領選挙

2017年の大統領選挙では、4月の第1回投票で、エマニュエル・マクロン(中道・無所属[現在、共和国前進])が約24%、マリーヌ・ルペン(極右・国民戦線[現在、国民連合に改称])が約22%を獲得した。

過半数を上回る候補者がいなかったため、5月に決選投票が行われ、マクロンが64%、ルペンが33%となり、マクロンが勝利した。

# 3 イタリアの政治

## 3.1 大統領 ★★★

大統領は任期7年、国会議員と州代表(各州3名)の会議で選出される**間接選挙**の仕組みである。

## 3.2 内　閣 ★★★

行政運営は内閣が担当するため、**議院内閣制**である。しかし、首相の正式名称は「閣僚会議議長」であり、「同輩中の首席」にすぎず、首相の権限は他国の議院内閣制と比較して弱い。

### 3.3 議　会 ★★★

多様な政治勢力が存在するため、それを正確に反映させるために、比例代表制を中心とした制度を運用してきた。現在は小選挙区と比例代表制を混合した制度である。

| | 上院 | 下院 |
|---|---|---|
| 定数 | 315人 | 630人 |
| 選出 | 小選挙区比例代表制 | 小選挙区比例代表制 |

### 3.4 政　党 ★★★

共産党からネオ・ファシズム政党までイデオロギー的距離の大きい7〜8の政党が常時存在してきた。したがって、単独過半数を取れる党がなく、「**分極的な多党制**」と評されてきた。

ただし、1990年代に政党再編が進み、現在は中道右派連合と中道左派連合の二極対立となり、実質的な二大政党化が進んでいる。**⇒第4章第3節❶**

## 4 韓国の政治

### 4.1 大統領制 ★★★

(1) 選　出

韓国は**大統領制**である。大統領は任期５年で国民の**直接選挙**によって選出され、再選は認められていない。

議会は大統領に対して政治的責任を問うことはできず、大統領は議会を解散することはできない。ただし、議会は大統領の弾劾訴追が可能である。

(2) 特　徴

アメリカの大統領制と異なり、行政府は議会に法案及び予算案を提出できる。また、副大統領は存在せず、代わりに大統領を補佐し、行政府を統括する国務総理が存在する。

国務総理は大統領によって任命されるが、議会の信任を必要としており、任命には議会の同意が必要である。

### 4.2 議　会 ★★★

韓国の議会は**一院制**(定数300名)であり、任期４年、小選挙区比例代表並立制で選出される。

## 5 ロシアの政治

### 5.1 大統領 ★★★

大統領は国家元首であり、国民の**直接選挙**によって選ばれる。１回目の選挙で過半数に達する候補がいなかった場合には、上位２名の決選投票を行う(２回投票制)。任期６年である。

**Power UP　プーチン大統領**

2020年の憲法改正で、大統領の任期は「２期12年間まで」とするが、この条件は「憲法改正前に就任した大統領には適用されない」とされた。したがって、プーチン大統領は2000～04年、2004～08年、2012～2018年、2018年～と４期を務めている。

これまでの大統領就任回数制限が適用されないため、プーチン大統領が2036年まで続投できる制度となっている。

### 5.2 内　閣 ★★★

大統領は首相及び内閣の任免権を有する。ただし、首相の任命は下院の承認が必要であり、大統領は下院の解散権を有する。

したがって、大統領制と議院内閣制が融合した**半大統領制**である。

## 5.3 議　会　★☆☆

ロシアは、共和国や州など83の構成主体からなる**連邦制**である。それゆえ、連邦構成主体の代表からなる上院(連邦院)と下院(国家院)の**二院制**となっている。

ロシアの政治機構

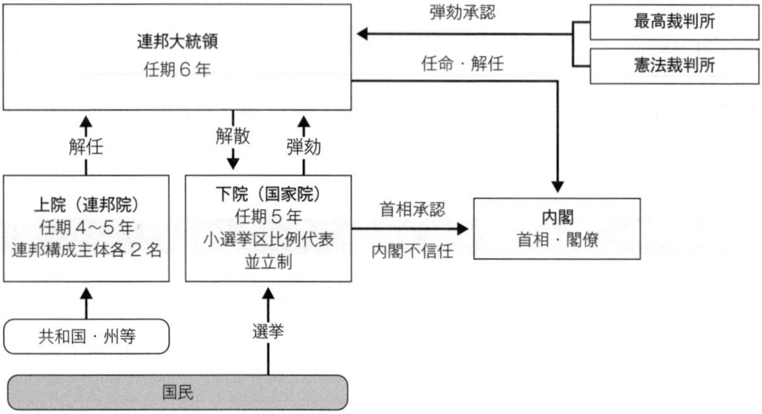


# 6 中国の政治

## 6.1 概　要　★★☆

現在の中国は、政治体制としては**権威主義体制(開発独裁)**に分類される。中国は自らを欧米に遅れた「途上国」と位置づけており、社会秩序の安定と経済発展を両立するという名目で、権力の集中と国民の自由や権利の制限を正当化している。

## 6.2 人民民主主義と民主集中制 ★★★

### (1) 人民民主主義

中国の憲法では「**人民民主主義**独裁の社会主義国家」であり、「**すべての権力は人民に属する**」と規定されている。すなわち、人民にすべての権力が集中し、その独裁によって社会主義国家建設を行う国とされている。

ただし、人民を指導・教育する立場として中国共産党が存在しており、実際の権力は中国共産党が掌握している。

### (2) 民主集中制

中国の憲法では「中国の国家機構は**民主集中制**の原則を実行する」と規定されている。すなわち、人民の代表が集う全国人民代表大会(全人代)に権力を集中し、共産党の指導を前提として、全人代が国家の行政、裁判所などを組織し、監督するという集権的構造となっている。

したがって、欧米流の**三権分立が否定**されている。

## 6.3 政治体制 ★★★

### (1) 全国人民代表大会 (立法機関)

**全国人民代表大会(全人代)**は、中国の立法機関であり、憲法上「最高の国家機関」とされている。全人代の構成員は省、自治区、軍隊などが選出する**間接選挙**であり、任期は5年である。

### (2) 国家主席 (国家元首)

中国の国家元首は**国家主席**であり、全人代によって選出される。国政上の最高責任者であるが、具体的な行政は国務院が担う。

### (3) 国務院 (行政機関)

**国務院**は最高の行政機関であり、国家主席の指名に基づいて全人代によって選出される。総理(首相)が国務院を主宰し、国務委員、部長(大臣に相当)、委員会主任により構成される。

### (4) 中国共産党

中国共産党は憲法上「中国を指導」するとされており、中国共産党の「**一党支配**」体制である。**形式的には複数政党制**であり、中国共産党以外にも政党は存在するが、政権を担うことはない。

中国の政治機構

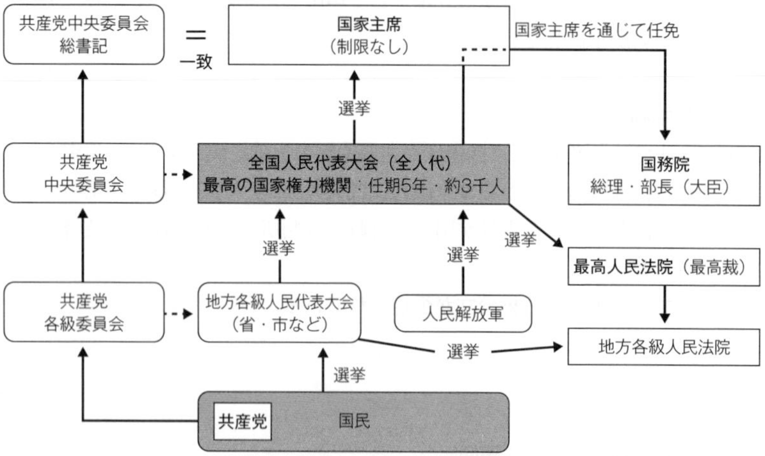


## 過去問チェック

(01) ドイツでは、連邦大統領は国家を代表する元首であり、国民の直接選挙により選出されるが、連邦首相は、連邦大統領の提案に基づき、連邦議会により選挙され、連邦大統領によって任命される。**特別区Ⅰ類2016** 1.1

× 「国民の直接選挙」が誤り。ドイツの大統領は連邦議会と州議会の代表者から構成される「連邦会議」によって選出される。つまり間接選挙である。

(02) ドイツの議会は、州議会の議員による間接選挙で選出された各州6名の議員によって構成される連邦参議院と、有権者の直接選挙によって選出された議員によって構成される連邦議会から成る。連邦参議院は州の権限・予算に関する法案にのみ議決権を持つが、その他の法案についても意見を表明することができる。**国家一般職2016** 1.2

× 「間接選挙で〜連邦参議院」という点が誤り。ドイツの連邦参議院の議員は各州政府の代表（首相など）が参加しており、公選ではない。

**03** フランスの第五共和制は、議会の信任に基づく首相がいる一方で、国民により直接選挙で選ばれる大統領が憲法上一定程度の行政権力を有するため、半大統領制であるといわれる。首相の任免権は議会が有しているため、首相と大統領の所属する党派が異なるコアビタシオンが起こり得るが、第五共和制になってからこれまでにコアビタシオンは発生していない。**国家専門職2018** 2.1

×「首相の任免権は議会」が誤り。首相の任免権は大統領が有している。また、コアビタシオンは第五共和制下で過去3回生じている。

**04** 多数代表制のうち、絶対多数制は、有効投票の絶対多数、すなわち過半数の票を獲得した候補を当選者とする制度である。そのため、絶対多数制の下では、過半数の票を獲得する候補が現れるまで何度でも選挙をやり直す必要があり、例えば、フランスの下院議会の選挙では、4～5回程度、再選挙が行われるのが通例となっている。**国家一般職2008** 2.2

×「過半数の票を獲得する候補が現れるまで何度でも選挙をやり直す」「4～5回」という点が誤り。フランスの下院議会選挙は小選挙区2回投票制である。1回目の選挙で過半数を獲得する候補がいなかった場合には、2回目の決選投票で決定する。

**05** イタリアの大統領は、国民による直接選挙によって選出される。大統領は、議会の解散、首相の任命、外交使節の信任及び軍隊の指揮権を単独で行使することができる強い権限を有している。**国家一般職2015** 3.1

×「国民による直接選挙」「大統領は～強い権限」という点が誤り。イタリアの大統領は間接選挙であり、政治的な権限は制約されている。実際の行政権を担うのは内閣である。

**06** 韓国の大統領は、上院議員による間接選挙によって選出される。大統領は、政治的に強い権限を持ち、首相を国会議員の中から任命するが、この人事には国会の同意は必要なく、大統領と首相が異なる党派に属することによって政治が混乱することを防いでいる。**国家一般職2015** 4.1

×「上院議員による間接選挙」という点が誤り。韓国の大統領は国民による直接選挙であり、一院制の韓国に上院はない。

**07** 権力分立の原則は、多くの自由主義諸国では民主政治の基本原則とされてきたが、一方で代表制の原理と矛盾する面もある。権力分立制を否定して代表制の原理を全面的に貫こうとする立場は、旧ソ連型の一党独裁体制にみられた。社会主義諸国の一党独裁体制の崩壊に伴い、ソ連、東欧諸国、キューバなどは大統領制に移

行した。**国家一般職2003** 5.2

× 「ソ連、東欧諸国、キューバなどは大統領制に移行」という点が誤り。まずロシアをはじめ東欧諸国のほとんどは半大統領制を採用している。またキューバは社会主義及び一党独裁体制が継続している。

**08** 中国では人民が国家権力を行使する機関として全国人民代表大会及び地方の各級人民代表大会の二つがある。法律の制定は、法的には最高国家権力機関と規定されている全国人民代表大会により行われており、その代表は省・自治区などのすべての選挙民による直接選挙により選出される。**国家一般職2002** 6.3

× 「すべての選挙民による直接選挙」が誤り。全国人民代表大会の代表は各級人民代表大会により選出されており、直接選挙ではない。

**09** 中国では、立法権を行使する最高の国家権力機関は、全国人民代表大会であるが、民主集中制はとっておらず、行政は国務院、裁判は最高人民法院が担い、三権分立制をとっている。**特別区Ⅰ類2016** 6.2

× 「民主集中制はとっておらず〜三権分立」が誤り。中国は三権分立を否定する民主集中制である。したがって、すべての権力は最高の国家権力機関である全国人民代表大会に集中している。

# 2 選　挙



第２節では選挙について学習します。まず世界には多様な選挙制度が存在する中で、どのように選挙制度を分類するか確認し、特に重要な小選挙区制と比例代表制の特徴について解説します。そして、日本の選挙制度にはどのような特徴があるのか、海外の選挙としては日本では最も注目されるアメリカの選挙はどのような仕組みであるかという点を学習します。

**キーワード**

小選挙区・中選挙区・大選挙区／多数代表制・比例代表制・少数代表制／単記制と連記制／移譲式と非移譲式／死票／ゲリマンダー／ドント式とサンラグ式／拘束名簿式と非拘束名簿式／デュヴェルジェの法則／単記非移譲式／小選挙区比例代表並立制／重複立候補／惜敗率／期日前投票／予備選挙／大統領選挙人／勝者独占方式／中間選挙

## 1 選挙制度の分類

### 1.1 選挙の原則 ★★★

選挙とは、代表者の選出を通じて、国民や住民の意思を表示するという政治参加の重要な機会であり、間接民主制(議会制民主主義)を支える重要な制度である。現代の選挙については一般に５つの原則が存在する。

#### （1）普通選挙

**普通選挙**とは、一定年齢に達した全ての国民に選挙権が与えられ、特に財産や納税額などを選挙権の要件としない制度をいう。

普通選挙と対になるのが**制限選挙**である。

#### （2）平等選挙

**平等選挙**とは、一人一票を原則とし、その一票の価値が平等である制度をいう。

平等選挙と対になるのが**複数投票制**(一人が２票以上投票できる制度)、**等級選挙**

(有権者が例えば納税額などによって等級に分けられて、等級ごとに選挙する制度。一票の価値が異なる制度)である。

### (3) 秘密選挙

**秘密選挙**とは、誰に投票したかを秘密にする制度をいう。秘密投票によって投票先が知られることで生じる不利益を受けず、自由に投票することが可能となる。

秘密投票と対になるのが**公開投票**である。例えば、投票者の名前を記入して投票する記名投票などがある。

### (4) 直接選挙

**直接選挙**とは、有権者が直接に候補者に投票する制度である。

直接投票と対になるのが**間接選挙**(有権者はまず選挙人を選び、選挙人が公職者を選ぶ)である。

### (5) 自由選挙

**自由選挙**とは、本人の自由意志で投票でき、棄権も認められる制度である。

自由選挙と対になるのが**義務投票**(投票しないことで罰金などの不利益が生じる制度)である。義務投票はオーストラリア、ベルギー、ブラジルなど世界の一部地域では導入されている。

## 1.2 小選挙区制と大選挙区制 ★★★

選挙制度は、選挙区の定数を基準として、①**小選挙区制**、②**大選挙区制**の２つに分類される。

また、日本では、さらに③**中選挙区制**という区分を用いることもあるが、**中選挙区制は厳密には大選挙区制の1つ**に含まれる。

| | 概要 | 事例 |
|---|---|---|
| **小選挙区制** | 選挙区の定数が1人 | イギリス下院、アメリカ下院、フランス下院、日本の衆院など |
| **(中選挙区制)** | 選挙区の定数3～5人 | かつての衆院選挙 |
| **大選挙区制** | 選挙区の定数が複数 | かつての衆院選挙<br>ヨーロッパの比例代表 |

## 1.3 多数代表制と比例代表制 ★★★

票がどのように集計され、議席に換算され、当選者が確定するかを定める方法を基準に、**多数代表制**と**比例代表制**の二つに分類できる。また、**少数代表制**という分類で大選挙区や比例代表制を指す場合もある。

<table>
<tr><th>類型</th><th colspan="3">概要</th><th>事例</th></tr>
<tr><td rowspan="2">多数代表制</td><td rowspan="2">有権者の「多数派」を代表しているものが当選する。</td><td>絶対多数制</td><td>過半数の得票を必要とする。<br>(50%以上必要)</td><td>フランス、オーストラリアの小選挙区</td></tr>
<tr><td>相対多数制</td><td>最多得票であれば当選する。<br>(50%未満でも当選可)</td><td>英国、アメリカ、日本の小選挙区</td></tr>
<tr><td>比例代表制</td><td colspan="3">政党を単位として、各政党の得票数に比例した議席を配分する。<br>ただし、比例配分の計算方式や投票方法の違い、議席配分の基準値の有無など実際の制度は多様である。</td><td>イタリア、オーストリア、スイス、ベルギー、オランダなど</td></tr>
<tr><td>(少数代表制)</td><td colspan="3">複数の候補者が当選できるため、多数派の支持を受けていない少数派でも当選できる制度。</td><td>大選挙区<br>比例代表制</td></tr>
</table>

## 1.4 様々な投票方式 ★★★

選挙制度は、投票方式により**単記制**と**連記制**に分類される。また、有権者がある候補者に投じた票が他の候補者に移譲されるかどうかで、**移譲式**と**非移譲式**に分類される。

## (1) 単記制と連記制

| | 概要 | |
|---|---|---|
| 単記制 | 候補者リストから**1名**を選ぶ | |
| 連記制 | 候補者リストから**複数**を選ぶ | |
| | **完全連記** | **制限連記** |
| | 選挙区の定数と同数の候補者名を連記 | 選挙区の定数よりも少ない数の候補者名を連記 |

## (2) 移譲式と非移譲式

| | 概要 | 事例 |
|---|---|---|
| **非移譲式** | 候補者への投票が排他的にその候補者だけにしかいかない方式 | アメリカ・イギリス・日本など |
| **移譲式** | 有権者は複数の候補者に優先順位をつけて投票し、一定の基準にしたがって、票が他の候補者に移譲される方式 | オーストラリア・アイルランドなど |

**Power UP　単記投票と連記投票の実際**

定数３の選挙区で政党Ａの支持者が10人、政党Ｂの支持者が７人であり、各政党は定数まで候補擁立し、支持者が全票を支持政党の候補者に投じた場合には以下のような結果となり、完全連記は大政党に有利なことが分かる。

**完全連記**

| | 候補 | | |
|---|---|---|---|
| | a | b | c |
| A | 10○ | 10○ | 10○ |
| B | 7 | 7 | 7 |

**制限連記（2連記）**

| | 候補 | | |
|---|---|---|---|
| | a | b | c |
| A | 8○ | 7○ | 5 |
| B | 7○ | 4 | 3 |

**単記**

| | 候補 | | |
|---|---|---|---|
| | a | b | c |
| A | 5○ | 4○ | 1 |
| B | 4○ | 2 | 1 |

**Power UP** 移譲式投票の実際

移譲式投票は、有権者が複数の候補者に優先順位をつけて投票する仕組みである。下掲の図のように、3人が当選する選挙で移譲式投票が行われた場合にはどうなるか解説していこう。

まず、有権者は投票用紙に記載された候補者すべてについて1番に当選して欲しい松井、2番に宮脇などというように選好順位を記入する。そして、移譲式投票では事前に「当選ライン」が決められている。今回の事例では1位票で250票とれば当選という具合である。

そして、1位票のみを集計すると1位が指原の500票、2位が渡辺の250票となった。250票が当選ラインであるから、指原と渡辺の当選は確定する。しかし、3位は未確定である。

そこで、当選ラインを超えた候補者の剰余票（指原の剰余票は500－250＝250票、渡辺の剰余票は250－250＝0票）を3位以下に移譲することになる。今回のケースでは指原を1位とした有権者はすべて2位に松井としたと仮定しよう（※）。すなわち指原の剰余票250票がすべて松井に移譲され、再集計すると、松井が260票（10+250）となり、3位での当選が確定する。

以上のように移譲式投票は一見すると結果が分かりにくい複雑な投票方式であるが、有権者の多様な好みを反映させる工夫が凝らされた制度であるということがわかるだろう。

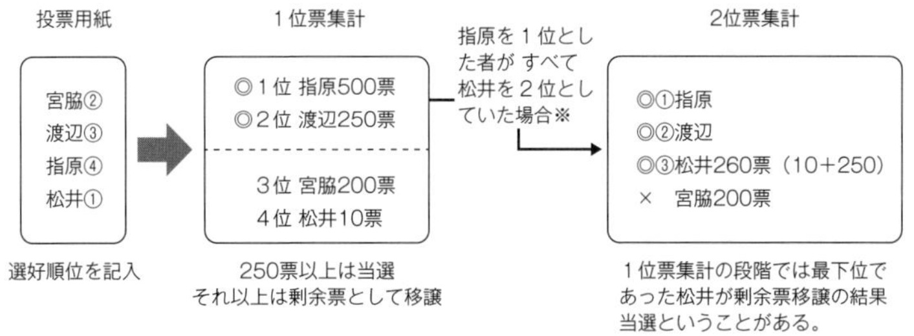


※実際の選挙では当選者の得票のうちどれが剰余票にあたるかは分からない。そこでオーストラリアの場合には、当選者の全得票の第2位票を集計し、これに（剰余票数／当選者の得票数）を乗じた値を移譲する。今回の事例では、まず1位指原の剰余票は250票（500－250）、2位渡辺の剰余票は0票（250－250）であり、指原の剰余票は500×（250／500）＝250票として松井に移譲、渡辺の剰余票は250×（0／250）＝0票となる。

# 2 小選挙区制と比例代表制

## 2.1 小選挙区制と比例代表制の比較 ★★★

### (1) 概　要

選挙制度は多様であるが、最も代表的な制度が**小選挙区制**と**比例代表制**であり、政治学上は両者を比較することが多い。主な特徴は以下の表の通りである。

**小選挙区と比例代表の比較**

| | **小選挙区制** | **比例代表制** |
|---|---|---|
| 多様な利益の代表 | しにくい(短所) | しやすい(長所) |
| 死票 | 多い(短所) | 少ない(長所) |
| デュヴェルジェの法則 | 二大政党制になる<br>(大政党が過大に代表) | 多党制になる<br>(小政党も当選の可能性) |
| 政府・政党 | 二大政党により、絶対多数党の出現を見る可能性が高く、ワーキングガバメント(実行力のある政府)が形成されやすい(長所) | 小政党も議席を得やすく、連立政権の破綻など、政局が不安定になる可能性がある(短所) |
| 選挙区画 | ゲリマンダーの可能性(短所) | |

### (2) 死　票

上の表で小選挙区制は死票が多く、比例代表制は死票が少ないと指摘した。では死票とは何か。**死票**とは**当選に結びつかない票**、すなわち落選者に投じられた票のことである。このことを実際の選挙で確認しよう。

下記の表は2021年の衆議院選挙の結果である。例えば、小選挙区部分のみに注目すると、自民党の得票率は49％と過半数を下回っているが、議席率でみると65％を超えている。逆に、立憲民主党は、得票率は29％に及ぶものの、議席率は19％に過ぎない。また、比例区の選挙は概ね得票率が議席率と一致していることが分かる。

このように、**死票が多く、民意を適切に反映しないという欠点**が小選挙区制にはある。

**2021年総選挙の結果（小数点以下切り捨て）**

| 政党 | 小選挙区 | | 比例区 | | 総議席率 |
|---|---|---|---|---|---|
| | 得票率 | 議席率 | 得票率 | 議席率 | |
| 自民 | 49% | 65% | 47% | 40% | 56% |
| 公明 | 1% | 3% | 12% | 13% | 6% |
| 立憲民主 | 29% | 19% | 20% | 22% | 20% |
| 維新 | 8% | 5% | 14% | 14% | 8% |

### (3) ゲリマンダー

#### ① 定　義

**ゲリマンダー**とは、特定の党派に有利になるような**恣意的な選挙区割り**のこと。ゲリマンダーを造ることをゲリマンダリングという。

#### ② 背　景

1812年マサチューセッツ州知事ゲリーが自党に有利になるように恣意的な選挙区割りを行い、その不自然な形がサラマンダー（ギリシャ神話の火蛇）に似ていたことから生まれた造語である。

ゲリマンダー

#### ③ アメリカのゲリマンダー

アメリカでは連邦議会選挙の区割りは各州によって行われる。この区割りは州知事の同意と州議会の賛成によって行われるため、自己の党派に有利になるような恣意的な選挙区割りが公然と行われてきた。

**Power UP**　**累積多数決**

小選挙区の下では民意が反映されない可能性は以下の様な簡単なモデルで説明できる。A案を支持する有権者は９人に対して、B案を支持する有権者は16人にも関わらず、小選挙区ではA案を支持する政治家の方が多く当選し、A案が採択されることが原理上ありうる。比例代表制ではこの問題は生じない。「多数決の多数決」は民意を反映しないことがある。これを累積多数決という。

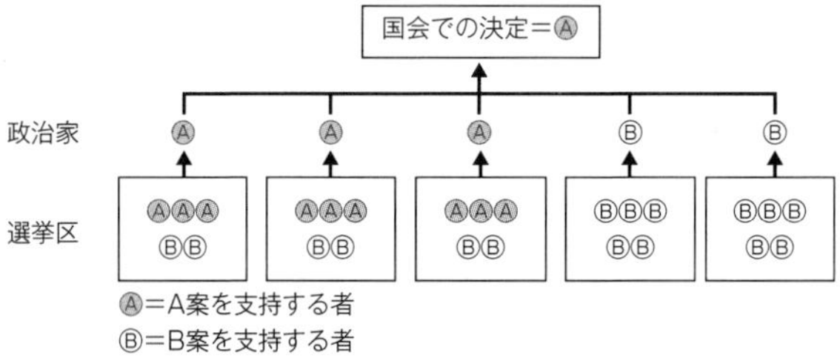

## 2.2 比例代表制の分類 ★★★

### (1) 概　要

比例代表制は、各政党の得票数に比例させて議席を配分する仕組みである。ただし、どのように比例させるかには様々な方法があり、本節では主要国で採用されているドント式とサンラグ式について説明する。

さらに、各政党においてどの候補を当選者とするかという点についても様々な手法があり、日本では**拘束名簿式**と**非拘束名簿式**の２つが用いられている。

### (2) 配分議席決定方式による分類（どの政党にどれだけ配分するか）

① ドント式とサンラグ式の比較

| | 概要 | | 事例 |
|---|---|---|---|
| **ドント式**<br>(d'Hondt) | ① 政党の得票数を**整数**（自然数）で割る。<br>② 商の大きい順に議席を配分する。 | 大政党<br>有利 | **日本の比例代表選挙**<br>イスラエル |
| **サンラグ式**<br>(Sainte-Laguë) | ① 政党の得票数を**奇数**で割る。<br>② 商の大きい順に議席を配分する。 | 小政党<br>有利 | スウェーデン<br>ドイツ |

### ② ドント式とサンラグ式による議席配分の例

定数10で、政党がA～Dの４つ、各政党の得票数が表の通りである選挙を想定しよう。ドント式とサンラグ式に基づいて議席配分をしたものが以下の表となる。

ドント式とサンラグ式で微妙に結果が異なり、ドント式では大政党が、サンラグ式では小政党が有利となっていることが確認できる。

| | A党 | | B党 | | C党 | | D党 | |
|---|---|---|---|---|---|---|---|---|
| 得票数 | 30000 | 順位 | 21000 | 順位 | 11000 | 順位 | 8000 | 順位 |
| ÷1 | 30000 | ①❶ | 21000 | ②❷ | 11000 | ④❸ | 8000 | ⑦❺ |
| ÷2 | 15000 | ③ | 10500 | ⑤ | 5500 | | 4000 | |
| ÷3 | 10000 | ⑥❹ | 7000 | ⑨❻ | 3666 | ❿ | 2666 | |
| ÷4 | 7500 | ⑧ | 5250 | | 2750 | | 2000 | |
| ÷5 | 6000 | ⑩❼ | 4200 | ❾ | 2200 | | 1600 | |
| ÷6 | 5000 | | 3500 | | 1833 | | 1333 | |
| ÷7 | 4285 | ❽ | 3000 | | 1571 | | 1142 | |
| ドント式① | 大政党有利 5 | | 3 | | 1 | | 1 | |
| サン・ラグ式❶ | 4 | | 3 | | 小政党有利 2 | | 1 | |

【例題】
定数６の比例代表選挙区で、政党の得票数がそれぞれＸ党（90）、Ｙ党（50）、Ｚ党（20）であった場合、ドント式を用いると各政党の獲得議席はどうなるか計算せよ。
【正解：Ｘ党が４議席、Ｙ党が２議席、Ｚ党が０議席】

### （3）当選者の決定方式による分類（政党の中で誰を当選させるか）

| | 概要 | 例 |
|---|---|---|
| **拘束名簿式**<br>（絶対拘束名簿式） | ① 政党は当選順位を付した候補者名簿を提出。<br>② 有権者は政党名で票を投ずる（政党にのみ可）。<br>③ 政党に議席が配分され、既定順位に従って当選者確定。 | 日本の衆議院 |
| **非拘束名簿式**<br>（単純拘束式） | ① 政党は順位付けのない候補者名簿を提出。<br>② 有権者は政党名か候補者名で票を投ずる（候補者も可）。<br>③ 政党に議席が配分され、候補者名での得票順に当選者確定。 | 日本の参議院 |

衆議院比例代表選挙の拘束名簿式

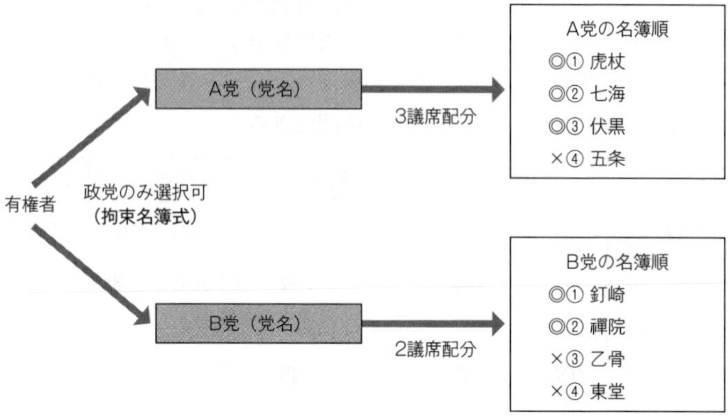


参議院比例代表選挙の非拘束名簿式

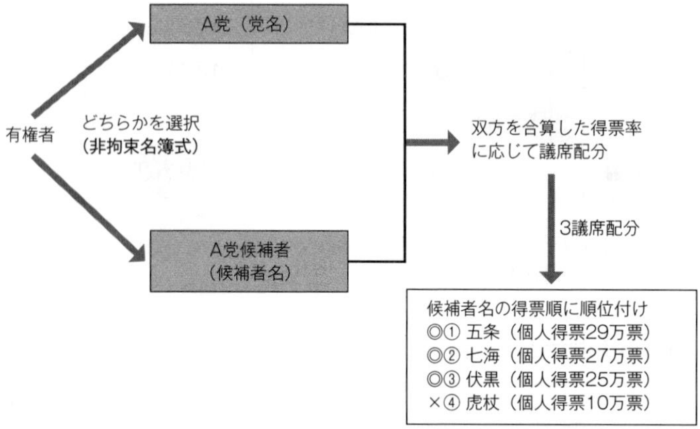

## 2.3 デュヴェルジェの法則 ★★★

### (1) 定　義

フランスの政治学者M.デュヴェルジェ(1917～2014)は、「**小選挙区制は二党制を、比例代表制は多党制をもたらす**」と主張した。これは、選挙制度と政党システムの因果関係を示した社会科学的法則であり、一般に**デュヴェルジェの法則**と呼ばれる。

### (2) 概　要

#### ①「小選挙区が二党制」となる要因

デュヴェルジェは小選挙区が二大政党制をもたらす要因として、**機械的要因**と**心理的要因**の２つを挙げている。この２つの要因により、第三党以下は議席獲得が困難となり、淘汰されていくと論じた。

| | |
|---|---|
| 機械的要因<br>(選挙制度上の理由) | 小選挙区では第一党が過大に代表され、第三党が過小に代表されるため、第三党は議席を獲得することが困難となる。 |
| 心理的要因<br>(有権者の戦略) | 有権者は死票を恐れて当選の確率の高い、第一党や第二党に投票する傾向が強い。結果として第三党の票は増えない。 |

#### ②「比例代表制が多党制」となる要因

先の２つの要因は、得票率によって議席が配分される比例代表制ではそれほど働かない。つまり、第三党以下も生き残ることが可能であるため、多党制となるのである。

### (3) 留意点

デュヴェルジェの議論は「法則」として知られているが、常に妥当するわけではない。デュヴェルジェ自身が指摘しているように、カナダのように有力な地方政党が存在すると全国的には二大政党にならない場合がある。

ただし、全国レベルでは二大政党制にならなくとも、個々の選挙区では主要な２つの候補によって争われる傾向にあるので、デュヴェルジェの法則は選挙区でより成り立っていると考えられる。

## 3 日本の選挙

### 3.1 選挙制度の歴史 ★★★

| | 選挙制度 | 選挙権 | 有権者率 | 背景 |
|---|---|---|---|---|
| 1889<br>[制限選挙] | 小選挙区制<br>（記名捺印） | 25歳以上男子<br>国税15円以上 | 1.1% | 明治憲法制定により、帝国議会が開催 |
| 1900<br>[制限選挙] | 小選挙区及び大選挙区<br>（単記・無記名） | 25歳以上男子<br>国税10円以上 | 2.2% | 商工業者を取り込むため、納税制限を下げる |
| 1919<br>[制限選挙] | 小選挙区 | 25歳以上男子<br>国税3円以上 | 5.5% | 普選運動に対処するため、納税制限を下げる |
| 1925<br>**[男子普通選挙]** | **中選挙区**<br>（単記制） | 25歳以上男子 | 20% | 大正デモクラシー<br>**加藤高明**（護憲三派）内閣 |
| 1945<br>**[男女普通選挙]** | **大選挙区**<br>（制限連記制） | 20歳以上男女 | 48% | 戦争直後で人口移動が多く、区割りが困難なため |
| 1947 | **中選挙区**<br>（単記制） | | 52% | 中選挙区制度の復活 |
| 1994 | **小選挙区**<br>**比例代表並立制** | | 78% | 小選挙区の導入により政党中心の選挙を目指す |
| 2015 | 同上 | **18歳以上**男女 | — | 憲法改正の国民投票が18歳以上とされたため。 |

※　以上の年代はすべて導入年である。実施年は異なる場合がある。

## 3.2 中選挙区と自民党

★★★

### (1) 単記非移譲式

日本のかつての中選挙区は、厳密に言えば、議席決定方式が相対多数制、選挙区定数が複数、投票方式が単記という組合せからなる投票方式であり、諸外国の中でも独特な制度であるため、**単記非移譲式**(single non-transferable vote：SNTV)と呼ばれる。

### (2) 自民党の派閥

中選挙区では同一選挙区内で同一政党の候補者が複数擁立されるため、選挙は議員中心となる。このため、議員の地元の支持団体である**後援会**組織が発達した(後援会の維持にカネがかかる)。

また、同一政党所属の議員の競争は、政党組織への求心力を低下させ、代わりに、党内有力者を中心とする**派閥**の発達が促進された。

### (3) 近年の自民党の変化

以上のようにかつての自民党では派閥が強かったため、自民党トップである総裁の権力は相対的に弱かった。

しかし、小選挙区制の導入により派閥に入るメリットが減少するなど、自民党の派閥は弱体化したため、自民党執行部の権限、言い換えれば、自民党が与党の場合には総理大臣のリーダーシップが強くなったと考えられている。

## Power UP　中選挙区制の下での自民党

ここでは中選挙区制時代の自民党がなぜ強かったのか説明しよう。まず複数の当選者が出る中選挙区制では自民党のような大きな政党は複数の候補者を立てるのが常である。現在の小選挙区制の下では政党は候補者を一人だけ立て、政党間の争いとなるのが普通である。しかし、中選挙区制の下では、実は多くの選挙区（主に農村部）では自民党対野党という政党間競争よりも、同一選挙区内における自民党候補者同士の競争という構図の方が重要であった。

自民党候補者の多くは地元の町内会や商店街といった地元に密着した組織と密接な関係にあり、その地域を代表する候補者（政治家）という役割を担っていた。このような「地域の代表」という旗印を、地元に基盤を持たない野党候補者はなかなか用いることができないため、自民党候補者に独占されやすかったのである。

そして、それぞれの地域の自民党候補は「地域の代表」として、地域の票を独占することになる。その候補者が当選すれば国会議員としての影響力を発揮し、地域への補助金の配分やインフラが優先的に整備されたりするなどの効果が期待できるためである。こうして自民党候補者同士の争いは各地域への利益誘導の競争として展開されることになる。

こうした厳しい選挙に勝利するためには、多額の選挙費用が必要となり、自民党の中での有力者との知己を得ておくことが非常に重要となる。そこで自民党政治家は、選挙費用の援助を期待したり、有力ポストに就いたりするために、自民党の有力者が組織する派閥に加入したのである。

以上のように、中選挙区制は自民党が長期政権を築いた原因の一つでもあり、派閥政治が横行した原因ともなったのである。

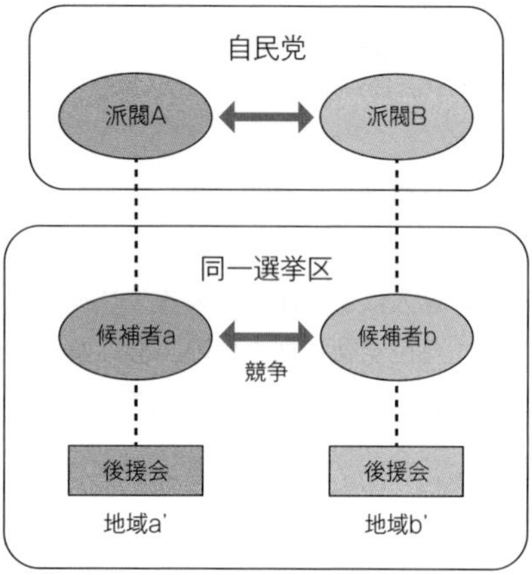

## 3.3 現行の国政選挙の仕組み ★★★



### (1) 衆議院選挙と参議院選挙の比較

| | **衆議院議員選挙** | | **参議院議員選挙** | |
|---|---|---|---|---|
| | 小選挙区選挙 | 比例代表選挙 | 選挙区選挙 | 比例代表選挙 |
| 選挙区 | 289選挙区 | 11ブロック(※1) | 45選挙区(※2) | 全国 |
| 議員定数 | 289人 | 176人 | 148人 | 100人 |
| 投票用紙への記入 | 候補者名 | 政党名 | 候補者名 | 候補者名または政党名 |
| 当選方式 | 最多得票者<br>1人だけ | 得票数に応じて<br>政党に議席配分<br>(名簿順に当選)<br>**拘束名簿式** | 得票数順に<br>1～6人 | 得票数に応じて<br>政党に議席配分<br>(個人得票順に当選)<br>原則**非拘束名簿式** |

※1：衆議院の比例代表選挙は、北海道、東北、北関東、南関東、東京都、北陸信越など全国11ブロックに分けて行われる。
※2：参議院の選挙区選挙は、かつては47都道府県で行われていたが、現在は鳥取県と島根県、徳島県と高知県だけはそれぞれ２県が一選挙区となる合区である。

### (2) 衆議院選挙の仕組み

#### ① 小選挙区比例代表並立制

衆議院議員選挙は、小選挙区制と比例代表制の**混合制**であり、**小選挙区比例代表並立制**と呼ばれる。具体的には、小選挙区と比例代表はそれぞれ別に選出され、互いに連動しない仕組みとなっている。

#### ② 拘束名簿式

そして、有権者は、小選挙区制と比例代表制にそれぞれ一票を投ずる。小選挙区制では最多得票者が当選、比例代表制は**ドント式**によって各政党に議席が配分され、比例代表名簿順に当選が決定する(**拘束名簿式**)。

### ③ 重複立候補と復活当選

また、衆議院選挙では、小選挙区制と比例代表制の両方に**重複立候補**することが可能である。この場合、小選挙区制で落選したものの、比例代表制で当選する場合がある。これを**復活当選**という。

**衆議院選挙の仕組み**

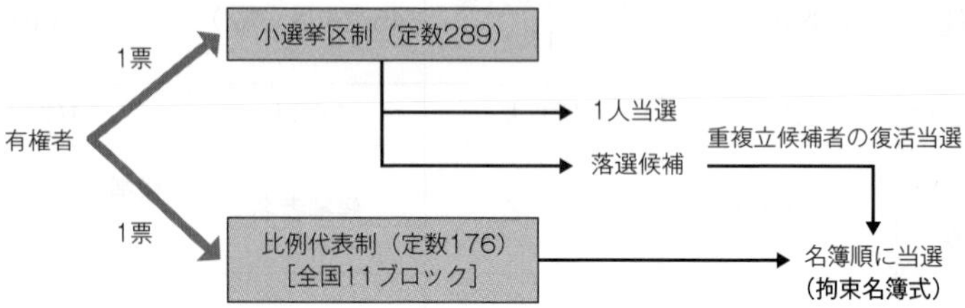


### ④ 惜敗率

比例代表選挙では、政党が付した名簿順に当選するが、衆議院の小選挙区と比例代表区の重複立候補者の場合、同じ当選順位を複数の候補者に付することができる。これらの候補者の場合、「**小選挙区での最多得票者の得票数に対する割合**」(**惜敗率**(せきはいりつ))が高い順に当選となる。

要するに小選挙区での落選がいかに惜しいものであったのかを基準として当選が決定するわけである。

### 重複立候補と惜敗率

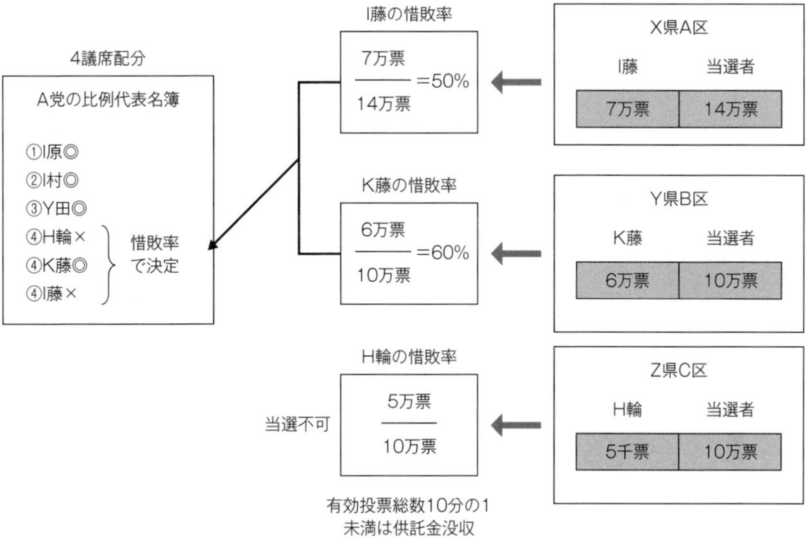
4議席配分
A党の比例代表名簿
①I原◎
②I村◎
③Y田◎
④H輪×
④K藤◎
④I藤×
惜敗率で決定
I藤の惜敗率
7万票
14万票
=50%
K藤の惜敗率
6万票
10万票
=60%
H輪の惜敗率
5万票
10万票
当選不可
有効投票総数10分の1未満は供託金没収
X県A区
I藤
当選者
7万票
14万票
Y県B区
K藤
当選者
6万票
10万票
Z県C区
H輪
当選者
5千票
10万票

## Power UP　並立制と併用制

小選挙区制と比例代表制を組み合わせた制度を総称して混合制といい、それぞれの持つ短所を長所によって補うことを目的としている。ただし、どのように組み合わせるかによって大きな違いがある。

| | 並立制 | 併用制 |
|---|---|---|
| 概要 | 小選挙区制と比例代表制を分割し、それぞれ異なる方式で選挙を行う。 | 比例代表制によって全体の議席を配分する。そして誰を当選者とするかは小選挙区での勝敗に基づく。ただし、超過議席が発生する場合がある。 |
| 事例 | 日本 | ドイツ |

併用制の実際は以下のとおりである。

❶　まず、有権者は、小選挙区と比例代表のそれぞれに1票を投じる。
❷　そして、比例代表票の集計により、各政党の獲得議席を決定する。配分の対象となるのは総議席である。
❸　他方で、小選挙区で最多得票を得た者は自動的に当選となる。比例代表での当選は、各党が比例代表で得た獲得議席から小選挙区での当選を除いた数が、各党の比例代表名簿に基づいて決定される。
❹　以上の方式では、小選挙区での獲得議席が比例代表での獲得議席を上回る場合がある。この場合は超過議席が認められる。すなわち、法定された総議席数より多い議員が誕生することになる（下の図表の例では定数は10であるが、C党に超過議席が認められ、総議席数が11となっていることを確認しよう）。併用制を採用しているドイツ連邦議会ではこうしたケースが度々見られる。

**併用制の実際（定数10）**

| | A党 | B党 | C党 |
|---|---|---|---|
| 得票率 | 50% | 30% | 20% |
| 比例代表の仮配分 | 5議席 | 3議席 | 2議席 |
| 小選挙区獲得議席 | 2議席 | 0議席 | 3議席 |
| 比例代表の正式配分 | 5−2=3議席 | 3−0=3議席 | 2−3=−1議席<br>（超過議席） |
| 最終的な議席配分 | 5議席 | 3議席 | 3議席 |

### (3) 参議院選挙の仕組み

#### ① 概　要

都道府県別の選挙区と全国大の比例代表制によってそれぞれ別に選出される。選挙区の定数は地域によって異なり、１人区(２人区)から６人区(12人区)まである。つまり、**小選挙区と大選挙区が混在**している。

#### ② 非拘束名簿式

有権者は、選挙区と比例代表制にそれぞれ一票を投ずる。選挙区では最多得票者が当選、比例代表制は**ドント式**によって各政党に議席が配分されるが、衆議院と異なり名簿に順位はなく、個人得票の多い順に当選が決定する(**非拘束名簿式**)。

#### ③ 特定枠制度

ただし、2018年の法改正によって参議院の比例代表選挙で、政党が優先的に当選させたい候補者を一部指定し、順位づけできる「**特定枠制度**」が導入された。

要するに全体としては非拘束名簿式であるが、部分的に拘束名簿が導入できる制度であると考えればよい。

## 3.4 投票と選挙運動 ★★☆

日本の公職(衆議院議員、参議院議員、地方公共団体の首長、地方議会議員)の定数や選挙方法については**公職選挙法**に規定されている。

### (1) 選挙運動の期間

選挙運動は、選挙の公示・告示日から**選挙期日前日**までである。国政選挙の場合、公示は衆院選では12日前までに、参院選では17日前までに行われる。

### (2) 供託金

**供託金**(きょうたくきん)とは、公職選挙候補者が立候補する際に寄託する金である。いわゆる泡沫候補の乱立を防止することを目的としており、候補者の得票数が有効得票総数の一定割合に満たない場合には没収される。

### (3) 戸別訪問の禁止

**戸別訪問**(こべつ)とは選挙の投票依頼のために家を一軒一軒訪ねることである。**日本では禁止**されている。買収や脅迫が行われる可能性があるとの判断から禁止されているが、イギリスなどを代表として欧米では一般に認められている。

### (4) 連座制

**連座制**とは、候補者と一定の関係にあるものが選挙違反行為で刑に処された場合に、その候補者の当選が無効となる制度。連座責任で当選無効となったものは、その選挙区における公職の選挙に5年間立候補ができない。

### (5) マニフェスト

#### ① 定　義

**マニフェスト**とは、一般に選挙の際に政党などが発表する、具体的な公約を意味する。従来的な選挙公約が抽象的なスローガンになりがちなのに比べ、マニフェストでは「政策の数値目標・実施期限・財源・方法」などが明示される点で特徴がある。マニフェストは**イギリスがモデル**であり、イギリスでは19世紀から国政選挙において導入されている。

#### ② 日本の制度

日本では、2003年より、衆院の総選挙と参院の通常選挙の国政選挙での配布が認められるようになり、現在では地方公共団体の首長選挙、地方議員選挙での配布も認められている。

### (6) ネット選挙

#### ① 背　景

2013年の公職選挙法改正で、インターネットを用いた選挙運動(特定の候補に対する投票を呼びかける運動など)が国政選挙及び地方選挙で可能となっている。

### ② ネット選挙で認められる行為

インターネットを活用した選挙運動は候補者及び政党と有権者では可能な範囲が異なる。制限内容は以下の表の通りである。

| | | 候補者及び政党 | 有権者 |
|---|---|---|---|
| ウェブ等を用いた選挙運動 | ホームページ・ブログ | ○ | ○ |
| | FacebookやTwitterなどのSNS<br>※メッセージ機能も含む | ○ | ○ |
| 電子メール | 選挙運動用のメール | △(※1) | × |
| | 選挙運動用のビラやポスターを添付したメール | △(※1) | × |
| ウェブなどを用いた落選運動(※2) | | ○ | ○ |

※1 事前に同意を得ている者に対してのみ。不特定多数への送信は認められていない。
※2 特定の候補者の落選を促す選挙運動は従来から認められている。

## (7) 不在者投票など

| | | |
|---|---|---|
| **不在者投票** | 入院中など | 選挙管理委員会から指定を受けている病院、老人ホームに入院、入所中の場合、その施設で投票できる。 |
| | 他の市区町村に滞在 | 仕事の都合などで他の市区町村に滞在している人が、滞在先の選挙管理委員会で投票する制度。 |
| | 障害者・寝たきり等 | 重度の障害や寝たきりなどで投票所に行けない場合、**郵便等による投票**ができる。また、障害の程度によって、代理人による代筆もできる(**代理記載投票**)。 |
| **洋上投票** | | 日本国外の区域を航海する船員は、ファクシミリ装置を用いた投票ができる。 |

## (8) 期日前投票

### ① 概　要

選挙は、投票日に投票所において投票することを原則とする(投票日当日投票所投票主義)。ただし、**期日前投票**制度においては、**選挙期日前であっても、選挙期日と同じく投票**を行うことができる。つまり、投票用紙を直接投票箱に入れることができる。

② 投票対象者

投票日に**仕事**、**用務**(**冠婚葬祭など**)、**レジャー**、**旅行**があるなど現行の不在者投票事由に該当すると見込まれる者。投票の際には、一定の事由に該当すると見込まれる旨の宣誓書の提出が必要となる。

### (9) 在外投票

**存外投票**は、国外に居住する有権者のための投票制度である。国政選挙に関しては選挙区選挙と比例代表選挙の両方で投票できる。

当初は衆議院と参議院の比例代表選挙に限定されていたが(最高裁で違憲判決が出たので)、2007年より、衆参両院の選挙区選挙でも投票ができるようになった。

### (10) 電子投票

① 概　要

地方公共団体は、条例で定めるところにより、首長および議員の選挙のみに**電子投票**(タッチパネル式の電子機器を用いて投票などが可能なシステム)を導入することができる。

② 現　状

2002年６月、岡山県新見市で初めて運用され、これまで10市町村が導入したが、2021年１月現在、実施している自治体はない。

### (11) 投票時間

投票時間は公職選挙法により**午前7時から午後8時**(1997年までは午前７時～午後６時)と定められている。ただし、市区町村の選挙管理委員会は、特別の事情がある場合、個々の投票所について一定の範囲で**繰り上げ**・**繰り下げ**(閉鎖時刻は繰り上げだけ)ができる。

### (12) 政治における男女共同参画

日本では公職に占める女性の割合が諸外国と比べても非常に少なく、政治分野における男女共同参画が遅れているとの反省から、2018年に「**政治分野における男女共同参画の推進に関する法律**」(候補者男女均等法)が制定された。

同法では、衆議院、参議院、地方議会の選挙において、男女の候補者の数についてできる限り均等にするように努力することが目標として示されている。

## 3.5 政治資金規正と政党助成 ★★★

### (1) 政治資金規正法

#### ① 背　景

政治活動の公明・公正を図るため、政治資金の収支を公開することを義務付けているのが**政治資金規正法**(1948)である。ただし、同法は規制自体がゆるく制定当初からその有効性が疑問視されていた。

そこで、1994年に細川護熙内閣の下で、小選挙区制の導入と併せて、規制強化を目的とする政治資金規正法の改正が行われた。

#### ② 政治資金の公開

まず、政治団体(政党や政治資金団体など)の設立は、都道府県の選挙管理委員会または総務省に届け出ることが義務付けられており、1年間の収支・資産などの状況を記載した収支報告書を総務省または都道府県選挙管理委員会に提出する必要がある。

#### ③ 寄附の制限

そして、会社・労働組合等の団体(政治団体は除く)は、政党・政党支部、政党の指定する政治資金団体以外のものに対しては、政治活動に関する寄附をしてはならないとされており、**政治家個人への企業や団体の献金が禁止**された。

ただし、政党が行う寄附及び政治団体に対する寄附は認められており、いわゆる団体献金がすべて禁止されているわけではない。

以上のような収支報告や寄附制限の違反に対しては、違反事項に応じて禁固・罰金刑が定められている。

政治資金の主な流れ

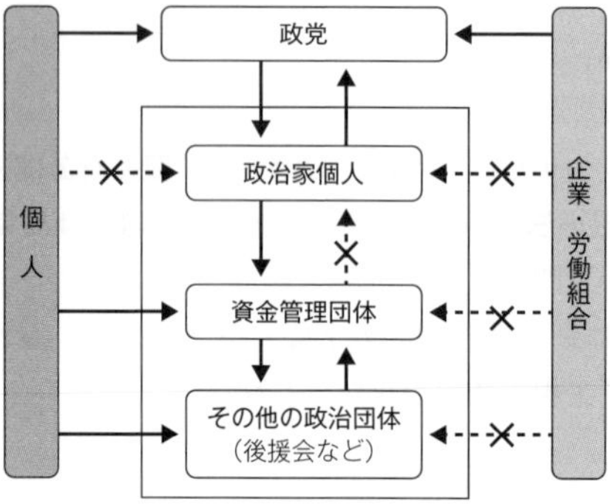


(2) 政党助成法

① 背　景

政治資金規正法の強化は、政治家による政治資金の調達を困難にすることから、1994年の政治資金規正法の改正と併せて、政治活動を公的に助成する**政党助成法**が制定されている。

② 政党への助成

政党への交付金の総額は、直近の国勢調査人口に**250円**を乗じた額を基準として国の予算で決定される。交付の対象となる政党は、国会議員５名以上、あるいは１名以上で直近の国政選挙で全国を通じた得票率２％以上の要件を満たしている政党のみであり、各政党への配分は所属国会議員の数、得票率に応じて決定される。

2021年度分は約318億円(自民党約170億円、立憲民主党約69億円、公明党約30億円など)が交付されている。

# 4 アメリカの選挙

## 4.1 アメリカの選挙制度の特徴 ★★★

(1) 予備選挙（プライマリー）

**予備選挙**とは、公職選挙における政党の候補者を有権者一般の直接投票で選出する制度である。アメリカの主要な州では、連邦議会議員、州知事、州議会議員などの公職候補者すべてに予備選挙が実施されている。

### (2) 有権者登録

アメリカでは18歳以上の国民が選挙権を有するが、一部の州を除いて、有権者になるための**登録手続が必要**である。登録自体は簡単だが、有権者の15～20%が未登録であると見積もられており、アメリカの低投票率の大きな要因となっている。

## 4.2 大統領選挙 ★★★

### (1) 概　要

アメリカの大統領選挙は、憲法上は**間接選挙**(有権者が選出するのはあくまで大統領選挙人)であるが、実質的には**直接選挙**(実際は有権者の大統領候補への投票の結果で当選者が決まる)という、複雑な仕組みである。

### (2) 大統領候補の選出プロセス

#### ① 概　要

実際の大統領選挙では様々な政党が候補者を擁立しているが、共和党と民主党の二大政党以外の候補者が当選するのは現状では極めて困難であるため、二大政党の候補者がどのように選出されるかを本節では説明する。

#### ② 予備選挙と党大会

まず、1月から6月にかけて、各州の政党組織は、全国党大会に出席する代議員(地元の党員を代表して大会で投票できる人)を予備選挙または党大会で選出する。大半の州は予備選挙で選出している。

#### ③ 全国党大会

そして、7～8月には、共和党と民主党それぞれが全国大会を開催し、予備選挙や党大会によって選出された代議員がこれに参加する。また、各州の代議員以外にも特別代議員(連邦議会議員や州知事など)と呼ばれる人々が全国大会に参加し、票を投じる。

この全国党大会に出席した代議員の過半数の支持を獲得したものが、各党の大統領候補者、副大統領候補者として指名される。

以上が、各党内で正式な候補者が決定されるプロセスである。

アメリカ大統領選挙のプロセス

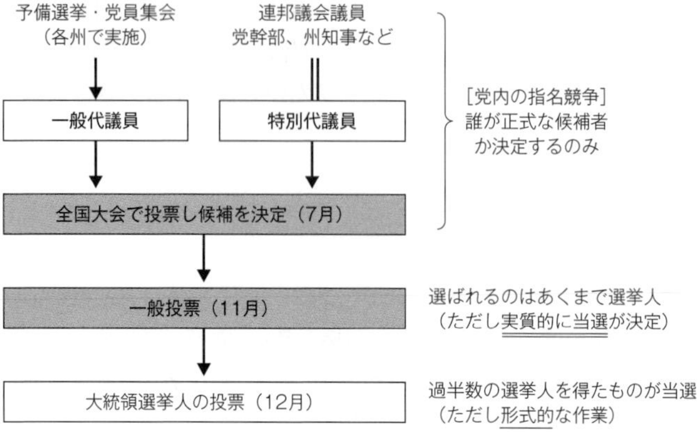


### （3）一般投票

#### ① 概　要

一般投票(本選挙)は、4年ごとの11月(第1月曜日の次の火曜日)に開催され、各州に配分された大統領選挙人数(計538人)の過半数(270人)を獲得した候補者が勝利する。

#### ② 大統領選挙人の割当

まず、各州には上院議員の数と下院議員の数を合わせた数の**大統領選挙人**が、またコロンビア特別区には3名の大統領選挙人が配分される。そして、各州の政党は自らの候補者が勝利した場合には誰が大統領選挙人となるのか、割当人数分の候補者を予め指名する。

#### ③ 有権者の投票

11月の一般投票では、例えば有権者は「トランプ」や「バイデン」と候補者名が記載された投票用紙にチェックをつけて投票する。一見すると大統領候補者に直接投票しているように見えるが、**実際に選出されるのはあくまで大統領選挙人**である。

#### ④ 大統領選挙人の配分

一部の州(メイン、ネブラスカ)を除き、各州の大統領選挙人は「**勝者独占方式**」に基づき各候補者(政党)に配分される。具体的には、各州の一般投票で1票でも多くの票を獲得した候補者がその州の選挙人を独占する。

したがって、この一般投票の結果で誰が当選したかが実質的に決定される。

**Power UP　勝者独占方式の問題点**

得票総数で負けても、選挙人獲得数で上回り、勝利する可能性がある。2016年選挙の得票率は、民主党ヒラリー・クリントンが48%、共和党トランプが46%であったが、選挙人獲得数ではトランプが勝利した。2000年のブッシュ対ゴアの選挙でもこの逆転現象が起きている。

### ⑤ 大統領選挙人による投票

12月には、各州で選出された大統領選挙人の投票により、最終的な当選者が決定する。先述の通り、11月の投票で当選者は事実上明らかとなっているため(民主党の大統領選挙人は基本的に民主党候補者に投票し、共和党の大統領選挙人は共和党候補者に投票するはずであるため)、**実質的には直接選挙であると評される**のである。

一般投票のプロセス

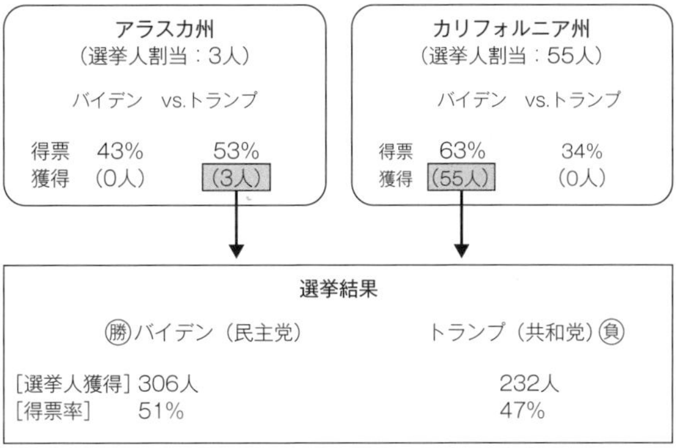


## 4.3 中間選挙 ★☆☆

### (1) 概　要

**中間選挙**とは、4年ごとの大統領選挙の中間の年に行われる、アメリカ連邦議会議員の選挙のことである。上院議員の3分の1、下院議員の全員が改選される。

### (2) 特　徴

まず、大統領選挙と同時に行われる議会選挙の場合、大統領選挙の結果が波及しやすい。ただし、中間選挙の場合、大統領を送り出している政党とは異なる政党を議会に送り込むことでバランスをとろうとする心理が有権者に生まれるため、大統領の所属政党は敗北しやすい。すなわち**分割政府**が生まれやすい傾向にある。

近年のアメリカ大統領選挙の結果と議会多数派

| | 大統領 | 上院 | 下院 |
|---|---|---|---|
| 1981 | レーガン(共) | 共和 | 民主 |
| 1983(中間選挙) | | 共和 | 民主 |
| 1985 | | 共和 | 民主 |
| 1987(中間選挙) | | 民主 | 民主 |
| 1989 | G.H.W.ブッシュ(共) | 民主 | 民主 |
| 1991(中間選挙) | | 民主 | 民主 |
| 1993 | クリントン(民) | 民主 | 民主 |
| 1995(中間選挙) | | 共和 | 共和 |
| 1997 | | 共和 | 共和 |
| 1999(中間選挙) | | 共和 | 共和 |
| 2001 | G.W.ブッシュ(共) | 共和 | 共和 |
| 2003(中間選挙) | | 共和 | 共和 |
| 2005 | | 共和 | 共和 |
| 2007(中間選挙) | | 民主 | 民主 |
| 2009 | オバマ(民) | 民主 | 民主 |
| 2011(中間選挙) | | 民主 | 共和 |
| 2013 | | 民主 | 共和 |
| 2015(中間選挙) | | 共和 | 共和 |
| 2017 | トランプ(共) | 共和 | 共和 |
| 2019(中間選挙) | | 共和 | 民主 |
| 2021 | バイデン(民) | 共和 | 民主 |

:分割政府期

## 過去問チェック

**01** 民主主義国家における選挙には、極端に選挙権が制限されていたり、1票の価値に極端な偏りがあったり、選挙運動が妨害されたりしないよう、普通、公平、間接、公開、自由という五つの原則の実現が要求されている。**特別区Ⅰ類2010** 1.1

×「間接」「公開」が誤り。選挙の原則は直接選挙、秘密選挙である。

**02** 選挙制には様々な形態があるが、大別すれば、多数代表制と少数代表制とに分けることができる。少数代表制とは、各選挙区の少数派にも代表を送り出す可能性を与えるよう工夫された選挙制であり、その典型的な例は小選挙区制である。**国家一般職2002** 1.3

×「典型的な例は小選挙区制」が誤り。小選挙区制は多数代表制の典型例である。少数代表制は少数派も代表を送り出すことができる比例代表制などを指す。

**03** かつて我が国の衆議院選挙で用いられていた大選挙区制は、一選挙区から6人以上の議員を選出する制度である。このため、原則として一選挙区3～5人の議員を選出する中選挙区制とは明確に区別されるものである。**国家一般職2003** 1.2

×「中選挙区制とは明確に区別」という点が誤り。複数であれば大選挙区に分類されるので、定数3～5人の中選挙区も大選挙区に含まれる。つまり明確に区別できない。

**04** 多数代表制の選挙制度には、米国などのように得票数が過半数に達していなくとも最も多い得票をした候補者が当選する相対多数制と、フランスなどのように過半数の得票をした候補者以外は当選できない絶対多数制がある。我が国の衆議院議員選挙の小選挙区選挙では選挙区内で最多数の票を得た場合であっても、有効投票総数の過半数の得票がない場合は当選することができないことから、絶対多数制を採用しているといえる。**国家専門職2014** 1.3

×「衆議院議員選挙の小選挙区選挙では～絶対多数」が誤り。衆議院議員選挙の小選挙区制は過半数の得票がなくても最も多く得票した候補者が当選する。つまり相対多数制である。

**05** 戦後、日本国憲法の下で行われた衆議院議員総選挙は、現行の小選挙区比例代表並立制の導入前は、全て定数3～5を原則とする中選挙区制によって行われていた。一般に、中選挙区制は、小選挙区制に比べ、大政党に有利であるとされている。**国家一般職2015** 2.1

×「中選挙区は、小選挙区制に比べ、大政党に有利」が誤り。中選挙区は最多得票でなくても当選できるという点で少数派に配慮されている。しかし小選挙区は最多得票のみが当選する制度である。したがって、小選挙区の方が中選挙区よりも大政党に有利である。

**06** 小選挙区制は、1票でも多くを獲得した候補者や政党がその選挙区の代表となるため死票が少なく、少数派の意思を尊重できるという長所を持っているが、政党政治を不安定にするという問題点もある。**特別区Ⅰ類2010** 2.1

× まず「死票が少なく、少数派の意思を尊重」が誤り。小選挙区制は死票が多く、多数派に有利な仕組みである。したがって「政党政治を不安定にする」も誤り。多数党は安定的に政権を獲得するので、政党政治がむしろ安定する可能性が高い。

**07** 中選挙区制では、票の平等を確保するために選挙区の人口の増減に伴って、頻繁な選挙区割り変更が必要になるため、ゲリマンダーリングと呼ばれる計算方式が多く用いられる。**特別区Ⅰ類2010** 2.1

× 「中選挙区制では」「ゲリマンダーリングと呼ばれる計算方式」が誤り。ゲリマンダーリングとは恣意的な選挙区割りを行うことそれ自体を指す言葉である。また、ゲリマンダーリングが生じやすいのは小選挙区制である。

**08** 比例代表制は、有権者の票をできるだけ当選人数に反映させようとする制度であり、その議席配分方法には、サン・ラゲ式やドント式等があるが、サン・ラゲ式は、各党の得票を1、3、5といった奇数で割って、商の大きい順に議席を配分する方式であり、ドント式よりも大政党に有利な方法である。**特別区Ⅰ類2019** 2.2

× 「ドント式よりも大政党に有利」という点が誤り。サンラグ式(サン・ラゲ式)の方が小党有利であり、ドント式は大政党に有利である。

**09** 比例代表制における議席配分方式としては、得票数を奇数で除するドント式と偶数で除するサン・ラゲ式がある。サン・ラゲ式は、ドント式が大政党を相対的に有利にする点を改善するものであり、我が国の参議院選挙において、有権者が候補者個人を選べる非拘束名簿方式に変更されるとともに導入されている。**国家一般職2005** 2.2

× まず「奇数で除するドント式と偶数で除するサン・ラゲ式」が誤り。ドント式は整数で、サンラグ式(サン・ラゲ式)は奇数で除する方式である。また「サン・ラゲ式は～参議院選挙」という点が誤り。日本の衆参の比例代表選挙はどちらも一貫してドント式が採用されている。

**10** デュヴェルジェは、小選挙区制(相対多数制)は二大政党制をもたらし、比例代表制は多党制をもたらすと主張したが、この法則は一般的にはかなりの妥当性をもつといえる。しかし、明らかな例外事例も存在し、80年代以降では、ベルギーは相対多数の小選挙区制でありながら、有力な政党が三つ以上存在する多党制が続いており、他方、カナダは比例代表制でありながら、保守系政党とリベラル系政党による二大政党制が続いている。**国家一般職2011** 2.3

× まずベルギーとカナダの事例が誤っている。ベルギーは比例代表制であり、カナダは小選挙区制である。したがって、「小選挙区制は二大政党制」というデュヴェルジェの法則は実際に二大政党制にはなっていないカナダには当てはまらない。

**11** 選挙制度は投票方式によっても分類することができる。投票用紙に候補者名１名だけを書く方式を単記投票制、複数名を書くものを連記投票制という。また、不在者投票が認められるか否かに着目すると移譲式と非移譲式とに分類され、我が国の衆議院選挙で採用されていた中選挙区制は単記移譲式とされる。**国家一般職2005** 3.2

× 「不在者投票が認められるか否かに着目すると」「中選挙区制は単記移譲式」が誤り。移譲式とは、有権者が全候補者に望ましいと思う順位をつける制度のことであり、不在者投票とは関係ない。日本の中選挙区制は一人の候補者だけに投票する仕組みであるから、単記かつ非移譲式の仕組みである。

**12** 我が国では、戦後、衆議院の多数派によって構成する議院内閣制を採用している。1990年代の選挙制度改革による小選挙区制の導入によって、政党執行部の力が弱められた結果、首相の権限が弱体化した。**裁判所一般職2014基礎** 3.2

× 「政党執行部の力が弱められた」「首相の権限が弱体化」が誤り。小選挙区制の下では政党は候補者を一人に絞るため政党執行部の力が強くなる傾向にある。通常首相は政権与党の党首であり、政党執行部の強化は首相のリーダーシップの強化に繋がる。

**13** 小選挙区制と比例代表制は対極的な制度といえるが、両者を組み合わせた混合制を導入する国もある。日本やドイツの制度は、小選挙区選挙と比例区選挙を相互に関連させることなく、別々に票を集計して議員を選出するもので、並立制と呼ばれる。一方、イタリアの制度は、基本的には比例区選挙の結果に基づいて各党に議席が配分され、有権者が小選挙区選挙を通じて、個々の候補者に対する好みを示せるようにしたもので、併用制と呼ばれる。**国家一般職2011** 3.3

× 「ドイツの制度は〜並立制」「イタリアの制度は〜併用制」が誤り。ドイツが併用制であり、イタリアが並立制である。

(14) 現在の衆議院議員選挙では重複立候補が認められているため、小選挙区選挙で落選した候補者が比例代表選挙で復活当選することも可能となっている。ただし、同一の小選挙区で自分よりも上位であった候補者が当選できなかった場合には復活当選はできず、逆転現象が生じないようにされている。**国家一般職2015** 3.3

✕「自分よりも上位であった候補者が当選できなかった場合には復活当選できず」が誤り。そのような規定は存在しない。復活当選が認められていないのは、当該候補者の小選挙区での得票が著しく低かった場合(有効投票数の10分の1未満)などである。

(15) 衆議院議員総選挙の小選挙区比例代表並立制においては、重複立候補制が採用されている。これは、立候補した者は自動的に小選挙区と比例区の両方に立候補したこととされる制度である。比例区では名簿に優先順位を付けることはできず、小選挙区で落選した候補者の中で惜敗率の高い候補者から順に当選することとなる。**国家一般職2016** 3.3

✕ まず「自動的に小選挙区と比例区の両方に」が誤り。重複立候補するかどうかは候補者及び政党が判断するものであり、どちらか一方だけに立候補することは可能である。また「名簿に優先順位をつけることはできず」も誤り。衆議院の比例区は拘束名簿式であり、順位付けが必須である。

(16) 平成25 (2013)年、公職選挙法の一部を改正する法律が成立し、インターネットを使用した選挙運動が解禁された。これにより、候補者や有権者は、ウェブサイト等及び電子メールを利用した選挙運動ができることとなった。また、成立当初はインターネットを使用した投票は行うことができなかったが、マイナンバーの運用開始に伴い、インターネットを使用した投票が解禁された。**国家一般職2016** 3.4

✕ まず「有権者は〜電子メールを利用した選挙運動」が誤り。有権者が選挙運動に電子メールを用いることは禁止されている。また「インターネットを使用した投票が解禁」も誤り。インターネット投票は実現していない。

(17) 従前選挙期間中にインターネットを利用した選挙運動を行うことは禁じられていたが、候補者及び政党等によるウェブサイトの更新やSNSでの投稿による選挙運動については、投票日当日も含めて認められるようになった。ただし、一般有権者については引き続き禁止されている。**国家一般職2014基礎** 3.4

✕ まず「投票日当日も含めて」が誤り。投票日当日はあらゆる選挙運動が禁止されている。また「ウェブサイトの更新やSNSでの投稿〜一般有権者については引き続き禁止」という点が誤り。有権者の選挙運動は、電子メールは禁止されているが、ウェブやSNSは認められている。

(18) 我が国の投票制度には、選挙期日に投票所に行けない有権者のための制度の一つとして「期日前投票制度」が設けられており、投票率の向上に一定の成果を挙げている。しかし、この制度には期日前投票後に死亡等の理由により選挙権を失った場合でも有効な投票となるなどの問題が指摘されていることもあり、レジャーなどの個人的な理由による期日前投票は認めないなど限定的な要件の下で運用されている。 **国家専門職2008** 3.4

× 「レジャーなどの個人的な理由による〜認めない」が誤り。期日前投票はレジャー、冠婚葬祭など個人的な理由でも認められている。

(19) アメリカ合衆国における投票年齢は州ごとに異なり、一部の州を除いて、投票しようとする市民は自発的に有権者登録をする必要がある。郵送による登録や運転免許証申請時の登録が可能になったことから、2006年の中間選挙では、投票資格を有する市民の９割以上が有権者登録を行った。**国家一般職2009** 4.1

× まず「州ごとに異なり」が誤り。アメリカでは投票年齢は18歳であると憲法に定められている。また「９割以上が有権者登録」が誤り。登録という手間がかかるため、登録しない有権者も一定数おり、多く見積もって有権者の20%が未登録であるといわれている。

(20) 米国の大統領選挙の選挙制度は、間接選挙の形態を採る。ここではまず、国民は各州において大統領選挙人を選出し、次に大統領選挙人が大統領を選出するというプロセスをたどる。大統領の当選者の決定は各州に配分された大統領選挙人のうちの過半数の票を獲得することが必要とされる。大半の州において、大統領選挙人の選出については、一般投票の得票割合に比例して大統領選挙人が選出される方式を採っている。**国家専門職2012** 4.2

× 「大半の州において〜得票割合に比例して」が誤り。大半の州では最多得票者が大統領選挙人をすべて獲得する勝者独占方式を採用している。

(21) アメリカ合衆国の大統領選挙は、大統領選挙人を介して行われる間接選挙であり、有権者の投票は州単位で行われる。最も多くの票を獲得した候補者がその州に割り振られた大統領選挙人全員を獲得する方式が、すべての州において採用されており、獲得した大統領選挙人の合計が最も多かった候補者が、大統領選挙人の選挙により正式に大統額に選出される。**国家総合職2005** 4.2

× 「すべての州において採用」が誤り。大半の州では勝者独占方式(最も多くの票を獲得した候補者がその州の選挙人全員を獲得)が採用されているが、一部の州では得票率に比例して大統領選挙人を配分する方式をとっている。

## 過去問 Exercise

**問題1**　各国の大統領に関する次の記述のうち、妥当なのはどれか。

国家一般職2015

---

**1**　フランスの大統領は、国民による直接選挙によって選出される。大統領は、首相を任命し、また首相の提案に基づき政府の構成員を任命する。ただし、大統領とは党派の異なる首相が任命されることもあるため、閣議の主宰は首相が行う。

**2**　米国の大統領は、各州及びワシントンD.C.選出の選挙人による間接選挙によって選出される。大統領は議会が可決した法案に対する拒否権を持つが、これに対して議会は上下両院で３分の２以上の賛成で再可決すれば、拒否権を乗り越えることができる。

**3**　イタリアの大統領は、国民による直接選挙によって選出される。大統領は、議会の解散、首相の任命、外交使節の信任及び軍隊の指揮権を単独で行使することができる強い権限を有している。

**4**　ドイツの大統領は、国民による直接選挙によって選出される。大統領は、元首として国の内外に対してドイツ連邦共和国を代表し、首相の任命権や議会の解散権等の強い権限を有しており、首相の地位は象徴的なものである。

**5**　韓国の大統領は、上院議員による間接選挙によって選出される。大統領は、政治的に強い権限を持ち、首相を国会議員の中から任命するが、この人事には国会の同意は必要なく、大統領と首相が異なる党派に属することによって政治が混乱することを防いでいる。

## 解説

正解 ❷



❶ × 「閣議の主宰は首相」という点が誤り。フランスの大統領は行政府の首長であり、閣議の主宰者（議長）は首相ではなく大統領である。

❷ ○ 妥当な記述である。間接選挙の仕組みであることをしっかり確認しておこう。

❸ × 「国民による直接選挙」という点が誤り。イタリアの大統領は、イタリア議会の両院と各州の代表などによって選出される間接選挙方式がとられている。

❹ × 「国民による直接選挙」「首相の地位は象徴的」という点が誤り。ドイツの大統領は連邦議会の議員らによって構成される連邦会議によって選出される。また、象徴的役割であるのは大統領であり、ドイツは首相が実権を握る議院内閣制である。

❺ × 「上院議員による間接選挙」という点が誤り。韓国の大統領は国民の直接選挙によって選出される。また、韓国は一院制であり、上院は存在しない。

## 問題2

選挙制度に関する記述として、妥当なのはどれか。

特別区Ⅰ類2010

❶ 民主主義国家における選挙には、極端に選挙権が制限されていたり、１票の価値に極端な偏りがあったり、選挙運動が妨害されたりしないよう、普通、公平、間接、公開、自由という五つの原則の実現が要求されている。

❷ 小選挙区制は、１票でも多くを獲得した候補者や政党がその選挙区の代表となるため死票が少なく、少数派の意思を尊重できるという長所を持っているが、政党政治を不安定にするという問題点もある。

❸ 中選挙区制では、票の平等を確保するために選挙区の人口の増減に伴って、頻繁な選挙区割り変更が必要になるため、ゲリマンダーリングと呼ばれる計算方式が多く用いられる。

❹ 比例代表制における議席配分方式の一つであるドント式は、各党の得票数を１、２、３といった整数で割り、その商の多い順に議席を配分していくものであり、我が国の衆議院、参議院の比例代表の部分はこの方式を採用している。

❺ 比例代表制における非拘束名簿式では、政党の作成した候補者名簿に当選順位が記載され、獲得議席数に応じて名簿の上位から当選者が決定される方式であり、選挙手続きが簡単だが、有権者は自由に候補者を選ぶことができない。

## 解説

正解 ❹

---

❶ × 選挙の５原則は、①性・身分・財産などで選挙権が制限されない「普通選挙」、②一票の価値が差別されない「平等(公平)選挙」、③有権者が直接代表者を選出しうる「直接選挙」、④政治的自由を確保するため匿名での投票を担保する「秘密選挙」、⑤有権者が他者に干渉されずに自由に投票できる「自由選挙」、の５つである。

❷ × 小選挙区制は、死票が多くなり、多数派の意志だけが反映されるという欠点がある。その一方、小選挙区制は、二大政党制が発達しやすく、安定して政権が運営されるという長所がある(これをデュヴェルジェの法則という)。

❸ × ゲリマンダリングとは、小選挙区制における恣意的な選挙区の区割りを指す。小選挙区は、１つの選挙区から１人しか選出しないため、選挙区内の有権者数の変化に対し、定数を調整することができず、選挙区割りの調整を行わざるをえない。その際に公平性を欠く恣意的な区割りが生じる可能性がある。

❹ ○ 妥当な記述である。最終的には自分で計算して議席配分ができるようにしておこう。

❺ × これは拘束名簿式についての説明となっている。非拘束名簿式とは、有権者は政党名または比例区の候補者名(名簿記載者)のいずれかで投票できる方式である。各政党に配分された当選人数のなかで、有権者からの得票数の最も多い名簿登載者から順番に当選者が決まっていく。

# 第4章

# 政治体制と政党

第４章では政治体制と政党について解説します。まず第１節では非民主主義体制と民主主義体制の違いを見ていきます。例えばナチスと現代の日本やアメリカは何が異なるのか、それぞれの特徴について解説します。そして、第2節では政党の歴史や類型について解説します。政党といってもそれぞれの時代で果たす役割は異なります。また、第3節では政党システムについて解説します。例えばアメリカやイギリスは二大政党制と呼ばれ、ヨーロッパは多党制と言われますが、それぞれどのような特徴があるのでしょうか。戦後日本において自由民主党はどのような役割を果たしてきたのかというのが第４章の主要なテーマです。

# 1 政治体制論

第1節では政治体制の様々な類型、つまり全体主義体制や権威主義体制など非民主主義の体制の特徴や自由民主主義体制の様々な類型について解説します。また、これまで非民主主義体制であった国はなぜ民主主義体制に移行するのか。その要因について検討する民主化の理論についても解説します。

**キーワード**

権威主義体制と全体主義体制／ポリアーキー／多極共存型民主主義／多数決型民主主義と合意型民主主義／民主化の「第三の波」

## 1 政治体制の類型

### 1.1 定　義 ★★★

**政治体制**(political regime)とは、「政治権力が、社会内で広範な服従を確保し、安定した支配を持続するとき、それを形づくる制度や政治組織の総体」(山口定(やまぐちやすし)の定義)を指す概念である。

### 1.2 類　型 ★★★

政治体制はまず民主主義体制と非民主主義体制に分類される。さらに、非民主主義体制も権威主義体制と全体主義体制に分類することができる。

民主主義体制・権威主義体制・全体主義体制の比較

| | 民主主義体制 | 権威主義体制 | 全体主義体制 |
|---|---|---|---|
| 政策形成に関わる主体 | 様々な個人や集団 | 国家の認可を受けた限られた数の人間及び集団 | 支配政党のみ |
| 一般大衆の政治参加に対する態度 | 一般大衆の自発的な参加を奨励 | 一般大衆の政治参加や政治的動員に消極的 | 一般大衆に対する積極的な政治動員 |
| 体制を支える思想や信条 | 個人の自由 | 曖昧なメンタリティ | 体系的イデオロギー |
| 事例 | 日本やアメリカ | ラテンアメリカや東南アジアの軍事独裁政権など | ナチス・ドイツ<br>ソ連のスターリン体制 |

## 2 非民主主義体制

### 2.1 全体主義体制 ★★★

(1) 概　要

**全体主義体制**とは、あるイデオロギーを掲げ、その実現のために、一党による国家権力の掌握を正当化し、全国民をそれに向かって動員する政治体制をいう。

典型例としては、ナチス・ドイツや旧ソ連のスターリン体制などが挙げられる。

(2) 特　徴

① 多元主義の不在

個人の自由や多様な集団・団体の存在が認められていない(**多元主義の不在**)。特に**複数政党制が否定**され、**一党独裁体制**が確立されているのが特徴である。

例えば、ソ連では共産党以外の勢力が全く認められず、ナチス・ドイツではナチス以外の政党は解散させられた。

② イデオロギー

明確に体系化された**イデオロギー**が存在する。

例えば、ソ連ではマルクス・レーニン主義が唯一の正しいイデオロギーとして公式に認められ、これ以外のものは否定された。

③ 積極的な国民動員

マス・メディアなどを利用した集中的で広範な**国民動員**(積極的に政治や戦争に巻き込む)を行う。

例えば、ナチス・ドイツでは大規模な党大会や式典を挙行して人々を惹きつけ、政治や軍事に人々を積極的に動員した。

### (3) ファシズム

① 定　義

自由主義を否定し、一党独裁による専制主義をとり、指導者に対する絶対の服従、対外的には反共産主義を掲げ侵略政策をとることを特色とする政治体制や思想を言う。狭義ではイタリアのファシスト党の支配を指す。

② 全体主義とファシズム

ファシズムは全体主義の一類型であり、具体的にはイタリアのムッソリーニの体制、ナチス・ドイツ、日本の「天皇制ファシズム」(日本がファシズムであったかどうかは議論が分かれる)を指す。全体主義はこのファシズムに加えて、ソ連のスターリン体制を含むものという形で一応区別される。

## 2.2 権威主義体制 ★★★

### (1) 概　要

**権威主義体制**とは、非民主主義体制ではあるが全体主義体制と呼ぶには不十分な体制を説明するために生み出された言葉であり、スペインの政治学者**J.リンス**(1926～2013)が提唱したものである。

典型例としては、スペインの**フランコ体制**、ラテンアメリカや東南アジアの「**開発独裁**」(経済開発優先の独裁体制)などが挙げられる。

### (2) 特　徴

① 多元主義の限定

言論や結社の自由も一定程度許容されており、**複数政党制も否定されていない**が、支配政党と競合することは許されていない。

② メンタリティ

体制を根拠づける体系化されたイデオロギーは存在しない。代わりに、「国民統合」や「社会的協調」などをうたった厳格性に欠けた曖昧で保守的な**メンタリティ**(一定の方向づけ)が存在する。

### ③ 大衆の非政治化

全体主義のような大衆動員は行わず、むしろ**大衆を非政治化**し（政治から大衆を遠ざけ）、政治参加を低いものとさせる。

権威主義と全体主義の比較

| | 権威主義体制 | 全体主義体制 |
|---|---|---|
| 多元主義 | 制限的<br>（擬似的な複数政党制） | 否定<br>（一党独裁） |
| イデオロギー | なし<br>（保守的なメンタリティ） | 強固に存在<br>（ナチズムなどで教導） |
| 大衆の政治参加 | 政治的無関心 | 積極的な大衆動員 |
| 事例 | スペイン・フランコ体制<br><br>F.フランコ［1892～1975］はスペインの軍人・政治家 | ナチス・ドイツ<br><br>A.ヒトラー ［1889～1945］ |

# 3 民主主義体制

## 3.1 ダールのポリアーキー ★★★

### （1）概　要

アメリカの政治学者**R.ダール**は、現実に存在する民主主義体制を説明するために、**ポリアーキー**という概念を提唱した。今日の政治学においても民主主義体制を説明するために頻繁に用いられる重要概念である。

**Power UP　ポリアーキー**

ポリアーキーとは、ポリ（複数）とアーキー（支配）という要素から成り立つ言葉である。つまり、民主主義の政治とは、複数の個人や集団が競争する中で行われるものだとする考えがここには含まれており、ダールの多元主義的民主主義を端的に表現した言葉となっている。

### (2) 民主主義とポリアーキー

ダールによれば、これまで一般に用いられてきた民主主義(デモクラシー)という言葉は、多分に理想的な内容を含み過ぎており、現実の民主政の分析にはふさわしくないとして、「現存する民主主義」を記述するための概念として、ポリアーキーを提示した。

| | (理想としての)民主主義 | ポリアーキー (現実の民主主義) |
|---|---|---|
| 概要 | 市民の要求に対して、政府が平等に責任をもって対応すること | 「公的異議申し立て」と「政治参加の包括性」の条件が高い状態を保っている状態 |
| 特徴 | 多様な意味合いを持ちすぎ、現存の民主政の分析にふさわしくない。 | 現実の政治体制がどの程度民主化されているかその程度が測定可能である。 |

### (3) ポリアーキーの条件

現実の民主主義を成り立たせている条件としてダールは様々なものを挙げているが、最終的には①**「公的異議申し立て」**と②**「参加の包括性」**の２つに集約されるとした。この２つの次元を高い水準で満たしている政治体制がポリアーキーであるとされる。

| (1) 公的異議申し立て(自由) | (2) 参加の包括性(包括) |
|---|---|
| 反対派の意見に対する許容度<br>言論・集会・結社の自由などを許容し、自由な政府批判を認めているかを意味する。 | 政治参加が認められる範囲<br>選挙権の幅など、政治関与できる人の比率を意味する。 |

**Power UP** ポリアーキーの詳細な条件

ダールはポリアーキーの条件として、元々は以下の７つを挙げている。①政府の政策決定についての決定権は、憲法上、選出された公職者に与えられる。②自由で公平な選挙、③選挙権、④被選挙権、⑤表現の自由、⑥多様な情報源、⑦結社の自由。これらをより簡易にまとめたのが、「公的異議申し立て」と「参加の包括性」である。

### (4) 政治体制の類型化

また、ダールは、以上の２つの条件がどの程度満たされているかによって、政治体制を４つに分類している。

#### ① 閉鎖的抑圧体制

自由も包括性も共に低い状態である。自由が低く異議申し立てが抑え込まれるから「抑圧」であり、政治参加の範囲が狭いので「閉鎖」という意味である。

例えば、絶対王政の国家が該当する。

#### ② 競争的寡頭体制

包括性は低いが自由は高い状態である。個人や団体に自由があるので「競争」できるが、政治参加の範囲は狭く、一部の人間しか参加できないので「寡頭」という意味である。

例えば、制限選挙の下での二大政党制が該当する。

#### ③ 包括的抑圧体制

自由は低いが包括性は高い状態。政治参加の範囲が広いので「包括的」であるが、自由が低く異議申し立ては抑え込まれるので「抑圧」という意味である。

例えば、旧ソ連では普通選挙制ではあるが、一党独裁であった。

#### ④ ポリアーキー

自由も包括性も高い状態である。現代の自由民主主義諸国が該当する。

またダールはポリアーキーというには条件が少し足りない場合(公的異議申し立ての水準が少し低い、または参加の包括性が少し低い状態)を**準ポリアーキー**とも呼んでいる。

二つの尺度による現実の政治体制の区分

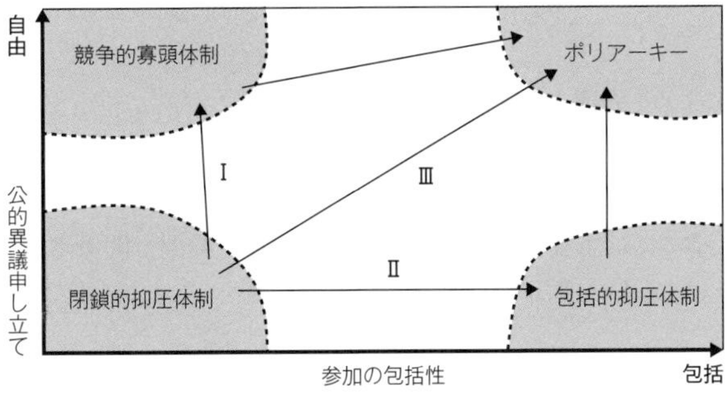

### (5) 民主化の経路

また、ダールは上記の図に見られるように、ある国がいかにして民主化するか(ポリアーキーに至るか)を論じている。

Ⅰの経路は、閉鎖的抑圧体制、競争的寡頭体制を経てポリアーキーに至るものであり、イギリスの歴史が念頭に置かれている。Ⅱの経路は、閉鎖的抑圧体制、包括的抑圧体制を経てポリアーキーに至るものであり、東欧の共産主義諸国の民主化が該当する。Ⅲの経路は、閉鎖的抑圧体制から一気にポリアーキーに至るものであり、市民革命によって絶対王政を打倒したフランス革命を念頭においている。

## 3.2 レイプハルトによる民主主義体制の類型 ★★★

### (1) 背　景

かつての政治学では、英米などのアングロサクソンは「安定的な民主政」であり、ヨーロッパ大陸は、民族・宗教・言語が入り組み相互の対立が増幅しやすい「不安定な民主政」という見方が支配的であった。

### (2) 多極共存型民主主義

以上のような見解に対して、オランダ出身の政治学者**A.レイプハルト**(1936～　)は、社会的同質性を欠き、社会が言語、宗教、民族などにより複数に分裂していても、安定的な民主政が運営されている民主主義体制を**多極共存型民主主義**と名付けた。

### (3) 主な国々

多極共存型民主主義の代表格は、**ベルギー**、**オランダ**、**スイス**である。

例えば、スイスは、フランス語、ドイツ語、イタリア語、ロマンシュ語と４つの公用語があり、宗教的にもカトリックとプロテスタントに大きく別れているものの、少数派を排除しない政治を行っていることで有名である。

### (4) 特　徴

#### ① 主要政党による「大連立」政権

政権を多数派が独占せず、主要政党間で権力を共有することが伝統やルールとなっている。

例えば、スイスには主要政党が４つあり、この４政党間で閣僚ポストをその規模に応じて配分する伝統が長年続いてきた。

### ② 各社会集団の自治

多数派の言語や文化をおしつけることなく、それぞれの社会集団に自治権を与える(棲み分けの自治)。

例えば、スイスでは、**連邦制**を採用しており、それぞれの州で独自の公用語を採用することができる。

### ③ 比例性の高い選挙と人事・予算配分

少数派が排除されないようにするため、**比例代表制**の選挙を採用し、人事や予算の面でも配慮を行う。

例えば、スイスでは、７つの閣僚ポストを４～５人をドイツ語圏、１～２人をフランス語圏、１人をイタリア語圏から輩出することを非公式のルールとして守ってきた。

スイスの言語圏

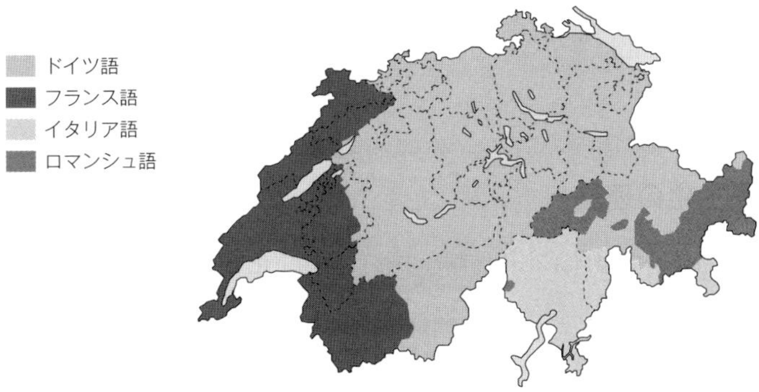


### ④ 少数派への拒否権の付与

重要案件について少数派に**拒否権**を与える。

例えば、スイスでは憲法改正などの重要案件は州の賛成を必要とする。この結果、スイスでは国民の過半数以上がEUへの正式加盟に賛成しているものの、小規模な州の多くが加盟に反対しているため、EU加盟は実現できていない。

## (5) 多数決型民主主義と合意型民主主義

これまで見てきた多極共存型民主主義は元々スイスやベルギーのような社会的に分裂した国を説明するためのモデルとして提示されたものであった。そこで、後にレイプハルトは世界の様々な国を説明するより一般的なモデルとして、**多数決型民主主義**と**合意型民主主義**を提示している。

| 多数決型民主主義<br>（ウェストミンスター・モデル） | 合意型民主主義<br>（コンセンサス・モデル） |
|---|---|
| 多数決原理に基づき、過半数を獲得した1つの政党に権力が集中する。 | 多数派の強制ではなく、幅広い合意を追求し、権力の制限と共有を目指す。 |
| ①執行権集中：一党による単独政権<br>②二大政党制<br>③小選挙区制 | ①執行権共有：幅広い連立内閣<br>②多党制<br>③比例代表制 |
| 典型例：イギリス<br>（アメリカ、ニュージーランドなど） | 典型例：スイス、ベルギー、オランダ |

## 4 民主化の理論

本節では非民主主義の体制、様々な民主主義体制の類型を見てきた。ところで、そもそもなぜ民主化は生じるのだろうか。ここでは民主化のプロセスを論じる理論を学習する。

### 4.1 民主化の理論 ★★★

非民主主義体制から民主主義体制への移行を民主化という。民主化の要因の分析については、以下の図の通り、主に3つの手法に分類することができる。

なお、ここでは近代化アプローチと移行アプローチのみを取り上げ、構造的アプローチについては省略する。

民主化研究の3つの手法

| 類型 | 概要 | 論者 |
|---|---|---|
| 近代化アプローチ | 社会経済的要件に基づいて民主化を考察する立場。 | リプセット |
| 構造的アプローチ | 国家の権力構造の変化に注目して民主化を考察する立場。長期的視点。 | B.ムーア |
| 移行アプローチ | 民主化の移行過程におけるアクターの役割を中心に考察する立場。短期的視点。 | ロストウ<br>オドンネル |

## 4.2 リプセット：経済発展と民主化

### (1) 背　景

第二次世界大戦後の世界では、西欧諸国における民主主義の回復やアジア・アフリカ地域の独立を背景とし、経済発展によって民主主義体制が確立するとの見方(近代化アプローチ)がアメリカの学界では支配的であった。

### (2) 経済発展と民主化

アメリカの政治学者**S.M.リプセット**は、統計データに基づく実証分析から、経済発展と民主化には高い相関関係があり、国民一人当たりの所得や識字率が高いとデモクラシーがもたらされる可能性が高いとした。

つまり**経済発展が民主化をもたらす**という因果関係があると主張した。

### (3) 経済発展と階級

そして、リプセットによれば、経済発展は「階級闘争」を和らげるという。

まず、貧しい人々がより高い所得・より高い教育によって、過激な思想を捨て、より漸進的な視点から政治を考えるようになる。

また、上流階級は、貧しい社会では貧しい階層への権利付与に脅威を感じ、民主政に抵抗するが、豊かな社会によって経済格差が縮まれば抵抗感は薄れる。

そして、経済発展によって増大する中産階級は、例えば上流階級と下層階級の「紛争緩和」という政治的役割を引き受けるようになる、という。

**Power UP　相関関係と因果関係**

学問の世界では相関関係と因果関係の違いが重要である。

例えば経済発展の水準が高いほど民主主義体制の国である場合が多いというのは、両者の間に相関関係が見られるということである。しかし、経済発展の水準が高くても、非民主主義体制の国、経済発展が低くても民主主義の国はしばしば見られる。つまり、経済発展が「原因」となって民主化という「結果」が必ずしも生じるわけではなく、そこには「原因」と「結果」という因果関係は確認できていない。

上記のリプセットの議論は、この相関関係と因果関係を混同しているという問題点が後に多くの論者から指摘されている。

## 4.3 シュミッターとオドンネル：アクター中心アプローチ ★★★

### (1) 背　景

先述したようにリプセットらに見られる近代化アプローチは「経済発展が民主化をもたらす」と主張したが、1970〜80年代のラテンアメリカや南欧では、経済発展により民主化ではなく権威主義体制が生み出されるという状況や、逆に、低発展でも民主化するケースが登場した。

### (2) 概　要

そこで、**P.シュミッター**と**G.オドンネル**は、旧来の民主化研究は、経済・社会・文化的要因(経済発展レベル、識字率など)などの民主化の前提条件を中心に論じており、政治的要因を軽視してきたと批判し、政治的アクターの協定(パクト)、民主的妥協を生み出す政治闘争、アクター間のダイナミックな相互作用など、民主化へのプロセスを重視した、**アクター中心アプローチ**を提唱した。

### (3) アクター中心アプローチ

民主体制への移行[1]

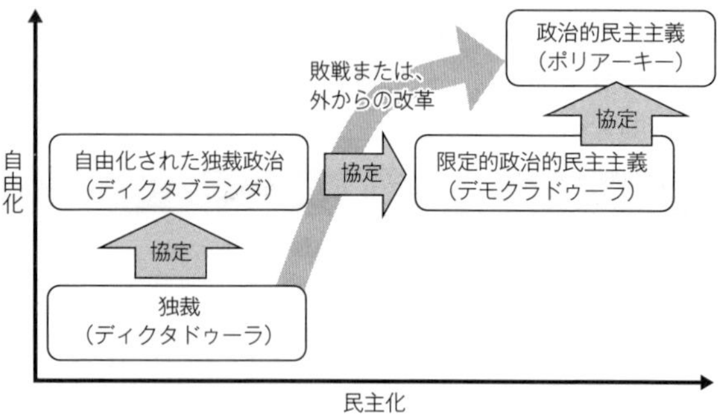


アクター中心アプローチとは、民主化というプロセスを、不確実性の高い「**政治ゲーム**」に見立て、そこでの**アクター**(行為者)の間の戦略の応酬に注目し、政治制度や国際的要因などよりは、アクターの戦略のあり方が民主主義体制への移行に影響を与えると捉える手法である。

具体的には、権威主義体制内の「**ハト派**(体制維持のためには反体制派の意見も取りいれるべきという立場)」と「**タカ派**(体制維持のためには武力行使もいとわないという立場)」の亀裂から権威主義体制から民主主義体制への移行が発生すると考えた。

---

1　ディクタブランダ(dictablanda)は直訳すると「柔らかい独裁」、デモクラドゥーラ(democradura)は直訳すると「堅い民主政」である。

## 4.4 ハンティントン：民主化の「第三の波」

★★★

### (1) 民主化の３つの波

アメリカの政治学者S.ハンティントンは、歴史上起こった民主化を３つの時期に分類した。特に1974年以降の民主化を「第三の波」と呼び、社会的、経済的、国際的な様々な要因が合わさって第三の波が生じたと論じた。

S.ハンティントン
[1927～2008]

民主化の3つの波

| | |
|---|---|
| **第一の波**<br>(1826～1926) | アメリカ、フランス、イギリス、ヨーロッパ小国など |
| **第二の波**<br>(1943～1962) | 西ドイツ、イタリア、日本、オーストリア、東南アジアや中南米などの旧植民地諸国の独立 |
| **第三の波**<br>(1974年以降) | (1974年以降)南欧(ポルトガル、スペインなど)、ラテンアメリカなど<br>(1980年代後半)東欧諸国、旧ソ連諸国、アジア、アフリカ |

### (2) 経済発展と民主化

また、ハンティントンは、政治制度が民主的でない社会は、政治制度がより民主的な社会と比較して経済成長率が高いとし、その理由として、民主的な制度の下では、「目先の消費」を求める大衆が存在するため、活発な投資が妨げられ、経済成長が減速することを挙げた。

## 4.5 センの民主化論 ★★★

### (1) 背 景

以上のような、ハンティントンの議論に対して、ノーベル経済学賞を受賞したインド出身の経済学者**A.セン**は、民主主義は経済発展に寄与すると批判した。

A.セン
[1933～ ]

### (2) 概 要

センは、民主主義が存在しないと、市場メカニズムに機能障害が発生する可能性が高いとし、民主主義は、市場メカニズムの健全化など経済成長に好ましい影響を与えると論じた。

つまり、民主主義体制の下で有権者は、経済運営に失敗した政権に対しては、選挙を通じた政権交代で罰することができるので、政権担当者は、経済危機を回避し、よい経済実績を保とうとする動機が生まれるというのである。

## 過去問チェック

**01** リンスは、全体主義と民主主義の中間に位置する政治体制を権威主義体制として概念化し、この体制は、発展途上国に一切見られないとした。**特別区Ⅰ類2016**
2.2

× 「発展途上国に一切見られない」が誤り。権威主義体制は経済開発を重視する発展途上国によく見られるものである。

**02** リンス(Linz,J.J.)は、フランコ時代のスペインの政治体制を分析し、このような体制を全体主義体制の穏健な一類型である権威主義体制と位置づけた。その上で、この体制の特徴として、限られた範囲で多元主義や複数政党制が許容される点では民主制と共通するが、大衆を最大限に政治動員することで体制強化を図る点において、全体主義の特徴を有していると指摘した。**国家専門職2011** 2.2

× まず「穏健な一類型である権威主義体制」が誤り。リンスは全体主義と権威主義体制を明確に区別している。そして「大衆を最大限に政治動員すること～全体主義の特徴」が誤り。権威主義体制はむしろ大衆の政治的無関心を助長しようとするところに特徴がある。

**03** R.ダールは、米国では権力を独占した一枚岩的なエリート層による統治が行われていると批判し、そのようなエリート支配から脱するための多元的な集団間の競争に基づくポリアーキーを、民主主義の理想として掲げた。**国家一般職2016**
3.1

✕ まず「一枚岩的なエリート層による統治が行われている」が誤り。ダールは一枚岩的(一元的)なエリートが存在するという「分析」を批判し、現実は多元的な集団の競争であると主張したのである。また「民主主義の理想」が誤り。ダールは理想ではなく、現実の民主主義としてポリアーキーの概念を提唱している。



(04) R.ダールによれば、民主政治の特質は多数の集団が政策決定へのアクセスを求めて激しく競い合うという点にある。そして、集団間の競争が最も活発に展開されるのが選挙であり、選挙においては集票力、すなわち集団の規模こそが集団の影響力を測るバロメータとなる。よって、通常の政治過程においては、最大規模の集団が選挙に勝利して、政治権力を独占的に握ることになるという。**国家一般職2009** 3.1

✕ 「集団間の競争が最も活発に展開されるのが選挙」「最大規模の集団が選挙に勝利して〜独占的に握る」という点が誤り。ダールの議論で重視されているのは利益集団の間での競争や調整であり、様々な集団が政策決定に影響力を行使しているとされる。したがって、権力の独占は存在せず、権力は様々な集団の間で共有されていると考えられている。

(05) A.レイプハルトによれば、多元的な利害対立のある社会において、政治エリートに協調的な政治文化は根付かない。したがって、多元的な社会では、政党が相互に拒否権を行使し、政党間の対立は激化し、不安定な統治とならざるを得ない。**国家一般職2005** 3.2

✕ 「協調的な政治文化は根付かない」「対立は激化し、不安定な統治」が誤り。レイプハルトは多元的な社会であっても、互いの文化を尊重した協調的な政治が行われており、安定した民主主義が行われているとしてこれを多極共存型民主主義と呼んだ。

(06) A.レイプハルトは、オーストリアやオランダなどを例に、政治文化の分断を抱えた多民族国家であっても、比較的安定した民主政治を維持している国があることに注目し、これらの国々ではいずれも、立法権と行政権の分立を徹底する観点から大統領制を導入し、少数派に議席獲得の機会を保障する観点から比例代表制を導入していると指摘した。そして、この二つの条件を満たす国々の政治を多極共存型デモクラシーと呼んだ。**国家一般職2012** 3.2

✕ 「立法権と行政権の分立を徹底する観点から大統領制」が誤り。多極共存型デモクラシーではむしろ権力の分有が重視されており、議院内閣制の下で多様な党派による連立政権が形成される。

07 S.リプセットは、政治体制と社会・経済的データの関係について統計的分析を行い、「経済的に豊かな国ほど民主主義体制をとることが少ない」とする知見を得た。彼の説明によれば、経済が発展し教育水準が向上すると、少数派に対する寛容性が失われるなど、市民の権威主義的価値観が強まるため、政治体制の民主化が阻害される。**国家一般職2018** 4.2

× まず「経済的に豊かな国ほど民主主義体制をとることが少ない」が誤り。リプセットの主張は経済的に豊かな国ほど民主主義体制をとることが多いというものである。また「寛容性が失われ～権威主義的価値観が強まる」も誤り。リプセットの主張では豊かになると中間層が増加し、むしろ寛容性が養われるとされている。

08 G.オドンネルとP.シュミッターは、国内アクターの選択に注目する従来の議論を批判し、社会経済構造の差異から各国の民主化過程を説明することを試みた。その結果、1970年代から1980年代までの南欧やラテンアメリカにおける多くの事例で、民主化が進展したにもかかわらず政治的自由化が伴っていなかったことを明らかにした。**国家一般職2018** 4.3

× まず「従来の議論を批判し、社会経済構造の差異から～説明」が誤り。オドンネルらの議論は従来の議論が社会経済構造から民主化を説明することを批判し、国内アクターの選択に注目したのである。また「民主化が進展したにもかかわらず政治的自由化が伴っていなかった」が誤り。オドンネルらはラテンアメリカにおいては経済発展が進んだにもかかわらず権威主義体制が生まれ、南欧では経済発展が停滞していたにもかかわらず、民主化が進んだことを論じている。

09 S.ハンティントンは、歴史上、３度の「民主化の波」があったとする。第一の波は、19世紀から20世紀初頭にかけて欧州や北米で広がった、参政権拡大などの動きを指す。第二の波は第一次世界大戦後に、敗戦国の民主化がなされたことをいう。第三の波は1950年代から1960年代にかけ、植民地の独立に伴って民主主義国が急増した現象を指す。**国家一般職2018** 4.4

× まず「第二の波は第一次世界大戦後」が誤り。第二の波は第二次世界大戦後の日本やドイツなどの民主化である。また「第三の波は1950年代から1960年代～」が誤り。第三の波は1970年代以降の南欧、東欧、アジアなどの民主化である。

# 2 政　党



第２節では政党の機能や類型について解説します。政党は現代の政治過程において重要な役割を果たしていますが、その機能や役割は政党の目的や時代によっても大きく異なります。かつての政党は特定の支持層を対象としていましたが、現代の政党はより広く支持を獲得するために戦略的な変化も遂げてきました。現代の政党は果たしてどのような特徴を有しているのか。本節はこれらのことを解説しいきます。

**キーワード**

架橋機能／貴族政党・名望家政党・大衆政党／幹部政党・大衆政党／寡頭制の鉄則／凍結仮説／包括政党

## 1 政党の発生と機能

### 1.1 政党の発生　★☆☆

#### (1) 背　景

現代の民主政治では政党は不可欠の存在と考えられている。しかし、政党は、その発生当初は、**徒党や派閥などと同一視**され、特殊な利益を追求する存在と理解されていた。

例えば、フランスのM.ロベスピエールは「野心陰謀渦巻くところに徒党(政党)あり」と論じ、日本では黒田清隆が政府は「超然として政党の外に立つ」べきとし、いわゆる超然主義を主張するなど、政党はその黎明期においては概ね批判の対象であった。

#### (2) バークによる政党の正当化

このような状況において、英国の政治家・思想家**E.バーク**は、政党とは「全員が同意しているある特定の原理に基づいて、共同の努力によって**国民の利益を促すために結集した人々の集合体**である」と定義し、18世紀の思想家の中で唯一、政党の存在を積極的に擁護した点で有名である。

## 1.2 政党の機能 ★★★

### (1) 背　景

現代の政党は多様な役割を果たしているが、政党の役割について古典的な定義を述べたのがイギリスの政治学者**E.バーカー**（1874～1960）である。彼は、現代民主主義において政党の果たしている**利益集約機能**に注目して、政党を以下のように定義した。

### (2) 政党の定義

バーカーは、政党を「一方の端を社会に、他方の端を国家にかけている橋」であり、「社会における思考や討論の流れを政治機構の水車まで導き、それを回転させる導管であり、水門」であると定義し、政党は社会と国家を結ぶ**架橋機能**を通じて、社会の混乱の中から秩序を生み出していると論じた。

政党の架橋機能

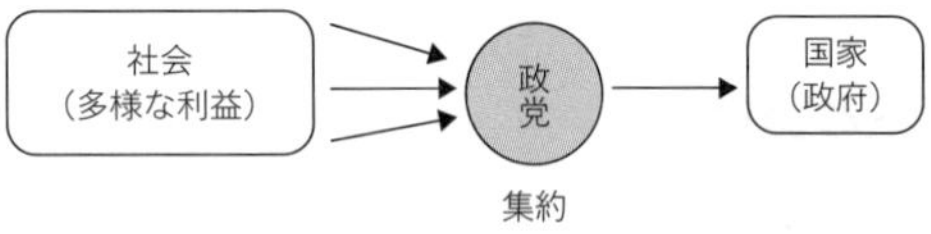

## 1.3 現代の政党の機能 ★☆☆

バーカーは主に政党の利益集約機能に着目した。現代でも政党の最も重要な機能は利益集約機能であると考えられている。すなわち、政党は社会の多様な利益を集約し、それを政策プログラムとしてまとめ上げるという、政策形成過程の重要な役割を担っている。

この利益集約機能を含めて、政党の主な機能は４つにまとめることができる。⇒**第5章第1節** 1.3

| | |
|---|---|
| **(1)政策の形成** | ① **利益表出**：利益団体や個人のニーズを政治過程に表出する。<br>② **利益集約**：多様な諸利益をいくつかの政策案に集約する。 |
| **(2)政治家の補充と教育** | 議会選挙などに候補者を擁立し、有権者を選挙に動員することによって公職に当選させる。また、所属する政治家に様々なポストを配分することでキャリアを積ませる。 |
| **(3)議会政治運営と政権担当** | 多数党は議会政治運営の中心を担い、少数党は多数党に対する批判勢力として議会における討論を展開する。また、議院内閣制であれば、多数派が与党として政権を担当する。 |
| **(4)国民の政治教育** | 選挙運動や政策論争を通じて、国民の政治参加を促進し、政治の価値観や態度を習得させる(政治的社会化の機能)。 |

## 2 政党の組織と類型

一口に政党といっても、その組織のあり方は多様であり、時代とともに変化する。ここでは、政党の組織のあり方を基準とした主な政党の類型論を説明する。

### 2.1 ウェーバーの類型 ★★★

政党についての本格的な類型論を最初に提示したのが**M.ウェーバー**である。彼は、政党の発展を支配体制の変化と関連づけ、主に18世紀から20世紀初頭にかけてのイギリスやアメリカにおける政党発達に即して、政党は**貴族政党、名望家政党、大衆政党**という段階を経て発達してきたと論じている。

このようにウェーバーの類型論は政党の発展段階について論じたものである。

| | 概要 | 特徴 |
|---|---|---|
| 貴族政党<br>[19世紀前半まで] | 官職任命権を持った貴族とその追随者からなる政党 | 有力派閥の指導者=貴族が党派の行動を実質的に支配。貴族の「徒党」 |
| ↓発展<br>名望家政党<br>[19世紀前半~] | 政治に参加できる教養や財産を持った名声と人望がある有力者(名望家)から構成された政党 | ① 選挙区ごとにクラブ(有力者のサロン)が形成され、地方名望家が副業(名誉職)としてクラブを運営し、クラブが候補者を選択する。<br>② 議員は選挙綱領の作成、リーダーの選択、議会政党の運営に関してのみ結束する。 |
| ↓発展<br>大衆政党<br>(近代組織政党)<br>[19世紀後半~] | 多くの選挙民大衆を組織した政党 | ① 多数の大衆を組織化する必要から選挙区ごとに政党組織や党大会が整備される。<br>② 政党運営は本職の政治家によって担われる。党首は党大会で選出され、厳格な党規律が存在する。<br>③ 選挙活動を合理的に行うため党組織が官僚化する。 |

## 2.2 デュヴェルジェの類型 ★★★

M.デュヴェルジェは、政党組織の基本的構成単位に着目し、政党を**幹部政党**、**大衆政党**、そして両者の中間的形態である**間接政党**(中間政党)の3つに分類し、「幹部政党から大衆政党へ」という一般的な政党発展の図式を主張した。

| | **幹部政党**<br>(幹部(エリート)中心の政党) →発展→ | **大衆政党**<br>(一般大衆に開かれた政党) |
|---|---|---|
| 概要 | **制限選挙**の下で、有力者中心に形成された伝統的な形態の政党 | **普通選挙**の下で、大衆の組織化をはかる近代的な形態の政党 |
| 政党構造 | **分権的** | **集権的** |
| 党規律 | **弱い** | **強い** |
| 資金調達 | 大口少数(有力者の献金など) | 小口多数(個人の党費・カンパなど) |
| 特徴 | ① 少数の積極的活動家や**有力者を中心に構成**された**閉鎖的**な組織。 | ① 多くの有権者を党内に吸収し、**膨大な一般党員を有する**、**開放的**な組織。 |
| | ② 組織は分権的で、院内組織に大きな自律性・支配的地位が与えられる | ② 組織は集権的で、全国政党が院内組織に対する支配権を確保している。 |
| 事例 | **欧米の保守主義政党・自由主義政党**<br>(例)英の保守・自由党、米の共和・民主党、日本の自民党 | **西欧民主諸国の社会主義政党**<br>(例)社会主義政党のほか、西欧のカトリック政党、日本の共産党や公明党 |

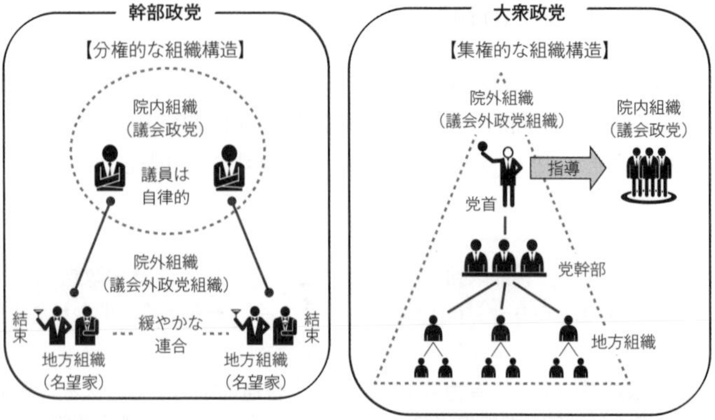


**Power UP** 間接政党

間接政党とは、有権者を直接党員とするのではなく、党の支援団体となっている組織に所属することで党員となる形態をとる政党。かつての英・労働党が典型例である。

## 2.3 ミヘルスの「寡頭制の鉄則」 ★★★

### (1) 背　景

R.ミヘルス
[1876～1936]

ドイツの政治学者**R.ミヘルス**はドイツやイタリアの**社会民主党**に参加した経験から、政党組織が官僚制化する現象を論じ、これを「**寡頭制の鉄則**(少数者支配の鉄則)」と名付けている。

### (2) 概　要

#### ① 寡頭制の鉄則

ミヘルスは、「組織の肥大化とともに民主主義は減退し、指導者の権力は組織の拡大に正比例して増大する」傾向にあると論じ、社会民主主義を標榜する社会民主党において、組織の拡大とともに民主主義が減退して、政党指導者に権力が集中し、政党組織が**階統制**(ピラミッド型の組織)を基盤とする官僚制のようになってしまうことを指摘した。

#### ② 寡頭制の鉄則が生じる要因

そして、彼は、その原因として、組織の大規模化は組織運営の専従者(官僚制)の支配力を強化し(組織的要因)、指導者は組織自体の維持・権力欲を望み、大衆は無力感から指導者を希求する(心理的要因)からであると論じた。

## 2.4 リプセットとロッカンの「凍結仮説」 ★★★

### （1）背　景

アメリカの政治学者**S.M.リプセット**とノルウェーの政治学者**S.ロッカン**は、ヨーロッパ諸国の政党システム（後述）がどのようなメカニズムによって生成するかを検討し、政党システムは、国内での長期間にわたる社会的抗争の産物であるとする「**社会的亀裂理論**」を提唱した。

### （2）社会的亀裂理論

リプセットらによれば、現代の西欧諸国はその建国の過程において、地域、職業、文化などの分野で様々な社会的亀裂（social cleavage）を生み出してきた。

具体的には、国民国家化により［政府と教会］、［中央と地方］の対立が、工業・産業化により［農村と都市］、［労働者と経営者］の対立が先鋭化してきたという。

### （3）凍結仮説

そして、以上のような社会的亀裂が支配勢力に対抗する競争勢力を生み出し、こうして累積された社会勢力の力関係が政党システムに反映されると考え、ヨーロッパ諸国の「1960年代の政党システムは、少数の例外を除いて、1920年代の亀裂構造を反映している」という**凍結仮説**を提示した。

### （4）解凍仮説

ただし、政党対立が固定化しているという凍結仮説については、1960年代末から1970年代にかけて、反戦平和・環境問題など新たな政策争点が浮上し、政党システムが流動化する中で疑問を持たれるようになった。

既存政党と支持者の関係が希薄になり、新党が登場する中で、政党システムの再編期にあるとの認識から、1920年代に「凍結」した政党システムが「解凍」しているとする**解凍仮説**が主張されるようになった。

凍結仮説

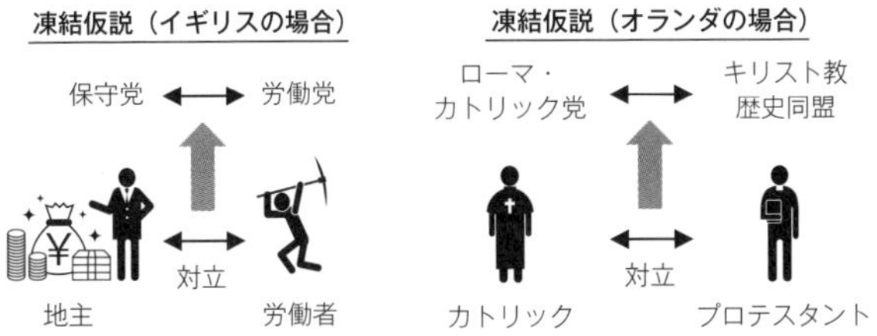

## 2.5 包括政党 ★★★

### (1) 背　景

1960年代以降になると、西欧諸国ではイデオロギー対立や階級対立が事実上終わりを迎えたとする「**イデオロギーの終焉**」が叫ばれるようになり、多くの政党は、階級や宗教など特定の支持者層のみを対象とする選挙戦略を見直すようになった。

### (2) 定　義

このような政党の行動様式の変化を、ドイツの政治学者**O.キルヒハイマー**（1905～65）は、**包括政党**として概念化した。

包括政党(catch-all party)とは、「特定の社会階層、地域職業グループなどに焦点を絞らず、**どのタイプの有権者からも支持を取り付けようとする政党**」である。

### (3) 事　例

西欧民主諸国では、多くの社会主義政党(大衆政党)や宗教政党が、そして一部の保守政党(幹部政党)が包括政党化したという。

日本では、1970年以降の**自民党**が包括政党の典型例である。自民党は、従来の主な支持層であった農林漁業者の減少に伴い、年金や保険制度の拡充、各種補助金の配分を通じて、自営業・都市部ホワイトカラーを自らの支持基盤に取り入れることに成功した。

## 2.6 カルテル政党 ★★★

**R.カッツ**と**P.メア**は、現代の既成政党が、国庫補助とマス・メディアを規制する権限を通じて政党の既得権を擁護し、新党が選挙市場に参入するのを妨げようとしていることに注目し、これが経済におけるカルテル(複数の企業が市場を支配するために行う共同行為)と同様の機能を果たしているとの観点から、これらの政党の行動様式を**カルテル政党**と呼んだ。

彼らによれば1970年代以降、このような政党が出現したという。かつての政党は国家と市民社会を結びつける役割を持っていたが、カルテル政党は市民社会から乖離し、国家に寄生しているという批判が込められている。

大衆政党とカルテル政党のイメージ

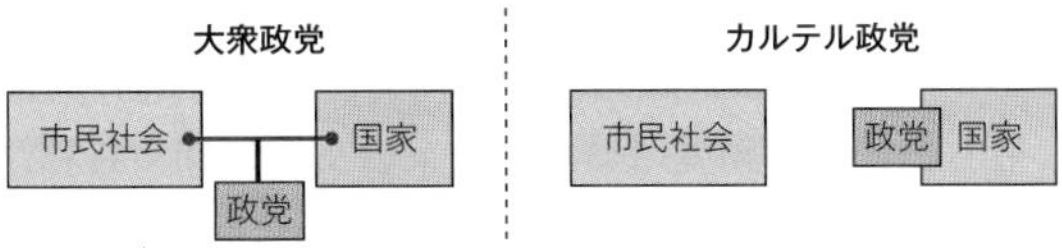




## 過去問チェック

**01** 政策の形成過程においては、業界団体や労働組合などの利益団体と政党とで役割分担がなされ、利益団体は団体構成員の利益や意見を吸い上げるという利益集約機能を、政党はこれらの吸い上げられた利益や意見を調整して政策に変換するという利益表出機能をそれぞれ担っているとされる。**国家専門職2014** 1.3

× 利益団体と政党の説明が逆になっているので誤り。利益団体が利益表出機能を、政党が利益集約機能を担う。

**02** アーモンドは、政党の機能には、社会における個人や集団が表出する様々な要求、利益、意思などを調整し、政策提案にまとめあげていく利益集約機能があるが、社会問題を政治問題に転換していく利益表出機能は、圧力団体がその機能を果たしているため、政党にはその機能はないとした。**特別区Ⅰ類2018** 1.3

×「利益表出機能は～政党にはその機能はない」が誤り。政党にも利益表出機能はある。政党の主な機能は利益集約、圧力団体の主な機能が利益表出である。

**03** M.ウェーバーは、名望家政党、貴族政党、近代的な大衆民主主義型組織政党という段階を経て政党は発達してきたとする。彼によれば、地位と財産を持つ限られた人々から成る名望家政党は、貴族の特権を利用して支持者層を組織した貴族政党にとって代わられ、その後、大衆の政治参加の拡大により、大衆民主主義型組織政党が主流となった。**国家一般職2003** 2.1

× 政党の発展の順番が誤り。ウェーバーは、貴族政党、名望家政党、大衆民主主義型組織政党(大衆政党)の順に発展したと論じている。

**04** M.デュヴェルジェは、政党を、大衆政党と幹部政党に区分・対比し、大衆政党は、分散的な組織形態で、大衆の利益や意見を政治に反映させようとする点に特徴があるのに対し、幹部政党は、左翼・社会主義政党の一般的な組織形態で、多数の党員を持つことをその特徴とするとした。**国家専門職2013** 2.2

× 幹部政党と大衆政党の説明が逆になっているので誤り。分散的な組織形態が幹部政党であり、社会主義政党の一般的な形態で、集権的な組織形態が大衆政党である。

**05** 政党の組織類型には、大衆政党、幹部政党、その中間の間接政党などがある。大衆政党は最も伝統的な類型であり、大衆の支持に支えられた地域代表が集まって組織した政党を指す。幹部政党は比較的現代的な形態であり、政党の幹部が公認候補者の選定や政治的ポストの配分に関して強いリーダーシップを持つような政党をいう。**国家一般職2004** 2.2

× 幹部政党と大衆政党の説明が逆になっているので誤り。最も伝統的で地域の名望家に支えられているのが幹部政党である。これに対して政党幹部のリーダーシップが強く働くより現代的な政党が大衆政党である。

**06** R.ミヘルスは、利益団体において実際に圧力活動を行う少数の役員に権力が集中し、一般党員への監視・統制が強まる傾向を「寡頭制支配の鉄則」と呼び、この傾向は団体の規模が小さくなればなるほど強まると指摘している。**国家一般職2010** 2.3

× 「規模が小さくなればなるほど強まる」が誤り。寡頭制の鉄則によれば団体の規模が大きくなればなるほど幹部に権力が集中するとされる。規模が大きいほど組織運営を担当する官僚制が拡大するからである。

**07** S.リプセットとS.ロッカンは、米国における政党システムの形成過程を考察し、社会の中に埋め込まれた様々な利害対立(社会的亀裂)に沿った形で政党が形成され、有権者の間に自分の利害と一致する立場の政党への帰属意識が生ずることにより、政党間の対立構造が長期的に固定化されるという凍結仮説を唱えた。**国家一般職2013** 2.4

× まず「米国における」が誤り。リプセットらの凍結仮説はヨーロッパの政党対立を論じたものである。また「政党への帰属意識が生じる」が誤り。これはアメリカの政党帰属意識に基づく政党対立についての説明である。

**08** S.リプセットとS.ロッカンは1960年代に国際比較研究を行い、欧州諸国の政党システムが、第二次世界大戦の結果として形成された社会的亀裂構造に強く規定されていることを示した。長期にわたって安定していた各国の政党システムが、1940年代以降になって流動化したとするリプセットらの主張は「解凍仮説」と呼ばれる。**国家一般職2018** 2.4

× まず「第二次世界大戦の結果として形成」が誤り。リプセットらの議論は1920年代の社会的亀裂構造が凍結して政党対立が形成されているというものである。また「1940年代以降になって流動化」

が誤り。欧州諸国で政党の流動化が生じたのは1960年代末からである。凍結した政党システムが1960～1970年代にかけて解凍したというのが解凍仮説である。

09 包括政党とは、20世紀以降の大衆社会において出現した巨大な大衆を支持者として獲得しようとする政党の一類型である。特定の社会階層や地域、職業グループ、宗教などに争点を絞らず、どのタイプの有権者層からも支持を取り付けようとする点が特徴である。第二次世界大戦後の我が国を含めた西側諸国では、イデオロギー対立が深刻化したことから包括政党はみられなくなった。**国家専門職2016** 2.5

× 「包括政党はみられなくなった」が誤り。日本及び西欧諸国では多くの政党が包括政党となっている。

10 O.キルヒハイマーは、20世紀前半に、西欧諸国で社会主義政党やファシズム政党が台頭する状況を観察し、これらの新たな政党を包括政党と類型化した。包括政党は、極端なイデオロギー的主張を用いて大衆を動員すること、また多様な利益団体と接触することにより、社会の広範な層から集票する点に特徴がある。**国家一般職2020** 2.5

× まず「20世紀前半～ファシズム政党が台頭」が誤り。包括政党は1960年代以降の政党の変容を分析したものである。また「極端なイデオロギー的主張を用いて」も誤り。極端なイデオロギー的主張は広範な支持を得られないため、イデオロギー的主張を減少させるのが包括政党である。

11 R.カッツとP.メアは、今日多くの民主主義国において連立政権が定常化していることの背景として、政策的な近接性によって他の政党と連合し、その政策の実現を通じて存続を図ろうとする政党の増加を挙げ、こうした政党を市場経済との類似性からカルテル政党と呼んだ。**国家一般職2014** 2.6

× カルテル政党の定義として全くの誤り。選挙を市場として見立てた場合に、既成政党はマス・メディアの規制や国庫補助を通じて既得権を維持するなど一種のカルテルを組んでおり、新党の参入を妨げているというのがカルテル政党である。

# 3 政党システム論

第3節では政党システムについて解説します。政党システムとはその国の主要政党の競争や協調のあり方を論じるものであり、様々な類型があります。そして、日本の政党システムはどのように変容してきたのか、主に戦後の変化を本節では解説しています。また、戦後日本の政党システムにおいては自由民主党が重要な役割を果たしており、その組織としての特徴なども理解しておく必要があります。平成時代の日本では単独政権ではなく連立政権が常態となっていますので、連立政権を分析するためのモデルについても解説します。

**キーワード**

一党優位政党制／穏健な多党制と極端な多党制／空間競争モデル／M＋1ルール／55年体制／細川護煕非自民連立政権／「聖域なき構造改革」／与党審査／族議員／派閥／最小勝利連合

## 1 政党システムの類型

政党システム(政党制)とは、「政党が選挙において競争し、政権担当において協力する相互作用の構造全体」である。政党システムの類型論は、主に政党の数に着目した類型と政党の数のみならず政党の有するイデオロギーを踏まえた類型がある。

### 1.1 デュヴェルジェの類型 ★★☆

**(1) 概　要**

政党システム分類の古典として有名なのが、フランスの政治学者**M.デュヴェルジェ**による、**政党数を主要な基準**とした分類である。彼は、政党システムを一党制、二党制、多党制の３つに分類した。

### (2) 類　型

| 類型 | 概要 | 事例 |
|---|---|---|
| **一党制** | 競争が存在せず、政権交代が行われない。 | 旧ソ連、中国 |
| **二党制** | 有力な2党が競争し、両党間の間で政権交代が起こる。 | イギリス・アメリカ |
| **多党制** | 政党数が多く、単独で過半数を獲得することができる政党が存在しないので、連合政権の形成が不可避。 | 大陸ヨーロッパ諸国一般 |

## 1.2 サルトーリの類型　★★★

### (1) 概　要

イタリアの政治学者**G.サルトーリ**(1924～2017)は、「**政党数**」と「**政党間のイデオロギー距離**」を基準として、政党システムを分類した。

### (2) 政党システムの類型

#### ① 非競争的政党制

| 類型 | 概要 | 事例 | |
|---|---|---|---|
| **1.一党制** | 法律上も事実上も政党が1つしか存在せず、その党が国家を支配している政党システム。 | 社会主義やファシズムの一党独裁 | 広義の一党制 |
| **2.ヘゲモニー政党制** | 形式的には複数の政党が存在するが(擬似多党制)、野党は「衛星政党」に過ぎず、政権交代の可能性が排除されている政党システム。 | 共産主義時代のポーランド、メキシコ | |

② 競争的政党制

| 類型 | 概要 | 事例 | |
|---|---|---|---|
| **3.一党優位政党制** | 複数の政党の存在が認められ、複数政党間で競争が行われているにも関わらず、1政党が継続して(定義上最低連続4回の選挙を通じて)、絶対多数議席を獲得し、事実上政権交代が行われない政党システム。 | 55年体制下の日本、インド(1952年~) | 広義の一党制 |
| **4.二党制** | 2つの大きな政党が中心をなしており、2党の間で政権交代の現実的可能性があるもの。 | イギリス、アメリカ | 二党制 |
| **5.穏健な多党制(限定的多党制)** | 政党数が3~5で、政党間のイデオロギー距離が小さく、イデオロギー上または政策上妥協が可能で中央による傾向がある(求心的)、安定的な政党システム。 | 旧西ドイツ、ベルギー、スイス、オランダ、デンマークなど | 多党制 |
| **6.極端な多党制(分極的多党制)** | 政党数が6~8で、政党間のイデオロギー距離が大きく、イデオロギーの方向性も反対方向を向いている場合で(遠心的)、その国の政治体制を否定するような「有意な反体制政党」が存在する、不安定な政党システム。 | 戦後イタリア、フランス第四共和制、ワイマール期のドイツ | |
| **7.原子化政党制** | 特に優位な政党がなく、多数の政党(擬似政党)が競合している、混乱期の政党システム。 | 政党が未発達な発展途上国。先進国の多党制と区別するための類型。 | |

## (3)特　徴

### ① 多様な一党制

サルトーリの議論の特徴はまず一党制といっても多様であることを示した点である。たとえ一つの政党が長期政権を担っているとしても、政党間競争の有無で区別することができ、社会主義諸国の一党支配と日本の自民党長期政権の区別を初めて説得的に論じたモデルとなっている。

### ② 多様な多党制

また、多党制といっても多様であることを示した点も特徴である。従来の研究は英米中心であり、大陸ヨーロッパ諸国は多党制として一括りにされてきたが、「限定的」と「分極的」とに分類できることを示し、その有り様が大きく異なることを説得的に論じた。

## (4) 穏健な多党制と極端な多党制の比較

ここでは、特に穏健な多党制と極端な多党制がどのようなメカニズムとなるか説明する。

穏健な多党制は、絶対多数を獲得した政党がなく、連立政権は必至である。ただし、全体として二極にまとまっており、多党制でありながらも、二党制と同じように機能する。

他方で、極端な多党制は、共産党やファシズム政党のような現在の政治システムを否定する、政治的に大きな影響力を持つ(有意な)反体制政党がおり、政党間のイデオロギー距離も大きく、互いが対決姿勢のもとにあり、不安定な状況となるのである。

**穏健な多党制と極端な多党制の比較**

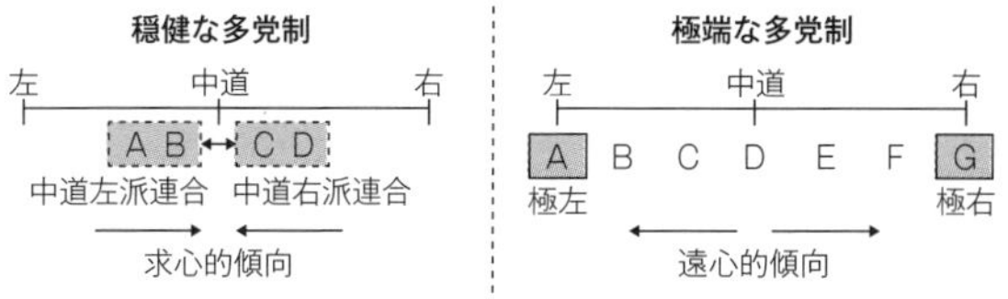


**Power UP　実際の政党システム類型**

以上のようなサルトーリの政党システムの類型は、あくまで「理念型」であり、現実の政党システムの境界線はそこまで明確ではない。

例えば、二党制の典型とされるイギリスでは、サッチャー時代に保守党は4回連続で勝利している(サルトーリの基準では一党優位政党制に該当する)。また、近年では連立政権も誕生しており、多党制と表現してもおかしくない状態が生まれている。

また、現在の日本の政党システムをどのように表現するかについては、研究者の間で十分なコンセンサスがあるとは言えない。小選挙区による二大勢力への収斂が見られることから、二党制としての特徴が指摘されたり、自民党の優位な状況を前提に一党優位政党制として分類したり、多様な政党の存在や連立のあり方を重視して、「穏健な多党制」として評価するものなど様々である。

要するに、実際の先進主要国の政党システム類型は、二党制、多党制、一党優位政党制の間で常に変動しているのである。

## 1.3 ダウンズの空間競争モデル ★★★

### (1) 背　景

これまで見てきたデュヴェルジェやサルトーリらの議論は、政党の数などを基準に経験的に政党システムを類型化したものである。

これに対して、政党システムを**経済学**の方法論も取り入れながらから抽象的に記述するモデルもある。

### (2) 概　要

アメリカの経済学者**A.ダウンズ**(1930～2021)は、企業間競争を分析するモデルを応用して、政党システムを分析する**空間競争モデル**を提唱した。

具体的には、企業がより多くの利潤を獲得するために製品差別化競争をしたり、出店の位置を変化させたりするように、政党も得票を最大化するために、自らの政策(イデオロギー)の位置を戦略的に変化させるというモデルを提示した。

### (3) 空間競争モデル

#### ① 政党の定義

まず、ダウンズによれば、政党とは「正当な選挙で政権を獲得することにより政府機構をコントロールしようとする人々のチーム」であるとされ、その行動は「**選挙に勝つために政策を立案するのであり、政策を立案するために選挙に勝つのではない**」とされる。

つまり、政党の目標はあくまで「**得票の最大化**」であり、有権者の選好分布に応じて自らの政策立場を戦略的に変化させると仮定したのである。

### ② 空間競争モデルの実際

以上のように政党が行動するとしたら政党はどのように自らの政策位置を変化させるだろうか。

以下の図は、1次元の左右の政策対立軸を想定して、有権者がどのように分布しているかを表現したものである。有権者の分布次第で政党の政策位置が変化することが説明されている。



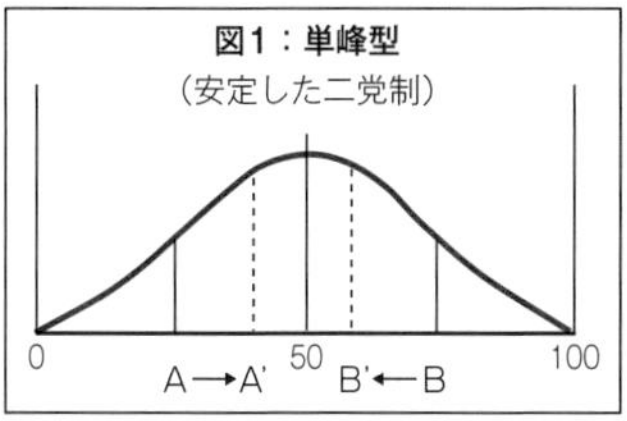


安定した二大政党を表現したモデルである。有権者のイデオロギー分布が中央付近でもっとも多いため、AB両党とも得票最大化のために、政党が中央に歩み寄り、政権交代があっても、大きな政策上の変化はない。

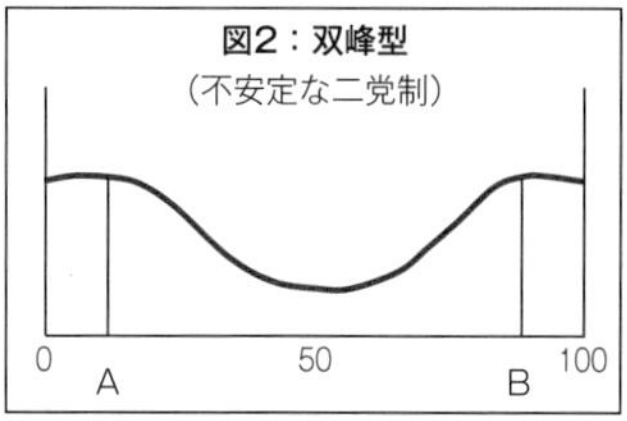


不安定な二大政党を表現したモデルである。有権者のイデオロギー分布が左右に分かれており、政党AとBは移動する誘因がない。そして、政権交代は大きな政策の変化をもたらすことになる。

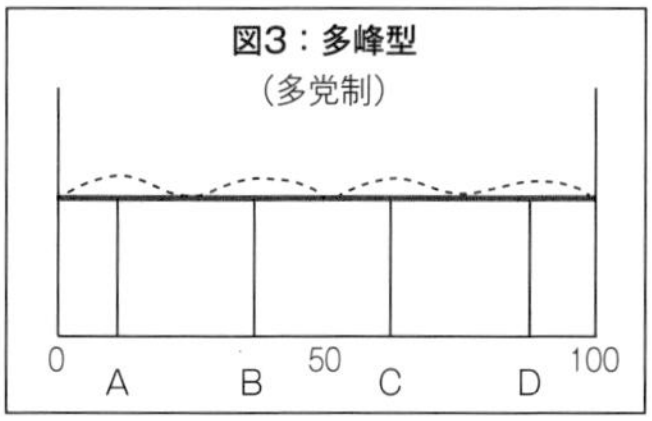


多党制を表現したモデルである。有権者のイデオロギーが分立しており、各峰に政党が設立される。例えば、B党がより多くの票を求めてC党寄りに移動するとA党にそれまでの支持者を奪われるため、移動する誘因がない。

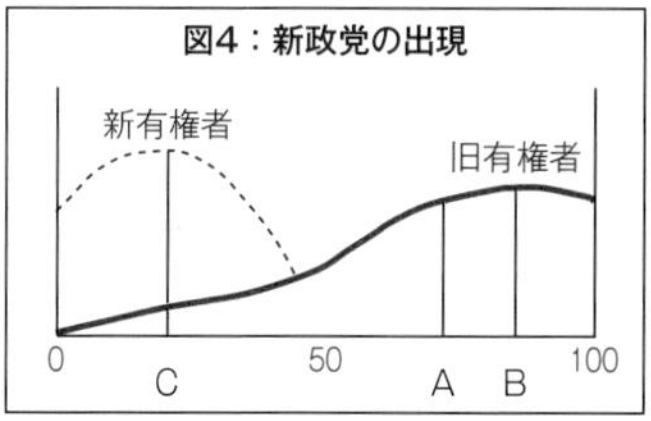


新政党が誕生するメカニズムをモデル化したものである。既存の有権者層に加えて新しい有権者の峰が上図のように登場したとき、A党が政策立場を移動しないと、新しい峰の下に新党Cが誕生することになる。

## 1.4 M＋1ルール ★☆☆

### (1) 背　景

以前に学習したデュヴェルジェの法則では「小選挙区制は二大党制を、比例代表制は多党制となる」ということを確認した。この法則は、選挙制度が政党システムを規定するということを意味したものであり、これをさらに一般化した法則が**M＋1ルール**である。

### (2) M＋1ルール

M＋1ルールとは、選挙区定数Mに対して、政党数がM＋1となるメカニズムを示したものである。

例えば、小選挙区は定数(M)が1であるため、政党数はM(1)＋1＝2となり、2党制になるというものである。

以上の法則が成り立つことは、ゲーム理論などを用いて数学的にも実証されている。

### (3) 日本の事例

#### ① S. リードの研究

アメリカ出身の政治学者**S.リード**は、日本の中選挙区(単記非移譲式)を事例に分析し、戦後の中選挙区制のもとでの競争が徐々にM＋1の候補者間の争いに収斂していったことを実証している。

ただし、M＋1に収斂するのは1963～67年の総選挙であり、定着するのには十数年以上かかっていることも指摘している。

#### ② 河野勝の研究

日本の政治学者**河野勝**(こうの まさる)は、M＋1ルールを適用して、日本の中選挙区において生き残れる政党の最大数は6であるとした。

これは、1970年代から80年代半ばまで日本の主要政党は5党(自民党、社会党、民社党、公明党、共産党)が大都市部では存在したが、定数5以上の大都市部の選挙区では、新自由クラブか社民連という6党目の小政党が議席をとっていたことにより裏付けられている。

## ❷ 戦後日本政党史

ここでは、戦後日本の政党システムがどのように変容したかを学習する。最大のポイントは自民党の長期政権がいかに形成、維持されたかという点である。



### 2.1 終戦後の政党システム（1945～1955） ★☆☆

(1) ポイント

保守政党・革新政党の双方が分裂し、単独過半数を獲得できる政党が存在しなかった。

(2) 概　要

戦後しばらくの間は、単独で過半数をとれる政党がなく、片山内閣(社会党・民主党・国民協同党の連立)、芦田均内閣(民主党・社会党・国民協同党)のような連立政権、吉田内閣(民主自由党)のような少数政権など不安定な政権が続き、安定した政党政治が求められるようになった。

### 2.2 55年体制の成立 ★★★

(1) ポイント

1955年、左右に分裂していた**社会党**が統一をすると、これに対抗して自由党と日本民主党が保守合同を果たし、**自由民主党**(自民党)が誕生した。これにより、自民党対社会党という、その後長く続く与野党関係が成立し、自民党は1993年までの**38年間**事実上は単独で政権を担当した。

このように保守(自民党)と革新(野党)の対立軸の下での自民党長期政権の時代を**55年体制**という。

### (2) イデオロギー対立

この55年体制は、保守陣営が「改憲・日米安保支持」を、革新陣営が「護憲・日米安保反対」を唱えるイデオロギー対立の政治として機能した。

55年体制における保守と革新

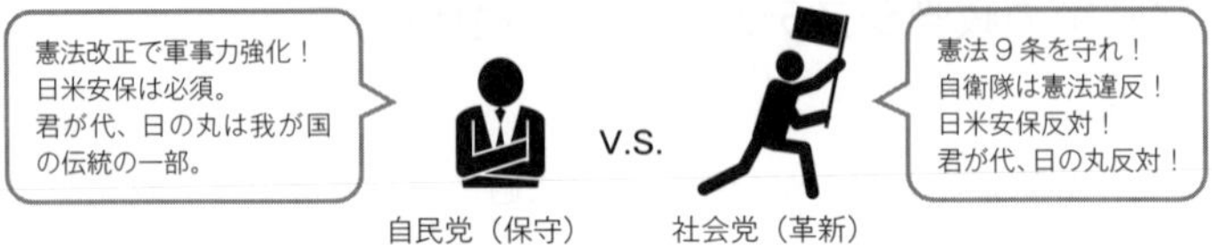
憲法改正で軍事力強化！
日米安保は必須。
君が代、日の丸は我が国の伝統の一部。
V.S.
憲法９条を守れ！
自衛隊は憲法違反！
日米安保反対！
君が代、日の丸反対！
自民党（保守）
社会党（革新）

### (3) 1か2分の1政党制

また、自民党が国会で第１党として政権を担当し、社会党が野党第１党として対抗してきた政党システムであり、議席比が概ね自民：社会＝２：１であったことから、「**1か2分の1政党制**」とも呼ばれた[1]。

## 2.3 多党化の時代（1960年代） ★★★

### (1) ポイント

自民党と社会党が議席を漸減させる中、公明党などが結成され、**野党陣営の多党化**が進んだ。

### (2) 概　要

戦後の高度経済成長に伴い、農村部から都市部への人口移動、第二次・三次産業の産業人口が増加した。

もともと自民党と社会党は農村部に組織的支持基盤を有していたため、両党の議席は漸減した。代わりに、**民主社会党**(1960年、社会党右派が離脱して結成。1994年に解消)、**公明党**(1964年に創価学会を中心に設立。中道政党)などが議席を獲得し、野党陣営の多党化が進んだ。

---

**1** 帯分数の呼称は現在は「１と２分の１」であるが、かつては「１か２分の１」であった。

多党化の時代

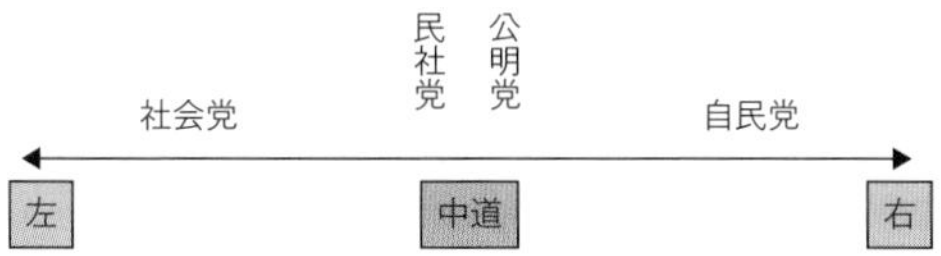
民社党
公明党
社会党
自民党
左
中道
右

## 2.4 保革伯仲の時代（1970年代） ★★★

### （1）ポイント

**自民党の長期低落傾向**により保革伯仲状況（保守と革新が拮抗）が生まれ、地方では多くの**革新自治体**が誕生した。

### （2）概　要

1970年代は自民党の長期低落傾向により、野党が相対的に躍進し、保革伯仲状況となった。この時期は、社会党や共産党などによる連立政権、自民党と他党との連立政権が現実的な問題として語られた。また、1970年代に公害問題や社会保障問題の解決が急務となる中で自民党政権はその対応が遅れた。

このため、地方選挙（特に都市部の自治体）では、公害問題や社会保障問題への取り組みをアピールする、革新政党の支持や推薦を受けた候補が数多く当選し、革新自治体が増加した。

1975年の東京都知事選挙

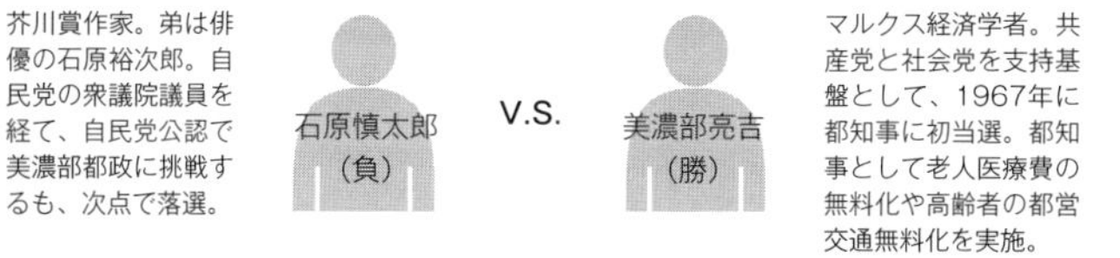
芥川賞作家。弟は俳優の石原裕次郎。自民党の衆議院議員を経て、自民党公認で美濃部都政に挑戦するも、次点で落選。
石原慎太郎
（負）
V.S.
美濃部亮吉
（勝）
マルクス経済学者。共産党と社会党を支持基盤として、1967年に都知事に初当選。都知事として老人医療費の無料化や高齢者の都営交通無料化を実施。

**Power UP　革新自治体**

革新自治体とは、共産党や社会党の公認・推薦・支持を受けて公選された首長を持つ特に都市部の自治体を指す。革新知事は最盛期には10人に達し、環境福祉などに手腕を発揮したが、その過程で財政危機を招き1970年代後半には多くが落選した。東京（美濃部亮吉）、京都（蜷川虎三）、大阪（黒田了一）、沖縄（屋良朝苗）、埼玉（畑和）、神奈川（長洲一二）などが代表的である。

## 2.5 保守回帰の時代（1980年代） ★☆☆

### （1）ポイント

自民党は安定した議席を獲得したが、政治的腐敗も明らかとなった。

### （2）概　要

自民党政権の下で経済は安定成長し、福祉政策の充実も行われたことから、自民党は安定した議席を獲得した。

他方で、自民党内部では、族議員の活発化、派閥の組織化が進み、1980年代末にはリクルート事件などの政治腐敗が相次いで露呈し、政治改革の要求が高まった。

**リクルート事件**

**株式会社リクルート**

江副浩正が大学在学中に起業した新興企業で1980年代に急成長。

→ 未公開株の譲渡やパーティ券購入など多額の金銭を有力者に譲渡。

竹下内閣

竹下首相をはじめ自民党の有力議員の大半がリクルートから利益を得ていることが発覚し、一大スキャンダルに。竹下内閣は最終的には総辞職に追い込まれた。

## 2.6 55年体制の崩壊（1993） ★★★

### （1）ポイント

宮澤喜一内閣を最後として自民党長期政権（55年体制）が崩壊し、細川護熙非自民連立政権が誕生した。

**宮澤喜一**
［1919～2007］

自民党の政治家。東大法学部から旧大蔵省に進み、池田勇人蔵相の秘書官も務めた。自民党きっての知性派、国際派として知られ、自民党随一の英語の達人とも称された。その風貌とも相まってスター・ウォーズのヨーダというあだ名も。

### （2）概　要

1980年代末から1990年代初めにかけて、自民党政権による政治改革が試みられた。しかし、改革は実現せず、自民党長期政権最後となる**宮澤喜一**（みやざわ きいち）自民党内閣も選挙制度・政治資金規正改革に失敗し、自民党は分裂した。

宮澤内閣は解散・総選挙を実施し、自民党は最多議席を得たものの、過半数を獲得することはできず、**細川護熙**（ほそかわもりひろ）非自民連立政権が誕生した。

## 2.7 細川護熙内閣（1993～94） ★★★

### （1）ポイント

非自民の８党派からなる細川護熙内閣は、小選挙区制の導入などの政治制度改革を実現した。

細川護熙
［1938～　］

自民党、日本新党、新進党などに所属した政治家。参議院議員、熊本県知事、衆議院議員を務め、日本新党党首時代に首相に就任。肥後熊本藩主細川家の子孫という名門の出身であることから、「殿様」というあだ名でも知られる。

### （2）概　要

#### ① 政権基盤

1993年の総選挙で自民党は衆院で最大議席（223議席）を有したが、単独では過半数を獲得できなかった。

このため、**自民党と共産党を除く**、社会党（70議席）、新生党（55議席）、公明党（51議席）、日本新党（35議席）・さきがけ（13議席）、民社党（15議席）などの８党派が連立政権を担うことで合意し、日本新党の党首であった細川護熙を首班とする内閣が誕生した。

#### ② 政治改革

そもそも８党派もの政党によって連立が形成できたのは、自民党政権ではできなかった政治改革を実現するという点で合意ができていたからである。

1994年に細川内閣は、**政治資金規正法**の改正、**政党助成法**の制定、衆院選における**小選挙区制**の導入を実現した。

#### ③「国民福祉税」構想

細川内閣は、40年近く続いた自民党政権に代わる久しぶりの政権であったため、国民の支持率は当初は非常に高かった。こうした高い支持率を背景として、細川内閣は社会保障財源の確保を目的とした「国民福祉税」（消費税を廃止し、代わりに税率７％の新しい間接税を導入するというプランで、事実上の消費税率の引き上げ）構想を急遽発表した（翌日撤回）。

連立与党間で十分な調整も経ずに行われたものであったため、与党間の確執が増大し、細川首相は辞職するに至った。

### （3）羽田孜内閣

細川首相辞任後には、細川内閣で副総理を務めた羽田孜（はたつとむ）が首班を務めた。社会党は連立を離脱したため、新生党、公明党、日本新党などによる少数与党政権となり、特に実績を残すことなく、羽田内閣は２か月で総辞職した。

## 2.8 村山富市内閣（1994～96） ★☆☆

### （1）ポイント

長年対立関係にあった自民党と社会党、および新党さきがけが連立し、社会党党首の**村山富市**（むらやまとみいち）を首班とする内閣が成立した。

### （2）概　要

#### ① 自社さ連立政権

自民党(206議席)と社会党(74議席)、新党さきがけ(13議席)が連立政権を形成し、社会党党首の村山富市を首班とする内閣が誕生した。

議席の上では自民党が最多であるが、自民党は政権に復帰するためにキャスティング・ボートを持った社会党に首相の座を譲り、1947年の片山内閣以来47年ぶりとなる社会党党首の内閣が発足した。

#### ② 社会党の方針転換

もともと社会党は、自衛隊を憲法違反、日米安保条約の廃止、日の丸・君が代を認めないという方針を貫いてきた。しかし、社会党は、党首の村山富市が首相に就任すると、これらの主張を180度転換し、自衛隊合憲、日米安保条約堅持、日の丸・君が代の容認を打ち出した。

現実路線への転換であるが、従来の支持者からは強い反発を買った。

#### ③ 無党派層の増大

1990年代前半は日本において**無党派層**(後述)が増大した時期でもある。上述のように政党の離合集散が相次ぎ、政党の政策的変化についていけない、といった理由で支持政党を失った有権者が増加した。

**自社さ連立政権の背景**

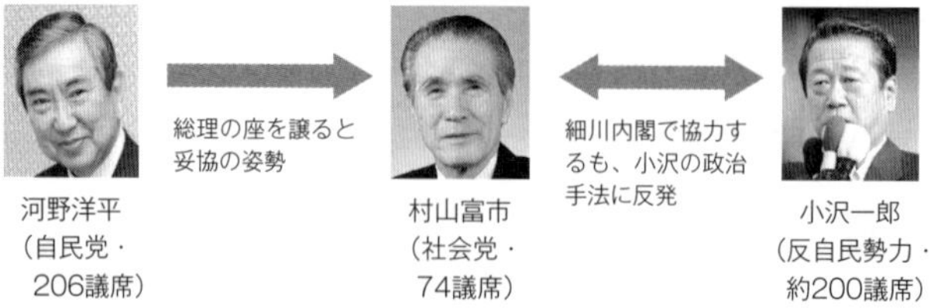

## 2.9 橋本龍太郎内閣（1996～98）

★★★

橋本龍太郎
［1937～2006］

自民党の政治家。剣道6段。自民党きっての政策通として知られ、行政改革では自ら議長に就任して、改革をリードした。官僚からは「課長補佐（細かいことに精通している）」とのあだ名も。他方で「一匹狼」としても知られ、あまり仲間の面倒をみず、政界内でも盟友と呼べる人が少なかったという。

### (1) ポイント

自民党単独政権が復活し、橋本内閣は行政改革や金融改革などを実現した。

### (2) 自民党単独政権

**橋本龍太郎**（はしもとりゅうたろう）内閣は、自社さ連立政権としてスタートした。しかし、1996年の小選挙区制導入後初となる衆議院選挙で、社会民主党(旧社会党)が惨敗したことから連立を解消し、自民党単独政権が復活した。

### (3) 六大改革

橋本内閣は、六大改革(行政、財政、金融、経済、社会保障、教育)を公約した。

特に行政改革では、中央省庁の大括り再編を目指し、2001年の中央省庁再編として実現した(**橋本行革**)。また金融改革では「東京ビッグバン」と呼ばれる金融自由化の枠組みを構築した。

### (4) 参議院選挙での敗北

1990年代末はアジア通貨危機、山一證券の破産など大企業の倒産が相次ぎ、日本経済は苦境に立たされていた。

橋本内閣は財政改革を優先したため不況に対する効果的な対策を打てず、1998年の参議院選挙では経済失政などを理由に自民党は過半数を確保できず、橋本内閣は責任をとって退陣した。

## 2.10 小渕恵三内閣（1998～2000） ★☆☆

### （1）ポイント

参議院で少数与党の自民党は、自由党や公明党と連立した。これ以降自民党は公明党と提携し、連立を組むことを常態化していった。

### （2）自自連立、自自公連立

参議院で過半数を確保できていない小渕恵三（おぶちけいぞう）内閣は、小沢一郎率いる自由党と連合し、自自連立を実現した。さらに公明党とも連立し（自自公連立）、衆参両院で過半数を確保し、安定した政治運営を行った。

他方で数合わせのための連立が続くことに反発する有権者も多かった。

自自連立と自自公連立

## 2.11 森喜朗内閣（2000～01） ★☆☆

### （1）ポイント

森首相の相次ぐ失言で、内閣の支持率は大きく減少した。

### （2）概　要

小渕首相の急死に伴い、後継首相が自民党の密室で審議され、森喜朗（もりよしろう）が就任した。首相選出の不透明さが世間からは嫌われ、森首相の「（無党派層は）寝ていてくれればいい」「日本は神の国」などの発言が世論の顰蹙（ひんしゅく）を買い、森内閣の支持率は史上最低の９％（朝日新聞調べ）を記録した。

## 2.12 小泉純一郎内閣（2001～06）

★★★

### (1) ポイント

小泉内閣は５年半に及ぶ長期政権となり、「構造改革」のスローガンの下で、内政及び外交面で数多くの改革を実現した。

小泉純一郎
［1942～ ］

自民党の政治家。短く分かりやすい言葉（ワンフレーズ）で国民に語りかけ、世論の関心を煽るその手法は「小泉劇場」とも称された。また、大統領的首相と評されるなど、強いリーダーシップを発揮し、小泉首相以降「官邸主導」「首相支配」という言葉がメディアや政治学の世界では定着するようになった。

### (2) 小泉ブーム

**小泉純一郎**（こいずみじゅんいちろう）は自民党の要職の経験がない、重要閣僚の経験もない、派閥の領袖でもないという点で歴代の自民党首相としては異例の存在であった。

しかし、それをむしろ武器として、「自民党をぶち壊す」と公言し、国民からの強い支持の下で改革を実現した（朝日新聞調べでは、発足当初の支持率は78％を超えた）。

### (3) 政策運営の特徴

首相を議長とする**経済財政諮問会議**で改革の基本方針を策定するなど、トップダウン型の政策形成を進め、自民党の族議員や関係省庁の意向にとらわれずに改革を行った。

### (4) 経済政策

「**聖域なき構造改革**」をスローガンに、不良債権の早期処理、財政構造改革（国債発行額の30兆円以下への抑制など）、規制改革（構造改革特区の実現など）、特殊法人改革（**道路公団民営化**など）を推進した。

### (5) 外交関連

2001年の9.11同時多発テロの後、アメリカのアフガニスタン攻撃に際し、テロ特措法によりインド洋へ自衛隊派遣、イラク戦争後の人道援助のために、イラク特措法によりイラクへ自衛隊派遣するなど自衛隊の海外派遣の道を切り開いた。

また、日本の首相として初めて北朝鮮を訪問し、一部の拉致被害者の帰国が実現した。

### (6) 郵政民営化

小泉首相は郵便局の民営化を持論としており、郵政民営化法案を国会に提出した。しかし、参議院では自民党の反対派の抵抗により、郵政民営化法案は否決されてしまった。そこで小泉首相は郵政民営化の是非を国民に問うことを名目として、衆議院を解散した。

法案に反対した自民党議員に対しては、自民党の公認を与えず、さらに民営化反対の候補者の選挙区に自民党の別の公認候補を「刺客」として送りこんだ。

こうした一連の騒動は、結果的に有権者の関心を引き付け、郵政民営化の争点化(**争点投票**)に成功し、自民党の勝利につながった。**⇒第5章第4節 1.3**

## 3 自民党の組織

ここでは55年体制下における自民党がどのような組織であったのかを説明する。多くの部分は現状でも当てはまるが、平成時代の改革で自民党も大きな変化を遂げている点に注意しよう。

### 3.1 自民党の公式組織 ★☆☆

#### (1) 概　要

自民党の方針や政策を立案し実施してきたのが、**総裁**を中心とした**党三役**(幹事長、総務会長、政務調査会長)によって構成される党執行部である。

自民党が政権を担当した場合、総裁はほとんどの場合に総理大臣となり、執政府の長としての職務が大半となるため、党内の運営は党三役を中心として行われてきた。

#### (2) 幹事長

**幹事長**は党務全体を取り仕切る事実上のナンバー２の地位であり、選挙の際の公認候補の決定、比例区の名簿順位の決定など強い権限を持っている。ただし、現在の自民党では、選挙については選挙対策委員長という役職も別に設けられている。

現在ではこの選挙対策委員長も含めて自民党の党四役と呼ばれている。

#### (3) 政務調査会長

**政務調査会長**は、法案や政策を議論する政務調査会の最高責任者である。政務調査会には、政策分野ごとに部会があり、概ね省庁や国会の委員会に対応する形で設置されている。

### (4) 総務会長

**総務会長**は、党運営、政策、国会対策などに関する党の最高決定機関である総務会の最高責任者である。内閣が国会に提出する予算案や法案は最終的に総務会で了承されてから提出される。

### (5) 与党審査

自民党政権では、内閣が法案を提出する際には事前に与党の了承を得ておくという慣行があり、これを与党の事前審査(**与党審査**)という。

法案や政策は、まず自民党の政策担当部門である政務調査会の部会で審議される。部会の会合には、各省庁の担当官僚も出席して、議員の利益と省庁の利益が調整される。政務調査会を経て法案は党の最高決定機関である総務会で最終的に決定され、内閣が国会に提出する。

要するに自民党政権の政策決定はトップダウン型ではなく、**ボトムアップ型**であり、内閣はそうして形成された政策を形式的に承認することが多かった。ただし、小泉純一郎のようにトップダウン型のリーダーシップを重視する首相が登場する中で徐々に変容してきている。

## 3.2 自民党の非公式組織 ★☆☆

### (1) 族議員

**族議員**とは、ある特定の分野に精通し、その分野の業界利益などを代表する議員をいう。通常は自分の専門とする部会のメンバーとなり、所属する部会で活動を続けることで、政策知識・立法技術をさらに獲得し、部会長、副大臣・大臣政務官、関連の国会常任委員長、閣僚などを経験し、その分野での発言力を強めていった。

道路族(国交省)、農水族(農水省)、文教族(文科省)などが有名である。

### (2) 派　閥

**派閥**とは、党内に存在する「**親分子分的関係**」(**クライエンテリズム**)の１つである。派閥の長(領袖)はメンバーに選挙資金を提供し、大臣や役員などのポスト配分を行う。メンバーはその見返りとして自分の派閥の領袖に忠誠を尽くし、領袖の指示通りに行動する。

かつては自民党議員の大半が派閥に所属してきたが、現在では無派閥の議員も増加している。

派閥

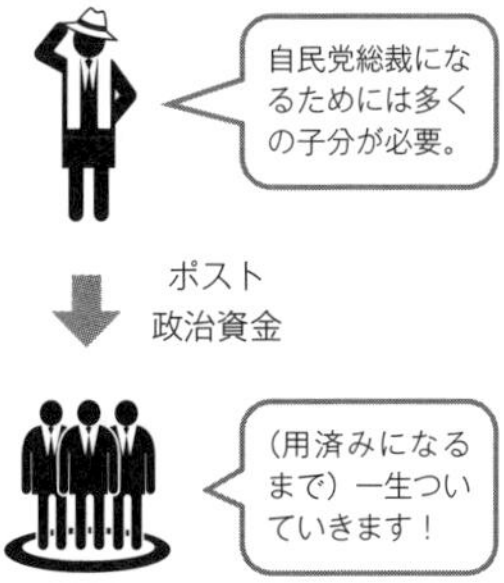
自民党総裁になるためには多くの子分が必要。
ポスト
政治資金
(用済みになるまで）一生ついていきます！

## 4 連合政権の理論

すでに見たように1993年以降の日本政治では連合政権(連立)が基本となってきた。では連合政権は政治学でどのように分析できるのか。

ここでは、まず連合政権の分類を確認し、連合政権研究の古典であるドッドの議論を学習する。ついで、現代の政治学の連合政権のモデルである政権追求モデルと政策追求モデルの2つを確認する。

### 4.1 連合政権の分類 ★★★

そもそも多数決を原則とする議会政治では過半数を獲得することが政権運営に欠かせない。つまり、議会内の議席の[50%+1]議席を獲得することが必要であり、この条件をどの程度満たしているかによって、連合政権は3つに分類することができる。

| ①過大規模連合 | ②過小規模連合 | ③最小勝利連合 |
|---|---|---|
| [50%+1]議席を確保する上で「余分な政党」を含むもの。 | [50%+1]議席を確保する上で「必要な政党」を含んでいないもの。 | [50%+1]議席を確保する上で必要な議席を含んでいるが、余分な政党は含まないもの。 |

### 4.2 ドッドの連合政権研究 ★★★

#### (1) 連合政権の安定性

かつての政治学では連合政権は不安定で短命であるという考えが支配的であった。これに対して、アメリカの政治学者**L.ドッド**は、議院内閣制を採用している17か国を分析し、40か月以上続いた内閣の80%は多党制議会のもとで誕生したことを明らかにし、「連合政権は必然的に不安定であるとは言えない」ことを実証した。

#### (2) 安定した連合政権の条件

ただし、連合政権のうち29%は短命に終わった点に着目し、安定した連合政権の条件は、**最小勝利連合**だととも論じている。以上が、連合政権研究の古典であるドッドの議論である。

## 4.3 政権追求モデル ★★★

### (1) 概　要

政党は、「政権に参加する」という目的で連合すると仮定し、最小勝利連合を目指すと考えるモデルを**政権追求モデル**という。ライカーやレイサーソンなどのモデルがある。

### (2) ライカーのモデル

アメリカの政治学者**W.ライカー**は、最小勝利連合を**議席数の観点**から分析し、「最低限の議席数をもつ過半数の閾値になるべく近い連合」である**最低規模勝利連合**(最小勝利連合)を目指すとした。

### (3) レイサーソンのモデル

他方で、アメリカの政治学者**M.レイサーソン**は、最小勝利連合を**政党数の観点**から分析し、最小勝利連合はできる限り少ない政党で構成されると論じた。

### (4) 政党のサイズと交渉力

一般的には、政党のサイズ(議席数)が大きいと、発言力(交渉力)が大きくなるように見られている。しかし、**政党のサイズと連立政権内の交渉力は比例しない**。規模の大小を問わず、すべての最小勝利連合に参加する可能性を持つ政党の交渉力が高くなると考えられる。

例えば、総議席が99の議会で、A党49議席、B党49議席、C党1議席という状況を仮定しよう。最小勝利連合は、A党とC党またはB党とC党の組み合わせである。C党はすべての最小勝利連合に参加する可能性があり、1議席にも関わらず交渉力は高くなるのである。

### (5) 政権追求モデルの課題

以上のように、政権追求モデルでは、議会において過半数を超える数合わせの論理として連立政権が形成されることを前提としているが、実際の連立政権では、少数政権、余分の政党を含む政権はよく見られる点に注意が必要である。

**政権追求モデル**

100議席の議会
5政党の議席配分

| 政党 | 議席数 |
|---|---|
| A | 40 |
| B | 25 |
| C | 20 |
| D | 10 |
| E | 5 |
| 合計 | 100 |

ライカーの最小勝利連合の組み合わせ
①A+D+E=55
②B+C+D=55
この場合、「交渉力の大きい政党」はD（10）

レイサーソンの最小勝利連合の組み合わせ
①A+B=65（政党数 2）
②A+C=60（政党数 2）
この場合、「交渉力の大きい政党」はA（40）

## 4.4 政策追求モデル ★★★

### (1) 概　要

**政策追求モデル**とは、政党は政策を目的として連合すると仮定し、政党間の政策距離を加味して連立するというモデルである。アクセルロッドやデ・スワンのモデルがある。

### (2) アクセルロッドの「隣接最小連合」

政策的立場が大きく異なる政党同士の連立は政策の実現が困難となるため、現実的にはなかなか難しい。そこで、アメリカの政治学者**R.アクセルロッド**は、イデオロギーの異なる政党同士の連合は、それを仲立ちする政党がなければ連合できないとの前提で、イデオロギー的に互いに隣り合った政党同士で連立すると考えた。これを**隣接最小連合**という。

### (3) デ・スワンの「最小距離連合」

しかし、隣接最小連合は政党間のイデオロギー距離が考慮されていない。いくらイデオロギー的に隣り合っていたとしても、イデオロギー距離が遠い場合には連立は考えにくい。

そこで、オランダの政治学者**A.デ・スワン**はアクセルロッドの隣接最小連合に、政党のイデオロギーの差異を最小にするような連合が組まれるという前提を付け加えた**最小距離連合**モデルを提示している。

### （4）政策追求モデルの課題

以上のように、政策追求モデルでは、政党が「数合わせ」の論理だけで連立するのではなく、政策距離（イデオロギー距離）を考慮して連立することをモデル化している。

したがって、現実の連立政権が最小勝利連合になるとは限らず、過小規模連合や過大規模連合になってしまうことを説明できるのである。

**政策追求モデル**

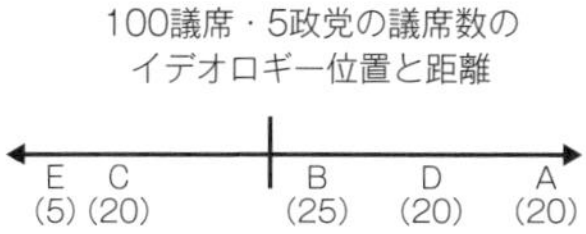

アクセルロッドの隣接最小連合の組み合わせ
①A＋D＋B＝75（Dが仲立ち）
②D＋B＋C＝55（Bが仲立ち）

デ・スワンの最小距離連合の組み合わせ
①A＋D＋Bは成立（近距離）
②D＋B＋Cは不成立（遠距離）

**Power UP　連合政権モデルの実際**

連合政権のモデルを1993年に誕生した非自民連立政権（共産党を除く8党派の連合政権）を事例として説明しよう。

まず、「政権追求モデル」はどうだろうか。最小勝利連合は自民党抜きでも可能だが、政党数を考慮に入れると最大議席を有する自民党は連立に不可欠であり、現実を上手く説明できない。

次に「政策追求モデル」、具体的には左右のイデオロギーという政策距離から見てみよう（一次元の政策距離）。自民党から分裂した新生党やさきがけ等は自民党にイデオロギー的に近く、自民と連合することが想定される。しかし、現実にはそうはならなかった。

そこで、政党の政策距離をより多面的に検討してみるとどうなるか（多次元の政策距離）。1993年当時は政治資金規正、選挙制度が大きな争点であった。このことを考慮すると、自民党は改革に対して党内で賛否両論があったが、共産党以外の他の政党は改革に対しては賛成で意見が一致していた。

こうして政策距離を多次元でみることで実際の非自民連立政権の誕生が説明できるのである。

**1993年の衆議院総選挙後の議席率とイデオロギー位置**

## 過去問チェック

01 二党制は、ほとんどの民主主義諸国においてみられる政党制であり、政治的安定をもたらす。一方、多党制は連立政権にならざるを得ないため政治的不安定を招くとされる。**国家専門職2005** 1.1 1.2

× まず「ほとんどの民主主義諸国」が誤り。二党制は世界では少数派である。また「多党制は～政治的不安定」も誤り。多党制であっても安定している場合もあれば、不安定な場合もある。

02 ヘゲモニー政党制は、唯一の政党しか法律上も事実上も認められない、非競合的政党制である。**特別区Ⅰ類2014** 1.2

×「法律上も事実上も認められない」が誤り。ヘゲモニー政党制は形式的には複数政党制であり、政党の存在は法律上認められている。ただし、与党以外は衛星政党であり、実際には競争が存在しないため、非競合的政党制に分類される。

03 G.サルトーリは、政党の数に注目して政党システムを分類し、一党優位制、二党制、穏健な多党制、分極的多党制などの類型化を行った。こうした類型化により、各政党のイデオロギーや、政党間のイデオロギー的な距離を捨象した形で各国の政党システムの比較が可能になった。**国家一般職2014** 1.2

×「各政党のイデオロギーや、政党間のイデオロギー的な距離を捨象」が誤り。サルトーリの分類では政党間のイデオロギー距離が重視されている。例えば、分極的多党制は穏健な多党制と比べて政党間のイデオロギー距離が大きいという特徴がある。

04 フランスの政党は、英国、ドイツ、スウェーデンなどの政党と比べて、一般的に規律が弱く、組織化の程度も低い。これは、現行体制である第五共和制の現実を反映している。政党制研究者のサルトーリの類型化を援用すれば、フランス第五共和制は「分極的多党制」に分類されるといえる。**国家専門職2012** 1.2

×「フランス第五共和制は「分極的多党制」に分類」が誤り。分極的多党制の代表例はフランスの第四共和制である。フランスの第四共和制は1946～1958年の間の短命政権が続いた不安定な体制であったが、ド・ゴールによって打倒され現在の第五共和制が誕生した。

05 一党優位政党制は、複数政党間で競争が行われているにもかかわらず、特定の一党が継続して政権を担当し、事実上政権交代が生じないという点に特徴がある。したがって、選挙結果によって二党制に変化できる余地はない。**国家専門職2005** 1.2

×「二党制に変化できる余地はない」が誤り。選挙結果によっては二党制に変化する場合もある。

二党制とされる国でも特定の政党が継続して政権を担当し、一党優位政党制となる場合もある。

(06) A.ダウンズは、合理的選択論の立場から二大政党制の特質を分析した。彼は、伝統的な保守―革新のイデオロギー的な一次元の軸上において、有権者のイデオロギー的な選好の分布がどのようになっていても、二つの政党はともにイデオロギー上の立場を中央に寄せてくる傾向があるため、二大政党制は安定した政治をもたらすと主張した。**国家一般職2007** 1.3

× まず「イデオロギー的な選好の分布がどのようになっていても」が誤り。政党が変化するかどうかは有権者の分布次第であり、有権者が中央に多くなければ政党が中央に寄せてくる動機はない。

(07) 実際の政党システムの在り方を観察して分類した実証的な研究に対し、A.ダウンズの空間理論は抽象的な前提から政党システムのダイナミズムを考える。その前提となる考え方は、「政党(政治家)は政策を形成するために政権につく」というものである。**国家総合職2004** 1.3

× 「政策を形成するために政権につく」が誤り。政党を合理的行為者と考えた場合、政党は政権獲得のためのチームであり、政党の目標は得票の最大化である。得票の最大化のために必要な限りにおいて政策を作成するのであり、「選挙に勝つために政策を立案する」のである。

(08) 1955年、左右に分裂していた日本社会党が統一され、また自由党と日本民主党が合同して自由民主党が結成されて、二大政党制が誕生したが、その後、日本社会党が国会で占める議席が伸びず、「1か2分の1政党制」とも呼ばれた。**特別区Ⅰ類2008教養** 2.2

× 「二大政党制が誕生」が誤り。自民党が1993年までの38年間一貫して政権を担当し、社会党は一度も政権を獲得していないため、二大政党制とはいえない。したがって、「1か2分の1政党制」と呼ばれたのである。

(09) 1955年に、講和条約や安全保障条約の締結を巡る対立で分裂していた左派社会党と右派社会党が統一し、民主社会党が誕生したが、1960年に右派の一部が再分裂して日本社会党(社会党)が誕生した。**特別区Ⅰ類2021** 2.2 2.3

× 民主社会党と社会党を入れ替えれば妥当な説明である。1955年に誕生したのが社会党であり、1960年に右派の一部が分裂して誕生したのが民主社会党(民社党)である。

(10) 1960年代から1970年代にかけて、農村部の地方自治体を中心に、日本社会党や日本共産党に支援された革新系首長が次々に誕生した。こうした地方自治体は「革新自治体」と呼ばれる。多くの革新自治体では、老人医療費への補助が減額され

るなど福祉政策の見直しが進められ、自治体財政の再建が実現された。**国家一般職2019** 2.4

× まず「農村部の地方自治体」が誤り。革新自治体は大都市部を中心として誕生している。また「老人医療費への補助が減額」「自治体財政の再建」が誤り。革新系首長は環境問題の取り組みや福祉の充実を訴えて支持を獲得したが、財政が膨らみ財政危機に陥っている。

**11** 竹下登内閣がリクルート事件をきっかけに退陣したことを受け、我が国においては政治改革が喫緊の課題となった。こうした状況の中で、非自民の連立内閣である羽田孜内閣の下で選挙制度改革を含む政治改革関連4法案が成立した。**国家一般職2017** 2.4

× 「羽田孜内閣の下で選挙制度改革〜」が誤り。自民党政権では政治改革ができず、1993年に自民党は分裂した結果、細川護熙非自民連立政権が誕生し、小選挙区制の導入を含めた政治改革を実現したのである。

**12** 宮澤内閣の下で進められた選挙制度改革により、小選挙区比例代表並立制が新たに導入された。この制度の下で行われた衆議院選挙の結果、自民党の議席数は過半数を大きく割り込み、日本新党などによる連立政権である細川内閣が発足した。細川内閣は、政治資金規正法の改正や政党助成法の制定など政治改革に積極的に取り組んだが、連立与党間において他の政策課題をめぐる主張の隔たりが大きく、社会党の政権離脱により総辞職となった。**国家一般職2005** 2.6 2.7

× まず「宮澤内閣の下で〜小選挙区比例代表並立制」「衆議院選挙の結果、自民党の議席は過半数を大きく割り込み」が誤り。宮澤喜一内閣の下では選挙制度改革は実現せず、細川護熙内閣が小選挙区比例代表並立制を導入したのである。そして、細川内閣が誕生したのは自民党が分裂して、単独で過半数を維持できなくなったため、自民党と共産党以外の政党で連立できたからである。

**13** 政党の内部組織は、公式な組織と非公式な組織とに分けられる。公式な組織としては、例えば我が国の自民党では、総裁を中心に党三役などによって構成される党執行部がある。党三役の一つである幹事長の下に、政策分野ごとに部会があり、「族議員」は部会への参加は禁止されているが、それぞれの「族」ごとに非公式な集団を組織し、実質的に政策形成に影響を与えている。**国家一般職2003** 3.1

× まず「幹事長の下に〜部会」という点が誤り。自民党の政策立案部門である政務調査会の下に政策分野ごとに部会があり、政務調査会のトップが政務調査会長である。また「「族議員」は部会への参加は禁止」も誤り。部会が党内の政策形成の要であり、部会こそが族議員の活動の場所である。

**14** 我が国の自民党長期政権下では、様々な手続が法案作成過程の中に事実上の制度として埋め込まれていたが、その代表的なものの一つに「与党による事前審査」がある。これは内閣が法案を提出するに際して与党の事前承認と両院での迅速な可決を担保するものであるが、同時にいわゆる族議員の影響力を遮断するという機能も果たした。**国家一般職2013** 3.1 3.2

×「族議員の影響力を遮断」が誤り。与党による事前審査はまさに族議員の影響力の行使を可能とする制度である。族議員は事前審査の過程で既得権の擁護などが可能である。

**15** 我が国の法案作成過程においては、与党による事前審査が重要な役割を果たしてきた。自由民主党内では、各省庁が作成した法案はいわゆる族議員の活躍の場である政務調査会の部会の審議を経た上で、政務調査会審議会において党としての最終的な決定に付され、ここで了承されない法案は国会に提出させないというのが自由民主党結党時からの慣例であった。**国家一般職2008** 3.1

× まず「政務調査会審議会において党としての最終的な決定」が誤り。自民党内の最高決定機関は総務会である。政務調査会、総務会での了承を経て内閣が国会に法案を提出するのが通例である。また「結党時からの慣例」も誤り。与党の事前審査は1960年代に生まれたと言われる。

**16** 議会の過半数議席が得られる政党連合の組合せのうち、政党間の政策的距離が最小である連合政権を、W.ライカーは「最小勝利連合」と呼んだ。この考え方では、各政党は政権の獲得とともに政策の実現を目指すことが前提とされている。連合政権を構成する政党のうち、政策的に中間的な立場をとるものを「要政党」という。**国家一般職2018** 4.3

×「政策的距離が最小」が誤り。ライカーの最小勝利連合は政党の数だけに焦点を当てているため、政党間の政策距離は考慮されていない。また「政策の実現を目指すことが前提」も誤り。政権の獲得だけに焦点があり、政策の実現は前提とされていない。ライカーのモデルは政策を追求しない政権追求モデルに分類される。

## 過去問 Exercise

**問題1** ダールのポリアーキー論に関するA～Dの記述のうち、妥当なものを選んだ組合せはどれか。

特別区Ⅰ類2014

**A** ダールは、デモクラシーという言葉を理念型としての民主主義のために留保しておき、民主主義の現実形態にはポリアーキーという名前を与えて理念型と区別した。

**B** ダールは、ポリアーキーを成立させる条件を不完全だが近似的に満たした体制を準ポリアーキーとし、競争的寡頭体制と包括的抑圧体制を準ポリアーキーに分類した。

**C** ダールは、近代社会における政治体制を閉鎖的抑圧体制と呼び、閉鎖的抑圧体制から、選挙に参加し公職に就く権利のみが拡大すれば、競争的寡頭体制になるとした。

**D** ダールは、民主化の条件として、公的異議申立てと包括性の２つの基準を設け、どちらも高い状態にあるのがポリアーキーであるとした。

1. A B
2. A C
3. A D
4. B C
5. B D

## 解説

正解 ❸

A ◯　ダールのポリアーキーとは現存する民主主義を説明するための概念であり、理念型としてのデモクラシーとは区別されるものである。

B ×　競争的寡頭体制は包括性の程度が低く、包括的抑圧体制は自由の程度が低いという点で、準ポリアーキーとはいえない。準ポリアーキーはポリアーキーの近似であるから、一定程度は自由や包括性が高い必要がある。

C ×　閉鎖的抑圧体制から包括性のみが拡大した場合は、包括的抑圧体制である。閉鎖的抑圧体制から自由のみが拡大した場合には競争的寡頭体制となる。

D ◯　ダールは、公的異議申立て（自由）と包括性（政治参加の包括性）の２つの基準がどちらも高い状態をポリアーキーと呼んだ。

## 問題2

政党の機能と組織に関する次の記述のうち、妥当なのはどれか。

国家一般職2020

1 E.バークは、政党とは社会の中の特定の集団の利益を図るための組織であり、社会全体の利益を推進することはないと考えた。また、彼は、政党の構成メンバーの考え方がしばしば一致しないことを指摘し、政党とは私的利益にしか関心を持たない派閥や徒党と同じであるとして否定的に捉えた。

2 M.ヴェーバーは、19世紀に各国の政党が貴族政党から近代組織政党へと発展を遂げ、さらに20世紀に入って近代組織政党が名望家政党へと変化しつつあることを指摘した。このうち名望家政党とは、カリスマ的なリーダーシップを持った名望家がマスメディアを用いて有権者に直接訴え、支持を集める政党を指す。

3 R.ミヘルスは、20世紀初頭にドイツの社会民主党について分析を行い、この政党が民主主義を掲げているにもかかわらず、組織の内部では一握りのエリートが支配している実態を明らかにした。このことから彼は、あらゆる組織において少数者支配が生じるという「寡頭制の鉄則」を主張した。

4 M.デュヴェルジェは、20世紀初頭に、欧米諸国で大衆政党と呼ばれる新しい組織構造を持った政党が出現したと指摘している。大衆政党は、この時期に新しく選挙権を得た一般大衆に基盤を置く政党で、従来の政党に比べて極めて分権的な組織であるとされる。大衆政党の典型例に、米国の民主党が挙げられる。

5 O.キルヒハイマーは、20世紀前半に、西欧諸国で社会主義政党やファシズム政党が台頭する状況を観察し、これらの新たな政党を包括政党と類型化した。包括政党は、極端なイデオロギー的主張を用いて大衆を動員すること、また多様な利益団体と接触することにより、社会の広範な層から集票する点に特徴がある。

## 解説

正解 ❸

❶ × バークは、政党とは特定の集団の利益を図るための組織ではなく、社会(国民)全体の利益を推進するための組織と考えた。そして政党を、私的利益にしか関心を持たない派閥や徒党と区別して、肯定的に捉えた。

❷ × ヴェーバーは、19世紀に各国の政党が貴族政党から名望家政党へと発展を遂げ、20世紀に入って名望家政党が近代組織政党へと変化しつつあることを指摘した。また、名望家政党の特徴も異なる。1920年に亡くなったヴェーバーは、現代的なマスメディアを念頭に置いた議論はできない。

❸ ○ ミヘルスは、社会主義を民主的に実現しようとしているはずの社会民主党が、組織内部では民主的ではないと指摘し、さらにこれは社会民主党固有の特徴ではなく、どのような組織でも大規模になると少数支配が生じるようになると主張した。

❹ × デュヴェルジェは、19世紀に主流だった幹部政党は分権的なのに対して、20世紀になって一般化した大衆政党は集権的だと指摘している。 また、米国の民主党と共和党は党規律が弱く分権的であるため、むしろ幹部政党に該当する。

❺ × キルヒハイマーは、1960年代に、西欧諸国で社会主義政党や宗教政党が現実路線に転換する状況を観察し、これらの政党を「包括政党」と類型化した。包括政党は、穏健で中道的な主張を用いて、社会の広範な層から集票する点に特徴がある(極端なイデオロギー的主張を用いたら、広範な支持は得られない)。

# 第5章

# 政治過程

第５章では政治過程について解説します。政治過程とは、要するに政治的な意思決定が行われるプロセスのことであり、政党、利益団体、マス・メディア、有権者などがどのように行動し、影響力を行使しているのかを幅広く検討するのが第５章の目的です。具体的には利益団体、マス・メディア、有権者の投票行動に関する理論を中心に解説します。

# 1 利益団体

第1節では利益団体について解説します。例えば日本経団連、農協、労働組合など日本でも様々な利益団体が活動しており、政治的な影響力を行使しています。これらの利益団体にはどんな種類があるのか、そもそもなぜ利益団体は形成されるのかということを本節では解説します。

**キーワード**

セクター団体と価値推進団体／「死んだ政治学」／集団理論／フリーライダー／合理的選択論／政治的企業家／多元主義とコーポラティズム／利益集団自由主義／ロビイング／労働なきコーポラティズム

## 1 利益団体の発生と機能

### 1.1 定　義　★★★

**利益団体**または**利益集団**とは、経済的利益や主義主張などの利益を共有する者が集団としてなんらかの活動を展開するものをいう。

また、利益団体(interest group)は**圧力団体**(pressure group)とも呼ばれる。特に組織利益のために、議会や政府に働きかけを行う側面を強調するときには圧力団体という呼称を用いることが多い。

本書では基本的に利益団体という言葉で統一して説明する。

## 1.2 利益団体の発生 ★★★

利益団体は20世紀になって急増した。これを「集団の噴出」(バーカー)という。主な背景は以下の通りである。

| | |
|---|---|
| **(1)機能的社会集団の設立** | 近代化により個人が身分や共同体から解放されると、資本主義の発展とともに、労働組合や企業連合などの様々な職業集団に所属するようになった。 |
| **(2)地域代表制の補完** | 工業化・都市化により国民各層の利益が細分化し、地域代表制を柱とする選挙制度では、地域を越えた職業利益を反映させることが困難となった。 |
| **(3)政党の寡頭制化と機能障害** | 大衆民主主義の進展により政党の組織化が進むと、政党が寡頭制化・官僚化し、国民との間に乖離が生じて、国民の要求に敏感に反応できなくなった。このように政党が政府と国民の媒介機能を果たすことができなくなると、集団が直接的に議会や政府に利益を表明するようになった。 |
| **(4)積極政治の展開(行政国家化の進展)** | 政府が社会のあらゆる領域に介入するようになり、政府の決定が諸集団の利害に大きな影響を与えるようになると、集団に有利な決定を引き出すために積極的な圧力活動を展開するようになる。 |

## 1.3 利益団体の機能 ★★★

### (1) 利益団体の機能

利益団体は、公共政策に影響を及ぼしているという点では政党と類似している。**G.アーモンド**は、政党は利益集約機能が中心となるのに対して、利益団体は**利益表出機能**が中心となる点で大きく異なると論じている。

その他、利益団体と政党を比較した場合には、以下の表のように対比される。

| | 政党 | 利益団体 |
|---|---|---|
| 最終目的 | 政権の獲得 | 利益の実現 |
| 責任 | 公的責任 | 団体の成員に責任を負う |
| 主な機能 | **利益集約機能** | **利益表出機能** |
| 代表する利益 | 多様な利益を一般化 | 特殊利益(個別利益) |

### (2) 利益団体の逆機能

以上のように利益団体は、現代の政治過程において重要な機能を果たしているが、その逆機能も多く指摘されている。その代表的なものは以下の通りである。

#### ① 利益団体は社会のエリートの手段

利益団体の加入者は、より高い社会・経済的地位にある者に偏っており、現実の政治は社会の上層部分により有利に展開していると批判されることがある。

例えば医者、大企業経営者という高所得者は医師会、経済団体を組織し、政治に圧力をかけることができる。逆に社会経済的な弱者は団体を組織化するほどの時間や金銭的余裕はなく、政治に圧力をかけることはできないという問題がある。

#### ② 拒否権行使集団

アメリカの社会学者**D.リースマン**(1909～2002)は、既得権をもつ利益団体の行動様式を分析し、**拒否権行使集団**と名付けた。既得権を守りたい利益団体は、その利益が脅かされそうになると政治的圧力を行使してこれを阻止しようとする。

例えば、政府の規制によって守られている利益団体は族議員や官僚に影響力を行使して止めさせようとする。

このように政策決定において一種の拒否権を有しているように見えることから「拒否権」行使集団と呼んだのである。

## 2 利益団体の分類

### 2.1 一般的な分類 ★★☆

利益団体は一般的にセクター団体と価値推進団体との２つに分類される。

| | 概要 | 事例 |
|---|---|---|
| ①セクター団体<br>(利害関係集団) | 職業的・経済的利益など成員に共通する利益を基礎に形成された団体。特定の自己利益の実現に向けて活動を展開する。 | 労働団体、経済団体など |
| ②価値推進団体<br>(態度集団) | 特定の価値や主義(態度)を共有することで成立している集団。自分たちの主義・主張を実現するために活動する。 | 環境保護団体、平和団体など |

## 2.2 マッケンジーの分類 ★★★

イギリスの政治学者**R.T.マッケンジー**は、利益団体を３つに分類している。

| | 概要 | 事例 |
|---|---|---|
| **①部分的集団** | 共通の経済的・職業的利益を追求する集団。つまり、「部分」利益を追求する場合である。 | 労働団体、経済団体など |
| **②促進的集団** | 経済的、職業的利益ではなく、社会福祉や社会正義を追求する集団。つまり、社会正義を「促進」する場合である。 | 環境保護団体、平和団体など |
| **③潜在的集団** | 通常は政治過程に登場せず、特別の場合にのみ顕在化する場合をいう。 | 例えば、切手愛好家団体が、切手に関する法律が制定される際に国に陳情する場合などである。 |

## 2.3 オッフェの分類 ★★★

ドイツの政治学者**C.オッフェ**は、福祉国家化の進展に伴い、利益団体のあり方に国家が大きな影響を持つことに注目して、利益団体を市場団体と政策受益団体の２つに分類している。

| | 概要 | 事例 |
|---|---|---|
| **①市場団体** | 市場における財・労働を含めたサービスの供給と需要に関する利益を代表する団体。 | 経済、労働、農業、専門家団体・消費者団体 |
| **②政策受益団体** | 補助金の分配など政府の支援によって成立した団体で、政府の特定の政策に利害関心を持つメンバーによって構成された団体。 | 福祉団体、教育団体、行政関連団体 |

**Power UP**　日本の利益団体の類型

我が国を代表する利益団体研究が村松岐夫らの『戦後日本の圧力団体』(1986) である。この研究では、55年体制の時代の利益団体のあり方をセクター団体、政策受益団体、価値推進団体の３つに分類している。

| | セクター団体 | 政策受益団体 | 価値推進団体 |
|---|---|---|---|
| 事例 | ・経済団体(経団連など)<br>・農業団体(農協など)<br>・専門家団体(医師会など) | ・教育団体<br>・行政関係団体<br>・福祉団体 | ・労働団体<br>・消費者団体<br>・市民・政治団体 |
| 注意点 | 農業団体は政策受益団体としての性格も強い | | 労働団体はセクター団体としての性格も強い |
| 影響力のリソース | 与党との結び付きが強い(政権党ネットワーク) | 行政との結び付きが強い(行政ネットワーク) | 野党との結び付きが強い(野党ネットワーク) |

## 3 利益団体の形成

利益団体はなぜ形成されるのか、そしてなぜ存続または衰退するのか。これらを説明する理論としては、主に社会要因論(ベントレー、トルーマン)、合理的選択論(オルソン)、政治的交換論(ソールズベリー)の３つがある。

### 3.1 ベントレー：利益団体研究の先駆者 ★★★

#### (1) 背　景

政治学において初めて利益団体を本格的に研究したのがアメリカの政治学者**A.ベントレー** (1870 ~ 1957)である。彼は、1908年に出版した『**統治過程論**』において、政治とは社会に存在する様々な利益団体の対立と調整の過程であると論じた。

### （2）政治学の批判

政治を集団間の対立や調整であるとするその主張は、旧来の政治学を根本から否定するものであった。彼は現実の政策決定が利益団体の圧力活動の結果として生じている点に注目し、これまでの政治学は、政治制度の**外面的特徴**のみを分析する**制度論**中心の「**死んだ政治学**」に過ぎないと批判した。

### （3）評　価

ベントレーの主張や方法論は現在から見れば画期的であった。しかし、彼の議論は一部の学者に影響を与えたのみで当時のアメリカ政治学の主流を形成するには至らなかった。



## 3.2 トルーマン：ベントレーの後継者 ★★★

### （1）背　景

第二次世界大戦後、ベントレーの理論の意義を再評価し、自らをベントレーの理論的後継者と位置づけ、利益団体研究の一般理論を目指したのが、アメリカの政治学者**D.トルーマン**（1913 ～ 2003）である。

ベントレーやトルーマンらの理論は今日では**集団理論**（集合理論：group theory）と呼ばれている。

### （2）集団理論

トルーマンらの集団理論は、「要求あるところに集団が生成する」という前提に立っている。すなわち、工業化や都市化の進展は価値の多様化を生み、この結果として様々な集団が生み出されるというのである（**増殖仮説**）。

また、社会の変化により既存の社会勢力間の均衡が崩れると、不利な集団の組織化や活動の活性化が起こり、社会のバランスがとられるようになるという（**均衡化仮説**）。

### (3) 諸集団の均衡化の条件

以上のように、社会の変化に合わせて多様な集団が生み出される。にもかかわらず、集団の間で均衡が生まれ、社会が安定するのはなぜか。

ベントレーやトルーマンは、以下の2つのメカニズムが存在するからだと論じている。

| キーワード | 概要 |
|---|---|
| **集団のクリス・クロス**（ベントレー）<br>**重複的メンバーシップ**（トルーマン） | 個人が複数の集団に所属すればするほど、他の集団を無視した利益追求が困難となり、特定利益への偏りが防止され、集団間の均衡が実現できる。 |
| **習慣背景**（ベントレー）<br>**潜在的多数者集団**（トルーマン） | 集団間の対立が激化する場合には、大多数のメンバーが共有する慣習的ルールがその対立を抑制する機能を持つ。 |

## 3.3 オルソン：集合行為問題 ★★☆

### (1) 背　景

これまで見てきたベントレーやトルーマンの議論は、利益団体の形成を主にマクロな社会的変化に求めた議論であり、社会要因論とも呼ばれる。

これに対して、アメリカの経済学者**M.オルソン**(1932～98、主著『集合行為の理論』(1965))は、**合理的選択論**(個人は効用の最大化を求めて選択するという前提に立つ理論)の立場から団体形成のメカニズムを論じた。

### (2) 集合行為問題

オルソンは経済学の**公共財**の概念を政治学に応用することで、**集合行為問題**という理論を確立したことで知られている。

集合行為とは、共通の利益を持つ個人からなる集団が、その利益を増進しようと行う集団的意思決定を指し、オルソンはいかなる場合に集団としての意思決定が可能か(集団が形成されるのか又はされないのか)を検討した。

### (3) 事　例

例えば、コメの輸入自由化は、コメの国内価格を引き下げることになり、消費者の誰にとってもメリットをもたらす共通利益(公共財)だと仮定しよう。ただし、特定の個人からすれば、コメの輸入自由化を推進する運動や組織に参加することは合理的ではない。というのも、コメの輸入自由化の活動に参加せずとも、コメの輸入自由化が実現した際にはその恩恵を享受できるからである。

つまり、コメの輸入自由化の活動に参加せずに、**フリーライダー**（タダ乗り）となることが個人にとっては合理的な選択となる。

### (4) フリーライダーの発生

また、オルソンはフリーライダーが発生しやすいケースとしにくいケースを論じている。彼によれば、小規模集団はフリーライダーが発生しにくく、大規模集団はフリーライダーが発生しやすい。引き続きコメの輸入自由化問題で説明しよう。

例えば、コメ輸入自由化はコメ農家にとっては生活のかかった死活的な問題であり、なおかつ国内では圧倒的な「少数派」である。したがって、大半のコメ農家は輸入自由化反対の農業団体に参加する。

他方で、圧倒的な「多数派」である全国の消費者にとっては、多少コメが安くなったところで得られる恩恵は微々たるものであるにもかかわらず、なんらかの団体への加入は一定のコストが発生することを考えると、フリーライダーとなることの方が合理的である。

以上の理屈から分かるように、オルソンの議論は、政策決定において「少数派」の既得権が意外なほど守られている現実をうまく説明しているのである。

| | 小規模集団 | 大規模集団 |
|---|---|---|
| 特徴 | 小規模ゆえに、集団の利益に占める自分の割合が大きく、集団への不参加は目立ってしまう。 | 大規模ゆえに、集団の利益に占める自分の割合が小さく、集団への不参加は目立たない。 |
| フリーライダー | 発生しにくい | 発生しやすい |

### (5) フリーライダー抑制

さらに、オルソンは、このようなフリーライダーを防ぐ手段についても検討している。フリーライダーとならないように強制加入させたり、本来の目的とは別のところで団体への加入に伴う利益を提供したりずれば、フリーライダーは防ぐことができ、団体が形成されるのである。

| | 概要 | 事例(労働組合を例に) |
|---|---|---|
| **「強制加入」** | 共通の利益を持つものは団体に強制加入させる。 | 労組への加入を入社の条件とする(クローズドショップ制)。 |
| **「選択的誘因」** | 団体に参加しないと利益が得られないような枠組みを提供する。 | 労組に所属することで得られる保険制度や厚生特権を制度化する。 |

フリーライダー

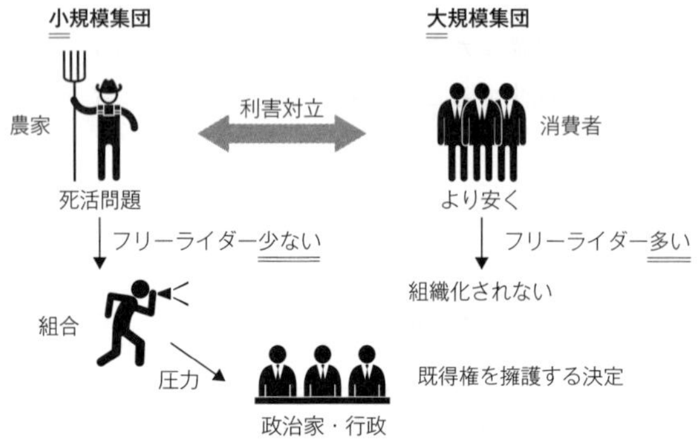


## 3.4 ソールズベリー：政治的企業家 ★★★

### (1) 背　景

先述のオルソンの議論は、利益団体の形成のメカニズムを論じたものとしては画期的であった。しかし、彼の議論は、合理的な個人による経済的便益の追求を前提としているため、実際の個人が様々な動機から団体に加入したり、団体を組織化したりするメカニズムを十分には説明できなかった。

## (2) 政治的交換論

そこで、アメリカの政治学者**R.H.ソールズベリー**は、社会学の交換理論を参考にして、団体は「**政治的企業家**」というリーダーとメンバーの便益の交換によって成立すると論じた。

そして、この際に交換される便益は、アメリカの政治学者J.Q.ウィルソンの議論を参考に、**物質的誘因**、**連帯的誘因**、**表出的誘因**(目的的誘因ともいう。目的や意見を「表出」することに満足を見出すため)の3つがあると論じている。



| | 概要 | 事例 |
|---|---|---|
| **①物質的誘因** | 財やサービスなど貨幣に換算できるもの。 | セクター団体が典型 |
| **②連帯的誘因** | 社交の楽しみや一体感。 | 同好会、名士のクラブが典型 |
| **③表出的誘因** | 価値ある目的に貢献しているという満足感。 | 価値推進団体が典型 |

## (3) 特　徴

以上のような政治的企業家の視点を用いると、なぜ本来であればフリーライダーが生じやすいはずの分野で多数の団体が形成されているかが説明できる。

例えば、ある学生リーダーがゴミ拾いのボランティアサークルを立ち上げたとしよう。メンバーからすれば、ゴミ拾いで社会に奉仕する満足を得られるということ(表出的誘因)以外にも、新しい友人ができる(連帯的誘因)という動機も満たしてくれる。また、リーダーはサークルを立ち上げたという実績を就職活動でPRし、「サークル代表」という肩書で自己紹介できることを誇りとするかもしれない(物質的誘因)。

**政治的交換**

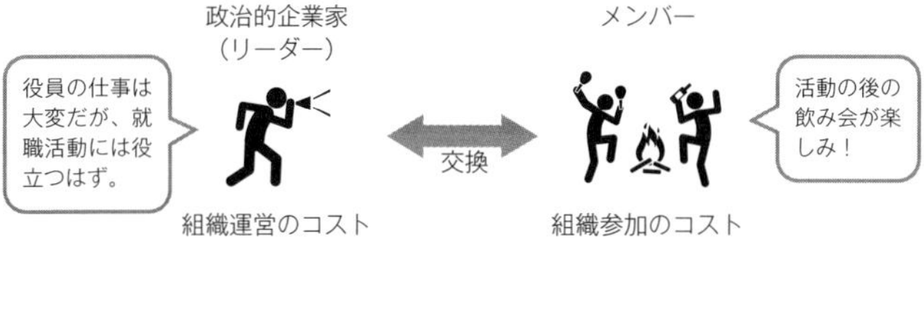

## 4 利益団体政治の分類

これまで見てきた利益団体に関する理論は主にアメリカで発展してきたものであり、アメリカの利益団体のあり方を暗黙の前提としていた。しかし、利益団体の組織化のあり方、団体と国家との関係、団体の行動パターンなどは国によって大きな違いがある。

このように国単位でみた場合の利益団体のあり方(利益団体政治)を分類する視点として多元主義とコーポラティズムがある。

### 4.1 多元主義とコーポラティズム ★★★

#### (1) 背　景

アメリカの政治学者**P.シュミッター**（1936～　）は、1970年代石油危機以降の不況下において、不況下でも良好な経済パフォーマンスを示した北欧諸国などに注目し、アメリカとは異なる利益団体の組織化のあり方や団体と国家の関係が存在することを指摘し、これを多元主義とコーポラティズムという２つのタイプに類型化している。

#### (2) 多元主義とコーポラティズムの特徴

##### ① 多元主義

多元主義とは、アメリカに代表される利益集団政治のタイプであり、団体が自由に組織化され、各団体は、政府の政策決定に影響を与えることを目指し、相互に競争しているという特徴がある。

### ② コーポラティズム

コーポラティズムとは、スウェーデンに代表される利益集団政治のタイプであり、利益団体は、政府の政策決定過程に組み込まれた**頂上団体**(分野を代表する団体の中の団体)に組織化されており、頂上団体が政府と交渉することで政策の実質的内容が決定される。穏健な社会民主主義政党が強い国によく見られる。

| | 多元主義(pluralism) | コーポラティズム(corporatism) |
|---|---|---|
| 団体の数 | 非特定<br>(複数の団体に所属) | 限定<br>(1つの団体のみに帰属) |
| 団体への参加 | 参加は自発的 | 参加は義務的 |
| 団体間の関係 | 団体間の**自由競争** | 団体間には競争がなく、分野ごとに棲み分けがあり、分野ごとの集権化、**階統化**が進み、分野を代表する「頂上団体」が存在する。 |
| 国家との関係 | 国家による団体の認可はなく、団体は自由に利益表出を行う。 | 団体は**国家によって認可**され、時には準公務的な業務を引き受ける。利益表出の仕方については制約があるが、その分野を独占的に代表する権利が与えられている。 |
| 事例 | **アメリカ**、カナダ、ニュージーランド、イギリス、フランス | **スウェーデン**など北欧諸国、オーストリア |

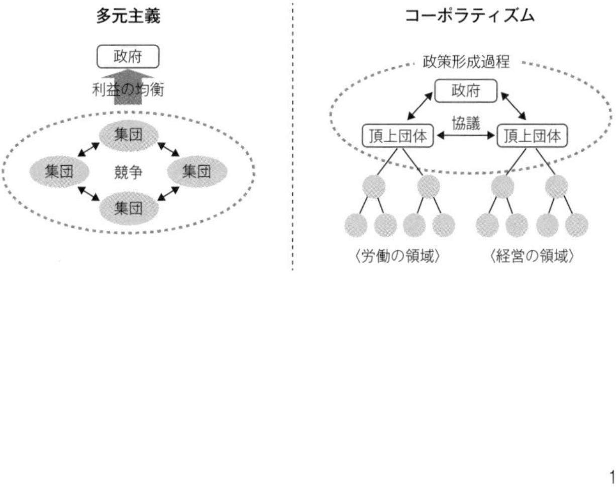




第5章 政治過程

### (3) コーポラティズムの分類

コーポラティズムは、利益団体が国家から一定の自律性を確保しているか否かで国家コーポラティズムと社会コーポラティズムに分類されることがある。

現代の自由民主主義体制を前提とした社会コーポラティズムは、特に**ネオ・コーポラティズム**と呼ばれる(現代ではコーポラティズムと言えば一般にはネオ・コーポラティズムのことを指す)。

| 名称 | 国家コーポラティズム<br>(権威主義コーポラティズム) | 社会コーポラティズム<br>(自由主義的コーポラティズム) |
|---|---|---|
| 概要 | 利益団体が国家に全面的に依存し(国家に浸透され)、実施下部機関としての性格を強く有する。 | 利益団体が国家から一定の自律性を保持しながら、国家に浸透する形で政策決定に参画し、結果として政策実施にも責任を負う。 |
| 事例 | ファシズム期の国家体制、発展途上国の「開発独裁」など | 先進国の自由民主主義体制を前提としたコーポラティズム |

## 4.2 ローウィ：利益集団自由主義 ★★★

### (1) 背　景

アメリカでは、結社の自由のもとで、集団が自発的に形成され、自由に競争することが民主主義の基礎であるという**多元的民主主義**の考え方が一般的であった。先述のシュミッターの多元主義もこのような信念に基づいた議論となっている。

しかし、現実のアメリカ政治は、集団の自由競争ではなく、少数者による支配が行われているとする批判的な見方もある。

### (2) 利益集団自由主義と恒久的管財体制

アメリカの政治学者**T.ローウィ**（1931 ～ 2017)は、アメリカでは多様な集団による自由競争が行われているとする多元主義(多元的民主主義)を批判し、その実態は特定組織に特権的利益を享受する自由を与えているに過ぎないとして、これを**利益集団自由主義**(利益集団民主主義)と呼んだ。

そして、これらの政治制度は特定組織の取り分を守る体制という意味で**恒久的管財体制**であるとも指摘した。

### (3) 法の支配と依法的民主主義

以上のような問題が生じたのは、ローウィによれば、現代の行政機関が大きな裁量を有し、特定組織に便宜を図ることが可能であるからである。

そこで、彼はできる限り行政機関の裁量を抑制し、厳密な法律の適用を目指す「**法の支配**」を徹底すべきであるとし、多元的民主主義に代わる**依法的民主主義**を提唱した。



## 5 アメリカと日本の利益団体

### 5.1 アメリカの利益団体 ★☆☆

#### (1) 圧力活動

アメリカの利益団体の圧力活動は、立法過程、執行過程、司法の判断など様々である。ただし、アメリカは議会の権力が強いため、アメリカの利益団体は議会への圧力活動に重点を置くことを特徴としている。

#### (2) ロビー活動（ロビイング）

##### ① 概　要

議会や行政機関に直接働きかけ、立法や政策決定などを促す活動は**ロビイング**(lobbying)と呼ばれている。

これは議会の控室(ロビー)が活動の主な舞台であることに由来しており、ロビイングを職業として行っている専門家を**ロビイスト**という。ロビイストは利益団体の代理人として活動し、個々の議員に対して必要な立法の実現などを促すのである。

##### ② ロビイング規制

議会におけるロビー活動が活発なのがアメリカの特徴である。アメリカの政党はもともと党規律が緩く、党全体で一枚岩となって活動することが少ないため、ロビイストからすれば、個々の議員を説得し、自らが望む方向に誘導する余地がある。

このようにアメリカでは、ロビー活動が法案の可否を左右することが多いため、1946年に成立した**連邦ロビイング規制法**により、その活動を制限している。ロビイストは連邦議会に登録する必要があり、金銭授受の報告義務が制度化されている。

③ グラスルーツ・ロビイング

行政機関に対するロビイングを行政ロビイング、立法機関に対するロビイングを立法ロビイングという。

現代では、個々の議員に働きかけるだけでなく、議員の選出母体である有権者(世論)に直接働きかける**グラスルーツ・ロビイング**(草の根のロビイング)も活発に行われている。

## 5.2 日本の利益団体 ★★★

### (1) 背　景

日本の1950～60年代の利益団体研究は、日本の「前近代性」を強調し、それを改革するという関心から展開された議論が主流であった。この時期には、**石田雄**(いしだたけし)などによって日本の利益団体の特徴が以下のように指摘されている。

### (2) 特　徴

① 団体の固定化(系列化)

日本の利益団体の特徴として、まず**団体の固定化(系列化)**が挙げられる。経済団体が保守政党、労働組合が革新政党というように、保守与党系列の団体と革新野党系列の団体に固定化している。

② 「既存集団丸抱え」と「白紙委任的リーダーシップ」

また、「**既存集団丸抱え**」と「**白紙委任的リーダーシップ**」も特徴といえる。すでに他の目的で形成されている集団を丸ごと利益団体のメンバーとして組み込む方式(例えば日本の企業別組合のように、その企業の社員を丸ごと抱え込み労組が作られるケース)が多く、運営についても指導者に対して白紙委任するような状態で、参加者の自発性が欠如している。

③ 行政機構が主なアクセス・ポイント

利益団体の**圧力活動**は**行政**が**中心**で、議会に対しては補助的である。

④ 政官財のパワーエリート

現職及び退職した高級官僚を媒介として、政治家・官僚・財界のパワーエリート(権力を持ったエリート、第7章を参照)が鉄の三角形を形成し、政治過程に大きな影響を与えている。

鉄の三角形

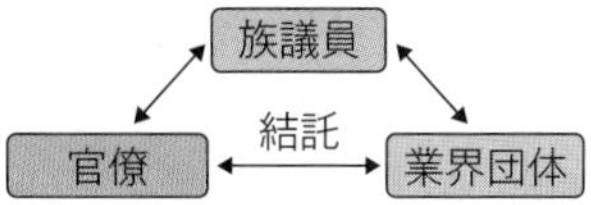


具体的には日本では特定の分野に精通した与党政治家(族議員)、担当部局の官僚、当該分野の業界団体が既得権などを守るために結託していると指摘されてきた。



## 5.3 近年の日本の利益団体研究 ★★★

### (1) 背　景

1980年代以降の利益団体研究では、多元主義やコーポラティズムの観点から、実証研究が蓄積され、1960年代の研究に批判・修正が行われるようになってきた。その結果、日本は典型的な多元主義ともコーポラティズムとも言えないと考えられている。

### (2) 労働なきコーポラティズム

我が国の頂上団体は代表性や正統性が低く、全国組織も分立していたため、北欧のようなコーポラティズムとは言えないことが指摘されてきた。ただし、政府と財界との協調はあるとの観点から、**T.ペンペル**と**恒川恵市**(つねかわけいいち)はこれを「**労働なきコーポラティズム**」と呼んだ。

労働なきコーポラティズム

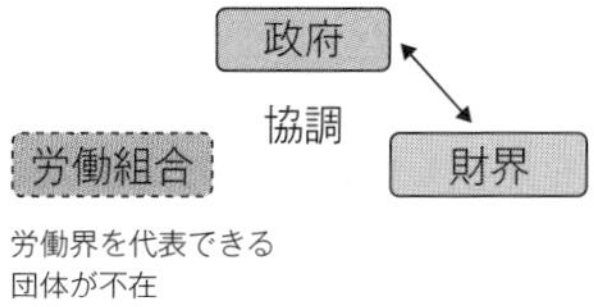


下掲の図にあるように特に自民党政権の場合には、政府と財界(経済界)は協調して政策を進めるが、そこには労働組合との協調が図られてこなかった。

### (3) 企業コーポラティズム

日本は政府、労組、財界というマクロなレベルでの協調は見られないが、企業別組合の下で各企業と組合の間というミクロなレベルではある種のコーポラティズムが存在すると考えられ、これを**企業コーポラティズム**(ミクロ・コーポラティズム)という。

## 過去問チェック

**01** 現代の政治においては、政党と並んで利益集団が大きな発言力を持っている。利益集団とは、政治以外の領域でそれぞれ特定の目的で活動する団体であり、経済団体や労働団体が含まれるが、学術文化団体や自然保護団体は含まれない。**国家一般職2002** 1.3

×「学術文化団体や自然保護団体は含まれない」が誤り。例えば自然保護団体は自然保護という特定の利益の実現のために活動しているので、典型的な利益団体である。

**02** 利益団体の分類方法には種々あるが、経済的利益の追求に基づく「セクター団体」と特定の価値や主義の普及を目指す「価値推進団体」とに分ける方法はその一例である。さらに、この二つのカテゴリーに収まらない団体を「市場団体」と呼ぶことがあり、その例として、福祉団体、教育団体、行政関連団体が挙げられる。**国家一般職2004** 2.3

×「「市場団体」～福祉団体、教育団体、行政関連団体」が誤り。オッフェは利益団体を市場団体と政策受益団体とに分類している。市場団体はセクター団体に相当するもので、政策受益団体は政府の支援によって設立され、政府の政策に影響を受ける団体を意味し、福祉団体、教育団体、行政関連団体などが該当する。

**03** R.ソールズベリーは、利益団体は政治的企業家とメンバーの間の便益の交換によって成立し、その交換が継続する限り存続するとした。ただし、こうした役割を果たす便益は物質的・経済的な便益に限られ、メンバーは団体参加に伴う費用と便益を比較して、便益の方が大きければその団体にとどまるとした。**国家一般職2016** 3.4

×「物質的・経済的な便益に限られ」が誤り。便益には物質的誘因以外にも、同好会のように楽しいから参加している(連帯的誘因)、価値ある目的に貢献して満足している(目的的誘因)といったものもある。

**04** A.F.ベントレーは、著書『政治の過程』の中で、伝統的な政治学のアプローチのうち制度論的アプローチよりも哲学的アプローチを重視した。そして、集団の相互作用として政治現象を理解するのではなく、個人を単位として政治社会を把握しようとした。**国家専門職2002** 3.1

×「哲学的アプローチを重視」「集団～ではなく、個人を単位として」が誤り。ベントレーは、政治をより実証的・実態的に分析すべきだと主張し、集団(グループ)に注目することの重要性を強調したのである。

05 M.オルソンは、団体に所属するメンバーの数と、その団体の利益団体としての活動の活発さとの関連について考察し、メンバー数の多い団体ほど、そのメンバーが当該団体の影響力を大きく認識するため、メンバーの活動への参加がより盛んになり、結果としてその団体の活動が活発化するとした。**国家一般職2016** 3.3

× 「メンバーの数が多い団体ほど～団体の活動が活発化する」という点が誤り。オルソンの議論はメンバーが多いとそもそも団体が成立しにくいという議論であり、メンバーが少ないとフリーライダーが少なく団体が成立するという議論である。

06 M.オルソンは、多くの人々が共通の利益を持っていることを明確に意識したとき、それを実現するために、組織化して利益団体をつくるので、集団が組織化されやすいのは中小企業の業界団体のようにメンバーの数が多い集団の場合であると主張する。**国家一般職2010** 3.3

× 「中小企業の業界団体のようにメンバーが多い集団」が誤り。正しくは寡占企業の大企業のようにメンバーが少ない集団である。メンバーが少ないとフリーライダーが少なく組織化しやすいからである。メンバーが多いとフリーライダーが多く組織化が難しくなる。

07 権力構造に関するネオ・コーポラティズムの理論では、権力が広く分散しているのではなく、少数の組織された職業団体に集中し、また、エリートは協調的というよりは、むしろ対立と競争を通じて政府の重要政策の決定に参加することが制度的に保証されたとする。こうしたネオ・コーポラティズムが典型的に見られる国としては、米国、オーストリア、スウェーデン、オランダが挙げられる。**国家専門職2017** 4.1

× 「協調的というよりは、むしろ対立と競争」が誤り。コーポラティズムとは直訳すれば協調主義であり、対立と競争よりは協調である。また米国がコーポラティズムの典型という点が誤り。米国は多元主義の典型である。

08 シュミッターは、多元主義とコーポラティズムを対比して論じ、いずれにおいても政治システムを構成する団体の数は限定されており、人々はそれら団体のうち一つにのみ帰属するという共通点があるが、多元主義においては、複数の団体が競争し合う中で政策が決定されていくのに対し、コーポラティズムにおいては、団体は政府の認可を受けてそれぞれの領域の利益を表出し、協調的・相互依存的に政策決定がなされるという違いがあるとしている。**国家一般職2011** 4.1

× 「いずれにおいても～団体の数は限定～一つのみに帰属」が誤り。コーポラティズムでは各利益団体がそれぞれの分野において頂上団体に組織化され一元化されているが、多元主義では団体は自由に組織化され数も多く、一つのみに帰属するとは限らない。

**09** 石油危機が発生した1970年代以降、先進諸国では、経営者側と労働者側それぞれの頂上団体が福利厚生などの領域の利益について協議を行い、その実現を政府に働きかけるコーポラティズムがみられた。一方、福利厚生の充実を重視したことから、そこでは賃金や物価上昇率などの領域の利益について政府への協議や働きかけは行われなかった。**国家専門職2014** 4.1

×「賃金や物価上昇率～協議や働きかけは行われなかった」が誤り。コーポラティズムでは、賃金や物価上昇率なども協議の対象である。コーポラティズム諸国では石油危機(不況)を乗り越えるために賃金やインフレについて関係者間での協調体制がとられるのである。

**10** ローウィは、公共の利益に反して一部の利益団体関係者のみが政治を支配しているという状況を「利益集団自由主義」として批判した。その上で、その問題の解決のためには、厳密な法律の適用などによって利益団体の活動を抑制するのではなく、少数者に政治参加が限られることがないよう、結社の自由を保障し多様な団体を養成することが重要であると主張した。**国家一般職2011** 4.2

×「問題の解決のためには、厳密な法律の適用によって～ではなく」が誤り。ローウィは行政機関に対する厳密な法律の適用を重視している。ローウィは、一部の利益団体が既得権を守れるのは行政機関が大きな裁量を有しているからであると考え、できる限り裁量を抑制するために厳密な法の適用が必要だとしたのである。

**11** アメリカでは、連邦ロビイング規制法により、立法府に対するロビイング活動が禁止されているため、圧力団体の代理人であるロビイストは、法案や予算に影響力を有する行政府に対して圧力行動を展開している。**特別区Ⅰ類2009** 5.1

× まず「ロビイング活動が禁止」が誤り。あくまでロビイング活動の規制法であり、禁止はされていない。また「ロビイストは～行政府に対して圧力活動」が誤り。ロビイストの主な活動は立法府に対するものである。

**12** 我が国の圧力団体の特徴は、構成員の自発性に基づいて組織されるというよりも、既存団体を丸抱えするように組織される傾向があるということや、活動目標が行政部よりも議会に向けられているということにある。**特別区Ⅰ類2012** 5.2

×「行政部よりも議会」が誤り。日本の圧力団体の特徴は、その活動が議会よりも行政部に対して向けられていることにある。

**13** T.ペンペルと恒川恵市は、日本には政官財のパワーエリートが存在すると論じる一方、労働組合を全国レベルで統合する単一の頂上団体が政策過程から排除されている点や企業レベルで労使対立が激しい点を指摘し、こうした体制を「労働なきコーポラティズム」と呼んだ。**国家一般職2006** 5.3

× まず「労働組合を全国レベルで統合する単一の頂上団体」が誤り。労働組合は単一の頂上団体に統一されていない。また「企業レベルで労使対立が激しい」が誤り。企業コーポラティズムと呼ばれるように、各企業と労組というミクロレベルでは協調が行われていることが多い。

# 2 マス・メディア

第２節ではマス・メディアについて解説します。新聞、テレビ、ラジオといったメディアはどのような役割を果たしているのでしょうか。マス・メディアの影響力についてかつては絶大であると考えられていましたが、研究が進むにつれて多様な見解が示されるようになってもいます。第２節はこうしたマス・メディア研究の歴史についても解説していきます。

---

**キーワード**

強力効果論・限定効果論・中効果論（新強力効果論）／ステレオタイプ／エリー調査／コミュニケーションの二段階説／オピニオン・リーダー／議題設定効果／フレーミング効果／涵養効果／沈黙の螺旋仮説

## 1 マス・メディアの機能

### 1.1 マス・メディアの顕在的機能 ★★★

アメリカの政治学者**H.ラズウェル**は、マス・メディアの**顕在的機能**（意図され認知されているもの）を３つに分類している。

#### （1）「環境の監視」機能

「**環境の監視**」とは、システム（社会）が、環境条件の変化に対応するために、システム（社会）内外の環境条件の変化を発見する機能をいう。

例えば、メディアが社会の内外で起こった出来事を報道したり、情報伝達したりすることを指す。

#### （2）「環境に反応する際の社会的諸部分の相互の関連づけ」機能

「**環境に反応する際の社会的諸部分の相互の関連づけ**」とは、環境変化に対応する際に、社会の各部分を互いに結びつける機能である。

例えば、マス・メディアが各種の専門家などを動員して様々な意見や知識を提示することで、公的な討論を促し、社会全体での意見交換や意見調整を行うことを指す。

### (3)「社会的遺産の伝達」機能

**「社会的遺産の伝達」**とは、社会的遺産である文化・伝統・規範などを、世代を超えて伝達することで、その社会の政治的価値や社会的規範などを身に付けさせる機能をいう。

いわゆる**政治的社会化**機能を意味する。

> **Power UP　娯楽提供機能**
>
> ラズウェルの３機能に加えて、政治学者のC.ライトは第４番目の機能として娯楽提供機能を挙げている。ラズウェルの機能についての議論は、ニュース報道を中心とする古典的なマス・メディアのあり方を想定しているが、ライトは現代のマス・メディアが娯楽番組を数多く提供している点に注目し、マス・メディアの機能の重要な部分だと考えたのである。

## 1.2 マス・メディアの潜在的機能 ★☆☆

アメリカの社会学者**P.ラザースフェルド**と**R.マートン**は、メディアの**潜在的機能**（意図されず認知されていないもの）を３つに分類している。

### (1)「地位付与」機能

**「地位付与」**とは、メディアで取り上げられた人物は、一種の地位が与えられ、一般の人と異なる人間と見なされる機能である。

例えば、メディアで取り上げられた人物や出来事は社会的に重要であるという印象を与えることを指す。

### (2)「社会規範の強制」機能

**「社会規範の強制」**とは、ある問題をメディアが取り上げて批判すると、人々は自分がその問題を批判するか、あるいはそれも黙認して批判される側に立つのかという選択を迫られる機能をいう。

例えば、芸能人の不倫は公の場で発表されない限り周りから追及されることはない。しかし、一度それが報じられると、不倫を批判する立場に立つのか、批判される側に立つのかという二者択一を迫られる。

### (3)「麻酔的逆機能」

メディアの過剰な情報提供は、かえって問題意識を薄れさせ、視聴者の行動意欲を減退させるなど政治的無関心が進むと指摘されることもある。このような機能を**「麻酔的逆機能」**という。

例えば、政治家のスキャンダルや不祥事はセンセーショナルに報道されやすく、膨大な量の情報が提供される。この結果、人々はより重要な政治・社会問題への関心を持ちにくくなり、政治参加の機会や時間を奪われることをいう。

# 2 マス・メディアの効果

## 2.1 マス・メディアの効果論の歴史 ★★★

### (1) 概　要

マス・メディアの効果について論じた研究は、概ね３つの時期に区分することができる(アメリカの政治学者W.セブリンとJ.タンカードによる分類)。

### (2) 強力効果論（即効薬理論）の時代

#### ① 概　要

**強力効果論**(即効薬理論)は1920～30年代に主流の理論である。メディアの効果は非常に強力であり、受け手に直接的・画一的な効果をもたらすとイメージされた。**「皮下注射モデル」**、**「即効薬理論(弾丸理論・magic bullet theory)」**とも呼ばれる。

代表例としてリップマンが挙げられる。

#### ② 背　景

19世紀末から20世紀初頭は、大衆新聞や大衆雑誌が普及し、映画が国民的娯楽として主流になった。またラジオも本格的に普及し始めた。

こうした新たなメディアは、ナチズムのプロパガンダや戦争中の宣伝戦略、国際的な共産主義運動などで広く活用され、マス・メディアの効果は絶大だとするイメージが広がったのである。

### (3) 限定効果論の時代

#### ① 概　要

**限定効果論**は1940～60年代前半に主流の理論である。世論調査法が発達し、メディアに関する実証的な研究が進むと、マス・メディアの効果はかつて強調されたほど強いものではなく、マス・メディアの影響力は意外に小さいことが指摘された。

代表例としてラザースフェルドやクラッパーが挙げられる。



#### ② 背　景

ただし、限定効果論の研究は、新聞やラジオなどのメディアの分析に留まっており、テレビの影響力については十分な検討がなされていなかった。

### (4) 新強力効果論(中効果論)の時代

#### ① 概　要

**新強力効果論(中効果論)**は1960年代後半以降に主流の理論である。マス・メディアの効果はかつて強力効果論が主張したほど無条件に絶大だとは言えないが、時と場合に応じて大きな影響力を及ぼすことが論じられるようになった。これを(新)強力効果論という。また中程度の効果という意味で中効果論ともいう。

代表例としてノエル=ノイマンやガーブナーなどが挙げられる。

#### ② 背　景

アメリカでは1950年代以降テレビが急速に普及し、従来のメディア以上に強い訴求力を持つテレビの影響力に注目が集まり、マス・メディアの影響力が再評価されることになった。

例えば、1960年のアメリカ大統領選挙では初めて候補者同士のテレビ討論が行われ、劣勢であったJ.F.ケネディがテレビ演説で若さと雄弁さを有権者に売り込むことに成功し、大統領に当選したことも注目された。

効果論の変遷

## 2.2 リップマン：擬似環境とステレオタイプ ★★★

W.リップマン
［1889～1974］

### (1) 背　景

アメリカのジャーナリスト**W.リップマン**は、イギリスの政治学者**G.ウォーラス**に影響を受け、人間が理性ではなく本能や衝動などに基づいて行動することが多いことを指摘し、大衆による政治判断の非合理性を指摘した。

### (2) 疑似環境

リップマンは『世論』(1922)において、現実世界は人間の能力を超えてはるかに複雑であり、時間的、物理的制約もあることから、人間は客観的な現実(客観的環境)を直視することはできないとした。

そこで、人間は、世間で通用している色眼鏡や固定観念を通じて、複雑な現実を理解したつもりになり、「**擬似環境**」(頭の中に思い描かれた単純化された現実のイメージ)に基づいて行動するという。

### (3) ステレオタイプ

先に色眼鏡や固定観念と表現したものをリップマンは正確には**ステレオタイプ**と呼んでいる。ステレオタイプ(stereotype)とは、「特定の対象に関し、当該社会集団の中で広く受容されている**単純化・固定化されたイメージ**」である。リップマンはステレオタイプの事例として国民性を挙げている。

例えば「個人主義のアメリカ人」というのは、現実には多様なアメリカ人の価値観がある中である部分だけを強調・省略したものであり、現実のアメリカ人とは異なるものである。

### (4) 大衆民主主義批判

以上のように、一般大衆は、ステレオタイプを通じて現実を理解したつもりになり、擬似環境に基づいて行動する時、最も重要な役割を果たすのがマス・メディアである。

リップマンは、政治エリート(支配者や権力者など)が、自らにとって都合のよい状況を生み出すために、マス・メディアの情報をコントロールし、世論が操作される危険性を指摘した。

さらに、ウォーラスと異なり、大衆の政治的思考能力の改善には悲観的な立場に立ち、政治に直接関わるエリートが大衆に代わって政治的判断を行えばよいとするエリート論を主張した。

ステレオタイプと疑似環境

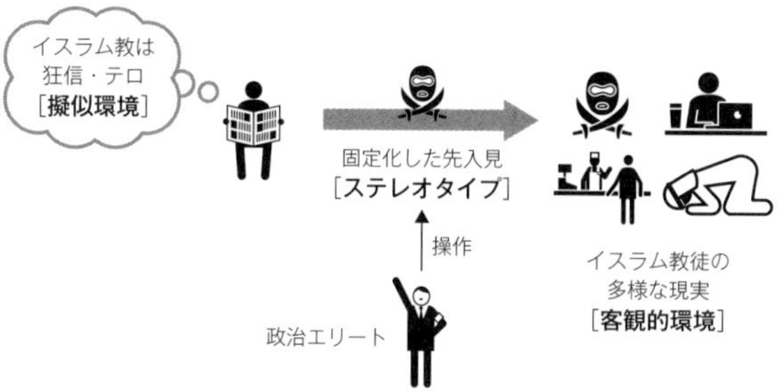




## ③ マス・メディアの限定効果論

### 3.1 ラザースフェルド：「コミュケーションの２段階」 ★★★

#### (1) エリー調査

P.ラザースフェルド
［1901～76］

コロンビア大学の**P.ラザースフェルド**らは、1940年のアメリカ大統領選挙で投票への意思決定が何によって行われたかを調査し(**エリー調査**)、『ピープルズ・チョイス』(1944)を著した。

ラザースフェルドらによれば、そもそも選挙への関心が低く、メディアへの接触も低い人に対してはメディアの効果がそもそも生じようがない。

エリー調査によれば、選挙期間中にメディアの影響で意見を変えたものは８％（変化なし49％）に過ぎないとされ、マス・メディアが人々の意見を変える**「改変効果」は弱い**と結論づけた。

#### (2)「コミュニケーションの２段階」説

エリー調査に続いて、ラザースフェルドらは、選挙に関心のない有権者は何によって投票するのかを分析し、『パーソナル・インフルエンス』(1955)を著した。

当初は、ラザースフェルドらは、図１のようにマス・メディアの情報は直接伝達されるものと考えていた。しかし、実際に調査をしてみると、マス・メディアの情報は、有権者に直接伝わるよりも、**「身近な少々詳しい人」**によって日常会話などのパーソナル・コミュニケーションを通じて伝播することがわかった。この身近な「情報通」を**オピニオン・リーダー**という。

メディアの情報はオピニオン・リーダーから関心の低い層に流れるとする**「コミュ**

**ニケーションの2段階説**」を提起した。

図1　初期の影響力モデル

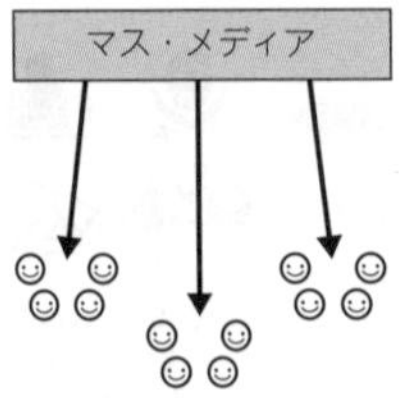


図2　コミュニケーションの2段階説

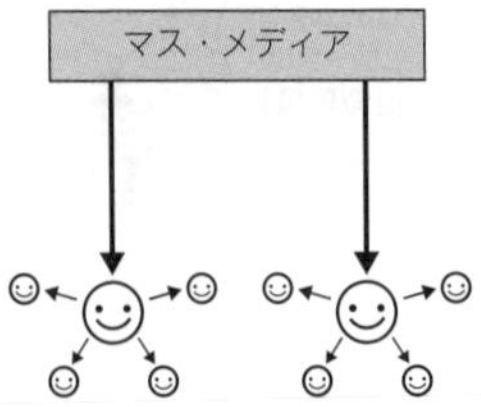


### (3) マス・メディアの影響力

以上の研究を通じて、マス・メディアの影響力は限定的であり、マス・メディアが人々の意見を変える「改変効果」は弱いと論じた。

例えば、選挙の際に報道によく接する人は、支持政党が予め決まっており、支持政党に関する内容の報道により多く接触する。したがって、メディアの情報で投票先が変化することは少ない。

他方で、選挙への関心が低く、報道に接する頻度も少ない層は、メディアではなく、家族や友人など「身近な少々詳しい人」の影響を受けやすいのである。

**Power UP　オピニオン・リーダー**

ラザースフェルドらの研究では、オピニオン・リーダーは「選挙キャンペーン中に選挙に関して周囲の人に助言を与えたり、あるいは周囲から助言を求められたりした人」と定義されている。

国語辞書では「世論や集団の意志形成に大きな影響力をもっている人」(大辞林) などとして説明されるため、大層なイメージがつきやすいが、本文にもあるように、ここで言う (あるいは心理学や社会学で言うところの) オピニオン・リーダーとは、ファッションが参考になる友人、自分がよく見るブログを書いている人程度の意味である。消費者行動研究 (マーケティング) の世界ではある商品やサービスが普及する契機となるような層 (その人が利用していると他の人も真似るような影響力がある人々) をオピニオン・リーダーという。

## 3.2 クラッパーの一般化　★★☆

### (1) 背　景

ラザースフェルドの弟子として共に研究に従事したのがアメリカの**J.クラッパー**(1917～84)である。彼は、ラザースフェルドらのメディア研究の成果を集大成し、一般化を試みた(クラッパーの一般化)。

これが後に**限定効果論**と呼ばれるようになったのである。

### (2) 情報と受け手を媒介する要因

#### ① 概　要

クラッパーは、メディアの効果が限定的になる原因について分析し、メディアのメッセージと受け手との間に介在する２つの媒介要因に注目した。

#### ② 選択的メカニズム（心理学的要因）

メディアの効果が限定的になる要因の１つが「選択的メカニズム」である。人間は既存の態度に合致しないメッセージよりも合致するものを選り好みし、メッセージを既存の態度と整合するような仕方で解釈し、既存の態度に整合的な情報のみを記憶するという。

#### ③ 対人ネットワーク（社会学的要因）

そして、もう一つの要因が「対人ネットワーク」である。ある個人が所属するネットワーク（家族、友人など）から離反しそうになった場合には、対人ネットワークは集団規範からの逸脱を是正する圧力源として機能する。

情報と受け手を媒介する要因

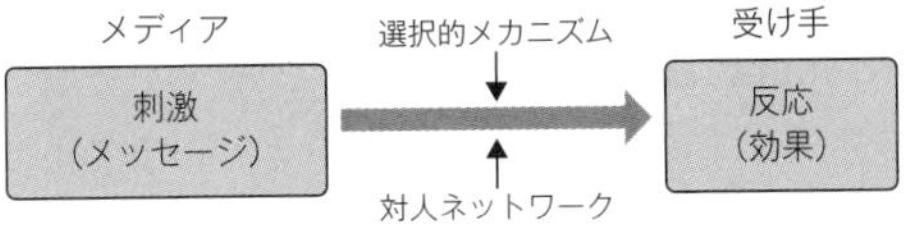


### (3) 結　論

以上の「選択的メカニズム」や「対人ネットワーク」は、マス・メディアの説得的働きかけを相殺する一種のフィルターとしての機能を果たし、受け手の態度変化よりも既存の態度を補強するような効果を持つとした。

つまり、オピニオン・リーダーなどの対人コミュニケーションは人の態度変化をもたらす働きが強いが、マス・コミュニケーション（マス・メディア）は**既存の態度を強化する働きが強い**としたのである。

# 4 マス・メディアの新強力効果論

## 4.1 議題設定効果 ★★★

### (1) 概　要

**議題設定効果**(agenda setting effect)とは、マス・メディアである争点やトピックが強調されるほど、受け手側もその争点・トピックをより重要なものと認知するようになるという効果である。

### (2) 事　例

議題設定効果は、アメリカの政治学者**M.マコームズ**と**D.ショー**によって提唱された仮説である。彼らは1968年の大統領選挙においてマス・メディアの選挙報道の内容分析と有権者への意識調査を実施し、メディアが選挙報道で強調した争点と、有権者が重要と考える争点が一致する傾向にあることを発見した。

## 4.2 フレーミング効果 ★★☆

### (1) 概　要

**フレーミング効果**(framing effect)とは、マス・メディアで取り上げる際のフレーム(切り口)の違いが、受け手の解釈の差をもたらすという効果である。

### (2) 事　例

フレーミング効果の代表的な研究が、**S.アイエンガー**の貧困報道実験である。

貧困報道に関して、経済状況や政府の雇用政策などを中心とする報道を見た人は「社会の責任」と見る傾向にあり、困窮する個人のエピソードを中心とする報道を多く見た人は、貧困を「個人の責任」と見る傾向にあることが指摘されている。

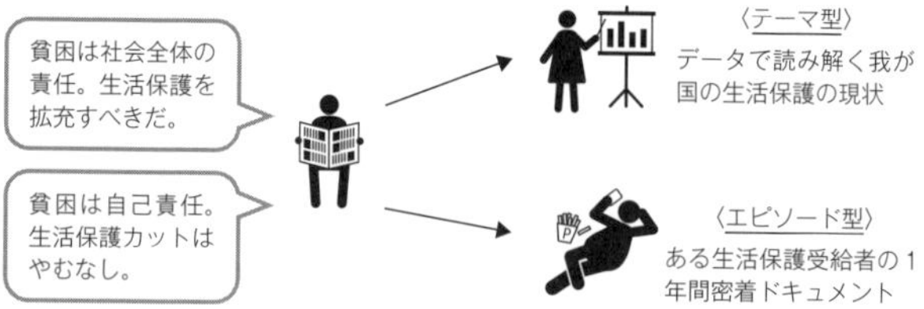

貧困は社会全体の責任。生活保護を拡充すべきだ。
貧困は自己責任。生活保護カットはやむなし。
〈テーマ型〉
データで読み解く我が国の生活保護の現状
〈エピソード型〉
ある生活保護受給者の1年間密着ドキュメント

## 4.3 プライミング効果 ★☆☆

### (1) 概　要

**プライミング効果**(誘発効果：priming effect)とは、特定の争点がメディアで強調されると、その争点が、例えば、政治指導者や政権を評価する際の基準の形成に影響を与えるというものである。

「メディアで特定の争点が強調された」結果として起きるものであるから、プライミング効果は議題設定効果に後続する効果である。

### (2) 事　例

プライミング効果の代表的な研究がアイエンガーらによるものである。彼らはG.H.W.ブッシュ大統領についての評価は、クウェート侵攻前では経済政策のウエイトが高く、評価は低かったが、クウェート侵攻後は、戦争報道の膨大さによって、戦争という争点が大統領評価の中でプラス方向に誘発されたことを指摘している。

## 4.4 第三者効果 ★☆☆

### (1) 概　要

**第三者効果**(third person effect)とは、人々は「自分はマス・メディアに影響されにくいが、他者(第三者)は影響を受けやすく、社会に対して望ましくない結果を生み出す」と考えているという仮説であり、マス・メディアの影響に関する見積もりが自己と他者では異なることをいう。

### (2) 事　例

例えば、「テレビドラマの暴力描写は暴力を助長する」「フェイクニュースによる選挙への影響が懸念される」というしばしば見られる意見は、自分は大丈夫であるが、第三者はそうでないという前提がある点で第三者効果の一種である。

## 4.5 涵養効果 ★★☆

### (1) 概　要

**涵養効果**(かんよう)(培養効果・教化効果：cultivation effect)とは、特にテレビというメディアに特化し、テレビは視聴者の間に現実に対する共通の見方や共通の価値観を涵養する働きがあるというものであり、メディアの長期的効果を論じたものである。

**(2) 事　例**

涵養効果は、アメリカの政治学者**G.ガーブナー**（1919～2005）らの「文化指標」研究で提唱されたものである。彼らは、テレビドラマの影響力について分析し、ドラマにおける暴力・犯罪・殺人についての多くの描写に慣れた人は、ドラマを見慣れない人と比べると、現実世界で暴力や犯罪に出会う確率を過大視する傾向にあることを指摘した。

## 4.6 ノエル＝ノイマンの「沈黙の螺旋」理論 ★★★

**(1) 背　景**

ドイツの社会学者**E.ノエル=ノイマン**（1916～2010）は、長年の世論調査データに基づき、世論の多数派がどのように形成されるのかを論じている。

彼女は、メディアがある問題を取り上げ、その問題に関する意見分布を報道すると、自分が「少数派」だと感じた人は沈黙し、その結果として「多数派」の意見がますます報道されるメカニズムが存在すると論じ、これを「**沈黙の螺旋**（らせん）」（the spiral of silence）と呼んだ。

**(2) 沈黙の螺旋のメカニズム**

**沈黙の螺旋理論**

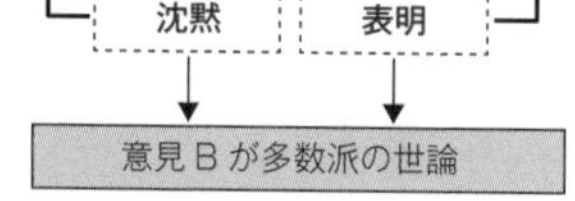


ノエル=ノイマンによれば、人間は他者から孤立することを避けたいという欲求を持ち、周囲を観察し周囲の動向を直観的に把握する能力を持っている。

したがって、メディア報道を通じて「少数派」だと感じた人はその意見表明を控え、「多数派」だと見なされた立場がますます勢いを増すことになる。

沈黙が沈黙を呼ぶというスパイラル状の連鎖が生じると、当初は「少数派」と「多数派」にはわずかな差異しかなかったとしても、結果的に大きな差が生まれ、世論における多数派形成が進むのである。

**(3) 留意点**

以上のような「沈黙の螺旋」は、社会でどういう立場や意見が勢力を得ているかという知覚が、第一義的には個人の「態度」ではなく、「行動」（意見表明）に対して一定の影響を及ぼすことを論じたものである。

また、ノエル=ノイマン自身も孤立への恐怖を感じ、沈黙の螺旋が生じるようなケースは相当程度限定されている点を指摘している。例えば、ナショナリズムを刺激する問題、伝統的なタブーに抵触する問題など強い情緒的ないしは道徳的要素を含んだトピックだと生じやすいという。



## 過去問チェック

**01** リップマンは、人々がマス・メディアの膨大な情報の前に決まりきった判断を下すようになるステレオタイプについて、世論を形成する際の大衆の行動には影響しないと指摘した。**特別区Ⅰ類2010** 2.2

× 「大衆への行動には影響しない」が誤り。ステレオタイプを通じて世論が形成されるというのがリップマンの主張である。そこでリップマンは政治エリートがステレオタイプを操作することで世論が形成される危険性を指摘したのである。

**02** W.リップマンによれば、大衆は複雑な現実世界をありのままに理解する能力を欠いているものの、ステレオタイプ(文化的に規定された固定観念)を用いて極めて正確に周囲の情報を得ている。したがって、彼は、世論の動きには十分に合理性があるとし、大衆民主主義について楽観的な見方を示した。**国家一般職2020** 2.2

× まず「ステレオタイプ〜を用いて極めて正確に」という点が誤り。ステレオタイプは現実の歪曲や省略から成り立っているため「正確」とは言えない。したがって世論に合理性はなく、大衆民主主義についても悲観的な見解に立つのがリップマンである。

**03** P.ラザースフェルドらは、社会的に影響力の大きい、オピニオンリーダーと呼ばれる人々が発する情報が、マスメディアを通じて増幅され、これにより投票行動を変えるものが多いことを、いわゆるエリー調査を通じて実証した。**国家一般職2006** 3.1

× まず「社会的に影響力の大きい、オピニオンリーダー」が誤り。この場合のオピニオンリーダーとは「身近な情報通」程度の意味である。また「マスメディアを通じて増幅され〜投票行動を変える」も誤り。ラザースフェルドらの研究はマスメディアの効果が限定されており、投票行動を変える効果は弱いとするものである。

**04** J.クラッパーは、20世紀初頭に、マスメディアの世論への影響は限られたものであるとする限定効果説を唱えたが、その後のロシア革命やナチスの台頭過程などの経験を通じて、1960年代にはマスメディアの大きな影響力を認める強力効果

説が支配的な学説となった。**国家一般職2016** 3.2

× まず「20世紀初頭に」という点が誤り。クラッパーの研究は1940年代以降である。そして「1960年代には〜強力効果説が支配的」も誤り。ロシア革命やナチスの台頭などで強力効果説が支配的となったが、その後ラザースフェルドやクラッパーの研究で限定効果論が主流になったのである。

**05** M.マコームズとD.ショーは、マスメディアが政党や行政機関の提供する情報を優先的に取り上げる点を批判し、政党や行政機関のもつ支配的な考え方が、マスメディアの働きにより、社会全体に浸透するという「議題設定機能」仮説を唱えた。**国家一般職2006** 4.1

× 「政党や行政機関の提供する情報を優先的」「政党や行政機関の持つ支配的な考え」が誤り。正確にはマスメディアが優先的に取り上げる議題・争点が視聴者に浸透することが(重要課題だと認知されることが)議題設定効果である。

**06** 特定の争点がマスメディアで強調されると、その争点は有権者が政治指導者を評価する際の基準として比重を増すという効果を「第三者効果」という。一方、同じ争点についても報道の切り口(枠付け)によっては、受け手が情報の信ぴょう性に疑いを持ってしまう。この効果を「フレーミング効果」という。**国家一般職2020** 4.2 4.3

× まず前半部は第三者効果ではなく、プライミング効果の説明である。また後半部は「情報の信ぴょう性に疑い」が誤り。フレーミング効果とは報道の切り口の違いによって同じ問題でも受けとめ方が異なるものをいう。

**07** メディアの強力効果論の一つに、メディアの人々に対する長期的な影響力に関する「涵養効果」理論があり、G.ガーブナーらは意識調査により、人々の社会に対する認識に長期にわたる影響を与えるのは、瞬間的な娯楽提供の傾向が強いテレビよりも安定的な情報提供が可能な新聞や雑誌などの活字メディアであることを示した。**国家専門職2009** 4.5

× 「テレビよりも〜新聞雑誌」が誤り。ガーブナーの研究はテレビドラマの研究であり、ドラマを長期間視聴している者が影響を受けるという主張である。

**08** E.ノエル=ノイマンは、マスメディアに取り上げられることによって少数派の意見の影響力が増大し、その結果、多数派が恐れて自らの意見を主張しなくなり、サイレントマジョリティーを形成するという、「沈黙の螺旋」仮説を提示した。**国家一般職2006** 4.6

× 「少数派の影響力が増大」「多数派が恐れて自らの意見を主張しなくなり」が誤り。沈黙の螺旋理論とは、少数派が自らの意見を主張しなくなることをいう。

09 特定の争点に対し、どのような立場の人も意見を表明しなくなる現象を、E.ノエル=ノイマンは「沈黙の螺旋」と呼んだ。彼女によれば、少数派の意見を持つ人は、社会的孤立を恐れて発言を控えてしまう。他方、多数派の意見を持つ人も、他人による意見表明を期待し、積極的な主張をしなくなるとする。**国家一般職2020**

4.6

× 「どのような立場の人も〜」「多数派の意見を持つ人も〜積極な主張をしなくなる」が誤り。沈黙の螺旋理論は、少数派が沈黙し、多数派の意見表明ばかりが目立つようになるという議論である。

# 3 政治意識と政治文化

第３節では政治意識と政治文化について解説します。例えば自分が右翼／左翼であるという認識はどのように形成されるのか、逆にそうした認識も持たずに政治に無関心な態度を示す者もいます。まずこれらを分析する理論を学習します。そして、政治に対する認識や意識は世代、国、地域によっても異なるものであり、これらを分析するための様々なモデルについても解説します。

**キーワード**

伝統型無関心と現代型無関心／無政治的態度・脱政治的態度・反政治的態度／市民文化／未分化型政治文化・臣民型政治文化・参加型政治文化／脱物質主義的価値／社会関係資本

## 1 政治的社会化と政治的無関心

**政治意識**(political consciousness)とは、政治に関する感情や関心、その結果としての意見や態度などに関する総称である。政治的態度、政治的価値観などとも称される。

ここではこれらがどのように形成されるのか、変化していくのかを扱った理論について学習する。

### 1.1 政治的社会化 ★★★

**(1) 定　義**

右翼や左翼、自民党支持／自民党不支持などいった政治的態度や政党支持はいつ・どのように形成されるのだろうか。

これまでの研究では、様々な要因が影響を与えることが確認されており、子供が大人へ成長する過程で、家庭、学校、職場などの影響を受け、政治的態度を形成する過程を**政治的社会化**(political socialization)という。

### (2) 周囲の環境の重要性

まず、アメリカの政治学者グリーンスタインらによると、子供は8歳くらいから政治的な事項を理解しはじめ、親や学校、遊び仲間などの周囲の環境から政治的な方向性を無意識のうちに獲得するという。

特に政党支持態度などの基本的な政治的態度は、15歳くらいまでにある程度の方向性が形成され、24歳くらいまでに固まることが示唆されている。

### (3) 世代に共通する政治的価値観

また、アメリカの政治学者M.ジェニングスとR.ニィーミィは、思春期・青年期という「政治的態度の形成期」において経験したことが、その個人の政治的態度形成に長期的影響を与えることを指摘した。

すなわち、政治的態度に世代間の相違があるのは、各世代で思春期・青年期に経験した政治的事件が異なるためであることがこれで説明できるのである。

## 1.2 政治的無関心 ★★☆

### (1) 定 義

ところで、成長過程で政治的関心を高めるものもいれば、政治を自分とは縁遠い世界と考え関心を失うものもいる。

政治に積極的に参加する意欲を欠いた冷淡な態度や意識のことを一般に政治的無関心という。政治的無関心については、リースマンとラズウェルらによる分類が有名である。

### (2) リースマンの類型

アメリカの社会学者**D.リースマン**は、政治的無関心を2つに分類している。

#### ① 伝統型無関心

**伝統型無関心**は、政治に関する知識・情報がそもそもないタイプである。政治は特定のエリートの仕事であり、政治参加は特定身分の利権だと認識し、少数の統治者に黙従する。

「伝統型」という名称であるが、現代にも存在する。

#### ② 現代型無関心

**現代型無関心**は、政治に関する知識はあるが、私生活に埋没したタイプである。政治というものをかなりよく知りながらも、それを拒否するという無関心であり、また自分たちの政治的責任というものを知っていながら、果たさない。

### (3) ラズウェルとカプランの類型

アメリカの政治学者**H.ラズウェル**と**D.カプラン**は政治的無関心を３つに分類している。

#### ① 無政治的態度

**無政治的態度**は、芸術や科学など非政治的領域に熱中し、政治の存在を意識していないか、政治は自分と無関係と考えるタイプである。

最初から関心が無いので「無」政治的態度である。

#### ② 脱政治的態度

**脱政治的態度**は、政治参加したものの、自分の要求や期待が満たされないため、政治に幻滅し引退したタイプである。

政治から抜け出しているので、「脱」政治的態度である。

#### ③ 反政治的態度

**反政治的態度**は、アナーキスト（無政府主義者）や宗教原理主義者に見られるように、自分の信じる価値が政治と衝突すると考え、政治を否定するタイプである。

政治に反発しているから「反」政治的態度である。

この類型については注意が必要なので、解説をしておこう。例えば国家の打倒を目論むアナーキストやテロを起こす宗教原理主義はある意味では政治に関心があり、自ら理想とする政治を実現しようとしているわけである。ただし、彼らは例えば議会を通じて穏健に問題を解決するという「普通の政治」には関心がないのである。したがって、ラズウェルらの説明では無関心の類型に含まれている。

# 2 政治文化と社会関係資本

## 2.1 アーモンドとヴァーバの市民文化論 ★★★

### (1) 政治文化論

先述したように、人は成長過程で様々な影響を受けて、政治的態度や政治的価値観を獲得する。とすれば、住んでいる社会や国が違えば、異なる政治的価値観を有することにもなる。したがって、各国間の政治の違いは、政治制度を比較するだけでは理解できない。

以上のような観点から、政治を取り巻く社会や文化に注目し、政治社会の構成員の日々の政治活動を規定している価値や信条について分析しようとするのが**政治文化論**である。

この分野の先駆的な研究がアメリカの政治学者**G.アーモンド**と**S.ヴァーバ**による『現代市民の政治文化』(1963)である。

### (2) 分析手法

#### ① 概　要

アーモンドとヴァーバは、**アメリカ、イギリス、旧西ドイツ、イタリア、メキシコ**の5か国を対象として**比較世論調査**を実施し、それぞれの国でどのような政治文化が存在するかを分析した。

#### ② 政治システムと政治文化

**イーストンの政治システム論**

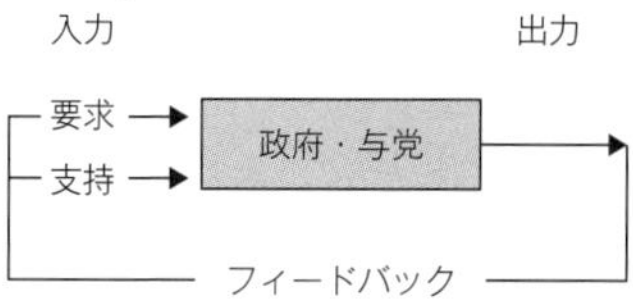


彼らはまず、右図のように政治をシステムとして分析する政治システム論(第7章を参照)を前提として、この政治システムがそれぞれの国でどのように認識されているかを検討している。

具体的には、①政治システム、②入力機構、③出力機構、④自己の4つの政治的対象についての国民の心理的態度を測定し、下表のように政治文化を3つのタイプに分類している。

**政治文化の類型**

| | 未分化型 | 臣民型 | 参加型 |
|---|---|---|---|
| ①政治システム(政治全体) | ×関心なし | ○関心あり | ○関心あり |
| ②入力機構(政府に対する要求) | ×関心なし | ×関心なし | ○関心あり |
| ③出力機構(政府の決定) | ×関心なし | ○関心あり | ○関心あり |
| ④自己(政治参加に積極的な個人) | ×関心なし | ×関心なし | ○関心あり |
| 該当国 | メキシコ | 旧西ドイツ<br>イタリア | 典型がアメリカ<br>次にイギリス |

### (3) 3つの政治文化

#### ① 未分化型政治文化

**未分化型**(parochial)とは、①〜④のすべてについて明確な政治的態度を有していないタイプである。つまり、政治に関心をもたず、政府の存在さえ意識しないタイプであり、メキシコが最も近いとされた。

#### ② 臣民型政治文化

**臣民型**(subject)とは、①と③のみに関心があり、②と④には関心がないタイプである。つまり、人々は政府の「臣民」であり、権威に従順で政治参加を積極的に行わないタイプである。旧西ドイツやイタリアが最も近いとされた。

#### ③ 参加型政治文化

**参加型**(participant)とは、①〜④すべてについて関心があり、肯定的な態度を有するタイプである。つまり、政治に関し多くの知識を有し、政治に積極的に参加するタイプであり、最も近いのがアメリカ、次にイギリスだとされた。

### (4) 政治文化の混合

#### ① 政治文化の混合

アーモンドらによれば、以上の3つの政治文化はあくまで現実を測定するための「物差し」に過ぎず、現実の政治文化はこの3つが**混合した形で存在**しているという。

例えば、メキシコにも参加型の要素はあるが、それが未分化型と比べると弱いという形で現れるのである。

#### ② 市民文化

また、アーモンドらは、民主政治は、参加型政治文化と臣民型政治文化及び未分化型政治文化の3つが併存し、ちょうどよい均衡が保たれている社会において最もよく維持されると論じている。

この適度な均衡が保たれた混合型の政治文化を特に「**市民文化**(civic culture)」と呼んだ。

#### ③ アメリカ・イギリスに対する評価

そして、最終的にアーモンドらはイギリスの政治文化は参加型と臣民型がうまく混合しており(恭順型政治文化)、市民文化に最も近いものとして高く評価し、それに次いでアメリカを評価した。

### (5) 批　判

以上のアーモンドらの議論については、5か国に対して多くの人が持つ直感的な認識にも合致したものであり、広く受け入れられた。しかし、イギリスとアメリカの民主主義のあり方を基準とした見方であるという批判もされている。

また、彼らの議論は、結局のところ文化が政治を規定するという主張としても解釈でき、個人の行動が文化によってすべて決定されると見る「**文化決定論**」であるとして批判もされている。



## 2.2 イングルハートの脱物質主義的価値 ★★★

### (1) 背　景

先述のアーモンドたちの研究は批判が多いものの、政治文化を客観的・定量的に分析するというその手法は政治文化研究の基礎を築き、次世代の研究者に受け継がれた。

その代表格がアメリカの政治学者**R.イングルハート**(1934～2021)である。彼は、欧米諸国における国際世論調査を実施し、政治的価値観の変容について論じている。

### (2) 物質主義的価値と脱物質主義的価値

イングルハートは国際世論調査の結果から、第二次世界大戦後の物質的に豊かな時代に育った若者とそれ以前の世代では異なる政治的価値観を有するという仮説を提唱した。

具体的には、心理学の欲求段階説を踏まえ、若い世代は**物質的な欲求**(**物質主義的価値**)よりは、より抽象的欲求(**脱物質主義的価値**・自己実現的価値)を求めるようになると論じている。

| | 物質主義的価値<br>(materialistic value) | 脱物質主義的価値<br>(post-materialistic value) |
|---|---|---|
| 概要 | 金銭的な物質欲、身体の安全の確保などを重視する。 | 言論の自由、政治参加、環境保護などを重視する。 |
| 調査結果 | **古い世代**ほど多い。 | **若い世代**ほど多い。 |

### (3) 静かなる革命

以上のような新たな価値観の浸透と世代交代によって、新たな政治文化が徐々に形成される可能性を示唆し、イングルハートはこれを「**静かなる革命**(silent revolution)」と呼んだ。

ここでいう若い世代とは、各国のベビーブーマー（日本でいう「団塊の世代」）であり、イングルハートの議論は、この世代が1960年代以降に学生運動、環境保護運動、女性解放運動などに熱心に参加してきたことを実証的に裏付ける議論となっており、環境保護、フェミニズムといった**ニューポリティクス**(新たな価値観に基づく政治)の到来を説明したものとなっている。

**Power UP　マズローの欲求段階説**

心理学者マズローは人間の欲求を５段階に分類し、低次の欲求が満たされると高次の欲求を満たそうとするようになることを論じた。上述のイングルハートの議論はこの議論を下敷きにしたものである。

| | | |
|---|---|---|
| 5次 | 自己実現の欲求 | 自己の持つ可能性を最大限発揮していること |
| 4次 | 承認の欲求 | 自分が集団から価値ある存在とされ、認められること |
| 3次 | 所属と愛の欲求 | 情緒的な人間関係、どこかに所属しているという感覚 |
| 2次 | 安全の欲求 | 安全性、経済的安定性、良い健康状態など |
| 1次 | 生理的欲求 | 食事・睡眠など本能的欲求 |

## 2.3 パットナムの「社会関係資本」 ★★★

### (1) 背　景

R.パットナム
[1941～　]

これまで見てきたアーモンドやイングルハートの議論は、現代の民主政治がどのような政治文化や政治的価値観に支えられているのかを分析したものである。1990年代になるとこれらの分析枠組みとは異なる、「社会関係資本」という新たな概念から民主政治の基盤が検討されるようになった。

社会関係資本という概念は、政治文化論と異なり、民主政治を支える要因がいかに構築され、変動するかという点に着目しているところに特徴がある。

### (2) 社会関係資本

#### ① 定　義

社会関係資本を用いた研究で最も著名なのはアメリカの政治学者**R.パットナム**(1941～　)である。パットナムによれば、**社会関係資本**(social capital：人間関係資本)とは、「調整された諸活動を活発にすることによって社会の効率を達成できる、信頼、規範、ネットワークといった社会組織の特徴」のことをいう。

#### ② 事　例

例えば、身近な地域コミュニティの存在を考えてみよう。地域のみんなが集うような行きつけの居酒屋や理髪店があり、そこでは職業や年齢を超えた人的ネットワークがあり、地域の問題を議論したり、時には地域の課題に共同で対処したりするような相互の信頼関係がある。これが社会関係資本の高い地域社会である。

### (3) イタリア研究

#### ① 分析対象

以上のような社会関係資本という視点から、イタリア各地域を分析したのがパットナムの代表作『哲学する民主主義』(1993)である。

具体的には、イタリアの各地方政府の業績、社会経済的特性、住民意識などを調査し、南北イタリアでは大きな差異があることを明らかにした。

#### ② 分析結果

パットナムによれば、北部及び中部イタリアは社会関係資本が充実しているため、政治システムの運営及び経済が良好であるが、南部イタリアは社会関係資本が不十分であるため、政治システム及び経済の運営がうまくいっていないという。

**南北イタリアの比較**

| | 南部イタリア | 北部・中部イタリア |
|---|---|---|
| 社会関係資本 | ①政治参加への意欲が希薄で、政治的ボスの約束する物質的利益の見返りとして投票する。<br>②コミュニティ意識が弱く、人々の関係は上下関係に基づく。 | ①市民が政治に積極的に参加し、同等の権利と義務を有する政治的平等の関係が成立している。<br>②コミュニティ意識が高く、メンバー間の信頼感も強い。 |
| 政府の業績 | 悪い | 良い |
| 社会関係 | **垂直的**な人間関係 | **水平的**な人間関係 |

### (4) アメリカ研究

#### ① 分析対象

パットナムはアメリカの事例研究である『**孤独なボウリング**(Bowling Alone)』も著しており、社会関係資本の視点からアメリカのコミュニティが抱える問題を指摘した点でも有名である。

#### ② 孤独なボウリング

アメリカでは友人とチームを作って、ボウリング場に集まり、見知らぬ人々とのチーム対抗戦を行うのが一般的であった(日本とはプレイスタイルが大きく異なる点に注意)。こうしたプレイスタイルは地元で新たな人間関係を作る契機ともなっており、アメリカという国における社会関係資本の象徴である。

しかし、パットナムは、このようなチーム対抗のプレイスタイルが現在は低迷し、内輪だけで「孤独」にボウリングに興じることが増えていることを明らかにした。

#### ③ 社会関係資本の衰退

それだけでなく、PTA、スポーツなどの団体、ボランティア組織、趣味のサークル、宗教団体などの各種団体では、参加者の減少のために活動の停滞や休止が見られるという。

パットナムは、このような団体の活動に参加する人が減少することによって、アメリカの社会関係資本が衰退し、その結果、アメリカ人の政治に参加する意欲が弱まっていると主張した。

## 過去問チェック

**01** 政党の支持など基本的な政治的態度は、思春期・青年期までに形成されるのが一般的であるが、大恐慌や第二次世界大戦など、特に影響力の強い出来事は、中高年の人々にも新たな政治的社会化を起こすことが、D.イーストンらの実証研究によって証明されている。**国家総合職2004** 1.1

× 「中高年の人々にも新たな政治的社会化」が誤り。そのような効果は観察されていない。

**02** 脱政治的態度とは、経済、芸術、宗教など政治以外のものに関心を集中する結果、政治に対する知識や関心が低下するもの、無政治的態度とは、政治そのものを軽べつ又は否定する態度であるとラスウェルによって定義された。**特別区Ⅰ類2011** 1.2

╳ 政治以外のものに関心を集中するのは「無政治的態度」、政治そのものを軽蔑又は否定するのは「反政治的態度」である。

**03** アーモンド＆ヴァーバは、未分化型は、政府の権威を明確に意識しているものの、自分を積極的な参加者と考えることはなく、受動的に政府の下す決定にのみ関心が向いている型であり、戦前の日本やドイツがこれに近いとした。**特別区Ⅰ類2002** 2.1

╳ まず前半部分の説明は「未分化型」ではなく「臣民型」の説明である。またアーモンドらの研究には日本は含まれていないので後半部分も誤り。未分化型がメキシコ、臣民型がドイツやイタリアである。

**04** G.アーモンドとS.ヴァーバは、1960年代に米国、英国、西ドイツ、イタリア、メキシコの５か国で参与観察を行い、政治文化の比較を行った。彼らは、政治文化を未分化型、臣民型、参加型の３タイプに分類したうえで、これら３つが混在した状態は民主政治の不安定化につながると説いた。**国家一般職2019** 2.1

╳ まず「参与観察」が誤り。アーモンドらの研究は比較世論調査である。また「混在した状態は～不安定化」が誤り。３つがバランスよく混在した状態を市民文化と呼び、むしろ民主政治を安定化させるとしている。

**05** R.イングルハートは、1980年代以降の情報通信産業の発達を中心とした社会・経済的な構造の変化を背景に、豊かな先進国の人々の間では身体的な安全や物質的な豊かさから自由や自己実現へといった価値観の変化が生じたとし、後者のような「脱物質的価値観」を持つ人々の政治行動が「ニューポリティクス」と呼ばれる政治のスタイルをもたらしたと論じた。**国家一般職2014** 2.2

╳ 「1980年代以降の情報通信産業の発達～を背景に」が誤り。イングルハートのいう脱物質的価値とは、第二次世界大戦後の「若い世代」(ベビーブーマー)の価値観を示したもので、1960年代～70年代の学生運動や市民運動の中で新たに争点化された価値観に対応している。

**06** R.パットナムは、民主主義を支える基盤として市民の政府に対する信頼感や市民相互の互酬性の規範、活発な市民的・政治的参加などを挙げ、またこれらを増大させる機能を果たすIT技術や通信回線などのインターネット利用のためのインフラストラクチャーを社会関係資本(social capital)と呼んで、その重要性を指摘した。**国家一般職2013** 2.3

╳ 「IT技術や通信回線などの～インフラストラクチャー」が誤り。社会関係資本とは市民の政府に対する信頼感や市民相互の互酬性などを指す。

07 R.パットナムは、イタリア南部は垂直的な縦社会の人間関係が強く、そこでは親分一子分関係が顕著に表れ、北部では水平的な人間関係が強いことを指摘した。その上で、民主主義的な意思決定がうまく機能するのは、イタリア南部であることを実証的に示した。**国家専門職2013** 2.3

×「民主主義的な意思決定がうまく機能するのは、イタリア南部」という点が誤り。イタリア北部の水平的な人間関係だからこそ、互いの信頼が醸成され民主主義がうまく機能すると考えられている。

# 4 投票行動

第４節では投票行動について解説します。なぜある人は共和党または民主党に投票するのでしょうか。それを決定づける要因は何なのでしょうか。そして、そもそもなぜ人は投票または棄権するのでしょうか。このように本節では、投票方向（投票先）を分析するモデル、投票参加を分析するモデルを解説します。



**キーワード**

エリー調査／社会学モデル（コロンビア・モデル）／社会心理学モデル（ミシガン・モデル）／政党帰属意識／争点投票モデル／業績評価モデル／アナウンスメント効果／バンドワゴン効果とアンダードッグ効果／中位投票者定理／R＝PB－C＋D／政党支持の幅／バッファープレイヤー／無党派／消極的無党派と積極的無党派／政治的景気循環／波乗り現象

## 1 投票方向についての理論

### 1.1 社会学モデル ★★☆

#### （1）背　景

社会学モデルとは、有権者の投票先が、有権者自身の社会経済的地位、居住地域、宗教などといった社会学的要因によって決まるとするモデルである。

コロンビア大学の研究者たちによって行われたエリー調査がその原点とされることから、**コロンビア・モデル**とも呼ばれる。

#### （2）エリー調査

**エリー調査**とは、コロンビア大学の**P.ラザースフェルド**らが1940年の大統領選挙に際して、アメリカのオハイオ州エリー郡で行った投票行動についての研究であり、行動科学的な政治研究の先駆けとされる。

エリー調査は、**無作為抽出**（ランダムサンプリング）やパネル調査（同一の回答者に繰り返し面接を実施し、時間的経過を観察する方法）などを用いた科学的世論調査方法を確立した点で画期的であった。

### (3) 社会学モデルの確立

以上のような科学的世論調査を通じて、ラザースフェルドらは、有権者の社会的属性が有権者の投票行動を説明する有力な手がかりになるという理論を展開し、「**政治的先有傾向**の指標」である、**社会経済的地位・宗教・居住地域**の３つの要因が有権者の投票行動を最もよく説明していると主張した。

この結果を表したのが次の表である。

政治的先有傾向の指標

| | | | | |
|---|---|---|---|---|
| 共和党に投票 | 高い | **社会経済的地位** | 低い | 民主党に投票 |
| | プロテスタント | **宗教** | カトリック | |
| | 農村・都市郊外 | **居住地域** | 都市中心部 | |

### (4) 問題点

社会学モデルは今日でも投票行動研究における最も基本となる理論として認められているが、実際の投票行動をすべて説明できるわけではない。

例えばアメリカの大統領選挙において、社会学的要因(宗教・人種・職業など)はそれほど変化しなくとも、民主党と共和党の得票率が大きく変動することはしばしば見られるためである。

## 1.2 社会心理学モデル ★★★

### (1) 背　景

社会心理学モデルとは、有権者の社会学的要因だけでなく、心理学的要因(心の中での意思決定プロセス)も踏まえて投票行動を分析するモデルである。

ミシガン大学グループの研究がその先駆であることから、**ミシガン・モデル**とも呼ばれる。

### (2) 投票行動に影響を与える要因

#### ① 概　要

A.キャンベル、P.コンバースらのミシガン・グループは1948年以降の大統領選挙に関する**全国世論調査データ**を用いて、有権者の投票先を左右する要因について分析した。

### ② 長期的な心理学的変数

ミシガン・グループがまず注目したのは、年齢・職業・学歴・人種・階層などの社会学的要因によって形成される**政党帰属意識**(政党支持態度)である。

これは人が郷土愛を抱いたり、ある野球チームを熱烈に応援したりするのと同じような、政党に対する愛着の感情を意味する。アメリカでは政党帰属意識が自己認識の一部であり、政治的社会化の中で獲得されると考えられている。

### ③ 短期的な心理学的変数

ただし、有権者は長期的に形成された政党に対する愛着(政党帰属意識)だけで投票するわけではない。選挙に際して、候補者から感じ取る印象の好悪(**候補者イメージ**)や、選挙での争点に関する有権者の立場(**争点態度**)といった短期的要素も投票先を左右する。

つまり、政党帰属意識としては共和党であるが、候補者イメージや争点態度次第では、民主党に投票するという有権者の存在を説明できるのである。

### ④ 各変数の投票行動への影響度

以上のように、ミシガン・モデルでは、投票行動(従属変数)を説明するために、①政党帰属意識、②候補者イメージ、③争点態度の３つの要因(独立変数)を挙げた。そして、最終的に投票行動を規定する要因としては、政党帰属意識が最も強く、次いで候補者イメージ、最も弱いのが争点態度であることが示された。

## (3) 有権者の合理性をめぐる論争

この「争点態度が最も弱い」という結論は、その後アメリカの政治学界で大きな論争を巻き起こした。この主張が正しいとすれば、アメリカの有権者は政策争点を無視し、候補者のイメージや政党への愛着だけで投票しているということになり、有権者は合理的判断をしていないことが示唆されたからである。

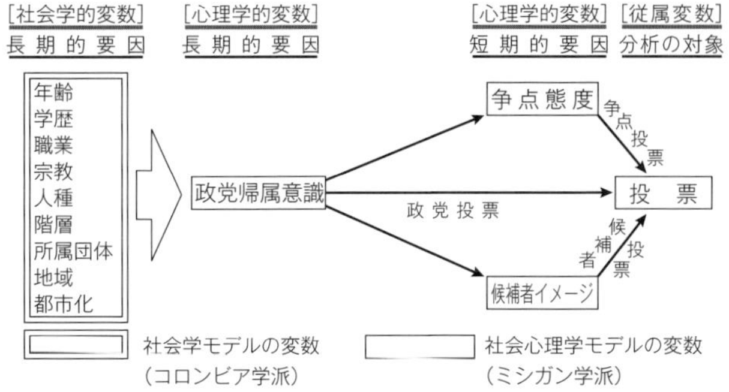

## 1.3 争点投票モデルと業績評価モデル ★★★

### （1）争点投票モデル

先に見た、有権者の合理性をめぐる論争については、後にミシガン・モデルの研究に時代的な制約があったことが指摘されるようになった。ミシガン・モデルの研究は1950年前後に始まったもので、当時のアメリカは重要な政治的争点が比較的少なかったことで知られている。

その後、ベトナム戦争や公民権運動などアメリカの世論を二分するような大きな争点が登場した際には、有権者が争点態度によって投票していることが注目されたのである。争点態度に基づき投票を行うことを**争点投票モデル**という。

### （2）業績評価モデル

#### ① 背　景

また、たとえ争点投票が見られなくても、有権者が政府の業績（経済状況）などを基準として投票することが確認できれば、有権者は合理的に行動していると判断できるという**業績評価モデル**の登場により、有権者の合理性をめぐる論争については一応の決着をみた。

#### ② 業績投票

他方でアメリカの政治学者**M.フィオリーナ**は有権者の合理性を確認できるモデルを提案した。有権者は個々の政策争点に対する政党間の細かい差異を知らなくとも、過去の業績の良し悪しから投票を行っているとし、これを**業績投票**（retrospective voting：回顧的投票）という。

#### ③ 個人投票

さらに、候補者の過去の業績を評価して投票することは、特に個人投票（personal voting）とも呼ばれる。日本でもよく指摘される地元利益誘導型の投票行動もこれに該当する。

例えば、「無駄な道路」などと批判される公共事業を誘致する政治家が地元で長年当選できるのは、事業の是非はともかくとして、有権者にとっては合理的な投票であるとも解釈できるのである。

## 1.4 アナウンスメント効果 ★★★

### (1) 背　景

我が国では投票日前に選挙情勢や選挙結果を推定する選挙予測報道がおなじみである。しかし、有権者の投票先はマス・メディアの報道内容によっても左右されるため、選挙予測報道を一定期間禁じるなど様々な制限を設けている国も多い。

### (2) バンドワゴン効果とアンダードッグ効果

このような選挙予測報道が有権者の投票行動に何らかの変化をもたらすことを**アナウンスメント効果**といい、主に2つの効果が指摘されている。

| | バンドワゴン効果（勝ち馬効果） | アンダードッグ効果（判官びいき効果） |
|---|---|---|
| 概要 | 一方の候補者（政党）が有利だと報道されると、有利だと報道された候補者に票が集中して、結果として大差をつけて当選するという現象。 | 一方の候補者（政党）が有利だと報道されると、実際の選挙ではその候補者の票がかえって伸びず、不利と報道された候補者が票を伸ばす現象。 |
| 事例 | アメリカの大統領選挙や上院・下院議員選挙などの小選挙区制でしばしば見られる現象。日本でも小選挙区制の導入によって見られるようになった。 | 日本の中選挙区制における選挙でしばしばみられた現象。 |

## 1.5 中位投票者定理 ★★★

### (1) 背　景

これまで見てきた、社会学モデルや社会心理学モデルなどは、基本的には世論調査データの実証分析に基づいて有権者の投票方向（投票先）をモデル化する試みであり、データからモデルを引き出すという点で帰納法的なアプローチが取られている。

これに対して、有権者が投票先を決定するメカニズムについて演繹的（論理的）手法でモデル化する方法もある。アメリカの経済学者**D.ブラック**が提唱した**中位投票者（メディアン・ヴォーター）定理**である。

### (2) 中位投票者

まず、言葉の整理からはじめよう。中位(メディアン)とは統計学でいう**中央値**(中位値)のことである(平均値ではないことに注意)。中央値とは要するにデータを大きい順に並べた時の中央の値のことである。

例えば個人所得データが100万、300万、1000万とあった時には300万が中央値である(この場合の平均値は466.6万)。

これを投票行動に置き換えてみよう。A「非常にリベラル」、B「ややリベラル」、C「中道」、D「やや保守」、E「非常に保守」という5人の有権者がいた場合には、「中道」の有権者が統計的には中央値にあたり、これを中位投票者という。

### (3) 中位投票者定理

有権者の分布が、例えば保守―リベラルという1次元空間上で示せる時、中位投票者が最も好む政策が、過半数の有権者の支持を獲得できる(中位投票者の最も好む政策を掲げた政党が勝利する)というのが中位投票者定理である。

ただし、この定理が成り立つのは以下の条件が成り立つ場合である。まず、①争点が一元的であり(対立軸が1次元空間で表現できる)、②すべての有権者の選好が単峰型(ピークが1つ)であり、③すべての有権者は2つの選択肢について投票するという条件が成り立つ場合である。

### (4) 中位投票者定理のメカニズム

では、なぜ中位投票者の好む政策が重要なのか説明しよう。まず先述の条件を踏まえて、下掲の図のように、有権者が分布しているものとする(争点は保守とリベラルの一次元)。また、それぞれの有権者が最も好む点はOであり、Oから離れるほど低下する(選好は単峰型)ものとし、それぞれの有権者が2つの選択肢について投票するものとする。

例えば、選択肢Xと$O_3$について投票を行った場合、Xを選択するのはA・Bの2人、$O_3$を選択するのはC・D・Eの3人であり、多数決で$O_3$が勝利する。また、選択肢Yと選択肢$O_3$について投票した場合、Yを選択するのはD・Eの2人、$O_3$を選択するのは、A・B・Cの3人であり、多数決で$O_3$が勝利する。

このように、いかなる選択肢であっても、ちょうど真ん中に位置する選択肢が勝利するのである。すなわち、中位投票者がもっとも好む政策を掲げなければ政党は勝利できないのである。

中位投票者定理

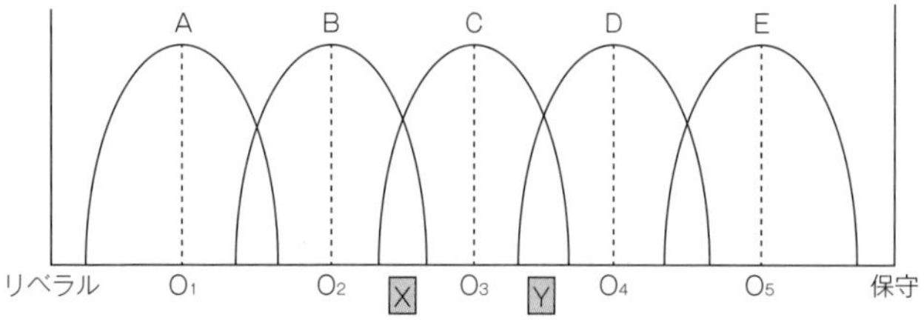




### (5) ダウンズの空間競争モデルとの関係

実は中位投票者定理をさらに拡張した議論はすでに第4章で学習している。**A.ダウンズ**の空間競争モデルである。

ダウンズの空間競争モデルでは、有権者の分布が単峰型である場合には政党は得票率最大化のために中央付近に寄ってくるというものであった。これはまさに政党が中位投票者を狙っているということを意味しており、中位投票者定理を拡張したモデルとなっている。

**Power UP** 投票のパラドックス

中位投票者定理では、すべての有権者の選好が単峰型であり、すべての有権者は2つの選択肢について投票するという条件があった。この条件を満たさない場合にはなにが起きるだろうか。

例えば、A、B、Cの3人が昼食に何を食べるか多数決で決定するとし、各人の選好が、A：和食>中華>洋食、B：中華>洋食>和食、C：洋食>和食>中華であるとする。

この場合、和食と中華では、2：1で和食が優先、洋食と和食では、2：1で洋食が優先、中華と洋食では、2：1で中華が優先されるという結果となり、多数決では決定ができない。

これは「投票のパラドックス」と呼ばれており、18世紀に哲学者N.コンドルセ（1743−94）などによって論じられた。現代でこれを数理的に証明したのが経済学者K.アロー（1921−2017）の一般可能性定理である。

## 2 投票参加についての理論

ここまでは、有権者が投票方向をどのように決定しているのか、その要因やメカニズムを解説してきた。ただし、そもそもの前提として有権者の投票参加(投票するか棄権するか)という点にも着目する必要がある。

ここでは投票参加についてのモデルとして、数理的アプローチをとるダウンズとライカーらのモデルについて説明する。

## 2.1 ダウンズのモデル ★☆☆

### （1）合理的行為者としての有権者

アメリカの経済学者**A.ダウンズ**は、有権者は「自己の効用の最大化を目的として行動する」との前提に立ち、個々の有権者は、自分にとって有利な政策を実施すると期待される政党に投票すると考え、［式1］のようにモデル化した。

要するに、A党に投票した場合のメリットとB党に投票した場合のメリットを比較し、A党の方がより有益な政策を行うと期待すればA党に、B党の方がより有益な政策を行うと期待すればB党に、A党もB党もどちらも変わらないと考えれば棄権するというメカニズムを数理的に表現したのである。

このモデルによれば、有権者が棄権を選択することも合理的な行為の一つとして説明できる。

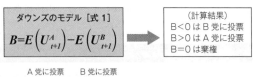

ダウンズのモデル

**ダウンズのモデル［式1］**

$$B=E\left(U^{A}_{t+1}\right)-E\left(U^{B}_{t+1}\right)$$

→

（計算結果）
B<0はB党に投票
B>0はA党に投票
B=0は棄権

$B=$ A党に投票した場合のメリット － B党に投票した場合のメリット

※変数
・政党間の期待効用差 $B$（Benefit）：政党の掲げる政策に対して有権者が、どの程度効用の違いを認知しているかを示す。
・政策の効用 $U$（Utility）：政策が実現した場合の有権者の満足度
・有権者のA党の効用 $U$ の期待値：$E(U^{A})$：A党の政策が実現した場合に期待できる有権者の満足度。
・選挙後（$t+1$）：選挙前の現在時点（time）から時間が経過しているので＋1。

### （2）不完全情報下におけるイデオロギーの利用

ただし、ある政党が自分にとって有利な政策をするということを正確に把握するには大きな情報コストがかり、その情報も完全とは限らない。つまり、現実の有権者は不完全情報下において不確実な選択をしなければならない。

そこで、ダウンズは、合理的な有権者は、情報取得コストを削減するために、政党の掲げる「**イデオロギー**」を基準として投票すると考えた。つまり、細かい政策に関する情報を知らずとも、政党に関するイメージで投票するという。

### (3) 投票参加を決定する要因

さらにダウンズは、政党間の期待効用差だけでなく、有権者の投票参加を決定する要因を全部で4つ指摘している。

| | |
|---|---|
| ①自分の投票の重要性 | 自分の投票参加で選挙の結果に影響が生じるかどうかに関する主観的予測。 |
| ②政党間の期待効用差 | 政党(候補者)の提示する政策に対して有権者が、どの程度効用の違いを認知しているか。 |
| ③投票コスト | 投票に参加するために必要なコスト。政党の政策を認知するために要するコストも含む。 |
| ④長期的利益 | 投票参加が民主主義の維持に寄与し、民主主義の維持によってもたらされる利得。 |

### (4) 参加と不参加のメカニズム

以上の要因を検討した場合、実際の有権者にとっては、「①自分の投票の重要性」はゼロに等しく、政党間の政策の違いを認知するのも「②投票コスト」が高くつくため、有権者が合理的であれば、棄権するはずである。

にもかかわらず、実際には投票率がゼロにはならないのは、投票の不参加で民主主義が空洞化することを恐れるからだと考えた。つまり、「④長期的利益」の要因が大きいとダウンズは主張している。

## 2.2 ライカーとオーデシュックのモデル ★★☆

### (1) 背　景

投票参加を決定する要因についてはすでに見たようにダウンズの先駆的な業績がある。このダウンズの議論を精緻化してより一般的なモデルに昇華したのがアメリカの政治学者**W.ライカー**と**P.オーデシュック**である。

彼らは、投票参加の有無(投票に行くか棄権するか)を**R=PB−C+D**という式で説明している。

### (2) 概　要

#### ① R要因

まず、R (Reward)とは、有権者が投票することで得られる見返り(利得)のことである。R＞0なら投票し、R＜0なら棄権する。

### ② P要因

そして、P (Probability)は、自分が投じる一票が選挙結果に与える確率についての有権者の主観的判断のことである。つまり、「自分の一票の重み」と考えればよい。

Pが高いほど、例えば選挙が接戦で自分の一票で当選者が決まると考えるのであれば、有権者は投票に参加するはずである。

### ③ B要因

次に、B (Benefit)は、候補者間(政党間)の期待効用差である。つまり、政党(候補者)の間に大きな違いがあれば投票参加の確率が高まり、違いが見いだせなければ棄権につながる。

先ほどのダウンズのモデルがここに代入されると考えればよい。

### ④ C要因

また、C (Cost)は、投票へ行くことのコストである。投票所に行く時間や労力、買物やレジャーを犠牲にする(経済学でいう機会費用)といったことも含まれる。

### ⑤ D要因

最後にD (Duty)は、投票への義務感である。投票することは市民の義務であり、投票参加によって民主主義は維持されるという意識が強い場合には投票参加の確率が高まる。

## (3) 投票参加の決定メカニズム

以上の要因を踏まえ、まず[R＝PB－C]だけで考えてみよう。通常Pの値は極めて小さい(自分の一票など意味がないと考える)ので、投票参加から得られる利得(PB)は、大抵の場合Cよりも小さくなり、[R＜0]となってしまう。しかし、投票参加にとってプラスとなるDという要因を加えれば、[R＞0]となる確率が高まる。

つまり、現実には投票率が0とはならず、一定の投票率が確保されているという状況がうまく説明できる。

ライカーとオーデシュックのモデル

$$R=PB-C+D$$

R＞0の場合、投票参加する。
R＜0の場合、棄権する。

〈変数の定義〉
R（Reward）：有権者が投票することで得られる見返り（利得）
P（Probability）：自分が投じる一票が選挙結果に与える確率についての有権者の主観的判断
B（Benefit）：候補者間（政党間）の期待効用差
C（Cost）：投票へ行くことのコスト
D（Duty）：投票義務感



## 3 日本の投票行動

### 3.1 「自前意識」と「政党支持の幅」 ★★★

#### （1）自前意識

日本における投票行動研究の先駆者として知られるのが**三宅一郎**（みやけいちろう）である。三宅は、日本では階級対立に基づく政党間対立が強く見られない理由を、**自前意識**という概念で説明している。

自前意識とは「自分の仕事や職業をコントロールする主体が自分の手にあるという意識」のことであり、自前意識がある人（経営者・農林漁業者）は自民党に投票し、自前意識がない人（ホワイトカラー・ブルーカラー）は左派政党・中道政党に投票する傾向にあるという。

例えば、社会経済的地位が高い経営者とそれが低い第一次産業従事者が同じ政党を支持するという現象がこれで説明できるのである。

| 自前意識 | あり | なし |
|---|---|---|
| 属性 | 経営者・第一次産業従事者 | ホワイトカラー・ブルーカラー |
| 投票 | 自民党 | 左派政党・中道政党 |

#### （2）政党支持の幅

また、三宅は、日本の有権者には政党支持にかなりの流動性がみられ、支持する可能性のある政党が複数存在することを指摘し、これを「**政党支持の幅**」と呼んだ。ただし、その幅は全くの無原則ではなく、自民党と共産党を同時に支持することが極めて稀であるように、一定の幅があるという。

また、支持政党の裏返しとして、「**拒否政党**」という概念もあり、例えば「共産党には絶対投票しない」という有権者がいることも指摘した。

## 3.2 バッファー・プレイヤー ★★★

### (1) 背　景

1980年代は、衆議院総選挙において**アナウンスメント効果**が明確に確認され、自民党支持に大きな揺れがあることが観察された。

これらの現象を包括的に説明するモデルとして、**猪口孝**（いのぐちたかし）や**蒲島郁夫**（かばしまいくお）はバッファー・プレイヤー仮説を提示している。

### (2) バッファー・プレイヤー

**バッファー・プレイヤー**（牽制的投票者）とは、「**基本的に自民党政権を望んでいるが、政局は与野党伯仲がよいと考えて投票する有権者**」である。したがって、自民党圧勝の可能性が報道された時には、他党に投票あるいは棄権をし、自民党敗北の可能性が報道される時は自民党に投票する。

つまり、政治の安定性確保の観点から自民党政権を望むが、自民党に緊張感を持たせるために与野党伯仲状況を生み出そうと戦略的に投票している有権者を指す。

### (3) バッファー・プレイヤーの社会的属性

バッファー・プレイヤーは、男性、30～40代、大卒、都市部在住者、管理職・技術職が多く、いわゆる「**新中間層**」に対応している。

中小企業主や農家などの旧中間層は自民党政権の下でこそ各種恩恵に与ってきたが(第4節参照)、新中間層は自民一党優位から直接の恩恵を得ていないため、自民党政権はあくまで「手段」に過ぎず、戦略的に投票する(**戦略投票**)ものと考えられている。

**Power UP　新中間層**

中間層（中間階級）とは資本家と労働者の間という意味である。もともとは中小企業主、農家、自営業などを指す言葉であり、これらを旧中間層という。しかし、資本主義経済の発展に伴い、比較的高所得な管理職、専門職など知的作業を行う会社員（ホワイトカラー）などが増加し、これらは旧中間層とも労働者層とも異なるという意味で新中間層と呼ばれている。

## 3.3 無党派の類型 ★★★

### (1) 概　要

いわゆる無党派層(政党支持なし層)は、日本では近年有権者の約50%を占めており、1990年代以降に急増したと言われる。

**田中愛治**(たなかあいじ)は世論調査データに基づいて無党派を3つに分類し、さらにこれを2つに大別している。

**無党派層の分類**

<table>
<tr><th>類型①</th><th>概要</th><th>割合</th><th colspan="2">類型②</th></tr>
<tr><td>政治的無関心層<br>(無政党的無党派)</td><td>政治的関心が低いため支持政党を持たず、教育程度も低く新聞も読まない層。地域的·組織的動員の対象となりやすい。</td><td>約15%</td><td>消極的無党派</td><td>教育程度が低い。投票率が低く、ほとんど投票に行かない。</td></tr>
<tr><td>政党拒否層<br>(反政党的無党派)</td><td>どの政党も支持しないと考え、選挙ごとにどの政党が最も良いかを考える。その意味で政治的関心は高いが、政界の動向には関心がない。</td><td>約20%</td><td rowspan="2">積極的無党派</td><td rowspan="2">教育程度が高く、若い世代に多い。政党支持層と比較すると、環境問題や地域社会の問題など脱物質的価値観に関わる問題について関心が高い。しかし、政治家の派閥抗争など「永田町政治」については関心が低い。</td></tr>
<tr><td>脱政党層<br>(脱政党的無党派)</td><td>1990年代以降、政党の離合集散により、支持政党のスタンスについていけず、それまでの政党支持を捨てて無党派になった層。</td><td>約15%</td></tr>
</table>

### (2) 分　析

かつての政治の世界では、無党派層の増加は政治的無関心層の増加を意味し、やがては衆愚政治を招くと見られていた。

しかし、近年の研究では、無党派層は様々なタイプがおり、支持政党がないからといって政治的無関心であるとは限らず、無党派層が増加したからとって、政治的無関心層の増加を意味するものではないことが明らかとなっている。

## 4 投票行動と経済政策

これまで解説してきたように投票行動を決定づける要因には多様なものがあり、様々なモデルが政治学では提唱されてきた。

ここでは特に経済政策が投票行動にどのような影響を与えるのかということに焦点をあてる。実際の選挙では経済政策の是非で勝敗が分かれることが多く、様々な研究が行われている。

### 4.1 政治的景気循環と波乗り現象 ★★★

#### (1) 背　景

好況／不況、政府の経済政策の実績など、経済的要因は有権者の投票行動を左右する重要な要因である。有権者が合理的に行動するのであれば、政府与党の経済実績が良好であると考えれば与党に投票し、そうではないと考えれば野党に投票するはずである。

#### (2) 政治的景気循環

このように与党の得票率は、経済実績、特に失業率とインフレ率が高いほど低下すると見られている。ただし、有権者は与党の経済実績に関して、政権担当期の平均ではなくより最近の実績に反応すると考えられている。

とすれば、得票の最大化を目標とする与党は、選挙に勝つために、選挙日に焦点をあてて良好な経済環境を作ろうとするだろう。このため、マクロ経済政策は選挙直前に拡大傾向となり、所得と雇用が好転する。

このように、政治的理由で景気循環が起きることをアメリカの経済学者**W.ノードハウス**は「**政治的景気循環**」と呼んでいる。

#### (3) 波乗り現象

以上のように、経済実績と得票率に因果関係が存在するのであれば、政党は、たとえ自らの政策で景気を左右することができなくても、景気を選挙に利用するであろう。

**猪口孝**は、日本において、与党自民党が景気の良い時に解散して得票を伸ばそうとする現象がしばしば見られたことを分析し、これを「**波乗り現象**」と呼んでいる。

## 4.2 政治的党派性と経済政策 ★★★

### (1) 背　景

先述した政治的景気循環では、すべての政党が同じ経済政策を行うことが想定されていた。しかし、政党は一般にその中核的支持者に好まれる政策の遂行を目指すはずである。

したがって、政党の党派性（イデオロギー）の違いによって、政府が実施する経済政策は異なると考えられる。これを**党派性理論（D.ヒッブズ）**という。

### (2) 党派性による経済政策の差異

例えば、左派政党の主要支持者は所得の低い地位にある（と想定される）ので、左派政権は、失業率を低下させるマクロ経済政策を志向する。他方で、右派政党の主要支持者は所得の高い地位にある（と想定される）ので、右派政権はインフレ対策と均衡予算を重視した政策を志向するものと考えられる。ただし、現実の政権はインフレ対策だけに取り組むということは不可能である。

つまり、右派政権も初期にはインフレ対策を志向したとしても、政権後期にはマクロ積極財政による完全雇用を目指すこともある。このように中長期的には党派性の違いは相殺されるという見方もある（**A.アレジーナ**の合理的党派性理論）。

| 党派 | 左派政権 | 中道・右派政権 |
|---|---|---|
| 政策 | ケインズ主義的マクロ経済政策、低失業率や所得平準化を志向 | インフレ対策と均衡予算を志向 |
| 支持者 | 相対的に低い経済的地位（失業に関心を持つ層） | 相対的に高い経済的地位（インフレに関心を持つ層） |

## 過去問チェック

**01** P.ラザースフェルドらコロンビア大学の研究者たちは1940年代、エリー調査の分析を通じ、有権者の社会的属性によって政治意識・投票行動を説明する「社会心理学モデル」の実証を試みた。その結果、社会経済的地位が高く、プロテスタント系の有権者において、民主党に投票する割合が高かったことが明らかにされた。
**国家一般職2018** 1.1

× まず「社会心理学モデル」が誤り。社会的属性に注目するのは社会学モデルである。また「民主党」ではなく共和党である。民主党に投票する属性は社会経済的地位が低く、カトリック系の有権者である。

(02) ミシガン・モデルによれば、1950年代の米国人の多くは特定の政党に対する帰属意識を持つものの、選挙の際には、候補者の掲げる政策を比較検討して、政策が自分の立場に最も近い候補者に投票していたという。現在の我が国でもこのモデルは有効であり、有権者のほとんどは支持政党を持つものの、選挙の際には、支持政党の候補者にそのまま投票するのではなく、政策が自分の立場に最も近い候補者に投票している。**国家一般職2009** 1.2

× まず「政策が自分の立場に最も近い候補者に投票していた」が誤り。ミシガン・モデルによれば争点よりも政党帰属意識の方が強い要因である。また「我が国でもこのモデルは有効～」という点が誤り。日本の場合には政党支持態度(政党帰属意識とほぼ同一)が最も強い要因である。

(03) キャンベルを中心とするミシガン大学のグループは、多くの有権者が投票時における政策争点を認知し、合理的判断によって投票していると分析し、全ての有権者が合理的な有権者であるとした。**特別区Ⅰ類2015** 1.2

× 「多くの有権者が～政策争点を認知」「すべての有権者が合理的な有権者」が誤り。ミシガン・モデルでは、政策争点を認知する割合は少なく、争点に基づく投票が少ないと分析した。したがって、有権者の合理性に疑義を呈したのがミシガン・モデルである。

(04) 有権者の投票行動を規定する要因について、コロンビア・モデルは政策争点を、ミシガン・モデルは業績評価を強調する。換言すれば、前者はマニフェストの内容を、後者はマニフェストの取り組み成果を重視するモデルであるといえる。最近の投票行動研究によれば、日本の有権者はマニフェストの内容そのものよりも、実際に成果をあげたか否かに対する関心が高いとされるので、ミシガン・モデルが妥当すると考えられている。**国家一般職2012** 1.1 1.2

× まず「コロンビア・モデルは政策争点を、ミシガン・モデルは業績評価を強調」が誤り。コロンビア・モデルでは政策争点は考慮されておらず、ミシガン・モデルでは業績評価は考慮されていない。また「後者はマニフェストの取り組み成果を重視」も誤り。業績評価は過去の業績に基づくものであり、マニフェスト(将来の政策に関する公約)に基づく投票とは異なる。

(05) アナウンスメント効果とは、投票日前に行われる選挙情勢や選挙結果を推定する報道が、有権者の投票行動に何らかの変化をもたらすというものである。有利と報道された政党、候補者にさらに票が集まるのをバンドワゴン効果、不利と報道された政党、候補者が票を伸ばすのをプライミング効果というが、我が国では「判官びいき」の意識が根強いこともあり、プライミング効果がみられるのが特徴である。**国家一般職2009** 1.4

× まず「不利と報道された〜プライミング効果」が誤り。不利と報道された政党や候補者に票が集まるのはアンダードッグ効果である。また日本ではアンダードッグ効果が多いかどうかという点については一律には言えない。バンドワゴン効果は小選挙区、アンダードッグ効果は中選挙区(大選挙区)で見られる傾向にある。つまり意識の問題ではなく、選挙制度によって違いが出るのである。



**06** A.ダウンズの空間理論では、左翼政党と右翼政党が一次元のイデオロギー軸上で競争すると想定する。このとき、両党の政策的立場のちょうど中点の政策位置を理想とする有権者を「中位投票者」という。ダウンズによれば、中位投票者の多くは棄権するため、極端なイデオロギーを持つ有権者の投票で選挙結果は決まりやすい。**国家一般職2021** 1.5

× 「中位投票者」の定義が誤り。ダウンズにおける「中位投票者」とは、ある政策に対する有権者の選好を一次元の対立軸上に並べたとき「中央値」に位置する有権者のことである。中点とは「線分の両端から等距離にある点」である。また「中位投票者の多くは棄権」「極端なイデオロギーを持つ有権者」の投票で選挙結果は決まりやすい」も誤り。そもそも有権者は投票することが前提となっており、最も多くの票を獲得できる政策位置を政党は目指すというものである。

**07** W.ライカーとP.オーデシュックは、投票参加から得られる効用は、「自分の一票が選挙結果に及ぼす影響力」と「二つの政党(あるいは候補者)がそれぞれもたらすと期待される効用の差」を足し合わせ、そこから参加のコストを引いたものであるとし、この値が正であれば、その有権者は投票に参加するとした。**国家一般職2017** 2.2

× 本肢の説明はライカーらのモデルのうち、R＝PB－Cの部分しか説明していないので誤り。正しくはR＝PB－C＋Dである。投票の義務感(D)は投票参加につながる重要な要因である。

**08** W.ライカーとP.オーデシュックは、合理的選択理論の立場から、選挙において競争している二つの政党がそれぞれもたらすと期待される効用の差が十分に大きく、なおかつ投票に参加するためのコストが一定以下であれば、有権者が投票に参加するのは常に合理的であると論じた。**国家一般職2014** 2.2

× 本肢はライカーらのモデル(R＝PB－C＋D)の要因のうち、BとCの要因しか説明していないので誤り。自分の一票の重要性(P要因)と投票義務感(D要因)が説明されていない。

**09** 三宅一郎によれば、我が国における政党支持は地域や社会集団への帰属といった心理的作用に強く規定されており、政党と有権者の関係は固定的で一義的なものである。また、政党支持のない無党派層は一様に政治的に無関心であり、政治知識に乏しく、特定の政党を拒否する傾向にある。**国家一般職2005** 3.1

× まず「政党と有権者の関係は固定的で一義的」が誤り。三宅一郎によれば日本の有権者は「政党支持の幅」があり、その関係は固定的・一義的でない。また「無党派層は一様に政治的に無関心」が誤り。無党派層も様々であり、政治的に関心のある有権者も多い。

**10** 蒲島郁夫らは、有権者の投票行動の研究において、マスメディアの報道を利用せず、既知の情報をもとに政治的判断を行う「バッファー・プレイヤー」の存在を実証的に分析した。昭和54（1979）年から平成2（1990）年における我が国の選挙においては、マスメディアの予測結果とは逆の選挙結果が出ており、この事実は「バッファー・プレイヤー」仮説によって説明することができる。**国家総合職2010** 3.2

× 「マスメディアの情報を利用せず〜」が誤り。バッファー・プレイヤーは、「自民党が大勝しそう」という情報に基づいて野党に投票し、「自民党が負けそう」という情報で自民党に投票するのであり、マスメディアの情報を利用している。

**11** 我が国において、いずれの政党も支持しない「政党支持無し層」の増加は、1990年代には小さなものに留まっていたが、2000年代に入り顕著に大きなものとなった。これは1990年代末においては選挙制度改革や政党の再編などにより政党政治の活性化が見られたのに対し、2000年代には二大政党化による選択肢の減少などが生じたためである。**国家一般職2013** 3.3

× まず「「政党支持無し層」の増加は、1990年代には小さなもの」が誤り。政党支持無し層（無党派層）の増加は選挙制度改革や政党の再編が相次いだ1990年代に顕著である。また2000年代に二大政党化による選択肢の減少で無党派層が増加したという説明も誤り。2000年代は自民党と旧民主党の対立が鮮明となり、無党派層はむしろ減少する場面が見られた。

**12** 猪口孝は、我が国の経済状況と選挙結果の関係を分析し、経済状況が悪いときには政府の失策を追及する野党が衆議院を解散に追い込んで議席を伸ばそうとする「波乗り」現象が見られるが、反対に経済状態が良いときには与党が衆議院の解散によって議席を伸ばそうとする現象は見られないことを指摘した。**国家総合職2010** 4.1

× 「波乗り」現象の説明として根本的に誤り。波乗り現象とは、良い景気の波に乗って与党が得票率のアップを目指すことであり、議院内閣制の場合には政権与党が景気のタイミングを見計らって解散総選挙を行うことである。

(13) D.ヒッブスは、イデオロギーの異なる政党間の政権交代が経済政策に影響を与えるという「党派性理論」を実証するために、アメリカ合衆国と英国について時系列分析を行い、共和党／保守党政権下で失業率が低下した一方、民主党／労働党政権下で失業率が上昇したことを示した。**国家総合職2006** 4.2

×「共和党／保守党政権下で失業率が低下」「民主党／労働党政権下で失業率が上昇」が誤り。一般に保守政権がインフレ対策を重視(失業率上昇)、社会民主主義政権で失業率が低下(インフレ率が上昇)という傾向にある。

(14) A.アレジーナは、政権の党派性が経済政策の違いをもたらすというD.ヒッブスの党派性理論を批判的に検討し、新たに合理的党派性理論を提示した。アレジーナによれば、保守政権は高成長・完全雇用を目指して経済拡張政策を試み、社会民主主義政権は物価安定を目指して緊縮政策を試みる。しかし、長期的には、企業は新しい環境に合わせて価格や賃金を調整し、失業や生産が以前の水準に戻るため、保守政権と社会民主主義政権との政策上の差異は消滅するという。**国家総合職2005** 4.2

×「保守政権は高成長・完全雇用～」「社会民主主義政権は物価安定～」が誤り。一般に保守政権はインフレ対策重視(物価安定)であり、社会民主主義政権は失業対策(完全雇用)を重視する。

## 過去問 Exercise

**問題1**　圧力団体に関する記述として、妥当なのはどれか。

特別区Ｉ類2012

❶　我が国の圧力団体の特徴は、構成員の自発性に基づいて組織されるというよりも、既存団体を丸抱えするように組織される傾向があるということや、活動目標が行政部よりも議会に向けられているということにある。

❷　重複メンバーシップとは、圧力団体は予算や許認可の点で官僚から大きな影響を受け、官僚は省庁の予算や法案成立の面で議員に依存し、議員は政治資金や選挙での支援で圧力団体に依存しているような、相互に緊密な関係をいう。

❸　圧力団体の行動を通じて積極的に利益を受けるものは、政府の援助に頼る必要の少ない中流以上の階層ではなく、政府の援助を最も必要とする低所得者層や社会的弱者である。

❹　利益集団自由主義とは、巨大な圧力団体が国家の政策に協力しながら、自己の利益を部分的に反映させ、かつ集団相互の妥協・調整を図っていく政策決定過程であり、オーストリア、スウェーデンがその代表例とされる。

❺　アメリカでは、圧力団体の代理人であるロビイストが連邦議会の議員に対して働きかけを行う場合、連邦ロビイング規制法によって、連邦議会へのロビイストの登録及びその収支報告が義務づけられている。

## 解説

正解 5

---

❶ × 日本の圧力活動は主に行政部に向けられている。

❷ × 重複メンバーシップとは、人々が相互に利害の対立する複数の集団にオーバーラップして加入することである。これによって、集団のクリス・クロスという集団とその対抗の固着化を阻止する機制が起こり、集団的利害対立が調整されるとした。

❸ × 圧力団体に対する批判の一つに、圧力団体への加入者はより高い社会・経済的地位にあるものに偏っており、圧力団体による活動は社会の上層部分により有利に展開するというものがある。そのため、肢にあるような状況であるとは必ずしもいえない。

❹ × 利益集団自由主義とは、圧力団体による圧力政治が野放しにされていた1960年代からのアメリカ政治をローウィが批判したものである。議会が実質的な政策決定をせず、行政機関に委ねられていることを民主主義の危機であるとした。

❺ ○ 妥当な記述である。アメリカでは圧力団体の活動が活発なため、規制する法律が存在するのである。

**問題2**　世論とマスメディアに関する次の記述のうち、妥当なのはどれか。

国家一般職2020

---

**1**　P.ラザースフェルドらは、1940年のエリー調査に基づき、選挙キャンペーンの効果について検証した。その結果、選挙までの半年の間に、マスメディアの影響で投票意図（投票を予定している政党）を変えた有権者がごく少数であったこと、すなわちマスメディアによる改変効果は小さいことを主張した。

**2**　W.リップマンによれば、大衆は複雑な現実世界をありのままに理解する能力を欠いているものの、ステレオタイプ（文化的に規定された固定観念）を用いて極めて正確に周囲の情報を得ている。したがって、彼は、世論の動きには十分に合理性があるとし、大衆民主主義について楽観的な見方を示した。

**3**　「アナウンスメント効果」とは、マスメディアが選挙前に各政党の公約に関する評価を報じることで、有権者の投票行動に影響が生じる効果をいう。その一種である「判官びいき効果」とは、マスメディアから公約を否定的に評価された政党に有権者から同情が寄せられ、事前予測よりも得票が増える現象をいう。

**4**　特定の争点に対し、どのような立場の人も意見を表明しなくなる現象を、E.ノエル=ノイマンは「沈黙の螺旋」と呼んだ。彼女によれば、少数派の意見を持つ人は、社会的孤立を恐れて発言を控えてしまう。他方、多数派の意見を持つ人も、他人による意見表明を期待し、積極的な主張をしなくなるとする。

**5**　特定の争点がマスメディアで強調されると、その争点は有権者が政治指導者を評価する際の基準として比重を増すという効果を「第三者効果」という。一方、同じ争点についても報道の切り口（枠付け）によっては、受け手が情報の信ぴょう性に疑いを持ってしまう。この効果を「フレーミング効果」という。

## 解説

正解 ❶

---

❶ ○　ラザースフェルドらは、マスメディアの報道は、政治的先有傾向(メディアに接する前から有している政治的態度)を補強する効果は大きいが、改変する効果は小さいと主張している。

❷ ×　「極めて正確に周囲の情報を得ている」「十分に合理性がある」「楽観的な見方を示した」という箇所が誤り。リップマンは、世論の動きは非合理的だとして、大衆民主主義について悲観的な見方を示している。そもそも、固定観念に囚われていれば、極めて正確に周囲の情報を得ることはできないはずである。

❸ ×　一般に「アナウンスメント効果」とされるのは、「各政党の公約に関する評価を報じること」ではなく、「各候補者の当落可能性を報じること」で有権者の投票行動に影響が生じる効果のことである。

❹ ×　「どのような立場の人も」という箇所が誤り。ノエル=ノイマンは、少数派の意見を持つ人は発言を控えてしまう一方で、多数派の意見を持つ人は積極的に意見を表明する現象を「沈黙の螺旋」と呼んだ。

❺ ×　第1文は、「第三者効果」ではなく「プライミング効果」に関する記述である。「第三者効果仮説」とは、人々の自己認知において、自分自身はマスメディアの影響を受けないと捉える(自分の認知能力を高く見積もる)一方で、他の人(第三者)は影響(効果)を受けやすいと捉える(他の人の認知能力を低く見積もる)ため、その認知に対応した行動をとる、という仮説である。例えば、性的描写が過激な、いわゆる「有害図書」について、自分自身はそんなものに惑わされるはずはないと思って手元に置いているものの、他の人は惑わされる(悪影響を受ける)と決めつけて、有害図書の禁止運動に賛成するという状況を指す。

# 第6章

# 政治思想

第6章では政治思想について解説します。古代から現代まで様々な思想家が「政治とは何か」、「政治とはどうあるべきか」という問題を検討してきました。第6章では古代ギリシャから19世紀までを主な対象として、基本的には歴史的順序に沿いながら、政治思想の発展の歴史について解説していきます。20世紀以降については主に第7章において解説します。

# 1 古代·中世の政治思想

第１節では古代ギリシャから中世までの政治思想について解説します。政治思想の歴史は古代ギリシャを起源としていますが、古代ギリシャの哲学者たちはポリス（都市国家）に生きる中でどのような思想を形成したのでしょうか。また中世ヨーロッパの時代にキリスト教が定着する中で、キリスト教という宗教と政治はどのように折り合いをつけてきたのかということを解説します。

キーワード

善のイデア／哲人王／ポリス的動物／国制（ポリティア）と民主政（デモクラティア）

## 1 古代ギリシャの政治思想

### 1.1 プラトン ★★☆

(1) 背　景

プラトン
［前427～前347］

古代ギリシャの哲学者**プラトン**は若い頃は政治家を目指した。しかし、祖国である都市国家アテナイが次第に荒廃し、師匠である**ソクラテス**が**民主政の下で死刑**となるに及び、政治に直接的に関わるという情熱は冷め、その関心は哲学へ向かった。

国全体を根本的に作り変え、正義の支配する完全な国家を実現する。プラトンが主著『**ポリティア（国家）**』（前375頃）で論じたのはこのような理想的国家である。

(2) 善のイデア

プラトンの論じた理想的国家を理解するためには、彼が用いたいくつかの哲学上の概念を知っておく必要がある。まずイデア論である。**イデア**（idea）とは「理性によって認識できる真の姿」であり、個々の事物をそのものたらしめる根拠となるものをいう。

イデアの中でもすべてのイデアを統括する究極のもの、すなわちすべての善いものを善いものたらしめている善そのものを「**善のイデア**」と呼んでいる。

### (3) 魂の三分説

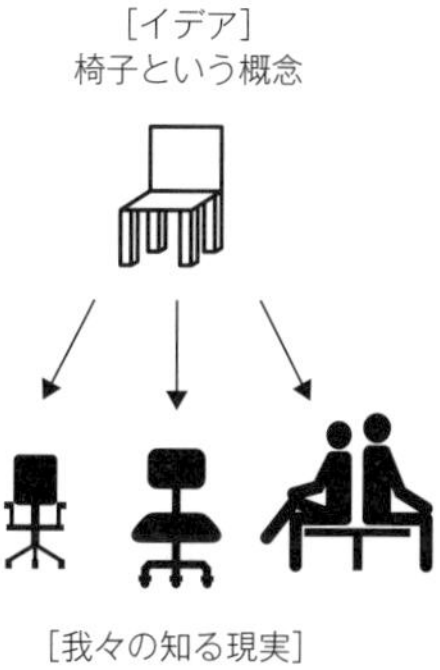


では、人間はどのようにイデアを認識できるのか。プラトンによれば、それは人間の理性を通じてである。古代ギリシャでは知恵、勇気、節制、正義の4つが最も大事な徳目として重視された(**四元徳**)。

そして、道徳はちょうど人間の魂と対応関係にあり、プラトンによれば人間の魂は、理性、意志、欲望の3つの部分から構成されているという。これを「**魂の三分説**」という。

つまり、何が正しいことなのかを理解する能力である「理性」がいわば司令塔として魂の頂点に存在し、本能的な「欲望」が暴走する時には「意志」の力で統制する。プラトンは人間の精神のあり方をこのように説明した。



### (4) 哲人王の支配

そして、以上のような魂のあり方は、あるべき国家の姿とも対応している。プラトンによれば、理想の国家は、**統治者階級**(政治家)、**防衛者階級**(軍人)、**生産者階級**(一般庶民)から構成されており、それぞれの階級が自らの役割を全うし、より上位の階層に従うことで正義が実現すると考えた。

では、どのような人物が統治を担当するのか。それは理性を兼ね備えた「善のイデア」を認識できる者である。プラトンは「**哲学者が支配するか、支配者が哲学を学ばなければならない**」と述べ、いわゆる**哲人王の支配**を主張した。

要するに政治の「専門家」である哲学者による政治を理想とし、民主政を批判したのである。以上のような理想主義的な議論はプラトン後期の作品である『政治家』や『法律』では一部撤回された。ただし、理性や知性に基づいた政治を目指した点では一貫している。

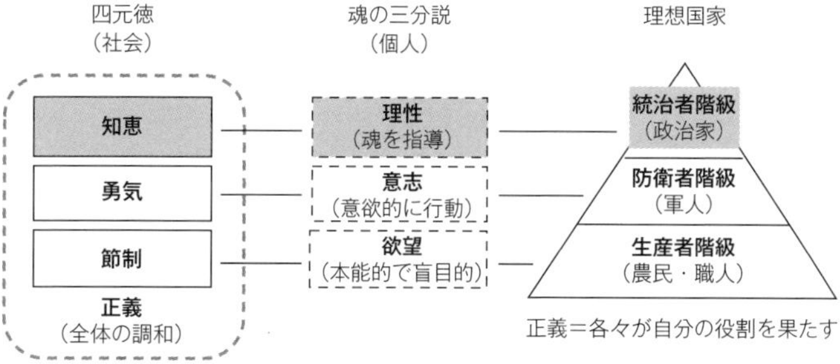

## 1.2 アリストテレス ★★★

アリストテレス
[前384～前322]

### (1) 背　景

プラトンの論じた理想国家とは、要するにあらゆる知恵を兼ね備えた一人の王による支配である。だが、そのような人物は現実に存在するだろうか。

プラトンの弟子として強い影響を受けつつも、プラトンのイデア論を批判し、「**現実に可能な最善の政治**」を探求したのが、古代ギリシャの哲学者**アリストテレス**である。

### (2) 人間はポリス的動物である

アリストテレスは数多くの重要な著作を遺したが、政治思想において最も重要な著作は『**政治学**』である。この本でアリストテレスは「人間は**ポリス的動物**である」と述べている。

彼によれば、ポリス(都市国家)とは人間が作り出したものの中で最高の共同体であり、人間はポリスにおいてのみ最高の目的を実現できる。つまり、人間は他の人と社会を形成し、政治に取り組み、国家を営むことにその本質があると考えたのである。ポリス的動物は、社会的・政治的・国家的動物とも訳される。

### (3) 奴隷制の肯定と女性の排除

ただし、この理想のポリスでは、現在では当然とされているような万人の平等という発想はない。アリストテレスは**奴隷制を肯定**し、女性には市民権がないことを当然としている。彼は親が子を支配するように、優れた者が劣った者を支配するのは当然のことであり、主人が奴隷を、家長(男)が女性を支配するのは自然なことであると考えたのである。

つまり、アリストテレスはポリスという公共領域では自由で平等な市民の政治参加を前提としたが、家という私的領域では厳然たる支配服従関係を容認したのである。このようにアリストテレスは**公的領域と私的領域を厳格に区別**した。

### (4) 政体論

ところで、ポリスといっても現実には様々な政体(国制)が存在する。そこで、アリストテレスは、支配者の人数と統治内容の善し悪しという基準から政体を6つに分類している。

以下の表のように、アリストテレスは**民主制を低く評価**し、「**国制(ポリティア)**」を**現実に可能な中で最善**であるとしている。

アリストテレスの政体分類

| | 善い政体<br>（共通の利益を追求） | 悪い政体<br>（支配者の利益を追求） |
|---|---|---|
| 1人の支配 | 王制 | 僭主制 |
| 少数の支配 | 貴族制 | 寡頭制 |
| 多数の支配 | 「国制」<br>（politeiaポリテイア） | 民主制<br>（demokratiaデモクラティア） |

**Power UP　国　制**

国制とはそもそも国の基本制度や原理を意味する一般的な概念である。したがって、アリストテレスが具体的に何を評価したのかを理解するためには多少の解説が必要である。

まず当時のギリシャで一般的であったのは少数の富裕者による寡頭政か多数の庶民（貧困者）による民主政であり、どちらも政変によって度々崩壊した。そこでアリストテレスは、この寡頭政と民主政を混合したものが、現実に可能な中では最善と考え、これを「国制」と呼んだのである。

つまり、国制とは富裕者と貧困者との対立を調整できる仕組みであり、具体的には富裕者と貧困者の間の中間層が鍵を握る。富裕者と貧困者の双方の立場が理解できる中間層が厚く存在すれば民主政の問題は克服できると考えたのである。

以上のような議論については、要するにアリストテレスは「穏健な民主政」を評価したのだと今日では考えられている。

## 2 キリスト教と政治思想

### 2.1 アウグスティヌス

★☆☆

アウグスティヌス
[354～430]

#### (1) 背　景

キリスト教は、古代ローマ帝国の周辺部であるユダヤの地(パレスチナ)で生まれた。やがてこの信仰はユダヤ人共同体だけにとどまることなく拡大し、ローマ帝国の国教ともなった。ただし、キリスト教は当初ローマ帝国でも迫害されたように、元来は国家や政治権力と矛盾する教義を含んでいた。

ここでは、こうしたキリスト教がいかにヨーロッパ社会で受容されるようになったのかを解説する。

#### (2) 国家は強盗団である

まず、古代キリスト教の思想家**アウグスティヌス**は、『**神の国**』において「**国家は強**

**盗団**」であると述べている。彼によれば、強盗団とは親分が力によって子分を従えている人間集団であり、強制力によって秩序を生み出す国家とは本質的に変わりがないという。

キリスト教によれば、そもそも人間とは神の命令を破り堕罪した結果として現世に存在する罪深い存在である。したがって、強制力によって従わせるしかない。

このようにアウグスティヌスは、国家とは人間の「罰と罪の矯正」のための存在であり、いわば人間にとっての必要悪であると考えたのである。

## 2.2 トマス・アクィナス ★★★

トマス・アクィナス
[1224頃～1274]

### (1) 背　景

12世紀のヨーロッパは、経済が発展し各地で大学が出現するなど大きな発展を遂げた時代である(12世紀ルネサンス)。この時代はイスラムのアラビア世界の方がヨーロッパよりも先進的であり、優れた学術や文化が存在した。こうしたアラビアの学術や文化を吸収する中で、ヨーロッパでは一旦忘れ去られていた古代ギリシャやローマの学術や文化が再評価され、新たに誕生した大学で研究されるようになった。

中世時代の代表的な学問であるスコラ哲学はこのように誕生したのである。

### (2) 神を頂点とする階層秩序

中世スコラ哲学を代表する**トマス・アクィナス**は、一度は忘れ去られていた**アリストテレスの哲学とキリスト教を統合**することを試みた。

まずトマスは主著『**神学大全**』において、この宇宙内のすべての存在は神が創造したものであり、人間には人間の、動物には動物のそれぞれ固有の目的があるとした。そして、それらはすべて神―人間―動物といったような階層秩序を形成しており、すべてのものはより高次の存在のために存在しているとした(目的論的自然観)。

### (3) 国家形成は自然である

以上の議論に従えば、人間はこの世界に神から与えられた目的を有して存在しているのであり、国家もまた神の与えた目的があるということである。トマスは、アリストテレスにならい「人間は社会的及び政治的(ポリス的)動物である」と主張し、人間は他人と共に共同生活を営むように生まれついており、**国家形成は自然**なことであると考えた。

したがって、国家はもはやアウグスティヌスが述べたような必要悪ではないということになる。人々のより良い生活(**共通善**)を達成すること。これが国家の役割であるとトマスは考えた。

## 過去問チェック

**01** プラトンは、市民全員が直接政治的意思決定に関わり、徹底的な平等を志向する古代アテネの民主政治を理想とした。民主政治の下では、民衆は自らの欲求や自由を保障してくれる支配者を望むようになるが、平等な民衆が合議を尽くすことによって、民衆の心を掌握する独裁者が生まれやすい状況を排除できると指摘した。**国家一般職2017** 1.1

× 「市民全員が直接政治的意思決定に関わり」を筆頭にプラトンの説明として全くの誤り。プラトンは民主主義を批判し、善のイデアを認識できる哲人王による支配を主張している。

**02** プラトンは、人々に「無知の知」を自覚させるため、街頭や広場において人々に語りかけ、問答を繰り返したが、ポリスの神を信じず青年を腐敗させたとして死刑の判決を受けた。**特別区Ⅰ類2021** 1.1

× 本肢はソクラテスの説明としては妥当である。プラトンはソクラテスの死刑を受け、ポリスの民主政に絶望し、理想の国家を論じたのである。

**03** アリストテレスは、統治の目的と統治者の数という基準を組み合わせて政治体制を分類した。その中で、ポリティアは共通利益を追求するものであるが、少数者による支配であるとし、少数者の利益を無視するが多数者による支配である民主制に比べて低く評価した。**国家一般職2006** 1.2

× 「ポリティアは〜少数者による支配〜民主制に比べて低く評価」が誤り。アリストテレスは、ポリティア(国制)と民主制は多数者の支配という点では共通しているが、統治の目的という点で民主制はポリティアに劣るとしている。つまり現実に可能な中で最善の制度をポリティアであるとしている。

**04** アリストテレスは、国家は「統治者、戦士、生産者」という3つの階級からなると主張し、統治者と戦士の私有財産を禁じて共産制を説いた。**特別区Ⅰ類2021**
1.1 1.2

× 本肢はプラトンの説明であれば妥当である。アリストテレスはプラトンの「理想国家」を批判し、現実に可能な中で最善の政治体制を論じたのである。

# 2 近代政治思想

第2節では、宗教改革とルネサンス以降の政治思想について解説します。ルネサンスと宗教改革はそれまでのキリスト教を中心とする政治や思想のあり方を見直すことにつながり、人間中心の新しい政治思想が登場しました。これらの近代的な政治思想は市民革命や後の普通選挙制度の理論的な根拠ともなっています。他方で、近代社会は資本主義が定着し、不平等が問題となった時代でもあり、これらを是正することを目的とした社会主義思想も登場しました。以上のように14世紀から19世紀までの時期を中心とした政治思想を本節では取り扱います。

**キーワード**

権力国家論／「ライオンの獰猛さ」と「キツネの狡猾さ」／国家理性／主権／自然権と自然状態／万人の万人に対する闘争／リヴァイアサン／抵抗権／所有権（生命・自由・財産）／一般意志／二権分立と三権分立／保守主義／フェデラリスト／「国家は人倫の最高形態」／多数の専制／功利主義／最大多数の最大幸福／「自己決定としての自由」／「人格の完成としての自由」／消極的自由と積極的自由／空想的社会主義／疎外された労働／階級国家論／唯物史観

## 1 ルネサンスと宗教改革

### 1.1 ルネサンスと宗教改革 ★★★

（1）ルネサンス

14～16世紀の時代、イタリアを中心としてヨーロッパ各地では、後に**ルネサンス**と称される文芸復興運動が生じた。ルネサンスは古代ギリシャ・ローマの学問芸術を復興させることで、**中世の神中心の世界観から個人中心の世界観**へと転換し、その後の西ヨーロッパの近代化の思想的源流になったと考えられている。

そして、このルネサンスは古典古代の文献を学習し、その内容を検討する**人文主義（ヒューマニズム）**という研究教育活動に支えられていた。

### (2) 宗教改革

ルネサンスがあくまで知識人中心の変化であったのに対して、宗教改革は一般民衆を巻き込み、既存のヨーロッパ社会の秩序を大きく変化させた点に特徴がある。

それまでのヨーロッパ社会はローマ・カトリック教会を通じて一つに結びついてきた。しかし、**M.ルター**や**J.カルヴァン**などの運動によってプロテスタントの諸教会が誕生し、ヨーロッパ社会の一体性は崩壊してしまった。もはや宗教は社会の一体性を保つものでもなく、カトリックとプロテスタントとの間での対立が戦争を生み出すようになってしまった。

本節で取り上げるのは、以上のようなルネサンスと宗教改革の時代において、政治のあり方を再検討した思想家たちである。



カトリックとプロテスタント

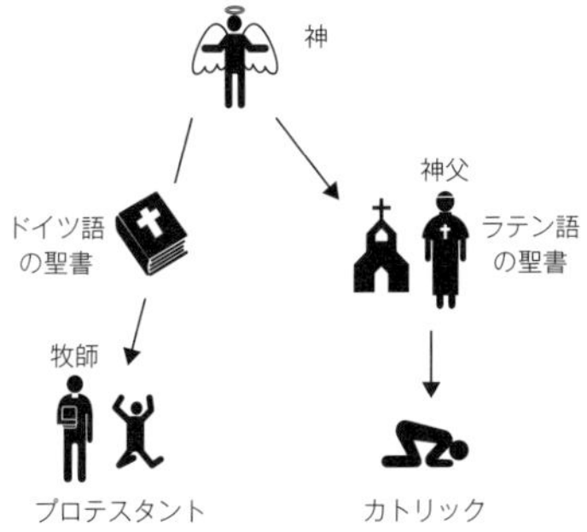


カトリックとプロテスタントの基本的な違いを理解しておくことは様々な場面で有益なのでここで確認しておきたい。
かつてのカトリック教会では聖書はラテン語で書かれており、聖書を解釈できるのはあくまで聖職者だけであるとされた。したがって教会と神父が強い権威を有したのである。
これに対して、宗教改革を主導したルターは、聖職者と一般人との区別を否定し、万人は等しく司祭であるとした（万人司祭主義）。プロテスタントにも牧師という教職者はいるがあくまで信徒の代表という位置づけであり対等な関係である。
また、ルターは聖書のみが信仰の拠り所であるとし（聖書主義）、一般信徒にも読解可能なように聖書をドイツ語に翻訳した。
このようにルターは教会の絶対的な権威を否定し、個人の内面における信仰心を重視したのである。
「プロテスタント」とは「反抗する者」「抗議する者」を意味する。カトリック教会への反抗者・抗議者ということである。

## 1.2 トマス・モア ★☆☆

T.モア
[1478～1535]

### (1) 背　景

15世紀以降のイギリスでは領主や地主が農民から農地を取り上げて塀で囲い込んで牧場にする「**囲い込み**(エンクロージャー)」が進んだ。囲い込みは毛織物業を盛んにした一方で、多くの貧困を生み出した。

このような状況を憂い、当時の社会状況を痛烈に風刺したのが、イギリス人文主義の思想家**T.モア**である。

## (2)『ユートピア』

モアはその著書『**ユートピア**』(1516)において、貧困など諸悪の根源は私的所有権であり、国家や法は富める者の利益に奉仕しているだけに過ぎないと厳しく批判した。その上で、自らが構想した理想の社会(ユートピア)を描いた。

彼はまず私有財産のない共同所有の社会(**共産主義社会**)が必要だとした。人々の労働時間は6時間であり、残りの時間は自由な活動や教養のために用いられるという。ユートピアとは正確には「どこにもない理想の社会」を意味する言葉であり、モア自身もこのような社会が本当に実現できると考えたわけではなく、現実社会を面白おかしくそして痛烈に風刺した内容となっている。

# 1.3 マキャヴェリ ★★★

N.マキャヴェリ
[1469～1527]

## (1) 背 景

15世紀のイタリアは、他のヨーロッパ諸国と異なり、統一的な王権がなく、ナポリ、ミラノ、ヴェネツィア、フィレンツェなど様々な小国が乱立していた時代である。このためフランスなどの大国から介入や侵略の的となるなど、外国から蹂躙されていた。

このような時代において小国に過ぎない祖国フィレンツェを守るため外交や軍事で手腕を発揮したのが**N.マキャヴェリ**である。

## (2) 人間観

国家や個人の欲望と陰謀が渦巻き、権力を得るためには手段を選ばない、そうした時代にマキャヴェリは生きた。したがって、彼は人間の本質を、理性や倫理的な徳目に求めるのではなく、野心や貪欲の中に見出した。

人間とは「恩知らずで移り気で、偽善的で臆病で貪欲」な存在であり、さらには言葉という人間特有の能力さえも他人を欺くために用いようとする。したがって、人間とは動物以下の存在であるとマキャヴェリは考えた。

## (3) 権力国家論

このように動物以下の存在である人間は自らを律する能力を根本的に失っている。したがって、マキャヴェリは、政治的秩序を形成するためには「力(権力)」による強制、つまり恐怖感によって人々の欲望を制限し、ルールに服従せざるを得ないような状況にするほかないと考えた。

ここで言う「力」とは名声・評判・権勢といった影響力を下に実際に人々をコント

ロールする能力のことであり、彼はこれを**スタート**(stato：英語のstateに相当するイタリア語)と呼んでいる。従来の政治思想では、支配者と被支配者によって構成される政治共同体をいかに形成するかが論じられてきたが、マキャヴェリはそうした伝統とは一線を画し、支配者がいかなる権力手段によって人々を支配するかという点に焦点をあてた。

このように国家の本質を権力に見出す議論は今日では「**権力国家論**」と呼ばれており、マキャヴェリがその代表格である。

### (4)「君主論」：ライオンの獰猛さとキツネの狡猾さ

では、支配者(君主)は具体的にどのような手段で人々を統治すべきか。この統治技術の指南書として執筆されたのがマキャヴェリの代表作『**君主論**』(1532)である。

まず、彼は人々の統治については「**愛されるより、恐れられる方がいい**」と説いている。動物以下の人間に対しては自発的な服従は期待できないため恐怖心こそが最終手段だと考えたのである。マキャヴェリはこれを「**ライオンの獰猛さ**」に喩えている。

また、君主には「**キツネの狡猾さ**」も必要だと述べている。敵の罠を見破り、相手に先んじて策略を巡らす能力も君主には欠かせないという。

このようにマキャヴェリは、君主は道徳や信仰心に反してでも、秩序を維持することが重要であると考えた。すなわち、マキャヴェリは教会の権威よりも君主(国家)の権力を優先したのである。

### (5) 共和政を評価

『君主論』というタイトルからは君主制を前提としているように見えるが、マキャヴェリはむしろ共和政(民主政)を高く評価した。彼は古代ローマの共和政が巨大な帝国を建設したことに注目し、単純な**君主制よりも共和政の方が優れている**とした。

ただし、彼が共和政を評価したのは、主に軍事的観点からであり、当時のイタリアで主流であった「傭兵軍」よりは、祖国への忠誠心を持つ市民を中心とする「国民軍」の方が軍事的にはより強力であるとの発想に基づく。

### (6)「近代政治学」と「国家理性」の元祖

以上のようなマキャヴェリの政治思想は、政治を道徳や宗教の世界から解放したもので、政治には独自の世界があると考える「**近代政治学**」**の先駆的な業績**であると考えられている。

また、外交や国際政治の面では時に「**国家理性**」の端緒であるとも評される。国家理性(レゾン・デタ)とは、国家は何か他の目的に仕えるものでなく、国家それ自体の生存や維持を第一目的としているという考えである。国益に基づいた冷徹で現実主義的な外交などが国家理性の典型である。

**Power UP　マキャヴェリズム**

マキャヴェリの議論は、目的のためには手段を選ばない、権謀術数主義と解釈されることから、今日ではこうした思想を一般に「マキャヴェリズム」と呼んでいる。

だが考えてみよう。ある個人や国家が常に武力によって相手に恐怖を与え、相手を出し抜くために策略ばかりを巡らしている、このような評判ばかりであれば、人間関係も外交関係も破綻してしまう。

そこでマキャヴェリが併せて説くのが「偽善のすすめ」である。彼は、君主は「慈悲深く、信義に厚く、人間性に富み、正直で信心深く」見えるようにしなければならないとしている。

本性は権謀術数主義であったとしても、外見上は正直で慈悲深い為政者。これがマキャヴェリの教えである。

## 1.4 ボダン ★★★

### (1) 背　景

16～17世紀のヨーロッパは宗教戦争の時代である。ヨーロッパ各地では新旧キリスト教間で紛争が繰り広げられ、フランスもまたユグノーと呼ばれるカルバン派の勢力が台頭し、カトリック強硬派との間で30年以上もの間血みどろの内乱が続いた(**ユグノー戦争**)。

J.ボダン
[1530～96]

このように宗教の熱狂が国内の無秩序をもたらしている状況において、フランスの思想家**J.ボダン**は『国家論六編』(1576)において、宗教に依存することなく国内の秩序を確立する手段として主権という概念を提唱した。

### (2) 主権の定式化

今日広く知られている主権という概念を初めて定式化したのがボダンである。ボダンによれば主権とは、「**国家の絶対的にして永続的な権力**」である。

「絶対的」であるということは、対内的には国内のあらゆる勢力に優越する権限を有し、対外的にはローマ教皇をはじめとする外部からの干渉を排除できる権限を有するということである。また、「永続的」であるということは主権には任期がなく無制限であるということである。

### (3) 主権の具体的内容

ボダンによれば、主権は立法権、外交(宣戦講和)権、人事権、終審裁判権、恩赦権、課税権などから構成されている。

とりわけ**立法権を主権の第一の特権**として最も重視し、立法権は「他人の同意を得ることなく、すべての人々に法を与える権限」であると定義している。そして法とは「**主権者の命令**」であるとされた。このような定義は当時において革新的であった。

それまでの中世以来の伝統的な解釈では、法とは支配者と被支配者をともに拘束するルールである（法の支配）。しかし、ボダンは法を主権者による一方的な命令であるとし、主権者は法を自由に改廃できると考えたのである。

### （4）主権の制限

以上のような議論は、一見すると宗教や慣習を無視し、主権者（王）の恣意的な支配を許容するものに見える。実際ボダンの主権論は後に王権神授説として広く流布された。

しかし、ボダンはマキャヴェリを批判しつつ、国家とは「主権をともなった正しい統治」であると定義している。「正しい統治」のためには、主権者は臣民の財産を尊重しなければならず、その国の伝統的なルールにも従わなければならない。

このように、**主権は全くの無制限ではなく様々なルールに拘束**されると考えた。

# 2 市民革命と政治思想

## 2.1 社会契約論 ★★★

### （1）背　景

古代や中世においては国家や法は自明の存在であると理解されていた。例えば、ある人間が支配者（王）であることや、ある行為が法律で禁止されていることは当然のこととされ、神や伝統などそれ以上さかのぼることのできない究極の根拠によって正当化された。

しかし、宗教改革やルネサンスを経て、これまでの神や伝統が決して自明の存在でなくなると、世の中の秩序やルールは人間が作り出し、変化させていくものだという認識が広まっていった。こうした思想の代表格が社会契約論である。

### （2）定　義

社会契約論とは、国家の存在しない状態（**自然状態**）で、個人はどのような権利を有するか（**自然権**）、そしてどんな行動をとるかということを推論し、こうした個人が何らかの必要にかられて合意（**契約**）によって新たに国家を形成するにいたる過程を論証する理論である。

以下で詳述するように、ホッブズ、ロック、ルソーなどが代表的な思想家である。

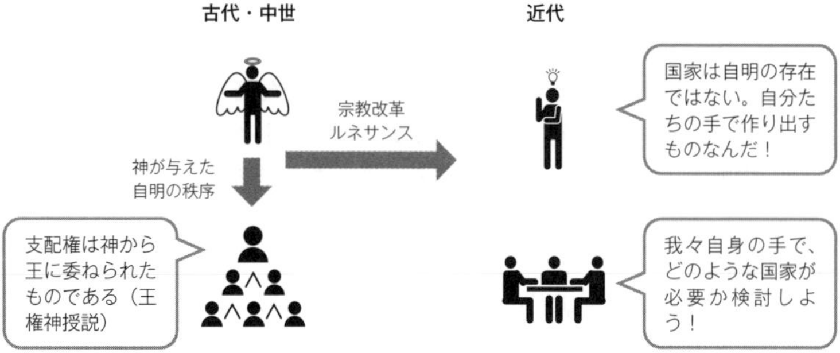


## 2.2 近代自然法思想 ★★☆

### （1）定　義

以上のような神から自立した国家や人間のあり方を検討する社会契約論の理論的根拠となったのが自然法思想である。自然法思想とは、神から自立した人間の理性を重視し、それによって**人間の本性**（nature：自然）に適合する法原理が導き出されるとする考え方である。

### （2）自然権

では、人間の本性から出発した場合に、人間にはどのような権利が備わっていると考えられるか。これが**自然権**（natural right）である。自然権とは、国家や法律に先立って存在する、「**人間が生まれつき有する権利**」を意味する。

ただし、後述するように社会契約論の中でも論者によってその具体的な中身は様々である点に注意しよう。

### （3）自然状態

そこで、以下に取り上げる社会契約論を唱える論者は、国家や法律に先立って、自然権を有する個人が存在すると仮定し、その場合には人間はどのような状態に置かれるかを検討した。これが「**自然状態**」である。

つまり、「**国家・社会が創設される以前の、法的拘束がない状態**」のことであり、社会契約論で用いられる理論的な仮説である。

## 2.3 ホッブズ

★★★

T.ホッブズ
[1588 ~ 1679]

### (1) 背　景

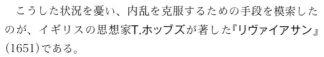

17世紀後半のイギリスはピューリタン(清教徒)革命から王政復古へと続く動乱の時代である。特に**ピューリタン革命(清教徒革命：**1642 ~ 49)では、王党派と議会派の対立により多くの血が流れ、イギリスは内乱状況に陥った。

こうした状況を憂い、内乱を克服するための手段を模索したのが、イギリスの思想家**T.ホッブズ**が著した**『リヴァイアサン』**(1651)である。



### (2) 自然権：「自己保存の権利」

まず、ホッブズは、人間は生まれつき「**自己保存の権利**」(「生存のための自由」)を有すると考えた。つまり、人間は誰でも自らの生命を維持するために、必要なあらゆる手段を用いる権利を有しているというのである。そして、この権利は**万人が平等に有している**とした。

### (3) 自然状態：「万人の万人に対する闘争」

また、ホッブズは、人間の欲望は無限であり、死に至るまで止むことなく権力(power)を追求すると考えた。例えば他人より腕力が劣っていれば、より強い腕力を求める。他人より評判が悪ければより高い評判を得ようとする。

このような本性を持つ人間が自己保存の権利を平等に有しているとすれば、何が起きるか。それは終わることのない不断の戦争状態、「**万人の万人に対する闘争**」が生じるという。

### (4) 共通権力の必要性

では、「万人の万人に対する闘争」を防ぐ手段は何か。まずホッブズは自然法が闘争を防ぐ可能性について検討した。ここでいう自然法とは平和を実現するための一般規則のことであり、人間は理性に基づいて自然法を制定することができるはずである。

しかし、例えば自分がその規則を守ったとしても他人がその規則を遵守するとは限らない。つまり、自然法が存在しても、**規則を強制する共通の権力**がなければ、平和は訪れないとホッブズは考えたのである。

### (5) リヴァイアサン(国家)の成立

そこで、ホッブズは、すべての人間が自らの権利を、一人の人間(または合議体)に委ねることで共通の権力を樹立しようとした。

すなわち、一人の人間(または合議体)を自らの代理人としてすべての権利を委ね、この代理人の判断に従うという内容の契約を各個人が結ぶとした(**自然権の主権者への全面譲渡**)。

**リヴァイアサンの表紙**

ホッブズは契約によって設立された国家を旧約聖書に登場する怪物に喩えてリヴァイアサンと呼んだ。よく見るとリヴァイアサンの身体は小さな人間から構成されている。人間が作り出した人造人間が国家である。

### (6) 抵抗権の否定

以上の契約は、あくまで一人の人間(または合議体)という第三者(契約当事者ではないもの)に対して授権するものであり、第三者と各人との間には契約関係は存在しない(**統治契約の不在**)。したがって、人々のすべての権利を授権された第三者すなわち主権者は無制限の権力を有しており、人民には主権者に抵抗する権利は存在しないのである(**抵抗権の否定**)。

主権者が無制限の権力を持つという化け物じみた国家。それ故ホッブズは国家を**リヴァイアサン**(旧約聖書ヨブ記に登場する怪物)に喩えたのである。

**万人の万人に対する闘争**

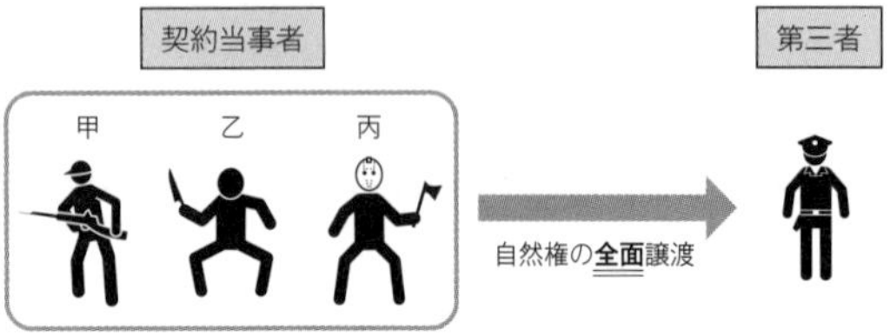


## 2.4 ロック

★★★

### (1) 背　景

イギリスの思想家**J.ロック**は、17世紀イギリスの王政復古から名誉革命の時期に活躍した。この時代のイギリスは王と議会が激しく対立しており、最終的には専制を強めるジェームズ２世に対して、議会はオランダからオレンジ公ウィリアムを招請し、王位に就かせるという**名誉革命**(1688 ～ 89)が実現した。

J.ロック
[1632 ～ 1704]

このような時代において議会派を擁護し、議会優位の体制を正当化する目的で執筆されたのが**『市民政府論(統治二論)』**(1690)である。

### (2) 自然権：所有権

まず、ロックは人が生まれながらに持つ権利(自然権)を、**所有権**(property)であるとした。ここでいう所有権は現在よりも広く「**生命・自由・財産**」を意味している。私の身体は私固有の所有物であり誰も奪うことができない。したがって、私の身体を用いた労働によって生み出された財産も私に固有の所有物である。

このような論理によってロックは今日において基本的人権と呼ばれているものを正当化したのである。

### (3) 自然状態：「一応の平和」

では、国家や政府が存在しない自然状態では、所有権を有する個人はどのような状況に直面するだろうか。

ロックは、国家や政府が存在せずとも「**一応の平和**」が確保されると考えた。なぜなら、人間には理性があり、例えば「汝、殺すなかれ」「汝、盗むなかれ」という当然のルール(自然法)に従うからである。

つまり、**自然状態には自然法がすでに存在**しているのである。しかし、この自然状態は権利が損なわれた場合の救済手段もなく、意図的にルールを破る者に対する制裁手段がない。したがって、自然状態は一応の平和ではあるものの、潜在的には紛争が生じる危険性がある。

### (4) 政治社会の設立

そこで、ロックは各人の所有権を守るために、自然法を解釈し執行する共通の権力が必要だと考え、自然権の一部(**自然法の解釈や執行**)を放棄し、全員が政治社会の構成員となるという契約を結ぶとした。

要するに、権利侵害に際しての自力救済の権利は失うが、政治社会における共通の権力を通じて制裁や救済が行われるという体制である。

### (5) 二権分立

このような共通の権力をロックは、**立法権**、**執行権**(行政権)、**連合権**(外交権)の3つに分類した。

ただし、現実のイギリスの政治においては、立法権は議会に属し、執行権と連合権が国王に属することから、ロックの権力分立論は実質的には**二権分立**となっている。また、**立法権を最高の権力**と位置づけ、執行権は立法権に従うものとしていることから、**立法府優位**の権力分立論である。
この点が後に述べる権力の均衡を重視したモンテスキューの議論とは決定的に異なっている。

### (6) 抵抗権と革命権の肯定

以上のように、政府(国家)とは、あくまで個人の所有権をよりよく保障するために、人々が権利を政府に**信託**(trust)することによって成り立っている。したがって、政府がこの信託に違反すれば、人々は政府を解体することができるとした。
つまり、政府が権力を濫用する場合には人々は武器を持って抵抗する権利があり(**抵抗権**)、最終的には政府を打倒する権利(**革命権**)を持っていると考えたのである。
この抵抗権と革命権の考えは後のアメリカ独立革命やフランス革命の理論的根拠ともなった。

ロックの社会契約論

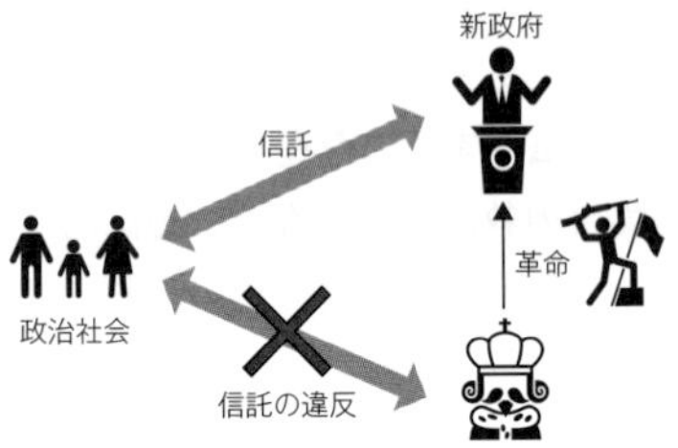


## 2.5 ルソー

★★★

### (1) 背　景

J.J.ルソー
[1712～78]

スイス・ジュネーブ出身の思想家**J.J.ルソー**は、16歳で家出をして各地を放浪した。30歳で音楽家として身を立てるべく、フランス・パリに移り住み、後にフランス啓蒙思想の代表的な思想家として活躍した。
彼は『**学問芸術論**』、『**人間不平等起源論**』などの著作を通じて、当時のヨーロッパ文明社会を厳しく批判した。代表作である『**社会契約論**』(1762)は広く読まれ、後のフランス革命を思想的に準備する役割を果たしたと言われている。

### (2) 自然状態：「完全な平和」

まず、ルソーは人間の自然(本性)や自然状態とは何かを改めて再検討した。

彼によれば、自然状態とは人間が文明社会に到達する以前の、人間が一個の動物として互いに孤立して生活する「未開状態」である。そして、この自然状態では、人間は自己保存の欲求(**自己愛**)があるものの同胞の苦しみに共感する能力(**憐れみの情**)を有しているため、戦争状態になることはないとし、自然状態は「**完全な平和**」であると考えた。

### (3) 文明社会の批判

その後、人間は理性を獲得して、自然状態から抜け出し文明社会を発達させることになった。理性によって無知蒙昧から解放され、科学技術が発達した文明社会は人間にとって幸福をもたらすはずである。

しかし、ルソーは、文明社会は不自由と不平等、支配と隷従の関係が蔓延した堕落した状態に過ぎないと批判している。文明社会が私有財産を認めたから富をめぐる争いが生じ、他人を羨み、虚栄心が生まれるのであり、その元凶が理性であると考えたのである。

しかし、人間はすでに進歩してしまった以上、かつての「未開状態」(自然状態)に戻ることもできない。本来の人間性を取り戻すためには、全く新しい政治社会を樹立する必要があるとルソーは考えたのである。

### (4) 社会契約

そこで、ルソーは、個人が自由でありながらも各人が一体となる共同体を設立するためには、自分の持つ権利と自分自身を**共同体に全面譲渡**し、この共同体の意志である一般意志に服従するという内容の契約を結ぶ必要があるとした。この社会契約によって誕生する共同体は、人民全員が主権者であり、共同体の決定とは自己決定に他ならない。

**一般意志のイメージ**

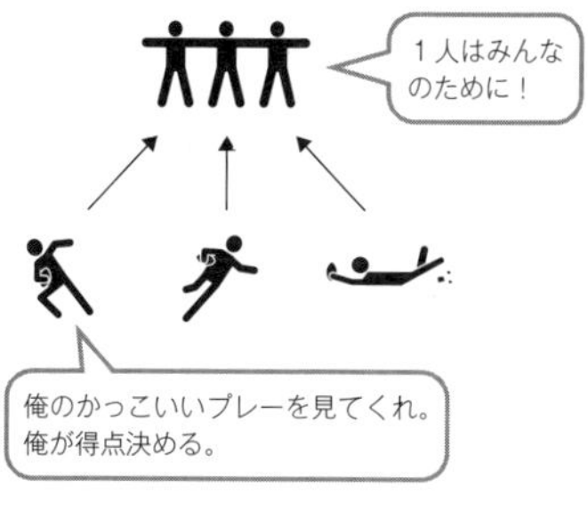

1人はみんなのために！
俺のかっこいいプレーを見てくれ。俺が得点決める。


したがって、**人は完全に自由でありながらも、全員が一体**となり自らを律することができると考えたのである。

### (5) 特殊意志・全体意志・一般意志

ところで、ルソーは共同体の意志を一般意志と呼んだが、これはいかなる性格のものか。彼はこれを特殊意志、全体意志との違いで説明している。

一般意志は、特殊意志と全体意志に絶対的に優越するもので、「常に正しく、常に公共の利益をめざす」ものであるという。

| 特殊意志 | 全体意志 | 一般意志 |
|---|---|---|
| 個別利益の志向であり、私的利益の追求。 | 特殊意志の総和であり、私的利益の寄せ集めに過ぎない。 | 普遍的・公共的な意志であり、共通の利益を志向するもの。 |

### (6) 直接民主制

また、ルソーは、一般意志は「**他人に譲ることもできない**」とも述べている。彼はイギリスの代議制は選挙の時しか人々の自由が存在しないと批判し、**直接民主制**を主張した。

ルソーの祖国スイス(ジュネーブ)は現在でも直接民主制が盛んなことで有名である。

## 2.6 モンテスキュー ★★★

### (1) 背　景

C.モンテスキュー
[1689～1755]

太陽王と称されたルイ14世の統治下でフランスは絶対王政が全盛期を迎え、王権による中央集権体制が確立していた。こうした時代において、絶対王政による自由の抑圧を批判し、いわゆる**三権分立**の原型を築いたとされるのがフランスの思想家・法律家**C.モンテスキュー**である。

三権分立の議論は主著『**法の精神**』(1748)で論じられている。

### (2) 政治的自由と権力分立

モンテスキューは、イギリスの**名誉革命**を称賛し、イギリスの政治制度が権力を制限し、政治的自由(**権力からの自由**)を確保することに成功しているのは、イギリスの国家権力が、国王・貴族院・庶民院の３つの間で適切に配分されているからであると考えた。

### (3) 三権分立

先に見たように、ロックの権力分立論は、国王が執行権と連合権(外交権)を有し議会が立法権を有するという点で「**二権分立**」論だったが、モンテスキューは執行権から独立した権力としてさらに司法権を加えた「**三権分立**」を唱えたのである。

そして、権力を抑制できるのは他の権力だけとの発想から、司法権・立法権・行政権が相互に独立することで専制が防止できると考えた(**権力の抑制と均衡**)。

### (4) 後世への影響

以上のようなモンテスキューの権力分立論は、フランス人権宣言やアメリカ合衆国憲法に大きな影響を与えている。特にアメリカでは彼の議論が忠実に採用され、厳格な三権分立制が確立された。

ロックとモンテスキューの権力分立論

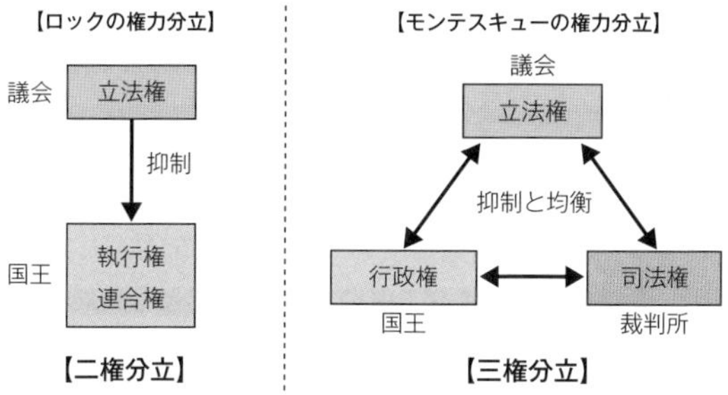


## 2.7 バーク ★★☆

### (1) 背　景

E.バーク
[1729～97]

イギリスの政治家・思想家**E.バーク**は、名誉革命によって国王・貴族(エリート)・庶民を中心とした自由な政治体制が確立したことを高く評価した。

他方で、フランス革命は歴史や伝統を無視した改革であるとして、『**フランス革命の省察**』(1790)において厳しく批判した。

### (2) 歴史的産物としての権利

まず、バークが批判したのはフランス革命の理論的根拠である自然権思想や社会契約論である。これらの思想は、人間の権利が国家や歴史に先立つ「**生来の権利**」であるという前提に立つが、バークは**権利とは歴史的産物**に他ならないとし、歴史や伝統を無視した権利などありえないとした。

例えば自由権と一口にいってもその具体的な内容は各国の歴史や伝統によって様々であり、どこの国でも妥当する普遍的な権利は存在しないとバークは考えたのである。

### (3) 保守主義の思想

#### ① 保守主義の元祖

以上のようなフランス革命批判などを通じて、バークは政治思想における**保守主義**と呼ばれる潮流を生み出したことで知られている。

保守主義とは、一般に急進的な改革や革命を批判し、過去からの連続性や伝統を強調する思想や立場をいう。

バークは、現にある状態は長い年月をかけて作られたものであり、それなりの存在理由があるとし、偏見(先入見)さえも社会において歴史的に定着してきたものであるとし一定の評価を与えた。

#### ② 漸進的改革

ただし、バークのいう保守主義とは、昔ながらの歴史や伝統を墨守し変化を嫌う「伝統主義」とは異なる。バークは決してあらゆる変化を否定したわけではなく、時代の変化に合わせ、**漸進的に変化していくことが重要**だとしたのである。

このような漸進的な変化を繰り返すことで、昔ながらの伝統や慣習がその姿を変えつつも大事な部分は継続していくことになる(「**変えることで保つ**」)。

### (4) フランス革命とアメリカ独立革命に対する評価

以上のように、バークの保守主義は決して変化(革命)それ自体を否定するものではない。バークが**フランス革命を批判**するのは、それが伝統や歴史を完全に無視した急進的な改革であったからである。

したがって、バークはアメリカ独立革命については、むしろこれまでアメリカの植民地が実質的に代表されなかったことが問題であるとして、肯定的な態度をとっている。

## 2.8 アメリカ独立革命と政治思想 ★☆☆

### (1) 背　景

従来の政治思想では、ローマ共和政の失敗のように、広い領域を支配する政府は君主制にならざるをえず、共和制は領域的に狭い国の統治に適したものと考えられていた。したがって、**かつては民主主義と言えば直接民主制**を意味した。

しかし、後述するトマス・ペインやフェデラリストらのアメリカ独立革命期の政治思想によって、代議制と民主主義が結びつくことが示され、より広い領域でこそ民主主義が実現するというアイデアが広まり、**間接民主制**は民主主義の新しい類型として受け入れられるようになったのである。

### (2) トマス・ペイン

#### ① 背　景

T.ペイン
[1737～1809]

アメリカの世論が英国からの独立か残留かに二分されていた状況において、アメリカの思想家**T.ペイン**は**『コモン・センス』**(1776)を著し、独立の気運を高めることに貢献した点で知られている。

彼によれば、君主制に代表される旧体制は文明社会の「寄生物」であり、自由の体制ではないと批判し、**イギリスからの独立**を主張した。

#### ② 人民主権論と代議制

さらに、ロック的な社会契約による憲法制定を主張し、後にいう**人民主権論**を主張した。ただし、彼は、アメリカのような広大な地域で共和政を実現するには直接民主制ではなく、**代議制**が好ましいと論じた。

### (3) ジェファーソン

#### ① 背　景

T.ジェファーソン
[1743～1826]

ペインと同様にアメリカ独立の世論の醸成に貢献したことで知られるのが、後にアメリカ独立宣言を起草した**T.ジェファーソン**である。バージニアのプランテーション(大規模農園)の領主であったジェファーソンは、有徳かつ有識の「独立自営農民」を中心とした共和政を主張したことで知られている(農本主義的デモクラシー)。

このように、ジェファーソンは、いわゆる大衆民主主義を志向したわけではなく、世襲や血統ではなく、自らの才能と徳性によってその地位を得た「自然の貴族」(natural aristocracy)が統治に携わるべきだと考えた。

② アンチ・フェデラリスト

また、ジェファーソンは連邦政府の権力抑制を重視する**アンチ・フェデラリスト**(反連邦主義者)として大統領に当選した。彼は各州の権力(州権)を重視し、農業立国としてのアメリカを理想として描いていたのである。

### (4) フェデラリスト

① 背　景

A.ハミルトン
[1755～1804]

1776年、アメリカの13州(邦)はイギリスから独立した。ただし、この時点で誕生したのは、あくまで13の独立国家(state)の連合体であり、統一国家は実現していなかった。そこで、各州(邦)は州の上にさらに中央政府を設けることを規定した憲法の制定を議論したが、反対の意見も多く憲法制定は危ぶまれた。

このような状況において、連邦憲法批准のため、憲法弁護論を唱えたのがJ.マディソン、A.ハミルトンらであり、自らを**フェデラリスト**(連邦主義者)と自称したのである。

② 権力分立の徹底

フェデラリストは、多数派による専制(権力の集中)を危惧し、連邦政府の設立にあたって徹底した権力分立を唱えた点に特徴がある。

例えば、「憲法の父」と称される**J.マディソン**(第4代大統領)は、**代議制**(直接民主制の否定)、上院の創設(立法府の権力分立)、**連邦制**(より広い地域で多様な党派が競争する政治体制の方が多数の専制は防止できる)を唱えた。

また、「建国の父」の一人に数えられる**A.ハミルトン**(初代財務長官)は、大統領制(立法府から独立した行政府)、司法権の強化(違憲立法審査権)を唱えた。

以上のように、フェデラリストの主張は概ね現在のアメリカ合衆国憲法に反映されたものとなっている。

# 3 19世紀の政治思想

## 3.1 ヘーゲル

★★★

### (1) 背　景

G.W.F.ヘーゲル
[1770～1831]

ドイツの哲学者**G.W.F.ヘーゲル**は、旧体制を打倒し人々の自由を達成したフランス革命を歴史の必然として高く評価した。他方で、革命がジャコバン独裁や恐怖政治となってしまったことを問題視して、個人と国家のあるべき姿を哲学的に検討した。

### (2) 人　倫

まず、ヘーゲルは個人と国家を対立的に見る自然法思想や社会契約論を批判した。これらの議論は、国家に先立つ個人を想定し、国家はあくまで個人の利益の実現の手段と考えるなど、個人と国家を二項対立的に理解しているからである。

これに対してヘーゲルは、個人は具体的な社会や組織の中に位置づけられて初めて人間たりうるとし、個人と国家(全体)という一見すると矛盾するものを包括的に理解するために**人倫**という概念を提唱した。

人倫とは、自由でありながらも調和がとれた状態(自由な精神が客観的な制度や組織となって具体化された状態)であるという。

### (3) 家族・市民社会・国家

#### ① 家　族

そして、この人倫は家族・市民社会・国家の3段階を経て発展するとヘーゲルは論じている。まず**家族**は「**愛情を媒介とした共同体**」であり、例えば母と子供の関係に見られるように、個人はまだ独り立ちできていない(即自)。

#### ② 市民社会

やがて独立した個人は自己利益を追求するようになり、**市民社会**に参加する。ここでいう市民社会とは個人が自らの欲望を満たすために、労働したり他人と取引したりする「**市場社会**」のことであり、ヘーゲルは「**欲求の体系**」と呼んでいる。

彼によれば、市場社会は互いが対立しあう関係でもあるが、それ故に自己を確認したり、反省したりする契機にもなるという(対自)。

#### ③ 国　家

ただし、現実の市民社会(市場社会)は、個人が自らの欲望を優先するあまり、貧困などの社会全体の問題に対処できていない。そこで、ヘーゲルは、個人が自由でありながらも全体の調和を実現するものが**国家**であるとし、家族(即自)と市民社会(対自)という矛盾した存在が国家(即自かつ対自)によって**止揚**(対立や矛盾が発展的に統一されること)されると考えた。

このようにヘーゲルは国家を高く評価し、「**人倫の最高形態**」であると評している。また、具体的な国家体制としては、君主が立法権と統治権を総攬する**立憲君主制**を理想とした。

家族・市民社会・国家

| | 家族 | 市民社会 | 国家 |
|---|---|---|---|
| 概要 | 愛情を媒介とする共同体 | 利益を媒介とする「欲求の体系」 | 家族の共同性と市民社会の個人の独立性を止揚した共同体 |
| 評価 | 自然的な感情過ぎて、個人の人格の独立性がない | 互いの利益が対立するが、個人の自覚や反省の契機ともなる | 人倫の完成の場であり、「国家は人倫の最高形態である」 |
| イメージ | 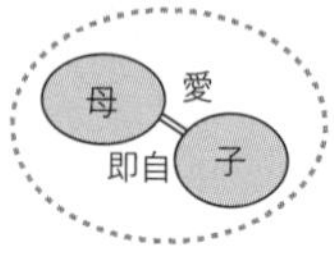 | 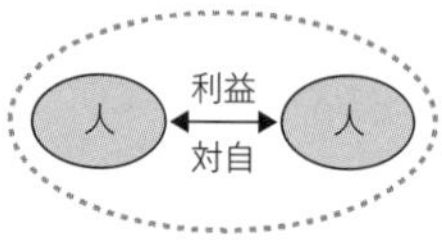 | 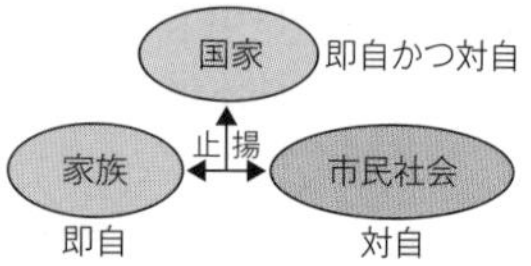 |

即自・対自とはヘーゲル哲学の用語で、即自はそれ自身に即した未発展の段階、対自とは即自から発展した自分の対立物が現れた状態、即自かつ対自とはその対立を止揚して統一を回復した一段高まった状態である。

## 3.2 トクヴィル

★★★

### (1) 背　景

A.de.トクヴィル
[1805～59]

フランスの思想家・政治家**A.de.トクヴィル**は、第7代大統領A.ジャクソンの執政期(1829～37)にアメリカを訪問した経験から、民主主義社会の到来が歴史の必然であると考えた。

当時のアメリカは**ジャクソニアン・デモクラシー**とも呼ばれた時代であり、各州で白人男子普通選挙が導入され、大統領選挙の民主化も進んでいた。

この時の経験から著されたのが『**アメリカのデモクラシー**』(1835～1840)である。

### (2) アメリカ社会における平等

トクヴィルは、ヨーロッパではまだ根強い伝統や身分に基づく格差がアメリカではほとんど存在せず、「**諸条件の平等**」(境遇の平等)が達成されているとし、民主主義社会が実現していると考えた。

そして、これはヨーロッパ社会にもいずれ及ぶ普遍的な傾向であると考えた。

### (3) 多数の専制

ただし、トクヴィルは民主主義それ自体を理想としたわけではない。すべての人が平等に扱われる民主主義社会では、人々の思想は等価値であり、特定の人物や思想に質的な優位が認められない。したがって、民主主義社会では、唯一数のみが権威の源泉となり、少数意見は多数の意見には対抗できなくなる。

トクヴィルはこれを「**多数の専制**」と呼び、民主主義社会は個人の自由や個性を圧迫する危険性が潜んでいると考えたのである。

### (4) 自由と平等の両立

では、自由と平等すなわち自由主義と民主主義はどのように両立することができるのか。トクヴィルはその条件をアメリカ社会に見出したのである。

彼は、以下に述べるようにアメリカの地方自治、陪審制、結社の自由、宗教に注目し、これらの要素によってアメリカでは専制が防止され、自由と平等が両立していると考えたのである。

| | |
|---|---|
| **①地方自治** | 地方自治は、身近な問題を通じて人々の政治意識を高め、個人を利己心から解放して公共心を育てる場所として機能する。 |
| **②自発的結社** | 結社は当初は利己心から生じたものであったとしても、人々の政治に対する展望を広げるという教育的機能がある。 |
| **③陪審制** | 陪審制(法的判断への市民参加)は、市民としての義務や責任感を培養する効果がある。 |
| **④宗教** | 宗教は、人々が個人主義になることを防ぎ、人々の連帯感や互いへの義務感を高める機能を有している。 |

### (5) アメリカ批判

以上のようにトクヴィルは、自由と平等が両立する条件をアメリカに見出し、アメリカのような多元的・分権的な社会を一種の理想と考えた。

しかし、アメリカを手放しで絶賛しているわけではない。アメリカでは「多数の専制」こそ生まれていないが、意見の多様性があまり見られず、多勢順応・画一的思考に基づく世論形成の可能性があることを指摘している。

### (6) 社会主義批判

また、自由主義と民主主義の両立を論じたトクヴィルは、他方で**民主主義と社会主義は敵対する**と強調した。

当時一般には民主主義と社会主義はむしろ親和性の高い概念であったが、彼によれば社会主義は個人の独立を狭め、自由を制限して平等を樹立するものに過ぎないため、自由主義や民主主義とは相容れないと主張した。

## 3.3 ベンサム

★★★

J.ベンサム
[1748～1832]

### (1) 背　景

イギリスの法律家・思想家**J.ベンサム**は弁護士として活動する中で、イギリスの法律改革、社会改革に取り組んだ。慣習法(コモン・ロー)の国イギリスでは、体系化された法典が存在せず、過去の判例が裁判を左右する。

このような法制度では、法は法律家だけが理解できるもので、一般市民とは縁遠いものであるとベンサムは批判している。

### (2) 自然法と社会契約論を批判

また、ベンサムは、権利は法律によって規定されるものであって「政府に先立つ権利」などというものはありえないと考え、自然法思想と社会契約論を否定し、これらに代わるより単純な法体系の構築を目指し、**『道徳及び立法の諸原理序説』**(1789)を執筆した。

それまでの政治思想では、人間の本性に注目する自然法思想が一般的であったが、ベンサムはこの伝統を断ち切ったことで「**哲学的急進派**」とも称されている。

### (3) 功利の原理

では、人間の本性ではなく、人間をある行為へと駆り立てる動機は何か。ベンサムはそれを道徳的な善と悪ではなく、快楽と苦痛であると考えた。

つまり、人間にとっては**快楽が**「**善**」、**苦痛が**「**悪**」であり、あらゆる行為は、それが快楽を増進し苦痛を減少させるかどうかで判断できるという「**功利の原理**」を主張した。

### (4) 最大多数の最大幸福

以上の原理に従えば、社会全体の利益とは個々人の利益の総和に他ならない。したがって、政府の役割とは、個人の快楽が最大になるように、また苦痛が最小になるように配慮して、社会全体の快楽の実現を図ることであるとされる。これを「**最大多数の最大幸福**」という。

このような「功利の原理」と「最大多数の最大幸福」に基づく思想を**功利主義**

(utilitarianism)という。

### (5)「小さな政府」と普通選挙

さらにベンサムは「功利の原理」に基づけば、政府の介入はそれ自体が苦痛だと考え、経済に関しては自由経済、自由貿易で国家が介入しない「**小さな政府**」を主張した。

また、快楽と苦痛を前提とする限り、例えば年収や学歴で選挙権を限定する必要はなくなると考え、**普通選挙**と**平等選挙**も主張した。



功利主義とトリアージ

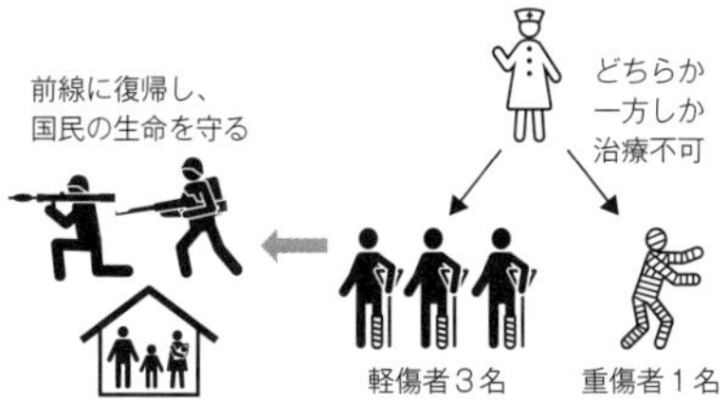


医療現場のトリアージは典型的な功利主義の発想である。
例えば、自衛隊の看護士向けテキストにはこう書かれている。「侵略してきた敵と国家の存亡をかけて戦うときに、少数の傷者を救うために作戦を阻害することはあってはならず、最大多数の最大幸福のために、軽傷者の治療を重傷者より優先しなければならない。」(『防衛看護学』医学書院、p.80)
具体的には図の通りである。看護師は究極の選択として、命に別状はない軽傷者３名の治療かすぐに治療しないと死に至る重傷者１名の治療を選ばなければならない。自衛隊の使命は国民の生命と財産を保護することであるなら、直ぐに前線に復帰する軽傷者３名の治療を優先することが合理的である。命の軽重をある基準で選別することも功利主義の発想である。

## 3.4 J.S. ミル ★★★

### (1) 背　景

J.S.ミル
[1806～73]

イギリスの思想家・政治家**J.S.ミル**は、ベンサムの盟友であった父J.ミルから徹底的な英才教育を受け、早くから功利主義の思想家として活躍した。

しかし、20歳の時に精神的危機(うつ病)を経験し、道徳的な善悪をすべて快楽と苦痛という尺度だけに還元する功利主義の思想に疑問を持つようになった。

### (2)「不満足なソクラテスである方が優れている」

**快楽の高低**

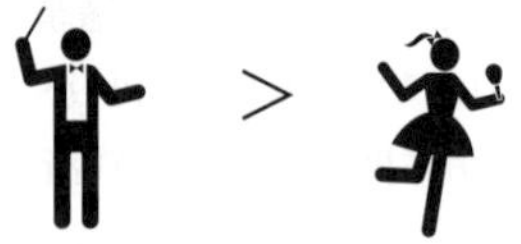


そこで、ミルは代表作『**自由論**』(1859)を著し、ベンサムとは異なる功利主義論を展開した。ベンサムはすべての快楽を等価値と考え、快楽と苦痛の量を中心とする功利主義を唱えたが(**量的功利主義**)、ミルは快楽の質的な差異(価値の高低)に注目した。

ミルは「**満足した愚か者よりも、不満足なソクラテスである方が優れている**」という有名な言葉を残しており、快楽の質が重要であることを強調している(**質的功利主義**)。

### (3) 自己決定権としての自由

以上のように快楽に質的な違いがあることが、個人の多様性や個性を生み出す。このように考えたミルは思想家トクヴィルの影響を受け、「**多数の専制**」によって個人の自由や個性が抑圧されることを危惧し、個人の私的領域での自由(内面の自由、思想言論の自由)は絶対的なもので、国家の介入は極力避けるべきだとした(いわゆる**消極的自由**の重視)。**⇒第7章第1節❷**

そして、人々が政治参加することで公共心も育成され、人格の陶冶も進むと考えたのである。このように個人の自律こそが人間の尊厳の基盤を成しており、他人に危害を加えない限り、個人の判断や決定を尊重するという「**自己決定権としての自由**」を重視したのである(他人に危害を加えない限り愚かな行為も許される権利である「**愚行権**」、「**危害原理**」とも呼ばれる)。

### (4) 普通選挙制と代議制

このようにミルは人々の政治参加に積極的であり、早くから**選挙権の拡大を主張**し、**女性参政権を積極的に擁護**したことでも知られるなど、原則的には全ての市民が政治に参加する権利を持つ必要があると考えた(ただし、大卒者などのエリートの複数投票権を主張し、文字を読めない者や生活保護者の参政権は否定している)。

また、人々には優れたリーダーが必要であると考え、直接民主制ではなく**代議制**こそが優れた政治制度だと主張している(『**代議制統治論**』1861)。

### (5) 比例代表制

以上のように、ミルの議論は明らかにエリート主義の要素が垣間見られるが、ミルが恐れたのは何よりも「多数の専制」の問題であった。そこで、選挙制度についても多数派有利の小選挙区ではなく、少数派の意見が反映される**比例代表制**が望ましいとした。

### (6) 社会民主主義への接近

ミルは経済学者としても知られており、当初は**自由放任主義**を肯定していた。しかし、晩年になると無条件な自由放任ではなく、消費者教育、労働時間の制限、救貧活動などの国家事業(国家干渉)を認めるようになり、後の英国の**社会民主主義**の先駆とも位置づけられている。

ただし、国家の拡大は自由への脅威になると考え、国家による個人への積極的な関与それ自体には反対した。



## 3.5 グリーン

★★☆

### (1) 背　景

T.H.グリーン
[1836～82]

イギリスの哲学者**T.H.グリーン**は、ヘーゲル哲学などに影響を受け、快楽を善と見なす功利主義を批判し、人間にとっての究極的価値は「自己の人格の完成」にあるとした。

ただし、人格の完成は一人で達成できるものでなく、他者との協力(共同体の存在)が必要であると考えた。

### (2)「人格の完成」としての自由

**人格の完成**とは、言い換えれば「自分の持つ能力を最大限発揮できている状態」のことであり、グリーンはこれこそが人間にとっての自由の本当の姿であると考えた。

それまでの政治思想では、自由とは国家からの干渉や拘束の欠如として理解されてきた。しかし、彼は他者と協力して何か価値あることを成し遂げたりする積極的な状態こそ本来の自由だと考えたのである(いわゆる**積極的自由**の重視)。

**⇒第7章第1節❷**

### (3) 福祉国家の構想

では、個人が人格を完成し、本来の自由を獲得するためには国家は何ができるか。グリーンによれば、国家の役割とは、人格発展の妨げとなる「**外的障害の除去**」である。

具体的には、国家は初等義務教育、労働条件の改善、土地私有の制限などを行う必要があると論じ、国家による積極的な関与を主張した。要するに後の**福祉国家**の理論的な基礎を展開したのである。

### (4) 新自由主義(ニューリベラリズム)

以上のように、自由主義という概念に新たな側面を見出したグリーンのような思想は、今日では**新自由主義**(new liberalism)と呼ばれている(イギリス理想主義の先駆者とも呼ばれる)。

新自由主義とは、従来の自由主義が**形式的平等**のみを重視しているという批判を踏まえ、自由主義の立場から**実質的平等**を確保することを目指したものである。

# 4 社会主義の思想

## 4.1 社会主義 ★★★

### (1) 定　義

**社会主義**(socialism)とは、貧困や不平等、階級対立などの社会問題に注目し、これらを解決するためには社会全体とりわけ経済制度の改革が必要だと主張する思想の総称である。したがって、一口に社会主義といってもその主張は思想家の間で大きく異なり、激しい意見の対立がある。

### (2) 背　景

貧困や不平等が存在しない理想の社会について論じたものは、例えばトマス・モアのように16世紀の時代にも存在した。

しかし、社会主義の思想が大きな影響を持ち、現実の政治活動のイデオロギーとして意味を持つようになるのは、19世紀以降のことである。18世紀後半にイギリスで始まった産業革命は19世紀にはヨーロッパ大陸にも波及し、産業化による貧困問題や社会問題に大きな注目が集まるようになったのである。

## 4.2 サン=シモン ★★★

### (1) 背　景

サン=シモン
[1760～1825]

フランスの思想家**サン=シモン**は、まず人類の歴史は、①神学的(軍事的)段階、②形而上学的段階、③産業的段階へと発展すると論じ、19世紀の産業社会を肯定的に評価した。

### (2) 産業エリートによる中央集権体制

ただし、彼は産業社会における個人主義と自由放任主義が社会の混乱を招いていると批判し、すべてのものが有機的に結びついた普遍的な社会を実現すべきだと主張した。

具体的には**産業社会におけるエリート**(科学者、銀行家、技師などの「**生産者**」)が全産業を組織化し、社会をあたかも１つの工場であるかのように有機的に結びつけ**中央集権的**に運営することで、貧困や社会問題は解決できるとしたのである。

## 4.3 フーリエ

★★★

### (1) 背　景

C.フーリエ
[1772～1837]

サン=シモンが産業革命の「光」の部分に注目したとしたら、その「影」の部分に焦点を当てたのが同じフランスの思想家**C.フーリエ**である。彼は、サン=シモンのような議論は科学的な妄想に過ぎず、産業社会こそが貧困や不平等をもたらしていると考えた。

### (2) 農業を中心とした分権的な協同体

そこで、フーリエは農業を中核とした自己完結的な協同体(**ファランジュ**)を提唱した。

この村(ファランジュ)は定員が1620名であり、私有財産は否定されず、平等の実現も目的とされていない。この村では、例えば農業の共同作業を行うことで、労働の苦痛ではなく「楽しさ」を感じることができるとされ、農業を中心とした**分権的**な政治体制が提唱されている。

## 4.4 オーウェン

★★★

### (1) 背　景

R.オーウェン
[1771～1858]

イギリスの実業家**R.オーウェン**は産業革命の中心地イギリスにおいて工場経営者として成功した。しかし、それと同時に工場労働者の過酷な現状を目の当たりにして、様々な社会改革に取り組んだ。

### (2) 教育論

まず、オーウェンは、人間の性格は「**環境の産物**」であるとの前提に立ち、環境を変えることで性格を変えることができるとして、自身の有する工場内に「性格形成学院」という学校を併設し、労働者の子弟に教育を提供した。そして、児童労働を禁止する**工場法**の制定に尽力した点でも知られる。

### (3) 私有財産を否定した共産社会

その後、オーウェンはアメリカ・インディアナ州に移り住み、自らが理想と考えた社会を実践するために「**ニューハーモニー平和共同体**」を創設した。この協同体(村)は、皆が一つの家族かのように共同で生産及び消費をする「**共産社会**」であり、営利活動が否定された。

しかし、この理想的すぎる試みはやがて失敗に終わった。

## 4.5 マルクス ★★★

### (1) 背　景

K.マルクス
[1818～83]

これまで見てきたサン=シモン、フーリエ、オーウェンらは一般に**初期社会主義**と呼ばれ、マルクス主義以降の社会主義と区別される。

**K.マルクス**と**F.エンゲルス**(1820～95)はそれまでの社会主義は、「**空想的社会主義**」(ユートピア的社会主義)に過ぎないと批判し、自らの主張だけが現実の資本主義を科学的に分析した唯一の「**科学的社会主義**」であると自称した。

### (2) ヘーゲル批判と市民社会の変革

もともとマルクスはヘーゲル哲学に強い影響を受けていた。しかしヘーゲルの哲学を厳しく批判した人物でもある。

3.1で見たようにヘーゲルは資本主義(市民社会)の問題は国家によって克服できると考えていた。これに対してマルクスは国家ではなく**市民社会そのものを変革**しなければ問題は解決できないと考えたのである。

### (3) 疎外された労働

①「疎外された労働」

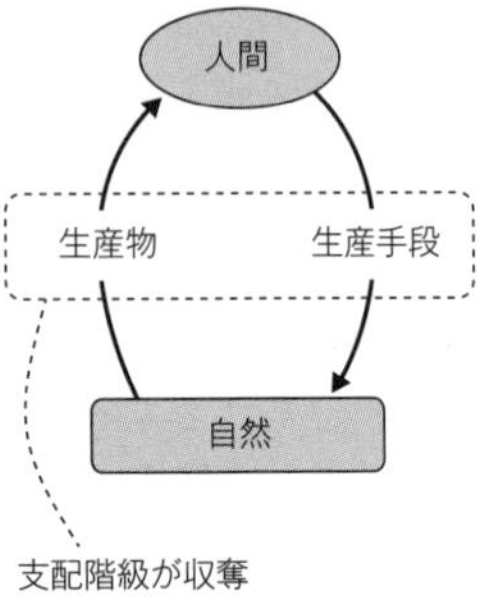


マルクスによれば、そもそも人間とは本来「**物を作る動物**」である。つまり、労働を通じて自然に働きかけ、物を作り出す存在であり、労働を通じて自己実現できると考えられている。にもかかわらず資本主義社会では、人間は単なる**労働力という商品**として現れ、労働は生活費を稼ぐための手段に過ぎなくなってしまっている。

このように、労働の本来のあり方からかけ離れた、働く喜びを実感できない状態をマルクスは「**疎外された労働**」と呼んでいる。

### (4) 唯物史観

② 唯物史観

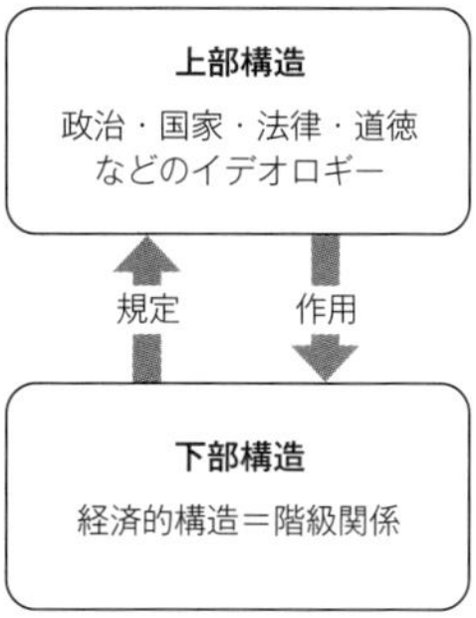


さらに、マルクスは、社会や経済の変化の歴史的な法則について検討し、**下部構造**(土台・経済構造)が**上部構造**(国家、法律、道徳などのイデオロギー)を決定しているとする**唯物史観**(史的唯物論)を唱えている。

この理論によれば、下部構造においては、例えば封建領主と農奴、ブルジョアジー（資本家)とプロレタリアート(労働者)などのように支配階級と非支配階級の間での闘争や対立があり、この絶えざる**階級闘争こそが歴史の原動力**であるとされている。

### (5) 階級国家論と共産主義革命

③ 階級国家論

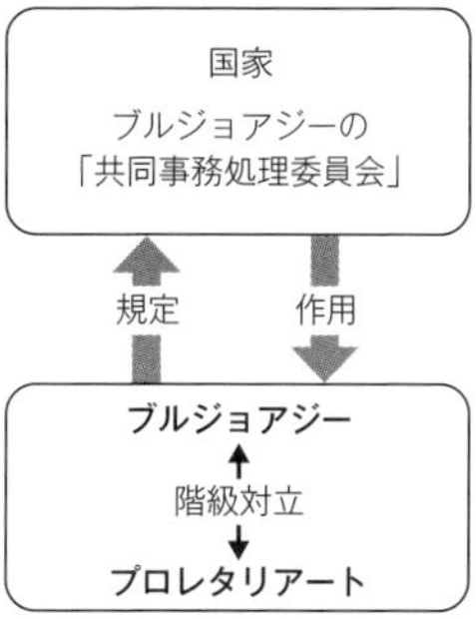


そして、この階級闘争の結果として生じるのが国家である。マルクスによれば、国家とは支配階級が非支配階級を抑圧し、搾取するための手段に過ぎない(**階級国家論**)。したがって近代の代議制国家も所詮は支配階級であるブルジョアジーの利益を守るために存在しているに過ぎない(国家はブルジョアジーの「共同事務処理委員会」と批判)。したがって、被支配階級であるプロレタリアートは、革命を通じて権力を奪取するほかない。そこで、独裁的な権力を得たプロレタリアートは、私有財産を廃止し、生産手段を国有化するとした(**共産主義革命**)。

このように生産手段が共有化されれば、階級闘争と階級そのものが消滅するはずであり、支配階級の道具に過ぎなかった国家も消滅すると予想したのである(**国家の消滅**)。

## 過去問チェック

01 T.モアは、『ユートピア』の中で、当時の英国において進行していた囲い込みについて、囲い込みによって土地を失った貧しい農民を労働力として商工業に投入すれば、彼らにとっても雇用は確保され、貧困から脱する好機にもなり得ると擁護した。このため、後世のマルクス主義からは、モアの理論は資本の収奪を容認した、近代資本主義の先駆的存在であるとの批判を受けた。**国家総合職2007** 1.2

× まず「囲い込み～擁護した」が誤り。モアは囲い込みが農民を困窮させたことを厳しく批判したのであり、『ユートピア』では共産主義社会を理想として描いた。したがって「マルクス主義から〜近代資本主義の先駆的存在」という点も誤り。

**02** マキァヴェリは、君主に対し、国民から恐れられるよりも愛される君主となることを求め、ほとんどの人間は善良であるため、君主が道徳的正しさを発揮することで国家を維持できるとした。**特別区Ⅰ類2016** 1.3

✕ まず「恐れられるよりも愛される」ではなく「愛されるよりは恐れられよ」がマキャヴェリの主張である。マキャヴェリは物理的強制力(軍事力)こそが国家の基本と考えており、恐れられる方が支配としては効率的であるという立場である。したがって、「善良である」「道徳的正しさを発揮」という点も誤りとなる。

**03** N.マキァヴェッリは、祖国であるイタリアの政治的分裂による混乱に直面した経験から、国家を安定させるには君主が強力な指導力を発揮することが必要であるとした。その一方で、イタリア統一の求心力をローマ教会に求め、君主といえども教会の権威には無条件に服することが必要であるとした。**国家一般職2007** 1.3

✕「求心力をローマ教会に求め〜教会の権威には無条件に屈する」という点が誤り。マキャヴェリは物理的強制力こそ国家の基本と考えており、教会の権威のみでは秩序は形成されないという立場である。

**04** 一定地域における絶対的排他的統治権を示す「国家主権」は、古代より現代に至るまで、国家が当然に保持しているものとする共通理解が確立されていた。そして、この当然に存在するとされた国家主権の源泉をめぐる議論が、国家主権に関する学説を発展させた。**国家専門職2008** 1.4

✕「「国家主権」は古代より〜共通理解」が誤り。主権という概念を初めて定式化したのは16世紀の思想家J.ボダンである。古代中世には主権という概念は存在しなかった。

**05** 英国の名誉革命について分析したJ.ボダンは、国家を他の諸団体から決定的に区別するためのメルクマールとなる主権の概念を唱えた。ボダンによると、主権は、国家の絶対的かつ恒久的な権力として存在し、いかなる神法・自然法の拘束を受けることもない。**国家一般職2009** 1.4

✕「英国の名誉革命について分析」が誤り。ボダンは16世紀後半のフランス・ユグノー戦争での経験を踏まえて、主権の概念を唱えている。また「いかなる神法・自然法の拘束を受けることもない」も誤り。ボダンは、主権は全くの無制限ではなく、一定の制約を受けると論じている。

(06) T.ホッブズによれば、個人は社会契約という集合行為によって自然権を第三者に授権することができず、自己保存のための「万人の万人に対する闘争」を回避することができない。ホッブズは、そのような自然状態を「リヴァイアサン」と呼んだ。**国家一般職2005** 2.3

×「第三者に授権することができず」「「万人の万人に対する闘争」を回避することができない」「自然状態をリヴァイアサン」が誤り。「万人の万人に対する闘争」という自然状態を回避するために、個人が自然権を第三者に譲渡する内容の契約を結び、この結果リヴァイアサン(国家)が誕生するというのがホッブズの社会契約論である。

(07) ホッブスは、自然状態では「万人の万人に対する闘争」が生じているため、人々が自然権として持っている自己保存の権利が損なわれてしまうとした上で、人々は契約によって主権者を選び、主権者は契約の範囲内でのみ権力を持ちうると論じた。そして、この立場から、絶対王政及びそれを擁護する王権神授説を批判した。**国家一般職2011** 2.3

×「契約によって主権者を選び」「契約の範囲でのみ権力を持ちうる」が誤り。ホッブズの契約はあくまで各自が自然権を放棄し、第三者に授権するという内容の契約である。つまり主権者を選んでいないし、主権者との間には統治契約は存在しない。したがって「契約の範囲で」という条件は存在しないのである。また「絶対王政～王権神授説を批判」も誤り。批判したのはJ.ロックである。

(08) ロックは、自然権を制度的に保障するために人々は市民社会を形成し、市民社会は信託によって政府に権力を与えるとした。このロックの主張では、社会が政府に信託した統治は限定的であり、政府が自然権を侵害する場合には抵抗権が行使できることとされたため、当時進行していたピューリタン革命を理論的に補強することとなった。**国家一般職2011** 2.4

×「ピューリタン革命を理論的に補強」が誤り。ロックの議論は名誉革命(1688–89)を理論的に補強したものである。名誉革命以降、イギリスでは議会を中心とする政治が定着した。

(09) J.ロックは、人間は、生まれながらに平等に自然権を与えられており、全員一致の契約によって政府を設立し、この政府に各人の自然権を信託するとした。その上で、政府が市民の信託に違反して、市民の権利を侵害したとしても、支配の正統性を保ち続けるため、市民は政府に抵抗することができないとした。**国家専門職2013** 2.4

×「市民は政府に抵抗することができない」が誤り。ロックの議論では人間は一部の権利しか政府に信託しておらず、契約に違反した場合には抵抗すること、革命することが認められている。

(10) ルソーは、各人の意思の総和である「一般意思」というものを想定し、一般意思を政治に反映するためには社会の多数派に主権を委ねることが必要であるとした。そして、アメリカ合衆国の代議制民主主義はこの理論を体現するものと積極的に評価して、フランスにおいても導入することを主張した。**国家一般職2011** 2.5

✕「意思の総和である「一般意思」」が誤り。ルソーは各人の意思の総和を全体意思と呼び、一般意思と区別している。一般意思とは各自の意思を超越した普遍的・公共的な意思である。また「代議制民主主義～積極的に評価」が誤り。ルソーは代議制民主主義を批判し、直接民主主義を主張している。

(11) ルソーは、『社会契約論』においてフランスの絶対君主制を強く批判したが、当時流行していた急進的な人民主権論には懐疑的な立場をとり、さらには、英国の国民を想定しつつ、「選挙の期間中には自由であるが、選挙が終わってしまえば奴隷の身分となる」と述べるなど、代表制民主主義にも信頼を置かなかった。彼が最も重視したのは、絶対的な君主権力への抑止力としての貴族とブルジョアジーの存在であった。**国家一般職2012** 2.5

✕「人民主権論には懐疑的」が誤り。ルソーは代議制民主主義を批判し、人民主権論に基づく直接民主制を主張している。また「最も重視したのは～貴族とブルジョアジーの存在」という点も誤り。君主権力の抑止力として貴族やブルジョアジーの存在に注目したのは三権分立を唱えるモンテスキューである。

(12) J.ロックは、『統治二論』において、自然状態下では人間は自然法の範囲内で理性的判断に従い、互いに各人の権利を侵害することがないよう行動するが、この自然状態下の社会は不安定であるため、社会を安定させるために、立法、司法、行政の三権が分立した統治機構を整備する必要があるとした。**国家一般職2007** 2.6

✕「立法、司法、行政の三権が分立」が誤り。三権分立を主張したのはモンテスキューである。ロックは君主(執行権及び連合権)と議会(立法権)の間での二権分立を主張している。

(13) 権力分立は、権力相互の抑制と均衡によって権力の暴走を防御しようとする考え方であり、政治制度の設計に大きな影響を与えた。モンテスキューは、いかなる権力も必然的に濫用されるという認識に立って、立法、行政、司法の三権の分立という原理を初めて定式化したが、ここでは「権力への自由」と称される自由主義の考え方が中心に据えられている。**国家一般職2003** 2.6

✕「「権力への自由」と称される自由主義の考え方」が誤り。正しくは「権力からの自由」である。「権力からの自由」は自由主義的な考え方、「権力への自由」は民主主義的な考え方である。

(14) E.バークは、共同体において長年にわたって培われてきた伝統や慣習を重視する立場から、名誉革命やフランス革命を、それらを破壊するものとして批判し、ヨーロッパ諸国の保守主義、反革命思想に影響を与えた。**国家総合職2002** 2.7

×「名誉革命〜批判」が誤り。イギリスの議会を中心とする政治体制は名誉革命以降確立したもので、イギリスの政治家であるバークは名誉革命は批判していない。バークが批判したのは王や貴族など伝統を完全に破壊してしまったフランス革命である。

(15) J.マディソンは、各人の同意の結果としての社会契約によって社会が作られるが、この社会全体にとっての決定は多数決でなく共通の意思によって行われなくてはならないというルソーに近い考え方に立ち、共和制を批判した。**国家専門職2012** 2.8

×「多数決でなく共通の意思〜ルソーに近い考え方に立ち、共和制を批判」が誤り。マディソンらフェデラリストは、広大なアメリカでも可能な共和制の確立を目指したのであり、ルソーのような直接民主制ではなく代議制を主張したのである。

(16) J.マディソンは、党派は政府を特殊な部分利益によって動かすものであると論じ、その弊害を懸念した。彼は、複数の党派が競合すると、社会の分断・停滞がもたらされると述べて、議会への権限集中を求めるとともに、連邦制を批判して中央集権を主張した。**国家一般職2006** 2.8

×「党派は〜その弊害を懸念」が誤り。むしろ多様な党派が存在することで、多数派の専制が防止できるとしている。また「議会への権限集中」「連邦制を批判して中央集権」も誤り。フェデラリストの主張は権力分立であり、そのために地域的な権力分立である連邦制も主張している。

(17) G.ヘーゲルは、国家とは別に、政治性・権力性を持たない私人間の関係としての社会を認識し、これを市民社会と呼んだ。また、K.マルクスは、ヘーゲルからこの概念を継承しつつ、市民社会が人間の自由な活動を可能にする領域となる点を高く評価し、来るべき理想社会において実現されるべきものであると考えた。**国家一般職2009** 3.1 4.5

×「K.マルクスは〜市民社会〜高く評価し、来るべき理想社会において実現」という点が誤り。ヘーゲルは「欲望の体系」である市民社会の問題を国家によって解決できると考えたが、マルクスは国家は市民社会によって生み出されると考えて、市民社会そのものを改革するべきと考えたのである。

(18) G.ヘーゲルは国家の全体秩序を「家族」「市民社会」「国家」の三つに分け、その中の市民社会について、その本質を「道徳の体系」であるととらえた。彼によれば、個々人は市民社会に参加する上では自己利益の追求を抑制しており、そうした市民社会が家族や国家と並存しているとした。**国家総合職2008** 3.1

×「市民社会について〜「道徳の体系」」「自己利益の追求を抑制」が誤り。ヘーゲルは市民社会は人々が利益によって結びつく「欲望の体系」であり、人々は自己利益の追求を目指している。したがって、市民社会と家族を止揚して、国家が成立するとヘーゲルは論じたのである。

(19) トクヴィルは、ヨーロッパより一足早く身分や財産による制限のない選挙制度を実現した、アメリカ社会を分析した。その結果、民主主義という制度は、多数者が数の力で少数者の自由を侵害することとなると主張して、自由主義と民主主義が共存することは不可能であるとした。**国家一般職2011** 3.2

×「自由主義と民主主義が共存することは不可能」が誤り。民主主義が自由を侵害する可能性を指摘しつつも、自由主義と民主主義の両立の条件を探り、その可能性をアメリカに見出したのがトクヴィルである。

(20) A.ド・トクヴィルは、デモクラシーにおいては、多数者の専制をもたらす危険が内在することを指摘した。また、自由の原理とデモクラシーの原理が両立する条件として、人々が優れた少数者の知性と判断による指導を自ら求めるような体制を挙げ、人々の政治参加をもたらす多元的・分権的な社会を否定し、その著書である『代議制統治論』で当時の米国のデモクラシーを批判した。**国家一般職2017** 3.2

×「人々が優れた少数者の知性と判断による指導を自ら求める」「多元的・分権的な社会を否定」が誤り。トクヴィルは自由とデモクラシーの両立の条件として、司法制度の独立や地方自治の発達などを挙げており、むしろ多元的で分権的な社会を肯定している。また少数者の知性に対する信頼などを説き、『代議制統治論』を表したのはJ.S.ミルである。

(21) J.ベンサムは、その著書『道徳及び立法の諸原理序説』において、自然権思想や社会契約説に基づく、最大多数の最大幸福を実現するための功利の原理を確立した。**特別区Ⅰ類2006** 3.3

×「自然権思想や社会契約説に基づく」が誤り。ベンサムは自然権思想や社会契約説を批判し、新たな原理として功利主義を唱えたのである。

(22) J.ベンサムは、原子論的人間観に立脚して万人平等論を主張し、政治的には普通選挙制度を要求し、その支持者たちからは哲学的急進派と呼ばれた。しかし、一方で、経済的には保護主義思想を持ち、政府による国内産業の保護の必要性を説いた。**国家専門職2002** 3.3

×「経済的には保護主義思想」「国内産業の保護の必要性」が誤り。ベンサムの功利主義では国家による介入は苦痛であると考えられており、苦痛を最小化する観点から、国家によるに介入は最小限とする自由放任の「小さな政府」が主張されている。

23 J.S.ミルの『自由論』では、自律こそが人間の尊厳の基盤を成すという考え方から、徹底して個人の自己決定権の重要性が主張された。そして、自己決定権としての自由の障害を排除するためには、初等教育や保健といった福祉分野において国家による積極的な関与が必要であるとされた。**国家専門職2015** 3.4 3.5

× 「初等教育や保健〜国家による積極的な関与が必要」が誤り。これはグリーンの主張に相当する。ミルは自己決定権(他人から干渉されずに自身で決定できる)を重視し、国家介入の一切を否定したわけではないが、国家による積極的な関与には反対した。



24 J.S.ミルは、思想及び言論の自由や、個性の自由な発展が社会の進歩のためには不可欠であると主張した。ミルは、個人の自己決定権を尊重し、各人が自発的に行動することで初めて社会の発展につながると考えて、私的な領域に対する政府の干渉を否定し、例えば、労働時間を制限し労働者の保護を図る工場法の改正には反対の立場をとった。**国家一般職2011** 3.4

× 「私的な領域に対する政府の干渉を否定〜工場法の改正には反対」が誤り。ミルは自己決定権(他人から干渉されずに自身で決定できること)を重視し、経済的には自由放任主義を唱えた。ただし、政府の介入を完全に否定したわけではなく、晩年には労働時間の制限など最低限の関与は許容するなど一定の関与は認めている。

25 T.グリーンは、所得の再分配による平等な社会の建設を推進する社会主義を批判し、新自由主義の立場から、いかなる場合でも、国家によって個人の所有権や契約の自由に制限が課されるべきではないと主張した。**国家専門職2013** 3.5

× 「いかなる場合でも〜自由に制限が課されるべきではない」が誤り。グリーンは個人の人格の形成のためには、人格形成の妨げとなる外的障害を除去する必要があり、国家による一定の介入が必要だとしている。具体的には労働条件の改善や土地私有の制限などを挙げている。

26 R.オーウェンは、「人間は自由な主体である」との考えの下、自ら経営する工場において労働条件や福利厚生を改善するのではなく、成果主義に応じた待遇を取り入れることにより、労働者の勤労意欲を高めようとした。また、「ファランジュ」という小規模な生産と消費の協同体が、社会の分裂と対立を解決するために必要であると考えた。**国家専門職2018** 4.4

× 「「人間は自由な主体である」〜工場において労働条件や福利厚生を改善するのではなく〜」が誤り。オーウェンは人間の性格は「環境の産物」であるとの発想から、工場の労働条件や福利厚生の改善に努めた。また「ファランジュ」はフランスの社会主義者フーリエが唱えた協同体であるので誤り。オーウェンがアメリカに設立したのは「ニューハーモニー平和協同体」である。

**27** 社会主義は、生産手段の社会的所有をめざす労働者階級のイデオロギーとして、エンゲルスにより唱えられたが、サン=シモンは、エンゲルスの社会主義を空想的社会主義と呼び、理想社会を描いているにすぎないと批判して、科学的社会主義を確立した。**特別区Ⅰ類2006** 4.2 4.5

×「社会主義は〜エンゲルスにより唱えられ」「サン=シモンは、エンゲルスの社会主義を空想的社会主義〜科学的社会主義を確立」が誤り。サン=シモンやフーリエなどのようにマルクスやエンゲルス以前にも社会主義思想はあり、初期社会主義思想と呼ばれる。これら空想的社会主義を批判し、科学的社会主義を自称したのがマルクスやエンゲルスである。

**28** K.マルクスは、自由を重んずる国家とは、結局のところ、資本家階級の自由と権利、特に私的所有権を保障することを目指すものにすぎず、労働者階級はそこから疎外されているとした。さらに彼は、労働者階級が団結して共産主義革命を遂行するのが歴史的必然であり、最終的には、労働者階級が資本家階級を支配下に置くという階級社会を打ち立てることで、真の意味での自由な人間社会が実現するとした。**国家一般職2010** 4.5

×「労働者階級が資本家階級を支配下に置くという階級社会を打ち立てる」が誤り。共産主義革命によって共産主義社会が実現すれば、労働者階級と資本家階級との区別はなくなり、階級対立も消滅するというのがマルクスの主張である。

**29** K.マルクスは、土台—上部構造という概念を提唱し、イデオロギーが社会の土台であり、経済構造はイデオロギーを反映する上部構造に属するとした。また、階級社会ではイデオロギーは階級性を持ち、各時代の支配的イデオロギーは、支配階級のイデオロギーであると主張した。**国家専門職2013** 4.5

×「イデオロギーが社会の土台」、「経済構造はイデオロギーを反映する上部構造」が誤り。経済構造が土台(下部構造)であり、イデオロギーが上部構造であるというのが唯物史観である。

# 3 フェミニズム

第3節ではフェミニズムについて学習します。市民革命では「人間は自由で平等である」とされたものの、そこでいう人間とはあくまで男性に限定されたものであり、当初女性は排除されていました。このような女性に対する差別を問題として、女性解放を謳うのがフェミニズム（女性解放思想）です。フェミニズムの思想は当初は男性並みの権利を主張することが中心でした（第一波フェミニズム）。しかし、少なくとも権利の上での平等が実現しても、現実社会には様々な女性差別の実態があります。1960年代以降はそうした日常生活における女性差別も問題として議論されるようになりました（第二波フェミニズム）。以上のように本節ではフェミニズムの思想がどのように発展してきたのかを主に解説します。



**キーワード**

第一波フェミニズムと第二派フェミニズム／ラディカルフェミニズム／家父長制／「私的なことは政治的である」／セックスとジェンダー／アンペイドワーク／再生産労働

## 1 第一波フェミニズム

### 1.1 背　景 ★☆☆

初期のフェミニズム（女性解放運動）は近代人権思想とともに登場した。フランス人権宣言では、人間の自由や平等が掲げられたが、女性は人権主体とはみなされていなかった。初期フェミニズムは、このように女性が「二流市民」としての扱いを受けている状況を問題視し、女性も普遍的な人権享有主体として認め、女性の政治参加などを主張するものとして登場した。

以上のような、フランス革命から20世紀初頭までの一連のフェミニズム運動を**第一波フェミニズム**と呼ぶ。

## 1.2 主な論者 ★★★

O.グージュ
[1748～93]

### (1) グージュ

フランスの劇作家である**O.グージュ**は女性参政権運動の世界的先駆者であり、フランス革命の渦中に『**女性及び女性市民の権利宣言**』を著した。

彼女はフランス革命の「人及び市民の権利宣言」(フランス人権宣言)で用いられている**主語がすべて男性名詞であることを批判**し、権利主体としての人(homme)を女性(femme)、市民(citoyen)を女性の市民(citoyenne)に書き換えるなど女性版の人権宣言を著した。

M.ウルストンクラフト
[1759～97]

### (2) ウルストンクラフト

イギリスの思想家**M.ウルストンクラフト**は、市民革命後の社会から女性が排除されていることを批判し、『**女性の権利の擁護**』を著した。

彼女は、ルソーらの男性思想家たちの議論に潜む女性差別を問題とし、「理性は万人によって等しく保有されている」とする啓蒙主義の立場から、女性が政治的・経済的な領域において男性と同等の権利を有することを説いた。

ハリエット・テイラー
[1807～1858]

### (3) J.S. ミル

イギリスの哲学者J.S.ミルと妻ハリエット・テイラーも女性解放運動の指導者として著名である。共著である『**女性の解放**』は女性解放運動に大きな影響を与えた女性論の古典とされ、第一波フェミニズムの思想を代表する著作となっている。

### (4) 第一波フェミニズムの特徴

以上のように、第一波フェミニズムは、男性と同等の法的な権利(参政権や財産権など)が主な関心事であり、**リベラル・フェミニズム**とも称される。

これらは**公的世界と私的世界の二元論**(公私の区分)を前提としたもので、形式的な平等が主に唱えられた。

したがって、性別役割分業が当然とされ、男女の肉体的な違いを強調する男女不平等論などは根強く受け入れられており、この点が後に第二波フェミニズムに批判されている。

フェミニズムの歴史

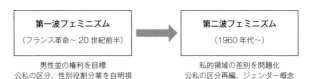

| 第一波フェミニズム（フランス革命～20世紀前半） | → | 第二波フェミニズム（1960年代～） |
|---|---|---|
| 男性並の権利を目標<br>公私の区分、性別役割分業を自明視 | | 私的領域の差別を問題化<br>公私の区分再編、ジェンダー概念 |

## 2 第二波フェミニズム

### 2.1 時代背景 ★☆☆

**(1) 概　要**

第二次世界大戦後、先進国では女性参政権など法の下の平等も基本的には実現し、第一波フェミニズムの要求はほとんどが達成された。しかし、現実社会には、女性に対する社会的・経済的差別が数多く残存していた。

こうした現実に対する批判は1960年代のアメリカで盛んとなり、これを**第二波フェミニズム**と呼んでいる。

**(2) フリーダン**

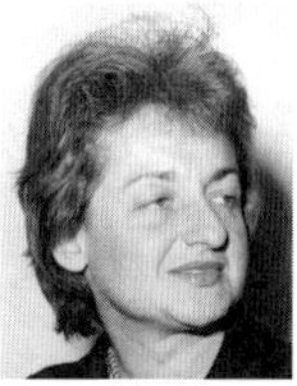
B.フリーダン
[1921～2006]

第二波フェミニズムの契機となったのが、全米女性機構(NOW、1966創設)を結成し初代会長を務めた**B.フリーダン**の『女らしさの神話』である。

彼女は同書において、女らしさを賛美する風潮、女性への役割期待が、女性たちに心理的な抑圧をもたらしていると告発した。

**(3) 第二波フェミニズムの特徴**

第二波フェミズムの契機となったのはフリーダンの議論であったが、彼女の議論は、第一波フェミニズム(リベラル・フェミニズム)の延長線上にあり、公私の分離は自明視されていた。

これに対して、黒人解放運動などと呼応して発展したフェミニズムは、女性問題は、女性の法的地位の平等を求めるという視点だけでは解決できず、家父長制やジェンダーといった社会に潜む女性支配の構造を問題にしようとした。こうした動きをラディカル・フェミニズムと呼んでいる。

## 2.2 ラディカル・フェミニズム ★★★

### (1) 概　要

ラディカル・フェミニズムとは、従来私的なものとされてきた家族、個人生活を問題とする立場である。「**個人的なことは政治的である**」(the personal is Political) というスローガンで、第二波フェミニズムの起爆剤となったことで知られる。

主な論者として、K.ミレット、F.ファイアストーン、J.ミッチェルなどがおり、家父長制とジェンダーという二つの重要概念が提示されている。

### (2) 家父長制

第二波フェミニズムでいう「**家父長制**」とは、社会的な男女のあり方を規定する男性優位主義、男性による女性の支配や抑圧の構造を意味する概念である。家庭における男女関係やそれを規定している意識は、社会や公的世界における様々な差別の根源となっていると考えられた。

### (3) セックスとジェンダー

男と女という性別には、生物学的な次元における特徴づけと、社会的・文化的次元における特徴づけの二つの次元があり、前者を**セックス**、後者を**ジェンダー**という。

すなわち、女性は「生まれ」だけでなく、後天的に獲得される「育ち」によっても作られるということを示している。「男は外で働き、女性は家庭で家事」という**性別役割分業**はジェンダーの端的な事例である。

| セックス(sex) | ジェンダー (gender) |
|---|---|
| 生物学的な性<br>男性器／女性器 | 社会・文化的な性<br>男性文化／女性文化 |

**Power UP　セクシュアリティ**

セックスとジェンダーという概念に加えて今日ではさらにセクシュアリティ (sexuality)、すなわち、何によって性的快楽を得るかという概念も存在している。異性愛のみが決して「正常」なわけではなく、性的志向の多様性を説明するための概念である。

また、性自認 (sexual identity) というのもある。性同一性障害とは、本人の生物学的性と性自認との不一致、例えば生殖器は男性であるが、心 (自分の性の感じ方) は女性であるという場合をいう。

## 2.3 マルクス主義フェミニズム ★★★

### （1）概　要

マルクス主義フェミニズムとは、第二波フェミニズムによって指摘された性支配の構造と、マルクス主義の史的唯物論を用いた階級分析とを統合する理論であり、第二波フェミニズムの一翼を担った。

代表的論者として、M.D.コスタ、C.V.ヴェールホーフなどが挙げられる。



### （2）家事労働・再生産労働・アンペイドワーク

マルスクス主義フェミニズムは、ラディカル・フェミニズムが概念化した家父長制を、文化や意識ではなく、物質的な基盤を持つ支配構造と理解した。

マルクス主義フェミニズムから見た資本主義社会

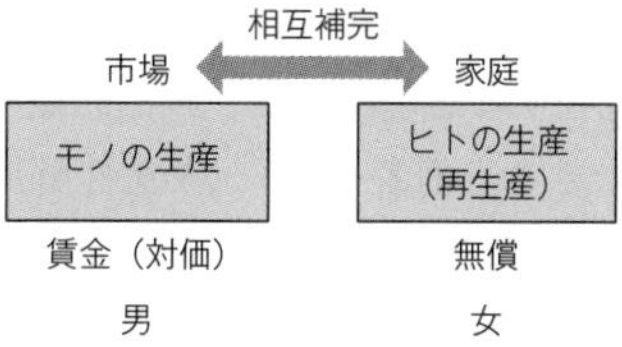


マルクス主義フェミニズムによれば、女性は家庭において家事や育児といった**家事労働**を担わされている。家事労働は、家族の日々の「再生産」（炊事・洗濯）、世代の「再生産」（出産・育児）を担っており、社会全体の再生産に必要な不可欠な「**再生産労働**」であるが、**アンペイドワーク（無償労働）**であることを強いられている。

すなわち、近代社会は、市場で提供される有償の生産労働（production）と無償の再生産労働（reproduction）を分離し、これを**性別役割分業**によって、前者を男性に相応しい、後者は女性に相応しい仕事として割り当てている。こうして資本主義社会の中で女性は評価の低い無償労働の担い手として扱われる。

以上のように、家父長制と資本制の「共犯関係」の下で、女性は男性に対する従属的な地位を与えられているというのが、マルクス主義フェミニズムの見解である。

### （3）公私の区分

ラディカル・フェミニズムとマルクス主義フェミニズムの最大の貢献は、従来自明視されてきた**公的領域と私的領域の区分を問題化**した点にある。すなわち、公的領域における不平等の背後には私的領域での不平等が存在しており、それが公的領域での不平等と深く関係しているという点である。

従来の政治学などの社会科学は、公私の区分を前提とする理論構築を行っており、私的領域の権力性などを扱ってこなかったが、フェミニズム理論の新たな展開は、こうした公私の二元論を批判し、政治理論における公私の再編へとつながったと評価されている。

## 過去問チェック

01 O.グージュは、フランス革命に際して、女性にも男性と平等の権利と参加を認めると同時に、平等な責任を課すことを主張した。1789年に採択されたフランス人権宣言では、男性とともに女性も普遍的な人権の主体であることが明記されているが、これはグージュの主張が人権宣言に反映されたためである。**国家総合職2011** 1.2

× 「男性とともに女性も普遍的な人権の主体であることが明記～」が誤り。フランス人権宣言は正確には「男及び男の市民の権利宣言」であり、女性は排除されている。これを批判したのがグージュである。

02 女性解放の思想と運動が掲げた目標は、社会の支配的道徳の根底にある女性蔑視を批判する思想闘争と、政治的権利における男女平等の獲得との二つに分けることができる。前者を「第一次女性解放運動」、後者を「第二次女性解放運動」という。**国家一般職2001** 1.1 2.1

× 「後者を「第二次女性解放運動」」が誤り。本肢の説明はすべて第一次女性解放運動(フェミニズム)の話である。第二次女性解放運動とは私的な世界における男女の平等を目指すものをいう。

03 1960年代以降のアメリカ合衆国では、K.ミレットらを代表とするラディカル・フェミニズムの展開が見られた。この考え方は、近代的家族における男性優位主義を「家父長制」と呼び、これが社会全体の抑圧の基本構造であるとした。すなわち、公的な世界と私的な世界を切り離した上で、公的な世界における男女の平等を重視した。**国家総合職2011** 2.2

× 「公的な世界と私的な世界を切り離した」「公的な世界における男女の平等を重視」が誤り。従来のフェミニズムが公的な世界の男女平等だけを論じてきたのに対して、ラディカル・フェミニズムは私的な世界における男女の平等を重視した。

04 19世紀後半から20世紀前半にかけて欧米で展開された女性運動では、成人女性が成人男性と同等の法的権利を獲得することに加え、男女の肉体的な相違による不平等を正当化する特性論や、女性の役割を家庭に限定する性別役割分業論を克服することが重視された。このような考え方は、英国の思想家E.バークの著書『女性の解放』に代表される。**国家総合職2011** 1.2 2.1

× まず「19世紀後半から20世紀前半にかけて～特性論や～性別役割分業論を克服」が誤り。性別役割分業論などの見直しは1960年代以降の第二波フェミニズムの主張である。また『女性の解放』(1869)は保守主義者のバークではなく、J.S.ミルとハリエット・テイラーの著作である。

## 過去問 Exercise

**問題1** 社会契約論に関する記述として、妥当なのはどれか。

特別区Ⅰ類2014

1 ホッブズは、社会は政府に一定の限度内で統治を信託したにすぎず、権力が専制化し、自然権を阻害する場合は、新しい政府をつくる権利である抵抗権が存在するとした。

2 ホッブズは、自然状態では人間は自由で平等であったが、文明の発展によりそれらが損なわれたとき、人々は全員一致で社会契約を結び、一切の権利を共同体に委譲することでのみ自由や平等は回復できるとした。

3 ロックは、人間は自己の生命を保存する権利を持ち、また、そのために必要な手段を獲得する権利を持つとし、人間は互いに平等であるが故に自然権を行使し、他人と対抗し、戦いを通じてでも生活を維持するとした。

4 ロックは、自然状態では皆が平等であり、互いの自然権を侵害することはないが、自然権の保障を確実にするために、人々は相互契約を結んで政治社会を形成し、政府に自然法の解釈権と執行権のみを委譲するとした。

5 ルソーは、人間は自然権を放棄し、契約を結んで第三者に権限を譲り渡すが、この第三者は全員の代理人であり主権者であるので、人々は主権者に対して絶対の服従を求められるとした。

## 解説

正解 ❹

---

❶ × ホッブズではなく、ロックの説明である。ホッブズの社会契約論では、自然権が主権者に全面譲渡されるので、抵抗権は認められていない。

❷ × ホッブズではなく、ルソーの説明である。ルソーの社会契約論では、自然状態では人間は自由で平等であったが、文明の発達により不自由や不平等が生まれたとされ、これを解決するために契約を結ぶとした。

❸ × ロックではなく、ホッブズの説明である。ホッブズは自然状態では、自己の生命を保存する権利を万人が平等に持っているため、万人の万人に対する闘争が生まれるとした。

❹ ○ ロックの社会契約論では、自然権は自然法の解釈権と執行権のみが委譲されているので、政府に対する抵抗権や革命権が認められている。

❺ × ルソーではなく、ホッブズの説明である。ルソーの社会契約論では、自然権は「第三者」ではなく、自分を含む共同体全体に譲り渡されるとされている。

**問題2** J.S.ミルの政治思想に関する記述として、妥当なのはどれか。

特別区Ⅰ類2012

**1** J.S.ミルは、「自由論」を著し、自律した個人が自らの個性を自発的に開発することが幸福を実現することとなるので、何人も、各人の行為が他者に対して危害を及ぼさない限り、その人の行為に制限を加えてはならないとした。

**2** J.S.ミルは、「二つの自由概念」において、自由には、いかなる他者からの干渉も受けずに自分のやりたいことを行う消極的自由と、自己の立場や主張に基づいて他の人々に積極的に働きかける積極的自由があるとした。

**3** J.S.ミルは、全ての人が協同して共通善を実現することにより、人は高次の自我を実現し、自由を獲得できると考え、国家は人格の発展の妨げとなる外的障害を積極的に除去すべきだとした。

**4** J.S.ミルは、共同の利益をめざす全人民の意志を一般意志と呼び、国家の全構成員は、この一般意志の行使である主権の下で服従するとき、初めて自由となるとした。

**5** J.S.ミルは、快苦の性向を中心とする功利の原理を基本に据え、快楽は追求すべき善であるから、個人の総和としての社会の善を最大限に実現することが、最大多数の最大幸福であるとした。

## 解説

正解 ❶

---

❶ ○　妥当な記述である。J.S.ミルは「消極的自由」を重視した思想家である。

❷ ×　「消極的自由」と「積極的自由」を内容とする「二つの自由概念」を提唱したのは20世紀イギリスの政治思想家I.バーリンである。

❸ ×　「国家は人格の発展の妨げとなる外的障害を積極的に除去すべき」だと主張したのは19世紀イギリスの新自由主義者T.H.グリーンである。

❹ ×　「国家の全構成員は、この一般意志の行使である主権の下で服従するとき、初めて自由となる」と主張したのは18世紀フランスの社会契約論者J.J.ルソーである。

❺ ×　「快楽は追求すべき善であるから、個人の総和としての社会の善を最大限に実現することが、最大多数の最大幸福である」と主張したのはイギリスの功利主義者J.ベンサムである。

# 第7章

# 現代の民主政治

第７章では現代の民主政治について解説します。20世紀以降大衆を「主役」とする政治が定着する中で、これまでの政治学や政治思想は大きな見直しを迫られることになりました。また、国家がこれまで以上に大きな権力を有する中で権力のあり方を改めて検討する議論も盛んに行われ、さらには政治をより厳密に分析するために科学的な手法も取り入れられるようになり、政治学は大きな発展を遂げました。以上のように第７章では大衆社会を前提とした現代の民主政治を理解するための様々な議論、科学的な分析手法がいかに発達したのかを解説していきます。

# 1 20世紀の政治思想

第１節では20世紀以降の政治思想について解説します。20世紀になり大衆社会と普通選挙制度が実現する中で、大衆の政治参加を否定的に捉える議論もあれば、積極的に擁護する議論もあります。また、自由といってもその意味は多様であり、自由の意味を改めて問い直す議論も盛んになりました。本節はでこのように現代における民主主義と自由主義の思想について解説します。

---

**キーワード**

友敵論／同一性の原理／手続的民主主義／エリート民主主義／参加民主主義／ラディカル・デモクラシー／討議的民主主義／消極的自由と積極的自由／ネオ・リベラリズム（新自由主義）／自生的秩序／選択の自由

## 1 現代の民主主義

### 1.1 カール・シュミット ★★★

#### （1）背　景

第一次世界大戦後のドイツでは帝政が廃止され、**ワイマール共和政**が誕生した。ワイマール憲法は当時世界で最も民主的な憲法と評されるなどドイツでは自由で平等な社会が一応は確立した。他方で戦後の多額の賠償金やインフレに苦しみ、右翼政治家の一揆や左翼のストライキなど社会的騒乱が相次ぎ、**ワイマール時代は何よりも非常に不安定**な状況であったことで知られている。

このような「危機の時代」に注目されたのがドイツの憲法学者**C.シュミット**（1888～1985）である。

#### （2）政治の本質とは友と敵の区別である

シュミットはまず政治の本質とは「**友と敵**」の区別であると論じている。経済では「利益と損」、美術では「美と醜」が論じられるように、政治が他の分野とは異なる固有の領域は、誰が友で誰が敵かを区別することにあると考えたのである。

したがって、政治の本質が最も際立って現れるのは、戦争や内戦といった非常時

(**例外状況**)であるとしている。

### (3) 議会制民主主義批判

以上のような政治の概念に基づいた場合、ワイマール共和政はどのように評価できるだろうか。彼は、議会制民主主義を「**永遠の対話**」を繰り返しているだけに過ぎないと厳しく批判している。

一般に議会における討論は相手の立場を尊重し、合意形成を目指すものと考えられている。しかし、危機が目の前にあるにも関わらず、本来相互に敵であるはずの党派同士が、手続ばかりを重視し、議論を繰り返す、いつまでも結論を先送りする政治。シュミットにとっては現実のワイマール共和政はこのように映ったのである。

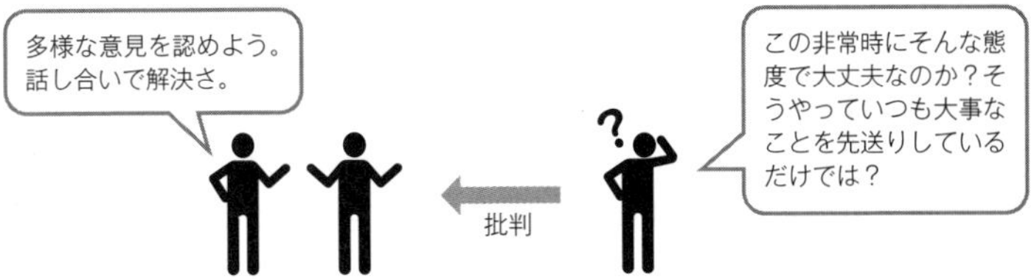


### (4) 民主主義と独裁は両立する

そこで、シュミットは民主主義のあり方を再検討した。シュミットによれば民主主義とは本来「**治者と被治者の一致**」を意味するもので、「**同一性の原理**」に基づいている。とすれば、民主主義と議会主義は本来無関係なものであり、民主主義は議会主義なしに成立しうるのである。

さらに、**民主主義は独裁と両立**するとも主張した。例えば古代ローマ共和政で民主政が危機に陥った際には護民官が一時的に独裁を行ったように、現代においても人民自らが決断を下せない場合には、民主政を守るために大統領による**一時的な独裁**(**委任独裁**)は正当化されると主張したのである。こうした主張はナチスにとっては非常に都合のよい理論であり、シュミットは一時ではあるがナチ党員になり、ナチスの「御用学者」を務めることになったのである。

## 1.2 シュンペーター ★★★

### (1) 背　景

J.シュンペーター
[1883～1950]

第一次世界大戦期以降は、議会制民主主義は左右両派から批判の対象となった。ロシア革命が実現したソ連では議会はブルジョアジーの利益に奉仕するに過ぎない「ブルジョア民主主義」と批判され、イタリアのファシスト政権、ドイツのナチス政権では議会が解散された。

このような状況において議会制民主主義の意義を再検討したのがオーストリアの経済学者**J.シュンペーター**である。

### (2) 古典的民主主義

まず、シュンペーターはその著書『**資本主義・社会主義・民主主義**』(1942)において、従来の民主主義の概念は現実を十分に説明できていないと批判した。

彼によれば、古典的な民主主義とは「**人民による自己決定**」を通じて公益が実現されるという考え方であり、一般市民が自ら意志決定をすることを前提としている。しかし、現実の市民にとって政治とは「暇つぶし半分」の「無責任な雑談のお題目」に過ぎず、人々が政治の主体であるというのは幻想ではないかと考えたのである。

### (3) 手続的民主主義

そこで、シュンペーターは新たな民主主義の概念を提唱した。具体的には、民主主義とは「個々人(政治家)が人民の投票を獲得するための競争的闘争を行うことにより決定権力を得る制度」だとした。つまり、**代表(政治家)を選ぶ手続こそ民主主義**の本質だと主張したのである(**手続的民主主義**)。

したがって、現実の民主主義とは「政治家による支配」であり、一般市民の役割はあくまで「政府をつくること」すなわちどの政治家に政府を担当させるか選挙を通じて選択することだけに限定される。

### (4) 民主主義の経済学的理解

**手続的民主主義のイメージ**

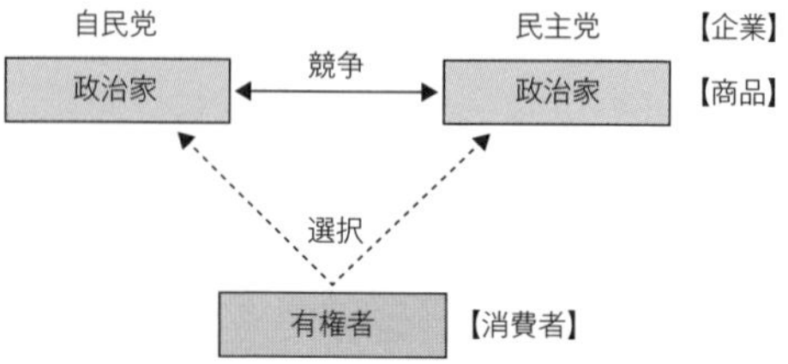


このようなシュンペーターの議論は、彼が経済学者であったことと深く関係している。

経済的な観点から見れば、有権者は「消費者」、政治家(政党)は「企業」に喩えられる。消費者がある商品を購入して満足しなければ、次の機会には他の企業の商品を購入する。これは有権者が選挙で与党に投票し、与党の政策に不満を感じれば野党に投票するのと同じことである。

つまり、市場メカニズムの中で企業や商品が淘汰されていくように、政治家や政党も選挙の中で淘汰されることで、政治の質が高まると考えたのである。

### (5) 政治学上の評価

以上のような議論は、市民の直接的な政治参加を否定している側面があり、政治の主体を政治家というエリートに限定しているため、今日では「**エリート民主主義**」と批判されることがある。

しかし、現代の民主政治を説明する際に適合的なところが多く、単なる理想ではない現実的な民主主義の定義という点では一定の意義を有しており、彼の議論は後に**R.ダール**などの民主主義論に影響を与えることになる。

## 1.3 参加民主主義 ★★☆

### (1) 背　景

20世紀に影響力をもった共産主義やナチズムは民主主義を過剰に追い求めた結果である。そう考えた思想家たちは、シュンペーターに代表されるように市民の政治参加をむしろ抑制するような議論を展開した。

しかし、1960年代以降、市民運動や学生運動が盛り上がり、市民の政治参加の要求が高まる中で、これを積極的に肯定していく参加民主主義の理論が登場した。

### (2) 定　義

**参加民主主義**とは、市民の直接の政治参加という機会をなんらかの形で実現していくべきだとする理論であり、具体的には、職場、学校、地域といった身近な集団で意思決定に参加することを提言している。完全な直接民主制を主張するものではなく、**間接民主制と直接民主制の混合形態**が主に想定されている。

代表的な論者として、ペイトマンやマクファーソンが挙げられる。

### (3) ペイトマンの参加民主主義論

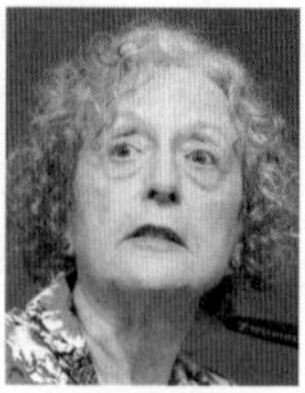

C.ペイトマン
［1940～　］

参加民主主義を初めて本格的に理論化したのがイギリス出身の政治学者**C.ペイトマン**である。彼女によれば、民主主義の根幹とは市民が自分たちで決定することであり、間接民主制はあくまで便宜上のものに過ぎない。もちろん彼女は間接民主制を否定したわけではなく、従来の議会制度ではこぼれ落ちてしまう市民の声をいかにすくい上げるかという点を強調した。

彼女によれば職場や地域などでの意思決定に参加することは市民が自らの視野を広げることにつながり、人々の政治に対する関心も高めるという政治的な教育効果が期待できるという。

このように市民の政治参加が**政治的有効性感覚**(自分が政治に何らかの影響を持てるという感覚)を高めるというのが参加民主主義論の主張である。

### (4) マクファーソンの参加民主主義論

また、カナダの政治学者**C.B.マクファーソン**(1911～87)は、参加民主主義を歴史的にどのように位置づけるべきか検討した。

彼はまず『自由民主主義は生き残れるか』(1977)において、ダールのポリアーキー論は民主主義を単一のモデルに還元しすぎていると批判し、現実には様々な民主主義のモデルがあると考え、1960年代以降の世界の変化を「**均衡的民主主義**」から「**参加民主主義**」への移行であると論じた。均衡的民主主義とは「政府に影響を与えようとするエリート間の競争」と見る考え方のことであり、シュンペーターやダールの民主主義論が該当する。

彼によれば、均衡的民主主義は政治の実態を記述するという点ではそれなりに正確であるが、民主主義のあるべき姿を論じたものではないと批判した。そこで、市民の直接の政治参加を確保する参加民主主義の時代が到来していると論じたのである。

## 1.4 討議的民主主義とラディカル・デモクラシー ★★★

### (1) 背　景

参加民主主義が民主主義のあるべき姿を論じたことを契機として、その後様々な民主主義の理論が登場した。その代表的な２つの潮流が市民間での対話を通じた合意形成を重視する**討議的民主主義**と意見対立の表出を重視する**ラディカル・デモクラシー**である。

### （2）討議的民主主義

討議的民主主義（熟議民主主義：deliberative democracy）とは、市民主体の議論を通じて公共的な事項に関して合意形成を行い、それを法律や政策に反映させるという理論である。

民主主義を政治エリートの間での交渉の競争の結果とみなす立場を批判する点では参加民主主義と共通しているが、討議的民主主義は市民の直接の政治参加を不可欠とは見なさず、**市民の日常的な議論を重視**する点に特徴がある。たとえ政治参加の機会が選挙に限定されていたとしても、市民が政治に関して討議する機会が豊富であれば、政治家は説明責任を問われる機会が増え、民主政治の質は高まるというのが討議的民主主義の発想である。

代表的な論者としてA.ガットマンやJ.ハーバーマスが挙げられる。



### （3）討論型世論調査

ハーバーマスの理論については別途取り上げるので、ここでは討議的民主主義の理念を具体化した討論型世論調査について説明する。討論型世論調査とはアメリカの政治学者**J.フィシュキン**（1948～）が考案した一種の社会実験である。

複雑な政策課題についてまず通常の世論調査を実施し、そして世論調査に参加した市民の中から討議フォーラムに参加する人を募り、最後に当該課題について学習し、専門家の情報提供を受ける機会も与えながら、参加者同士での議論を行う。つまり、熟慮する機会が与えられた場合にはどのように意見が変化するかを調べるのが討論型世論調査である。

また、フィシュキンは市民の討議を促進するために、**討議の日**（deliberation day）という提案も行っている。討議の日とは、大統領選挙などのように国政に関する重要な投票に先立って、一般市民が主要な争点に関する理性的な討議の場を数百人規模で行えるように国民の休日を設定するというアイデアである。

### （4）ラディカル・デモクラシー

C.ムフ
［1943～ ］

討議的民主主義では市民間の「合意」形成が重視されていたが、むしろ**市民の間での意見の「対立」を重視**するのがラディカル・デモクラシーである。意見を異にする市民からの「異議申し立て」によって既存の秩序を根底から疑うという意味でラディカル（根源的）と呼ばれる。

代表的論者であるベルギー出身の政治学者**C.ムフ**（1943～）はこれを「**アゴーンの民主主義**（多元主義）」と表現している。アゴーンとは古代ギリシャの闘技場であり、様々なアイデンティティの間での紛争や対立こそがむしろ民主主義の条件であるという発想に基づいている。

近年で言えば、「＃MeToo」運動やLGBTの権利を求める動きが社会の中で埋もれてきた問題を可視化させ、現状を変えることにつながったことなどを考えるとよい。

ただし、彼女の議論はこれまで代表されてこなかった人々の声をいかに聴くかというものであり、議会制民主主義それ自体を決して否定したものではない。

**現代民主主義の見取り図**

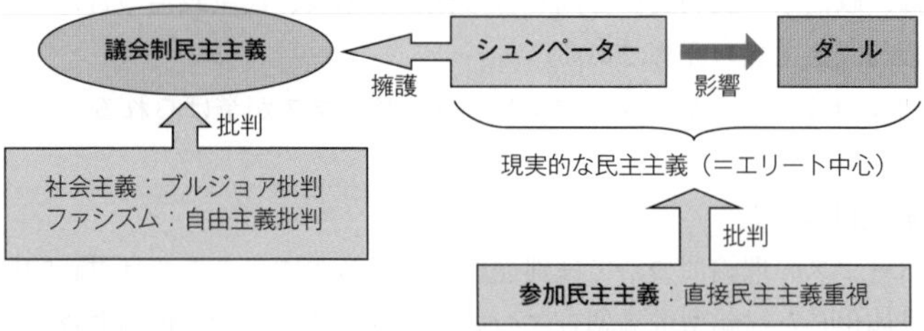


## 2 現代の自由主義

### 2.1 バーリン

★★★

Sir.I.バーリン
[1909～97]

#### (1) 背　景

第６章で学習したように自由という概念は近代以降の社会で最も重要な価値とされつつも、その中身については論者によっても様々であり、混乱を招きやすい言葉の一つである。

そこで、イギリスの政治思想家I.バーリンは、自由を「消極的自由」と「積極的自由」の２つに分けることを提唱した。

#### (2) 消極的自由と積極的自由

まず、**消極的自由**とは「**干渉の欠如としての自由**」であり、個人が他者からの干渉を受けずに放任されている状態をいう。そして、**積極的自由**とは「**自己支配としての自由**」であり、個人が主体的に決定できる状態をいう。この２つの自由概念は、本来は同じことを意味していたとバーリンは述べている。

例えば、ある個人が何を食べるか指図を受けないことは「消極的自由」であり、指図を受けずに自分自身で選択することは「積極的自由」であるが、普通は両者を区別する必要性を感じないはずである。しかし、バーリンはこの積極的自由の意味が変化し、自由と対立するようになったと考えたのである。

### (3) 積極的自由の問題点

先述したように積極的自由は「自己支配としての自由」である。これをさらに掘り下げてみよう。

自己を支配するとは、自分の中に「正しい自分」と「誤った自分」が存在しており、「正しい自分」が「誤った自分」を支配することが本当の自由だと観念されている。「遊びたい。寝たい。」という緩んだ気持ちを厳しく律し、自分が就きたい職業に向かって勉強に専念する。積極的自由とはこのように「自己実現としての自由」を意味している。

これは個人のレベルでは問題ないかもしれない。しかし、この概念が社会全体に拡大すると何が生じるだろうか。フランスのジャコバン独裁、ソ連の共産党は、世の中には絶対的な真理というものがあり、それを理解していない人々に真理を授けるといった論理で支配を行ったのである。

つまり、積極的自由が暴走すると全体主義的な「自由への強制」となる可能性がある。このように考えたバーリンは、**自由は消極的自由のみに限定**すべきであると考えたのである。

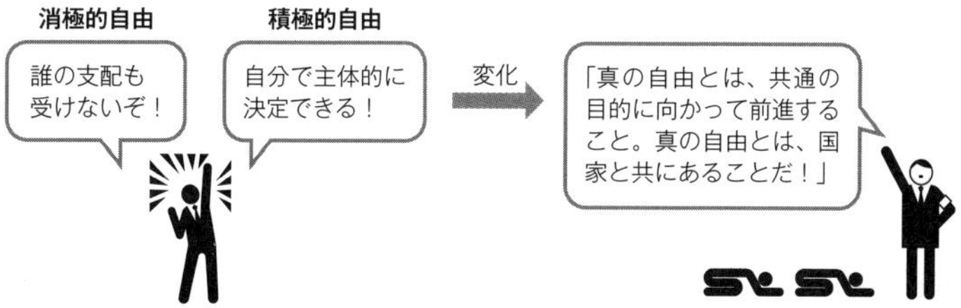


## 2.2 ネオ・リベラリズム ★★★

### (1) 概　要

第二次世界大戦後の先進国では、イギリスの経済学者**J.M.ケインズ**の主張に基づいたいわゆるケインズ主義の政策が普及し、マネーサプライのコントロールや公共事業による景気対策など政府が市場に積極的に介入していくことが当然となった。

しかし、政府の介入に否定的な反ケインズ主義の経済学者も一部おり、1970年代の石油危機以降ケインズ主義の有効性が低下する中で、政府に頼らず市場競争を重視した経済体制を唱えるネオ・リベラリズムが一躍脚光を浴びることになった。

### (2) 定　義

**ネオ・リベラリズム(新自由主義)**とは、古典的な自由放任とは異なるものの、ルールに基づく自由競争を説き、自由市場の健全な発展のための法的インフラやルール整備の重要性を強調するものをいう。後述するF.ハイエクやM.フリードマンが代表的な経済学者である。

ネオ・リベラリズムの理論は、1980年代のイギリスの**サッチャー政権**やアメリカの**レーガン政権**などで行われた経済政策、民営化や規制緩和などの行政改革に大きな影響を与えており、近年の行財政改革の潮流である**NPM** (New Public Management：新公共管理)の理論的柱ともなっている。

## 2.3 ハイエク ★★★

F.ハイエク
[1899～1992]

### (1) 計画主義的思考

オーストリアの経済学者**F.ハイエク**は、代表作『隷従への道』(1944)などにおいて経済の計画化がいかに人間の自由を抑圧するものであるかを強調した。

彼がまず念頭においたのは社会主義の計画経済であったが、ケインズ主義の経済学も同時に批判の対象となった。

彼は、社会主義やケインズ経済学は人間が経済をコントロールできるという考えに基づいた思い上がりも甚だしい主張であると指摘し、それを「**計画主義的思考**」(設計主義)であると呼んで批判した。

### (2) 自生的秩序

ハイエクによれば、そもそも秩序や制度は人間の自由な行動の結果として成立するものであり、意識的・計画的に作り出すことはできない。彼はこれを「**自生的秩序**」と呼び、市場がまさに自生的秩序の典型だと考えた。

ただし、ハイエクは決してかつての自由放任主義への復帰を説いたわけではない。交通ルールが交通を円滑化するように、独占禁止法があることが市場競争を活発化すると考え、経済活動についても最低限のルールは必要だとし、「**法の支配**」の重要性を説いた。

### (3) 福祉国家批判

以上のように、まずハイエクは「法の支配」によって秩序を生み出すことが政府の役割であると考えた。また、社会保障それ自体を否定したわけではなく、最低限度の生活保障や保険・衛生サービスなどは決して自由の原則とは矛盾しないと考えた。しかし、現状の社会保障は政治家が国民の歓心を買うための手段に陥っており、歯止めがかかっていないことを批判したのである。

また、経済政策においては、中央銀行を不要と考え、貨幣発行の自由化を唱えるなど独自の通貨論を主張し、ケインズ主義の管理通貨制度を厳しく批判したことでも有名である。

## 2.4 フリードマン

★★★

### (1) 背　景

M.フリードマン
[1912～2006]

ハイエクとともにネオ・リベラリズムを代表する経済学者がアメリカの**M.フリードマン**である。反ケインズ経済学の拠点となったシカゴ学派の中心人物であり、マネタリズム(マネーサプライを一定に保つ通貨管理政策)を提唱した経済学者として知られる。

### (2) 福祉国家批判

まず、フリードマンはその著書『**選択の自由**』(1980)で福祉国家の各種所得移転を伴う政策は根本的に非効率であると批判している。彼によれば、そもそも福祉政策とは「他人の金を自分のために使うこと」であり、財源の問題が無視されがちであり、官僚制も自らの権力拡大につながる財政拡大には積極的である。

そして、福祉支出が決定される政治的なメカニズムも問題であり、福祉は本来それを最も必要とする貧困層ではなく、政治的圧力活動を行うことができる中間層に集中する傾向にあると考えた。

このようにハイエクと同様、現状の福祉国家は非効率的・恣意的なものであると考えたのである。

### (3) 教育クーポンと負の所得税

以上のように福祉国家のあり方を批判したフリードマンはそれを是正するための様々な提案をしたことで知られている。

特に有名なのが、「**教育クーポン**(バウチャー制度)」である。公立学校の選択を自由化し、各家庭に授業料の代わりとなるクーポンを配付する制度である。学校を選択できることで、個人の「選択の自由」が確保され、教育機関の競争が活性化し、効率的な資源配分が達成されると考えたのである。

また、特に経済学では「**負の所得税**」が有名である。これは課税最低限の所得の者に、課税最低限と自分の所得の差額分に応じて、一定の率で補助金を自動的に配付する制度であり、補助金の恣意性が排除され、働く意欲を失わせない形での所得保障が可能となる。

## 過去問チェック

**01** C.シュミットは、古代ギリシアの民会のような直接的なデモクラシーに対する要求は、一見したところデモクラシーを深化させるようでいて、実際には独裁につながるためのものとして拒否すべきであるとして、議会主義の重要性を主張した。**国家専門職2012** 1.1

× 「議会主義の重要性を主張」が誤り。シュミットは議会主義を批判している。シュミットは民主主義と独裁が両立するという立場である。

**02** C.シュミットは、民主主義の本質は同一性ではなく多様性にあるとした上で、「友と敵」の区別を基本とする政治においては統治者と被治者の民主主義的同一性は不可能であると論じ、英国を中心に影響力のあった多元的国家論に基づく民主主義論を擁護した。**国家一般職2015** 1.1

× 「同一性ではなく多様性」「民主主義的同一性は不可能」が誤り。シュミットは民主主義を同一性(治者と被治者の一致)の原理であると主張している。また「英国を中心に多元的国家論〜を擁護」も誤り。国家主権の相対化を主張する多元的国家論は同一性の原理の立場に立つシュミットの議論と相容れない。

**03** シュンペーターは、人民は、政策決定能力をもち指導者となりうる人材を選挙で選ぶ能力があるとともに、個々の政策決定に関わる能力を十分に備えているとした。**特別区Ⅰ類2007** 1.2

× 「人民は〜個々の政策決定に関わる能力を十分に備えている」が誤り。シュンペーターは、人民には個々の政策決定に関わる十分な能力はなく、政治の真の担い手は政治家であるという立場である。

**04** シュンペーターによれば、デモクラシーの本質は「人民による統治」ではなく「政治家による統治」であり、主導権を握るべきは有権者ではなく政治家であるとした。同時に、彼は、普通選挙制度が導入されて大衆の政治参加が進む中にあっては、政治家が特定の社会階層に限定されるのは望ましくなく、一般の大衆が候補者として選挙に参加し、さらには政治家として選出されることこそがデモクラシーにかなうと主張した。**国家一般職2012** 1.2

× 「政治家が特定の社会階層に限定されるのは望ましくなく〜」「一般の大衆が候補者として選挙に

参加」が誤り。シュンペーターは大衆の能力について懐疑的であるため大衆の政治参加は投票参加だけに限定して考えており、政治もエリート（政治家）によって担われているという立場である。

**05** 参加民主主義論は、間接代表を否定し、市民の直接参加にすべての意思決定を委ねようとするものである。特にC.マクファーソンは、地域や職場における直接民主主義と間接民主主義を融合させるべきではないと主張した。**国家一般職2005**
1.3

× 「間接代表を否定」「直接民主主義と間接民主主義を融合」が誤り。参加民主主義は間接代表それ自体を否定するものではなく、直接民主主義と間接民主主義の融合を主張している。

**06** C.ペイトマンは、デモクラシーの根幹は市民が自分たちに関わる事項を決めるという自己決定にあるとした。しかし、市民は私的・経済的利益を守ることのみに熱心であり、公的決定をエリートに任せきりにしていたため、もはや、政治や社会を動かすことができるという政治的有効性感覚を持つことはないとした。**国家一般職2020** 1.3

× 「政治的有効性感覚を持つことはない」が誤り。ペイトマンの参加民主主義論は、人々は政治参加を通じて政治的に教育され、政治的有効性感覚が醸成されるという立場である。

**07** 討議的民主主義論は、集団に固有な政策選好から生じる利害対立が集団間の力関係や取引によって調整されるとする。特にA.ガットマンは、討議的民主主義による合意形成には政治への直接参加が不可欠であるとしている。**国家一般職2005**
1.3 1.4

× 「利害対立が集団間の力関係や取引によって調整」が誤り。これはダールに代表される多元主義の見方である。また「政治への直接参加が不可欠」が誤り。これは参加民主主義の立場である。討議的民主主義は討論を重視するもので、直接の政治参加を必ずしも前提としていない。

**08** J.ハーバーマスは、民主政治には二つの回路があり、公的な議会における討議や政治的決定を第一の回路とすれば、政治のプロではない、一般の市民が直接参加する非公式の討議が第二の回路であると考えた。二つの回路は相互に独立しているべきであり、一方が他方に影響を及ぼすことは望ましくないとハーバーマスは論じた。**国家総合職2015** 1.4

× 「二つの回路は相互に独立」「他方に影響を及ぼすことは望ましくない」が誤り。ハーバーマスの議論では、市民の日常的な（非公式の）討議が存在することで、政治家はより緊張感を持った討議を行うようになると考えられており、二つの回路は密接に関わりあっている。

(09) C.ムフは、多元的な社会において多様な構成員が必要な情報を得た上で討議を重ね、社会的に何らかの合意を目指すことを目的とする熟議(討議)民主主義の重要性を論じ、こうした熟議のプロセスをサポートするための制度として「熟議型世論調査」(deliberative poll)を提案した。**国家一般職2013** 1.4

×「ムフは～熟議(討議)民主主義の重要性を論じ」が誤り。ムフは討議的民主主義ではしばしば隠されてしまう様々なアイデンティティの対立や紛争を表出することを重視する「アゴーンの民主主義」の提唱者である。また「熟議型世論調査」はムフではなく、フィシュキンの主張であるから誤り。

(10) J.S.フィシュキンは「討論型世論調査」を実施した。この調査は、インターネット上で世論調査を継続的に行い、その間の意見の変化を調査するものである。彼によれば、同じ質問項目であっても、時間の経過の中で、人々の意見が大きく変化することもあったという。このことからフィシュキンは、市民が多様なテーマについて討論する「討議の日」を設けることを提案している。**国家総合職2015** 1.4

×「インターネット上で世論調査を継続的に行い～」が誤り。討論型世論調査は、まず世論調査を実施し、その後実際に討論する機会を設けて、意見の変化を見る調査である。

(11) バーリンは、個性を発揮するために自ら主体的に物事を決定することができる状態を「積極的自由」と呼んでその重要性を主張し、この積極的自由を脅かす全体主義を批判した。他方、経済格差を解消し、万人に積極的自由の基盤を保障するものとして、共産主義を高く評価した。**国家一般職2011** 2.1

×「「積極的自由」～重要性を主張」「積極的自由を脅かす全体主義を批判」「共産主義を高く評価」が誤り。バーリンは積極的自由を批判する立場であり、全体主義や共産主義こそ積極的自由に基づくイデオロギーであると厳しく批判している。

(12) バーリンは、「二つの自由概念」において、自分の活動が他人に干渉されない状態を指す消極的自由と、他人に指図されずに自分のしたいことを自分で決定できる状態を指す積極的自由の２つの自由概念を提示し、自由への強制が正当化される可能性があるため消極的自由を批判し、積極的自由を評価した。**特別区Ⅰ類2017** 2.1

×「消極的自由を批判し、積極的自由を評価」が誤り。バーリンは自由の本質とは消極的自由であると評価し、積極的自由は全体主義などに結びつくものであると批判している。

(13) F.ハイエクは、計画主義的思考は歴史の過程において自生的に形成されてきた秩序を強化し、人間の多様性や自由を抑圧から解放するものであると主張した。そして、J.M.ケインズの経済理論に基づく社会保障制度の充実や所得の再分配を

支持した。**国家一般職2017** 2.3

×「計画主義的思考は～人間の多様性や自由を抑圧から解放」が誤り。計画主義的思考は自由や多様性を抑圧する全体主義につながるものであると厳しく批判している。また「ケインズの経済理論～支持をした」が誤り。ハイエクはケインズの経済理論は計画主義的思考に基づくものであると批判している。

**(14)** F.ハイエクは、社会主義は一種の「計画主義的思考」であり、一元的な価値を押し付けることで人間の自由や多様性を抑圧するものであるとして厳しく批判した。彼の主張は、1970年代のアメリカ合衆国における民主党の政策を支えることになった。**国家一般職2007** 2.3

×「1970年代のアメリカ合衆国における民主党の政策」が誤り。まず民主党は社会保障政策などを重視するリベラリズムの立場であり、ハイエクと相容れない。ハイエクなどのネオ・リベラリズム(新自由主義)の思想は、1980年代のイギリス・サッチャー保守党政権、アメリカ・レーガン共和党政権に影響を与えたのである。

**(15)** 資本主義経済の発展に伴い生じた格差の拡大などの社会問題が深刻化し、自由放任を旨とする古典的な自由主義の限界が明らかになるにつれ、自由の保障のために国家の介入を認める福祉国家型の自由主義の考えが台頭し、J.M.ケインズの経済理論がこれを支えた。これに対し、福祉国家の行き詰まりの中で、「小さな政府」を指向するリバタリアニズムとも呼ばれる自由主義の考えが登場し、有効需要を創出させる財政政策を重視したケインズの経済理論とは対照的に、政府が貨幣供給量を機動的に変化させる金融政策を重視したマネタリズムなどの理論がこれを支えた。**国家総合職2008** 2.2

× まず「福祉国家の行き詰まりの中～リバタリアニズム」は正しくはネオ・リベラリズム(新自由主義)である。また「政府が貨幣供給量を機動的に変化させる金融政策を重視」も誤り。ケインズ政策では、不景気においては民間投資を活発にするために利子率を下げるといった金融緩和を行うなど貨幣供給量(マネーサプライ)を機動的に変化させる金融政策が行われる。これに対してケインズを批判するM.フリードマンは貨幣供給量をルールに基づいて一定に保つべきとするマネタリズムを唱えた。

# 2 エリートと大衆

第２節ではエリートと大衆について解説します。20世紀において実現した大衆社会とはどのような特徴を有するのでしょうか。また、大衆とは異なり、権力を有し社会の中で指導的な立場にあるエリートとはどのような存在なのでしょうか。20世紀以降の政治学や社会学ではこれらの「エリート論」や「大衆社会論」が重要なテーマとなっており、これらの全体的な見取り図について本節では解説していきます。

**キーワード**

主知主義的誤り／政治的実在／大衆の反逆／権威主義的性格（権威主義的パーソナリティ）／「エリートへの接近可能性」と「非エリートの操縦可能性」／多元的国家論／エリートの周流／寡頭制の鉄則／パワー・エリート

## 1 大衆社会論

### 1.1 ウォーラス ★★★

G.ウォーラス
［1858～1932］

#### （1）背　景

20世紀は大衆の政治参加が進み、その事によって様々な問題が浮上した。政治学の世界で初めて本格的に「大衆」という存在に着目したのが、イギリスの政治学者**G.ウォーラス**である。

後述するように、この点でウォーラスは現代政治学の原点の一人と位置づけられている。

#### （2）主知主義的誤り

ウォーラスは、地方選挙に出馬した経験があり、当時のイギリスの投票所で一般大衆がいかにいい加減な投票を繰り広げていたかを目の当たりにした。

このような経験も踏まえて書かれたのが主著『**政治における人間性**』(1908)である。そこで19世紀までの政治学がいかに人間の知性や理性を前提としてきたかを指摘し、「**主知主義的誤り**」を犯していると批判した。

主知主義(intellectualism)とは感情よりも知性や理性を優位に考える立場であ

り、要するに従来の政治学は人間の感情や心理に注目していないと主張したのである。

### (3) 政治的実在

ウォーラスによれば、そもそも人間は本能に突き動かされる存在であり、感情、衝動、習慣などに強い影響を受ける。彼は特に国名や国旗といった象徴(シンボル)が果たす機能に注目し、この象徴がそこに実態はすでになかったとしても、独り歩きし続けることを問題とした。

ここでは例えば日本で「日本製ではなく海外製」という表示を見た時に一般にはどのような反応があるかを想像してみるとよい。このようにあるシンボルの下でイメージが固定化されたものを「**政治的実在**」と呼び、それが政治を動かしていくことをウォーラスは批判したのである。

こうした問題意識をウォーラスから学びステレオタイプとして発展させたのが第5章で学習した**W.リップマン**である。

### (4) 大衆操作を防ぐ手段

以上のように考えたウォーラスは、政治エリートが象徴を操ることで大衆操作が行われる危険性を指摘した。ただし、彼はこれを克服できるとも考えた。具体的には人間がいかに象徴によって心を動かされるかということを学習できる心理学教育を施せば、政治家の大衆操作を見破ることは不可能ではないし、政治の非合理性は多少なりとも是正できると考えたのである。

現代で言うところのメディア・リテラシーやSNS教育の重要性を想起するとよい。

## 1.2 オルテガ：大衆の反逆 ★★★

### (1) 背　景

J.オルテガ・イ・ガセット
[1883～1955]

先述のウォーラスの議論が政治学における大衆社会論の先駆であるとすれば、社会学における先駆とされるのがスペインの哲学者**J.オルテガ・イ・ガセット**である。彼はその代表作『**大衆の反逆**』(1930)において、「大衆こそが主役」となった時代が到来したことに警鐘を鳴らした。

### (2) 少数者と大衆

まずオルテガは、社会とは少数者と大衆の２つから構成されていると論じている。

ここでいう少数者とは「特別な資質を備えた個人やそうした個人からなる集団」であり、自分自身に多くのことを課し、自身を高めようとする資質を持った人々をいう。そして大衆とは「特別な資質を備えない人の総体で、自分自身に特殊な価値を認めず、すべての人と同じと考える人々」を指し、「平均人」とも呼んでいる。

ここでいう少数者と大衆の区別は、例えば有名大学を卒業していれば少数者でそうでなければ大衆であるといった単純な区別ではない。オルテガは、少数者と大衆の区別はあくまで一種の人間類型であり、特定の社会階級を前提としていないことを強調している。むしろ特定分野については精通しているが社会全体のことには無知な専門家こそ大衆の典型であるとも論じている。

### (3) 大衆の反逆

さて、オルテガによれば、本来社会とは選ばれた少数者が権力を握り、良い意味での「貴族主義的精神」に基づいて社会を指導していくことで成り立つものである。しかし20世紀においては「自分自身の存在を指導することもできなければ(中略)社会を支配するなど及びもつかない」大衆が権力を握るようになってしまった。

オルテガはこれを「**大衆の反逆**」と呼び、その代表格としてファシズムや共産主義を徹底的に批判したのである。

## 1.3 フロムとアドルノ：権威主義的性格 ★☆☆

### (1) 背　景

1930年代のドイツ・フランクフルト大学にはマルクス主義やフロイトの精神分析と実証的な社会研究を統合した学際的研究に携わった研究者たちがいた。

これを**フランクフルト学派**という。その多くはユダヤ人でありナチスの台頭でアメリカなどへの亡命を余儀なくされたが、第二次世界大戦後には再結集し、**批判理論**(現代の資本主義・民主主義体制とそこでの支配的な文化を批判する立場)を基盤とした研究を行ったことで知られている。

フランクフルト学派の第一世代にはアドルノ、フロム、ベンヤミン、第二世代にハーバーマスなどがいる。

### (2) フロムの『自由からの逃走』

E.フロム
[1900～80]

精神分析学者・社会学者**E.フロム**は、S.フロイトの精神分析と社会学を融合した手法を通じて、なぜドイツでナチスが支持を獲得したのかを分析した。これが代表作**『自由からの逃走』**(1941)である。

具体的には、社会や文化が個人の心理に与える影響を考察し、ある社会集団(国民)には共通の性格(社会的性格)があると考え、ナチズムの運動に参加したドイツの下層中間階級には、上に弱く下に強い「**権威主義的性格**(authoritarian personality)」が見られると主張した。

第一次世界大戦後のワイマール体制で人々は自由を獲得したが、**自由がもたらす孤独や不安に耐え切れず、服従や従属を求める心理**が生まれ、ナチズムの権力に融合することで安心感を獲得しようとしたのだとフロムは考えたのである。

### (3) アドルノの「F尺度」

T.アドルノ
[1903～69]

また、同じフランクフルト学派の哲学者・社会学者の**T.アドルノ**も権威主義的性格(権威主義的パーソナリティ)に注目し、権威主義的性格を心理学的に測定する**F尺度**(Fascism scale)を考案した。

アドルノは亡命先のアメリカでF尺度に基づく世論調査を実施し、権威主義的性格はドイツに限られたものではなくアメリカにも見られること、幼少期における学校や親の厳しいしつけが権威主的性格の形成に大きな影響を与えていると論じた。

**Power UP　ミルグラムの心理実験**

先に見たフロムやアドルノの議論は、ある政治文化を共有する国民や社会集団の中で育つことで、権威主義的という特定の社会的性格が形成されるというものであった。しかし、そのような政治文化の中で育たずとも、人間がある一定の環境の下に置かれると、権威に服従し、非人間的な行為も行う可能性があることを実証したのがアメリカの心理学者S.ミルグラム（1933～84）の心理実験である。

この実験ではアメリカ人男性を被験者として二人一組のペアを作り、記憶力を試すテストを行う。一人は「生徒役」で電気椅子に固定されながら記憶テストを行い、もう一人は「教師役」で生徒がテストで間違えた場合に電気ショックの罰を与えるという任務が与えられており、誤答が続くと電気ショックのレベルを順次上げていくように指示されていた。

実は生徒役は実験の協力者であり、実験者から電気ショックを受けているように演技することを依頼されているだけで、電気椅子にはつながれていない。このような仕組みで実験を実施したところ、生徒役は次々に誤答を繰り返し、電気ショックのレベルが上がったので、生徒役は演技として悲鳴をあげ、実験の中止を懇願したが、教師役となった多くの者が指示された通りに電気ショックを与え続けたという。

大学の教授という権威から命令された非人間的な行為を教師役となった者はやり続けたのであり、「権威への服従」は、ある特定の政治文化の中で育たずとも、一定の環境の下で生じることが確認されたのである。

## 1.4 コーンハウザー：多元社会と大衆社会 ★★★

### (1) 背　景

これまで見てきた大衆社会についての議論は主に２つのタイプに整理することが可能である。一方ではオルテガのようにエリートが大衆に侵食されてしまっている現状を嘆く「**貴族主義的な批判**」であり、他方ではフロムのように現代社会における民主主義の危機を論じた「**民主主義的な批判**」である。

このように考えたアメリカの社会学者**A.コーンハウザー**（1925～2004）は、エリートと大衆のあり方をより包括的に論じる図式を考案した。

### (2)「近づきやすいエリート」と「操られやすい大衆」

コーンハウザーによれば、先に見たような「貴族主義的批判」とは要するに「**近づきやすいエリート**」という前提に立つ議論であり、「民主主義的な批判」とは「**操られやすい大衆**」という前提に立っている。

そこで、両方の視点を取り入れ、大衆社会とは「エリートが非エリートの影響を受けやすく、非エリートがエリートによって操縦されやすい社会制度」であると定義した。

### (3) 社会類型の比較

そして、この大衆社会の特徴は他の社会類型との比較によってより一層理解できると考え、「エリートへの接近可能性（エリートへの近づきやすさ）」と「非エリートの操縦可能性」という２つの指標から社会を４つのタイプに分類した。

#### ① 共同体社会

**共同体社会**とは、中世の共同体に見られるような伝統的社会が想定されている。したがって、エリートの条件は身分などによって固定化されており、非エリートとの距離は遠い。

ただし、非エリートは血縁や地縁などの中間集団にしっかりと結びつけられているため、**エリートによる操縦が困難な社会**である。

#### ② 全体主義社会

**全体主義社会**とは、近現代の独裁的な政治体制が想定されている。政治社会の頂点に立つエリート層は固定化されており、非エリートは接近し難い。

また、地域組織や労働組合など社会に存在する様々な中間集団はエリートによって支配され、大衆動員の手段として用いられており、**非エリートが操縦されやすい**

**社会**である。

### ③ 多元社会

**多元社会**とは、理想的な自由民主主義体制が想定されている。マス・メディアや市民団体など様々な中間集団は自律的な活動を行っており、非エリートはこれらを通じてエリートに圧力をかけることが可能である(接近可能性が高い)。

そして、このような自律的な中間集団をエリートが統制することは難しく、**エリートによる非エリートの操縦は困難**である。

### ④ 大衆社会

**大衆社会**とは、先述のように「エリートが非エリートの影響を受けやすく」、「非エリートがエリートによって操縦されやすい」社会である。コーンハウザーによれば、それは自律した中間集団が存在しないことが原因であるという。

市民団体、地域コミュニティ、労働組合などの活動が低迷し、個人が帰属する場所がなければ、大衆は個々にバラバラな「根無し草」となり、**エリートによって容易に操作**されてしまうと考えたのである。

コーンハウザーの社会類型

| | | 非エリートの操縦可能性 | |
|---|---|---|---|
| | | 低 | 高 |
| エリートへの接近可能性 | 低 | 共同体社会 | 全体主義社会 |
| | 高 | 多元社会 | 大衆社会 |

**Power UP** 中間集団

中間集団とは、個人と国家の中間に位置し、両者を媒介する集団をいう。地域団体、学校、企業、宗教団体、マス・メディアなど様々な団体が該当する。社会学では特に重要な分析対象であり、コーンハウザーも大衆社会を論じるにあたり、中間集団を重要なキーワードとして用いている。

彼によれば、中間集団はいわば「社会的絶縁体」であり、これが存在しないとエリートも非エリートも直接の影響を受けやすくなると考えた。例えば政治家の発言を批判的に吟味するマス・メディアが不在の社会では何が起きるか想像するとよい。

## 1.5 多元的国家論 ★★★

### (1) 背　景

先に見たように社会学者コーンハウザーは大衆社会の課題を克服する鍵を中間集団に見出していた。このような大衆社会論の系譜とはまた異なる視点から中間集団の重要性を主張する理論がある。それが**多元的国家論**である。

多元的国家論は、夜警国家から福祉国家への転換期において国家権力が著しく増大したことに警鐘を鳴らし、国家権力の絶対化を防ぎ自由主義を守るために唱えられた理論である。主として1910～20年代のイギリスでこの議論は展開された。

### (2) 一元的国家論

まず、多元的国家論について詳述する前に、そもそも「多元的」とは何との対比で語られているのかを確認しておきたい。多元とは一元の対になる言葉であり、国家権力を理想化し、国家に絶対的な意義を認める議論を**一元的国家論**という。

例えば、国家を「人倫の最高形態」と考えた**ヘーゲル**(**⇒第6章第2節 3.1**)は一元的国家論の代表的存在である。またイギリスにおいてもヘーゲルの影響を受け、国家の倫理性を強調し理想主義的な国家論を説いた**グリーン**(**⇒第6章第3節 3.5**)なども含まれる。

### (3) 多元的国家論

多元的国家論は以上のような理想主義的な一元的国家論に対する批判として生まれたもので、国家の絶対的優位性を否定し、**国家をあくまで社会の中の一部**に過ぎないと考える理論である。

まず、多元的国家論は国家と社会を区別すべきことを強調する。国家は「**全体社会**」から見れば、他の集団と比較して一定の優位性を有するものの、企業や労働組合などと同じくある限定された機能を有する「**部分社会**」に過ぎない。そして、主権は国家のみが有するものではなく、様々な結社(部分社会)に分割されているとして「**主権の複数性**」を唱えた。

このように主権が多元的に存在することを想定していることから多元的国家論と呼ばれるのである。

### (4) 主な論者

多元的国家論を唱えた論者としては、イギリスの**E.バーカー**、**H.ラスキ**、アメリカの**R.マッキーヴァー**などが有名である。それぞれの論者の主張は様々であるが、全員に共通しているのは人々が身近な中間集団(宗教団体、労働組合、地域団体など)に参加し、それぞれの集団における権力行使(自治)に携わることで、大衆の受動性が克服され、政治に主体的に関わるようになると考えたことである。

**一元的国家論と多元的国家論**

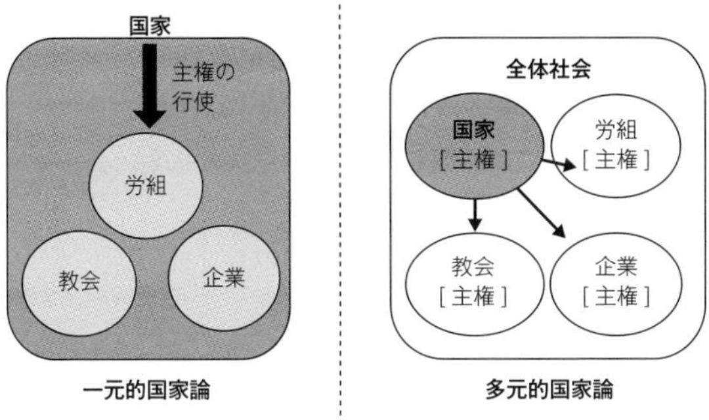




# 2 エリート論

## 2.1 古典的なエリート論

★★★

### (1) 背　景

V.パレート
[1848～1923]

20世紀初頭は議会制民主主義への信頼が大きく失われた時代である。ロシアでは共産主義政権が誕生したが、指導者レーニンは非常時を乗り切り、真の民主制を実現するために、少数の革命家による「前衛」が人々に代わって独裁を行うべきだと主張し、議会制民主主義は否定された。

このようにロシアではマルクス主義の延長線上で独裁体制が生まれたが、イタリアやドイツでは逆のことが生じた。つまり、イタリアやドイツではマルクス主義との対決を通じて、独裁(少数のエリート支配)が正当化されることになったのである。

### (2) パレートの「エリートの周流」

#### ① マルクス主義批判

**パレート均衡**などで知られるイタリア出身の経済学者**V.パレート**は社会学者としても有名である。彼は、「歴史は階級闘争」であるとする**マルクスの主張を否定**し、革命を通じて多数者である労働者階級が少数の資本家階級に取って代わることはありえないと主張した。

### ② エリートの周流

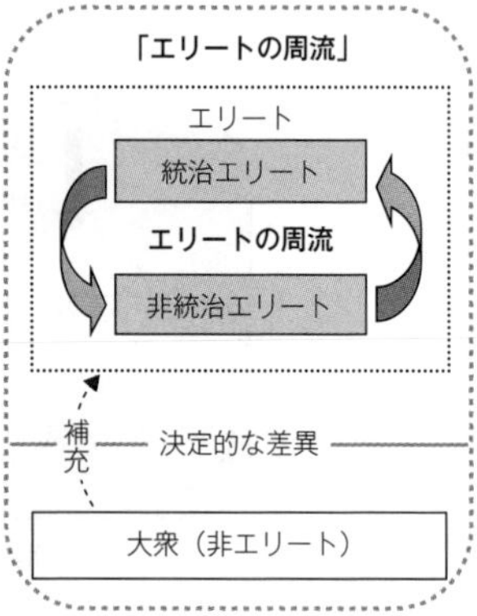


パレートによれば、大衆(多数者)とエリート(少数者)の区別は生来的なもの(遺伝的なもの)であり、大衆は常にエリートに支配される存在であり続けるという(正確には、時には大衆からエリートへの移動もあり、大衆から一部エリートが補充されるともしている)。ただし、特定のエリートによる支配は決して長続きすることはないとも考えた。

すなわち、エリート層の中で誰が統治を担当するのかという争いがあり、**エリートの間での交代劇**は起きると考えた。これを「**エリートの周流**」という。したがって、マルクスの説いた共産主義革命が生じたとしても、それは共産党の幹部というエリートが支配する体制に変化しただけであり、多数の労働者が支配する体制ではないと考えたのである。

以上のような理論を唱えたパレートはムッソリーニを評価し、最終的にはイタリア・ファシスト政権の協力者ともなった。

### (3) モスカの「少数派支配」

パレートと同じように、イタリアの政治家・政治学者**G.モスカ**(1858～1941)も、社会は結局のところ少数のエリートによる支配だと論じた。彼によれば、すべての社会には支配階級と被支配階級の２つの階級が必ず存在しており、支配階級は常に少数者で権力を独占し、**被支配階級は常に多数者で支配階級によって指導・統制**されているという。

以上のようなモスカの主張は、元々は議会制民主主義の分析から生まれたものである。政治家でもあった彼は現実の議会政治が一部の党派によって牛耳られており民主的な決定が行われていないことを論拠としても挙げている。

ただしモスカはエリート論を主張しつつも、議会制そのものは否定しておらず、ファシズムには否定的な立場をとった。

### (4) ミヘルスの「寡頭制の鉄則」

第４章で学習したR.ミヘルスもまたエリート論の重要な一角を占めている。

彼は元々ドイツのマルクス主義政党である**社会民主党**に参加したマルクス主義者である。しかし、パレートやモスカの理論に影響を受け、社会民主主義を標榜する政党にも関わらず、その運営実態は民主主義ではなく一部のエリート支配に過ぎないと分析し、これを「**寡頭制の鉄則**」と呼んだのである。そして、ミヘルスもまた最終的にはファシズムを信奉するようになった。

## 2.2 C.W. ミルズ：パワー・エリート ★★★

### (1) 背　景

これまでの議論は、20世紀前半の全体主義やファシズムの広がりという時代背景の下で提唱された理論であった。こうした文脈とはまた別に20世紀後半のアメリカでは、社会学や政治学の世界でエリートに関する関心が高まった。

特に1950年代のアメリカの権力構造を分析したことで広く知られるのが、アメリカの社会学者**C.W.ミルズ**(1916～62)の『**パワー・エリート**』(1956)である。

### (2) パワー・エリート

「パワー・エリート論」

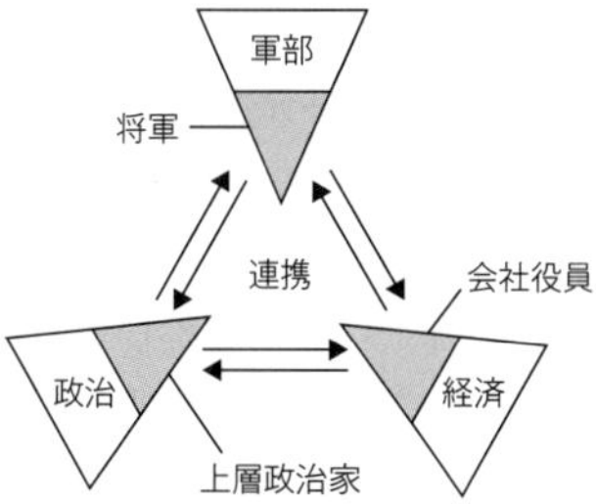


1950年代のアメリカは、例えば後にアイゼンハワー大統領が軍産複合体に警鐘を鳴らしたように、軍事産業と軍部の癒着が大きな問題であると指摘された時代である。

そこで、ミルズはアメリカの権力構造のあり方を検討し、政治指導者・企業幹部・軍部高官という**政治・経済・軍事分野**の頂点にいる人物がアメリカを支配していると論じ、このような各分野で重要な決定を下すことが可能な地位にある人々を「**パワー・エリート**」と呼んだ。

### (3) パワーエリートの特徴

そして、このパワー・エリートは決して相互に独立・対立した存在ではなく、互いに関係を持ち三者が連携してアメリカを支配しているとした。

このような協力が可能な要因としてミルズはパワー・エリートがその出身や教育、生活環境などが類似しているからであるとも指摘している。同じような豊かな家庭環境に生まれ、有名学校出身で、同じ社交クラブに属する、そうした**同質的な文化を共有した一枚岩のエリート**が存在するとミルズは論じたのである。

## 2.3 ハンターとダールの地域権力構造論争 ★☆☆

### （1）背　景

1950～70年代のアメリカ政治学では、都市（地域）の権力構造に強い関心が持たれるようになり、エリートを一元的に捉えるF.ハンターとエリートを多元的に捉えるR.ダールとの間で議論が起こった。これを**地域権力構造論争**という。

### （2）ハンターのエリート論

アメリカの政治学者**F.ハンター**（1912～92）は、ジョージア州のアトランタ市を対象として、誰が重要な政策決定者であるかを分析した。その際に用いたのは**声価法（評判法）**と呼ばれる研究手法である。

具体的には、アトランタで有力者として評判の高い人々に対してインタビューを行い、「とりわけ力が強いのは誰か」と問いかけた。この分析からとりわけ力が強いと評判の高い人を特定し、そのほとんどがアトランタに本社のある大企業経営者であり、なおかつ同じ社交クラブに属していることが分かった。

ハンターはこの結果から**権力構造は一元的**であると結論づけた。

### （3）ダールの多元主義

以上のようなハンターの議論を批判したのが**R.ダール**である。ダールはまずハンターの声価法が誤っていると考えた。彼によればハンターの主張はエリートに対する主観的なイメージや評判に基づくものであり、実際にエリートとして権力を有しているかどうかを客観的に分析できていない。そこで、ダールはコネチカット州・ニューヘブン市を対象として**争点法**に基づく分析を行った。

具体的には地域の重要な政策課題（公職への候補者指名、地域開発計画の決定など）について、そもそも誰が意思決定に参加し、誰の意見が最終的決定に反映されたかを分析した。

この結果、影響力を有するエリートは確かに存在するものの、**エリートは決して一枚岩ではなく多元的に存在している**と主張したのである。

| 多元主義 | | エリート論 |
|---|---|---|
| R.ダール | 論者 | F.ハンター |
| コネチカット州・ニューヘブン | 分析対象 | ジョージア州・アトランタ |
| 争点法 | 分析方法 | 声価法（評判法） |
| 権力構造は多元的 | 分析結果 | 権力構造は一元的 |



## 過去問チェック

01 G.W.ウォーラスは、ロンドンにおける救貧活動を通じて、20世紀初頭、イギリスにおいて民主主義が制度として確立した時点で、そこに現れた現実に明るい希望を持ち、その著書『政治における人間性』の中で、政治における人間性の無謬性を説いた。**国家専門職2001** 1.1

×「現実に明るい希望を持ち」「人間性の無謬性を説いた」が誤り。ウォーラスは救貧活動や政治活動に実際に身を投じる中で、人間の行動が決して知性に基づくものではないことを痛感し、大衆の非合理性を主張したのである。

02 G.ウォーラスは、個々の人間は、国旗や国歌、政党の名前や政治家の顔に基づいて、刺激に対する条件反射のように政治判断を下しているが、人々が集合的に行う意思決定においては誤謬が相殺されるため一定の妥当性が生まれるとして、大衆民主主義を肯定的に評価した。**国家一般職2015** 1.1

×「誤謬が相殺されるため～大衆民主主義を肯定的に評価」が誤り。ウォーラスは現実の大衆が非合理的であることから、大衆民主主義を否定的に評価したのである。ただし、大衆の非合理性は是正できるとも考えた。

03 オルテガ・イ・ガセットは、『大衆の反逆』の中で、ファシズムなどの政治的運動が興隆する当時のヨーロッパの状況を踏まえ、大衆がその資格も能力もないにもかかわらず社会的権力の座に上ったことを「大衆の反逆」と呼んだ。彼はこうした大衆支配により自由民主主義が危機的状況にあることを指摘した上で、これを克服するため、彼のいう「平均人」、すなわち、豊かな社会の中で新たに教養と財産を手に入れた「新中間層」を構成する人々が、大衆に代わり政治や社会の中心を担う必要があることを主張した。**国家総合職2017** 1.2

✕「「平均人」～が大衆に代わり政治や社会の中心を担う」が誤り。オルテガのいう平均人とは大衆そのものであり批判の対象である。オルテガは「平均人」ではなく「少数者」が常に社会を動かしてきたと主張している。また、新中間層とはホワイトカラーなどを指す社会科学の学術用語であり、オルテガは用いてない。

04 E.フロムは、『自由からの逃走』において、世論調査データの分析結果から、ドイツ人が自由主義的性格を強く持った民族であると主張した。この研究を批判したT.アドルノは、精神分析的手法を用いてドイツ社会を考察し、ナチズムの心理的基盤となった、ドイツ人の権威主義的性格について指摘した。**国家一般職2019**

1.3

✕ まず「世論調査データの分析結果から」「ドイツ人が自由主義的性格」が誤り。フロムは精神分析的手法を用いて、ドイツ人の権威主義的性格を論じている。また「この研究を批判したT.アドルノは、精神分析的手法」が誤り。権威主義的性格について世論調査データを通じて実証したのがアドルノである。

05 T.アドルノは、ナチスの全体主義運動がドイツに登場した要因を明らかにするために、心理学的に権威主義的性格を測定する複数の質問項目を設けた調査を行った。その結果、彼は、学校や家庭での厳しいしつけと権威主義的性格の形成には関連性はなく、ある特定の政治文化の中に育った人でなくても、ある一定の環境に置かれると権威に服従して非人道的な行為を行う可能性があることを示した。**国家専門職2017**

1.3

✕「学校と家庭での厳しいしつけと権威主義的性格の形成には関連性はなく～」が誤り。アドルノはF尺度を用いた世論調査によってまさに厳しいしつけが権威主義的性格を生み出す要因となったと論じている。また政治文化と関係なく、「ある一定の環境に置かれると権威に服従」というのはアドルノではなく、ミルグラムの心理実験などで示された結果であるから、この点も誤り。

06 W.コーンハウザーは、大衆社会の特徴を浮き彫りにするため、「エリートへの接近可能性」と「非エリートの操縦可能性」という二つの変数を用いた。前者は、エリートになれる可能性が非エリートにどの程度開かれているかを指し、後者は非エリートがエリートの動員によってどの程度操縦されるかを指すが、コーンハウザーは、大衆社会とは前者が低く、後者が高い社会であるとした。**国家総合職2006**

1.4

✕「大衆社会とは前者が低く、後者が高い」が誤り。大衆社会はエリートへの接近可能性が高く、非エリートの操縦可能性が高い社会をいう。前者が低く、後者が高い社会は多元社会である。

**07** 多元的国家論は、個人や社会集団に対する独自性が強調され、国家は絶対的な主権を有するとされた。**特別区Ⅰ類2013** 1.5

× 本肢の説明は一元的国家論であれば妥当である。多元的国家論は国家が個人や社会集団と比較して、特段の独自性は有しておらず、あくまで社会全体から見れば国家はその一部に過ぎないというもので、国家の存在を相対化しようとする議論である。

**08** 多元的国家論は、主権は一元的、絶対的なものではなく、多元的、相対的なものであり、ドイツのヘーゲルらによって主張された。**特別区Ⅰ類2017** 1.5

×「ヘーゲルらによって主張」が誤り。ヘーゲルは一元的国家論に該当する。多元的国家論はラスキやマッキーヴァーなどによって提唱されている。

**09** V.パレートは、少数のエリートが国民を支配するが、そのエリートは周流するものであり、エリートの周流を引き起こす革命もまた必然であると唱え、その考えはK.マルクスの唱える階級闘争によるプロレタリア革命とプロレタリア独裁の必然性の理論的根拠となった。**国家専門職2010** 2.1

×「K.マルクスの〜理論的根拠」が誤り。パレートの議論はむしろマルクスの革命論を批判する内容である。マルクスの革命論は少数のエリートを大多数の労働者が革命によって打倒するという議論であるが、パレートの議論は少数のエリートが支配する事実は変化することはなく、エリートの間で交代劇があるというものである。

**10** V.パレートは、大きな政治変動は支配的なエリート集団の交代によって生じるとする「エリートの周流」理論を提唱し、権力の座に就いたエリートが社会のどのような階級を代表しているかによって、政治が平等主義的なものとなるか独裁的なものとなるかが決まるとした。**国家一般職2015** 2.1

×「どのような階級を代表しているかによって〜平等主義的なものとなるか独裁的なものとなるか」という点が誤り。パレートの「エリートの周流」とは社会は常に少数のエリートによって支配されているということを前提としている。したがって「平等主義的なもの」になることはありえない。

**11** G.モスカは、完全な平等は民主主義であっても社会主義であっても実現不可能であり、現実は常に、多数に対する少数の支配階級の支配が行われるため、独裁体制が必然であると指摘し、ムッソリーニやスターリンの政権運営を一貫して支持していた。**国家専門職2010** 2.1

×「ムッソリーニやスターリンの政権運営を一貫して支持」が誤り。モスカはエリート論を主張しつつも議会制を否定しておらず、議会制を否定したファシズムや共産主義には一貫して批判的な立場である。

第7章 現代の民主政治

(12) R.ミヘルスは、極めて民主的であったとされる、いわゆるワイマール憲法下のドイツ共和国の民主的手続きに則って国家社会主義ドイツ労働者党のヒトラーが独裁体制を確立したという歴史的事実の研究から、いかなる組織も「寡頭制の鉄則」を免れることはできないと結論づけた。**国家専門職2010** 2.1

× 「国家社会主義ドイツ労働者党〜という歴史的事実の研究から」が誤り。ミヘルスが主な分析対象としたのは、ドイツの社会民主党である。民主主義を謳いつつも組織の大規模化に伴い少数者の支配となったことを分析したのである。

(13) C.W.ミルズは、実力(パワー)を有する軍や警察を直接率いる軍幹部や警察幹部といった「パワー・エリート」の存在とその影響力を指摘し、これらの実力を背景とした「パワー・エリート」の暴走を抑え、統制することが民主主義の確立に極めて重要であると指摘した。**国家専門職2010** 2.2

× 「軍や警察を直接率いる軍幹部や警察幹部〜」が誤り。ミルズの想定するパワー・エリートは、軍部、政治、経済の3つであり、警察はパワー・エリートとして分析されていない。

(14) 政治エリートの分析に際して、C.W.ミルズは、軍部と巨大軍事産業が相互の利益を追求するために癒着した連合体である「軍産複合体」の存在を指摘し、この連合体の影響力が増大すると、最終的には軍事クーデターにより軍事独裁政権が誕生することになると警告した。**国家専門職2008** 2.2

× 「軍事クーデターにより軍事独裁政権が誕生」が誤り。ミルズの議論は、軍部・政治・経済のパワー・エリートが協力・協調しているというものである。したがって、軍部だけが突出し、軍事独裁政権となることは想定されていない。

(15) F.ハンターは、アメリカ合衆国の地域権力論争において、争点ごとに政策を決定した者は異なり、したがって権力構造は多元的であるとする多元主義の主張を掲げ、少数のエリートがその地域の政治を包括的に支配しているとするエリート主義の主張を批判した。両主張の調査方法には、ともにその地域で話題となった争点を選び、その争点について誰が決定したかを調査する争点法と呼ばれる方法が採られていた。**国家総合職2007** 2.3

× まず「権力構造は多元的であるとする多元主義の主張」「エリート主義の主張を批判」が誤り。エリート主義を批判し、多元主義を主張したのはダールである。また「両主張の調査方法には〜争点法」が誤り。ハンターのエリート主義は誰がエリートかを評判によって同定する評判法、ダールの多元主義ではある政策争点で誰の主張が採用されたかを見る争点法が採られており、両主張は調査方法が異なる。

# 3 現代の政治学

第３節では20世紀の政治学の歴史について解説します。20世紀の政治学は従来の方法論とは一線を画し、科学的な分析を目指したことに特徴があり、政治というものを一般的に記述する政治システム論というものも登場しました。他方で、そうした科学的な分析手法ではなく、政治の本質を哲学的に改めて問い直す議論も盛んになりました。以上のように本節では特にアメリカを中心とした現代の政治学がどのように発展したのかを解説します。

**キーワード**

シカゴ学派／行動論的政治学／政治システム／「国家を呼び戻せ」／社会中心アプローチと国家中心アプローチ／歴史的制度論／拒否点／拒否権プレイヤー／原初状態／無知のヴェール／正義の二原理／格差原理／最小国家／リバタリアニズム／コミュニタリアニズム／「負荷なき自己」と「位置づけられた自己」／潜在能力／労働・仕事・活動／市民的公共性／理性的コミュニケーション



## 1 現代政治学の展開

### 1.1 伝統的政治学と現代政治学 ★★☆

#### （1）伝統的政治学

政治学は社会科学の中で最も古い歴史を有しており、その起源は古代ギリシャに遡ることができる。政治学という学問は伝統的には、例えばプラトンが理想国家を論じ、アリストテレスが政体分類を行い、社会契約論が国家の起源やその法的根拠を検討したように、規範的、制度論的、法学的な手法が多く取られてきた。

したがって、伝統的な政治学では**主な分析対象は国家制度**であった。

#### （2）現代政治学の先駆者

しかし、19世紀後半以降、産業社会が発展し、既存の社会秩序が流動化する中で伝統的な政治学のアプローチでは政治の本質を理解できないという見方がアメリカを中心に広まった。その先駆者として有名なのが**G.ウォーラス**と**A.ベントレー**である。

ウォーラスはその著書『政治における人間性』(1908)で人間の心理分析の重要性

を強調し、ベントレーはその著書『統治過程論』(1908)で利益集団に注目することの重要性を強調した。つまり、政治を国家それ自体ではなく、国家を取り巻く個人や集団などのより広い社会的文脈の中で理解しようとしたのである。

### (3) シカゴ学派

ウォーラスとベントレーによって創始されたと言われる現代政治学は、1920年代以降急速に発展し、**C.メリアム**を始祖とする**シカゴ学派**が誕生した。シカゴ学派は観察データに裏付けられた厳密な科学として政治学を再構成しようとした点で画期的であった。

このシカゴ学派がその後現代政治学の主流を形成し、**H.ラズウェル**、**D.トルーマン**、**G.アーモンド**などを輩出することになる。

**伝統的政治学と現代政治学の比較**

| | 伝統的政治学 | 現代政治学 |
|---|---|---|
| 分析対象 | 国家制度<br>(憲法・主権・基本理念) | 個人や集団の行動<br>(大衆の心理、権力行使の実態) |
| 分析手法 | 法学的・制度論的・規範的な手法 | 心理学や統計学などを用いた実証的な手法 |

## 1.2 行動論的政治学 ★★☆

### (1) 背　景

以上のような政治学の科学化は、第二次世界大戦後には行動科学と呼ばれる新しい理念によってさらに推進された。1930年代から40年代にかけては政治学だけでなく社会学や文化人類学など様々な分野で科学的アプローチの重要性が指摘されるようになり、1950年代にはこれら社会諸科学の科学的手法を統合した行動論(行動科学・behavioral sciences)が盛んになった(**行動論革命**)。

### (2) 行動論的政治学

以上のような行動論の手法を取り入れた政治学は**行動論的政治学**と呼ばれ、様々な分野で研究が進んだ。例えば、すでに学習したコロンビア学派などの投票行動研究、ダールの多元主義やポリアーキー論、アーモンドらの政治文化論や比較政治学はいずれも行動論的政治学の代表例である。

そして、この行動論的政治学の中核をなすのが、政治全体を包括的に説明する一般理論を目指した「**政治システム論**」である。

### (3) 脱行動論革命

しかし、1960年代になると行動論的政治学は価値中立の名の下に現実政治と距離を置き、学問的な有意味性を失っていると批判されるようになった。つまり行動論はただ現状を追認するだけの保守的な役割を果たしているのでないかということが、ベトナム戦争や公民権運動を経験した若い世代から指摘されるようになったのである。

政治システム論を提唱して行動論的政治学を牽引したD.イーストン(当時はアメリカ政治学会会長)はこれらの批判を「**脱行動論革命**」と呼び、行動論に対する批判に共感を示し、行動論政治学が現状において些末な研究に陥っていることに反省の意を示した。

これを境として、アメリカの政治学では、ロールズに代表される政治哲学(政治理論)に注目が集まるようになった。

第7章 現代の民主政治

# 2 政治システム論

## 2.1 政治システム論 ★★★

### (1) 背　景

研究対象を一つの「システム」と捉え、その構造や機能を分析する手法をシステム論という。例えば生態系(ecosystem)という言葉は、多様な生物を相互に独立したものと見なさず、それらがどのように関わり合いながら、そして環境から影響を受けるのかということを総合的に見る視点であり、システム論の一つである。

さて、このような発想は社会科学の世界ではまず文化人類学で確立した。やがて、この発想はT.パーソンズらに代表される社会学の**社会システム論**へと発展し、これを政治学に応用した**政治システム論**が誕生した。

代表的な論者として**イーストン**、**アーモンド**、**ドイッチュ**が挙げられる。

### (2) 政治システム論の基本

政治システム論とは、従来の政治学が個別的な政治現象の分析にとらわれている点を批判し、政治現象について体系的に説明することを目指した一般理論である。後述するように政治システム論と言っても論者によって様々であるが、基本的には政治を以下のようなメカニズムで理解することでは概ね共通している。

すなわち、国民の要求などの**入力**(input)を政府や政党などの政策決定機構が変換し、政策や法律などの形で**出力**(output)する。そして、出力された政策などを国民は評価したり、批判したりして次の入力を行うという**フィードバック**が存在する。

このように、あたかも人間の身体が環境変化に合わせて体温調節を行って一定の状態を維持するように、政治もまた内外の環境変化に合わせて自己制御をはかる一連のプロセス(外部に対して閉鎖的でなく開放的なメカニズム)とみなすのが政治システム論である。

生命が環境変化に適応できなければ死んでしまうように、政治もまた環境変化に合わせて刻々と自己変化を遂げなければ崩壊してしまう、そのような前提がここには含まれている。

**政治システム論**

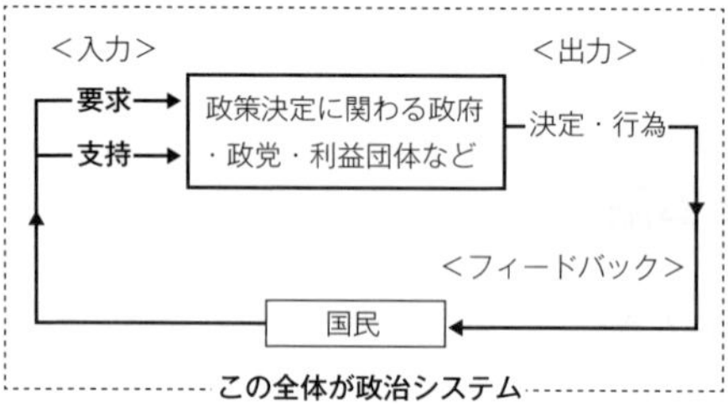


## 2.2 イーストン ★★★

D.イーストン
[1917～2014]

### (1) 背　景

政治システム論を確立し行動論的政治学をリードしたのがアメリカの政治学者**D.イーストン**である。彼は自然科学の厳密性や価値中立性を理想として、政治をより一般的・客観的に説明する理論として政治システム論を提唱した。

### (2) 政治と政治システム

まずイーストンは、政治とは「**社会に対する諸価値の権威的配分**」であるとし、政治システムを「諸価値が社会に対して権威的に配分される相互作用」としている。

要するに、社会の成員が大事だと考えるもの(財や安全など)を政府が強制力を行使しつつ配分するのが「政治」であり、これに伴う国民の要求や不満を政府が処理し現状を維持していく不断のプロセスを「政治システム」と考えているのである。

### (3) 要求と支持

先に述べた政府に突きつけられる要求や不満とは、正確には政治システムに対する「入力」であり、イーストンはこれを「要求」と「支持」とに分類している。

**要求**とは「**問題解決の多様な訴え**」であり、例えば「社会保障の充実」「補助金の要求」などである。これに対して**支持**とは「**政治システムの存立に対する協力的な態度**」であり、例えば社会や文化に対する愛着、憲法に対する誇り、政治家に対する信頼など政治システムの構成要素についての好意的な感情を指す。

これらの支持を調達できなければ政治システムは不安定となると考えた。

### (4) 政治システムの構造

**イーストンの政治システム論**

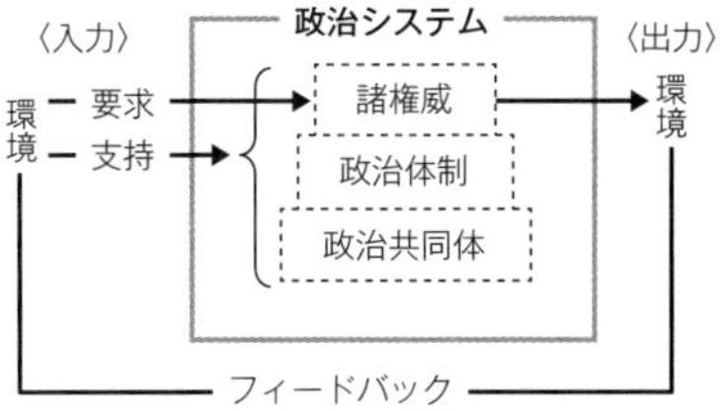


政治システムの基本的な仕組みについてはすでに見たとおりである。ただし、イーストンは政治システムの構造についてより詳細に論じており、政治共同体、政治体制、諸権威の３層構造をなしているという。

まず、**政治共同体**(political community)とは要するに文化や価値観を共有する国民や社会のことであり、政治システムの土台を形成している。

そして、**政治体制**(regime)とは要するに憲法を中心としたその国の基本原理のことであり、土台となる社会が異なればその内容はもちろん変化する。

最後に**諸権威**(authorities)とは要するに価値の配分を行う政府のことであり、政治体制が異なれば政府のメンバーの選出方法も変化する。

## 2.3 アーモンドとドイッチュ ★★★

### (1) 背　景

イーストンによって開拓された政治システム論は、その後様々な発展を遂げた。その代表格がアーモンドとドイッチュである。

### (2) アーモンドの政治システム論

アメリカの政治学者**G.アーモンド**は、イーストンの政治システム論と社会学の**構造機能分析**を活用し、政治システムの発展を考慮した**政治発展**(political development)

を提唱したことで知られている。

具体的には、特定の政治構造が特定の機能に特化していくプロセスを重視し、システムの発展に応じて構造の機能分化が起きると考えた。

このようなアーモンドの議論は、政治システム(各国政治)の比較を可能とするものであり、彼は**比較政治学**の理論構築に貢献したことでも知られている。アーモンドは「政治学において比較政治学を語ることは意味がない」と述べ、比較政治学は政治学そのものであるとも主張している(比較をしない政治学は存在しないという意味である)。

### (3) ドイッチュの政治システム論

また、アメリカの政治学者**K.ドイッチュ**(1912～92)は、政治システム論に「通信と制御の理論」である**サイバネティクス理論**(cybernetics)を応用し、情報中心の政治システム論を展開したことで知られている。

ドイッチュによれば、政治システムとは**情報の流れ**(コミュニケーション・ネットワーク)であり、システムが情報をフィードバックし、絶えず自己修正や自己制御をはかる装置だとした。

政治発展の事例

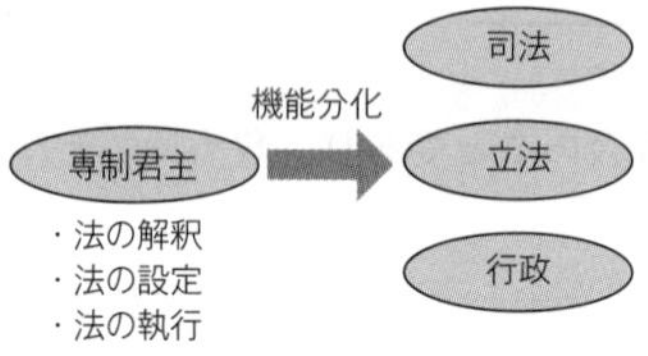


ドイッチュの政治システム

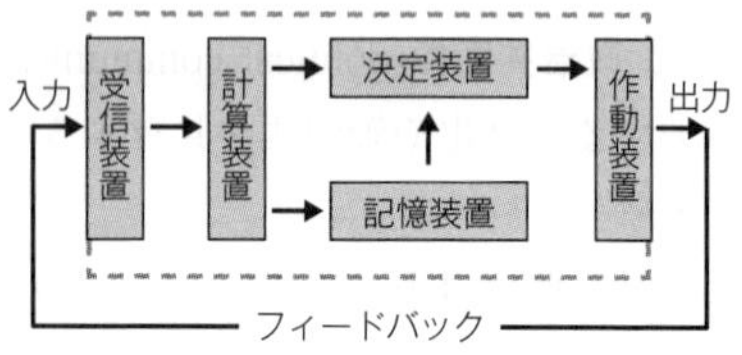


## 3 制度論

本節では、1970年代以降に登場した新しい政治学の潮流について解説する。近年の政治学では一度は忘れ去られていた国家や制度の重要性について論じる議論が注目を集めており、新国家論や歴史的制度論などの新しいアプローチがある。

### 3.1 新国家論 ★☆☆

### (1) 背　景

すでに見たように現代政治学は、心理学や統計学も駆使して、個人が集団の行動について実証的に分析することが基本となり、ダールなどに代表される多元主義のアプローチが主に採用されてきた。しかし、多元主義は個人や集団に注目するあまり、国家それ自体の役割を重視しないという問題があった。

### (2)「国家を呼び戻せ」

以上のような背景から、多元主義を批判し、国家の自律的な行動に再び注目する論者が多く登場するようになった。これらの論者のスローガンが「**国家を呼び戻せ(Bringing the State Back In)**」であり、そのアプローチは**新国家論**と呼ばれる。

新国家論によれば、多元主義は多様な利益団体の競合や連携が政治の中心であり、国家を単なるアリーナに過ぎないものとみなす**社会中心アプローチ**である。

これに対して、新国家論は国家は利益団体が競争を行う「舞台」ではなく、**国家それ自体も独自の自己利益を有し、それを実現する能力を備えた重要なアクター**であると考える。これを**国家中心アプローチ**という。

例えば、新国家論を牽引したアメリカの社会学者**T.スコチポル**(1947～　)は、アメリカのニューディール政策において実施された農業政策を分析し、ニューディールの農業政策は決して利益団体の圧力の結果として行われたものではなく、官僚の自律的な行動の結果であると論じている。

このように、国家は決して利益団体の圧力によって政策を行うという受動的な存在ではないことを強調するのが新国家論の特徴である。

| | 社会中心アプローチ | 国家中心アプローチ |
|---|---|---|
| 立場 | 多元主義 | 新国家論 |
| 国家への視座 | 国家(政府)を、多様な利益団体が競合・連携するアリーナとして理解する。 | 国家(政府)それ自体も自己利益を持ち、それを実現する能力を備えたアクターとみなす。 |

## 3.2 歴史的制度論 ★★★

### (1)背　景

かつての政治学では、アメリカの政治体制を自明の前提とし、他の民主主義国もアメリカモデルに収斂していくという発想が存在した。しかし、例えば北欧のコーポラティズムのようにアメリカとは異なる政治制度に注目が集まると、各国の政治制度の違いについて改めて問い直す理論である**歴史的制度論**(新制度論・合理的選択制度論)などが登場した。

## (2) イマグートの拒否点

歴史的制度論の代表的な理論がアメリカの政治学者**E.イマグート**(1957～　:インマーガットとも表記)の**拒否点**である。彼女はスイス、フランス、スウェーデンの医療制度改革を分析し、なぜスウェーデンやフランスでは国民健康保険制度が導入され、スイスでは失敗したかを検討している。

**拒否点の考え方**

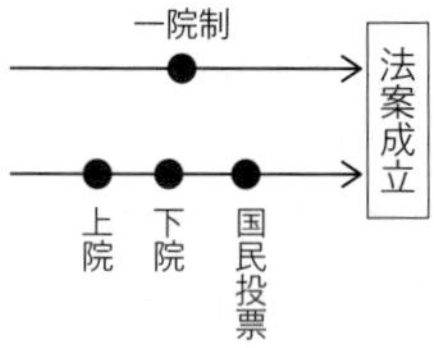


多元主義に基づく分析では、このような医療制度改革では医師会という利益団体に注目し、利益団体が「拒否権」を有していると考え、医療制度改革の可否を医師会の影響力の違いで説明するのが一般的である。しかし、以上の３か国では医師会の政治的影響力には大きな違いはなく、政策の違いをうまく説明できなかった。

そこで彼女が注目したのが、利益団体の存在自体ではなく、**利益団体が影響力を行使できるポイント**がどれだけ存在するかというものであり、これを拒否点という。例えば、スイスは二院制、国民投票が多用される国である一方、スウェーデンは一院制、国民投票は滅多に実施されない国である。したがって、スウェーデンでは一院で可決すれば実現できるが、スイスでは二院と国民投票というように立法化には多くのハードル(拒否点)が存在する。つまり、スウェーデンは拒否点が少なく、利益団体の影響を被りにくいので政策転換が実現し、スイスは拒否点が多く、影響を被りやすいので政策転換ができなかったのである。

このように、利益団体が持つ政治的影響力よりも、議会(一院制か二院制か)、地方自治(地方分権か中央集権か)、政党(規律が強いか弱いか)などの領域において影響を被りやすい特性を政治制度が有するかどうかが重要であると考えたのである。要するに政策変更において超えなければならないハードルの量や質に注目するのが「拒否点」という考え方である。

## (3) ツェヴェリスの拒否権プレイヤー

また、アメリカの政治学者**G.ツェヴェリス**(1952～　)は、従来の政治学が当然の前提としてきた議院内閣制と大統領制、二党制と多党制といった視点からの制度比較は、政治制度全体を貫く統一した視点が存在しないと考え、**拒否権プレイヤー**という理論を考案した。

拒否権プレイヤーとは政治体制、議会、政党システムなどを交差して政治システムを比較するための分析概念であり、「**現状維持を打開するためにその合意が必要とされる個人や集団的アクター**」を意味する。そして、①拒否権プレイヤーの数、②拒否権プレイヤーの政治的距離、③拒否権プレイヤーの内部の結束、という**3つの変**

**数が大きいほど、政策安定性は高くなる**(政策変更は難しくなる)という。

拒否権プレイヤーの理論を応用すると例えば以下のようなことが説明できる。ある国は連立政権であり、中央銀行の独立性を弱め、政府の強力な指導の下に置くことを目指している。しかし、法改正には連立与党間の合意が不可欠であり(拒否権プレイヤーが多い)、連立のパートナーは過半数を確保するために仕方なく連立を組んでいる政党であり、元々の政治的立場も大きく異なる(拒否権プレイヤーの政治的距離が大きい)。さらにその政党は結束力が強く、内部の切り崩しも通用しそうにない(拒否権プレイヤーの内部の結束が強い)。このような場合、単独政権であることと比較して、中央銀行改革という大きな政策変更は実現しそうになく、中央銀行の独立性は保障されたままということになる(政策安定性は高い)。

### (4) スタインモの税制研究

アメリカの政治学者**S.スタインモ**(1953～　)もまた従来の政治学とは異なる視点から制度の重要性に注目し、アメリカ、イギリス、スウェーデンの税制度の比較を行っている。

まず、スタインモによれば、アメリカの税制は個別的な減税措置が多く「抜け穴」だらけ、イギリスは税制に一貫性がなく「つぎはぎ」だらけ、スウェーデンは一貫性のある安定した税制であるという。

では、なぜこのような税制の違いが生じたのだろうか。ここまで本書をしっかり読み進めてきた読者にとっては想像がつくところであろう。すなわち、アメリカが「**抜け穴**」だらけなのは議員個人が政党に囚われることなく自律しており、支持者のための細かな減税措置を作ろうとするからである。イギリスが「**つぎはぎ**」だらけなのは規律ある与党の下で大胆な改革ができるが、政権交代により税制に一貫性がなくなるのである。スウェーデンは**コーポラティズム**の下で政府・労働組合・経済界が協力しているので一貫性のある安定した税制となる。**⇒第2章、第5章**

以上のようにスタインモは各国の政策の違いを政治制度の違いから説明したのである。もちろん、従来の政治学でも制度は重要であった。しかし、それまでの政治学の制度論は、憲法学のように国家の統治機構の仕組みなどに主に注目してきた。これに対してイマグート、ツェヴェリス、スタインモのような新しい制度論は、制度がどのような効果を生み出すのかという点に着目するところに特徴がある。

## 4 現代政治哲学

先述したようにアメリカでは行動論的政治学が一時期主流になったものの、政治を経験的・価値中立的な事実判断だけで論じる方法には批判が寄せられるようになった。

そこで1970年代になると一時期は衰退していた、「人間とは何か」「国家とは何か」といった問題を規範的に検討する政治哲学(政治理論)が復活するようになった。

### 4.1 ロールズ：正義論 ★★★

#### (1) 背　景

1960～70年代のアメリカは「正義」が問われた時代である。ベトナム戦争ではアメリカの軍事介入の是非が問われ、公民権運動では根強く残るアメリカの人種差別が問題となった。他方で、民主党L.ジョンソン政権では「偉大な社会」のスローガンの下で社会保障や福祉制度が拡充された。

このような時代において、改めて正義を問い直し、アメリカにおけるリベラリズムの理論的な支柱となったのが政治哲学者**J.ロールズ**(1921～2002)である。

#### (2) 功利主義批判

ロールズは主著『**正義論**』(1971)において、それまで英米の政治哲学では支配的であった**功利主義を批判**している。すでに学習したように功利主義は「最大多数の最大幸福」を善とする思想である。ただし、この功利主義は社会全体の幸福の増大のために個人の権利を犠牲にする可能性を秘めている。

そこで、彼は**善よりも正義が優先**されるべきであるとし、何が善であるか人によって多様な社会において、誰でも納得できる社会の基本ルールが実現していることを「**公正としての正義**」と呼んだ。

**Power UP　義務論と目的論**

ある行為を正しいかどうか評価する根拠は、哲学の世界では義務論と目的論の2つに大別される。

義務論とは、行為の評価に際しては行為の帰結は無関係であり、行為そのものの価値で判断されるという立場である。ロールズの「善よりも正義を優先する」は義務論である。

これに対して目的論（帰結主義）とは行為の評価に際して行為の帰結のみが重要だという立場である。功利主義が代表的な立場である。

例えば「自由の侵害は絶対に許されない」というのは義務論であり、「全体の目的に適うなら自由の侵害も許容される」というのが目的論である。

### (3) 社会的基本財

ロールズによれば、この「公正としての正義」は人間が自己実現に不可欠な財である「**社会的基本財**」(social primary goods)が社会内で適切に配分されていることによって実現できるという。

具体的には、「自由や機会、所得や富、自尊心」などが適切に(それなりに平等に)配分されていれば正義が実現できていると考えた。ここで彼は「完全に平等な社会」を主張していない点に留意しておきたい。例えば富を完全に平等にすることは勤勉に働いてもサボっていても所得が変わらないということである。

ロールズはあくまで人々に不利益をもたらす不平等だけを撤廃することが正義に適うとしている。



### (4) 原初状態・無知のヴェール・マキシミンルール

では、どのようにして、万人が受け入れることができる正義に適った社会的ルールを作ることができるのか。ロールズは、社会契約論を現代的にアレンジして、以下のような手続きを想定した。

なお、ロールズの議論は、国家運営のロールプレイングゲーム(仮にタイトルを「国家でGovern!!」とでもしておこう)をプレイするにあたり、ゲームのルール作りから参加するものであると考えると分かりやすいため例として補足しておく。

#### ① 原初状態

ロールズはまず一切の社会関係が存在せず、個人は自由かつ平等で、強制や干渉がない状態を「**原初状態**」(original position)と呼び、ここで人々が自発的に正義の原理を検討し採択すると仮定した。要するに社会契約論で言うところの自然状態である。

ゲームに喩えればプレイ開始前の状態であり、ルールさえ未定なので参加者全員でルールを決める状況を想像しよう。

#### ② 無知のヴェール

そして、この原初状態では自分が占める社会的地位、自分の能力や資質といった個人的な属性に関する知識はないものと仮定し、これを「**無知のヴェール**」と呼んでいる。

ゲームに喩えれば、自分がどのような個性を持ったキャラクターとなるか(魔法が使えるのか、必殺技は何か)はゲーム開始まで不明であり、どのキャラクターに当たるかはランダムであると考えればよい。

### ③ マキシミンルール

以上のような状況に置かれた時、人はどのようなルールを選択するだろうか。経済学のゲーム論の発想に従えば、最悪の状況で得られる利得を最大にしようとする合理的な選択をするはずである。これを**マキシミンルール**(maximin rule)という。

ゲームに喩えれば、どのキャラクターに当たってもよいようにルールを選択するはずであり、「男だけ魔法が使える」などというルールはゲームバランスを著しく損ない、自分が女性キャラに当たった時には不利となるため選択しないはずである。

要するに、自分が社会の弱者になるかもしれないという不確実な状況下では、弱者にも有利な決定をするはずだということである。

## (5) 正義の二原理

ロールズによれば、以上の手続きを経て以下の２つの原理が全員一致で採択されるという。

まず正義の第一原理(**①平等な自由の原理**)が採択され、次に第二原理(**②機会均等原理**、**③格差原理**)が採択されるとした。

| 第一原理 | 第二原理 |
|---|---|
| ①平等な自由の原理 | 社会経済的不平等は、②機会均等原理と③格差原理の2つを満たす場合にのみ許容される。 |

### ① 平等な自由の原理

**平等な自由の原理**とは、政治的・市民的自由を典型とする基本的な自由に関しては、全員に平等に権利を付与するという原理である。社会・経済的不平等を是正するために自由を制限することは許されない。

### ② 機会均等原理

ただし、社会経済的資源配分に関しては、社会経済的資源の獲得に有利な地位につくことができる可能性がすべての人に開かれている場合には**一定の不平等が許容**される。これが**機会均等原理**である。

例えば多額の報酬を得るプロ野球選手と一般の会社員では所得に大きな開きがあ

り、不平等である。しかし、プロ野球選手になる機会が誰にでも均等に与えられているのであれば、才能や努力次第で多額の報酬を得る地位が存在することを誰も否定しないはずだということである。

#### ③ 格差原理

また、不平等の存在が、社会内の最も恵まれていない人々の最大限の利益となるのであれば**一定の不平等が許容**される。これを**格差原理**という。例えば、多額の報酬を得るプロ野球選手は累進課税制度の下では支払うべき税金も高額であり、一般の会社員と比べて不平等である。

しかし、このような不平等があるからこそ社会保障制度の原資が生まれるのであり、そのプロ野球選手も社会保障の恩恵をいずれ受けることになるのであるから、一定の不平等を誰も受け入れるということである。

### (6) 原理の優先順位

ロールズによれば、以上の原理については、まず第一原理が第二原理に優先し、次に第二原理の中では機会均等原理が格差原理に優先されるとした。つまり、互いの原理が衝突する場合には、**①平等な自由の原理→②機会均等原理→③格差原理の順で優先**されるという。

例えば、ある大金持ちの財産をすべて没収し、社会の成員に配分するという行為は「平等な自由原理」よりも「格差原理」が優先されているため許されないという具合である。

### (7) 福祉国家の理論的正当化

以上の議論については、非現実的な空理空論に見えるところがあるかもしれない。しかし、ロールズは自らの議論は歴史的にも正当化される伝統的な価値観に沿ったものだとしている。すなわち、正義の二原理はフランス革命の理念である「自由・平等・友愛」にちょうど対応したものであり、平等な自由の原理は「自由」に、機会均等原理は「平等」に、格差原理は「友愛」を具体化したものだという。

特に友愛(市民間の友情や社会的連帯)という概念を格差原理として具体化したことは、**福祉国家を理論的に正当化**する狙いがあり、ロールズはアメリカにおけるリベラリズムに理論的根拠を与えることになったのである。

## 4.2 ノージック：最小国家 ★★★

### (1) 背　景

ロールズの『正義論』は刊行当初から様々な反響を呼び起こした。ロールズ以降の議論は、ロールズを肯定するにせよ否定するにせよ、ロールズとの比較対照を通じて論じられていると言われるほど大きな影響力を持った。

こうした中で最も代表的なロールズ批判と言えるのがアメリカの政治哲学者**R.ノージック**(1938～2002)の『**アナーキー・国家・ユートピア**』(1974)である。

### (2) 権原理論

ノージックの議論は、要するにロールズの福祉国家的な議論を批判したものであり、古典的な夜警国家を擁護した内容となっている。

彼は「財の所有権」を擁護することこそが正義だとする「**権原理論**(entitlement theory)」を提唱し、所得の再分配は個人の権利に対する侵害に他ならず、正当化できるものではないと批判した。

### (3) アナーキーから最小国家の設立

では、どのような国家なら正当化できるのだろうか。ノージックは、ロールズと同じように社会契約論を参考にして、無政府状態からいかに政府が形成されていくのかを論証した。

まず彼が出発点とするのは「**アナーキー**(無政府状態)」である。要するに社会契約論の自然状態のことである。アナーキーでは自己防衛の範囲は限られており、権利侵害が発生した場合の救済手段がない。そこで人々はこれらの問題に共同で対処するための「**保護協会**」を設立するという。

保護協会とは要するに警備会社と保険会社の機能を有するものだと考えればよい。ただし、この保護協会は、民間の警備会社が現実には様々に存在しているように、一つの地域では複数存在することになる。したがって、保護協会に加入するメンバー同士の間での衝突を解決することはできず、保護協会同士の競争も生まれる。

この結果、多数の保護協会は淘汰され、その地域に唯一の保護協会である「**支配的保護協会**」が誕生するという。要するにその地域に唯一の警備と保険を担当する「独占企業」が登場すると考えればよい。ただし、この支配的保護協会は単なる民間団体に過ぎず、その地域には加入していない者(独立人)も多く存在する。

これらの「未加入者」を放置しておくことは、「未加入者」との間でトラブルが生じた時にはどうするのかといった不安を生じさせてしまう。そこで、支配的保護協会は、無料でサービスを提供することと引き換えに「未加入者」を協会メンバーの一員とする取引を行うという。

こうして、その地域に住むすべての人々が参加し、警備や保険業務を独占する唯一の団体が成立することになる。

アナーキーから最小国家へのプロセス

（4）最小国家と拡張国家

以上のように、一定地域の全ての人が加入する警備業務や保険業務を独占する団体とはすなわち国家に他ならず、他に一切の無駄な機能を有さない国家を「**最小国家**」と呼んだ。

権原理論に従って正当化される存在は最小国家のみであり、所得の再分配機能などを有する「拡張国家」は正当化されえないとして、**福祉国家を理論的に否定**したのである。

**Power UP**　ノージックの語るユートピア

以上のような「最小国家」にはどのような印象を抱くだろうか。ノージック自身は「魅力的なものではない」と評している。だが、それで良いのだというのが彼の考えである。何を善いとするかは多様であり、理想の社会（ユートピア）は一律ではない。福祉を理想と考える人々はそうした人々だけで町を作って助け合えばよいし、ある宗教を熱烈に信仰する人々はその信仰心に基づいて村を作ればよい。

このように国家は最低限のことだけを行い、各州や町での自治を重要と考えるアメリカの「伝統的価値観」を理論化したのがノージックである。

## 4.3 サンデル　★☆☆

（1）背　景

先述のノージックの議論は、個人の自由を絶対視する点に特徴があり、「**リバタリアニズム**」（libertarianism：自由至上主義・自由尊重主義）と呼ばれている。

これに対して、個人と対比される共同体の役割を強調する立場を「**コミュニタリアニズム**」（communitarianism：共同体主義）という。

| | リバタリアニズム | コミュニタリアニズム |
|---|---|---|
| 概要 | 独立した「個人」を主体とした社会秩序を構想する立場。 | 「共同体」を主体とした社会秩序を構想する立場。 |
| 特徴 | 政府による市場介入、福祉国家政策に批判的な立場。 | 現代社会における公共性の喪失を問題とし、個人と共同体との関係を再構築しようとする立場。 |
| 論者 | F.ハイエク、R.ノージック | M.サンデル、M.ウォルツァー、A.マッキンタイア、C.テイラー |

### (2) 自我論

コミュニタリアニズムの代表格として知られるのがアメリカの政治哲学者**M.サンデル**(1953～　)である。彼によれば、ロールズやノージックらの議論は、極度に抽象化・個人化された自我の概念に依拠しており、実際の人間の自我の状況を適切に踏まえていないとし、これを「**負荷なき自己**」(independent self：独立した自己)と呼んで批判した。

これに対して、現実の人間は何らかの共同体に帰属し、そこで他者と共に生きる中で、善悪を学んだり、人生の意味を見直したりする存在である。つまり、共同体は自己陶冶や自己反省の機会を提供する場所であって、自我と切り離すことはできない。サンデルはこれを「**位置づけられた自己**」(situated self)と呼んでいる。

そもそもロールズの議論も人間が「正しい判断」をして「正義の二原理」に到達することを想定している。しかし、その「正しさ」や「正義」はどこに由来するのか。それは共同体に他ならない、というのがサンデルの主張である。

| 「負荷なき自己」 | 「位置づけられた自己」 |
|---|---|
| 各人は、他者と関係を持たず、共同体の規範とは全く無関係に、独立した人生の目標や価値観を持つ存在であると考える立場。 | そもそも各人はある文化や社会的な「位置づけ」の中に生まれ落ちるもので、共同体の規範に影響を受けながら、人生の目標を見直し、価値観を身につける存在であると考える立場。 |

### (3) 積極的差別是正措置の正当化

では、以上のようなサンデルの議論は、現実政治においてどのような意味を持つのか。

サンデルは**積極的差別是正措置(アファーマティブ・アクション)**の擁護者としても知られている。積極的差別是正措置とは、「社会的弱者」の地位改善のために積極的な国家介入を行うことであり、例えば黒人層に大学入学の優先枠を設けることなどが該当する。

積極的差別是正措置については導入当初から個人の自由や権利を不当に侵害しているという批判があり、個人の自由や権利を出発点とする自由主義の立場からはその正当化がやや難しい施策である。しかし、サンデルのようなコミュニタリアニズムの立場からは以下のように正当化可能である。

例えば、大学の使命は社会に有用な人材を育てることであり、社会全体の利益に合致するように教育環境を整え、入学者を選抜する。したがって、性別や人種といった試験成績以外の要素も考慮して合否判定することは「多様性の確保」という社会全体の利益に資するものであり正当化される。

このようにコミュニタリアニズムの議論は、共同体に属する人々は何らかの善の意識を共有しており(共通善：common good)、その実現を目指していると考える。それは、個人の自由や権利をまず優先する自由主義の立場からはその正当化が難しい国家介入の意義を説くものともなっている。

## 4.4 セン

### (1) 背　景

先述のロールズの正義論では、格差原理を通じた資源の配分が論じられており、個人の自由の実現のために「社会的基本財」をどのように平等に配分するかという問題に焦点が当てられている。

しかし、これだけでは現代の不平等の問題は解決できないのではないかという指摘もある。それがインド出身の経済学者**A.セン**(⇒第4章第1節 4.5)の主張である。

### (2) 資源主義と福利主義

まず前提となる議論から確認しよう。アメリカの哲学者R.ドゥオーキンは現代において平等の実現を目指す議論を、資源主義と福利主義の立場に分類している。**資源主義**(resourcism)とは平等論の課題を、社会内における何らかの重要な資源配分の平等性に限定する立場であり、ロールズやドゥオーキンが該当する。

これに対する**福利主義**(welfarism)とは、単なる資源配分の平等性を超えて、諸個人がそうした資源を用いて達成する何らかの望ましい状態の実現を目指す立場であり、センが該当する。

### (3) 福利の平等

センが福利主義の立場であるのは、特に途上国においては単なる資源配分の平等だけでは、不平等の問題を解決できないと考えているからである。

例えば、学校において「資源配分の平等」の観点からタブレット端末を児童生徒に配布することを考えてみよう。先進国であれば、教育投資できない家庭でもデジタル教材が利用でき、平等が達成されたということができるかもしれない。しかし、途上国でタブレット端末が配布されたとしても、識字率が低い、栄養や医療が不足しており、そもそも根本的に学習する環境が整備されていないという問題があるかもしれない。つまり、資源を有効に活用できるだけの諸能力が十分でないのである。

したがって、本当に必要なのは、「資源の平等」だけでなく、「福利の平等」すなわち多様な資源を活用して生活の質を高め、より善い望ましい人生を平等に確保することを目指すべきであるというのがセンの主張である。

### (4) 潜在能力

では、福利の平等には何が必要か。それが**潜在能力**(capabilities)である。何が望ましい人生であるかはもちろん人によって異なる。しかし、自分の人生を豊かにして、「福利」を実現するために必要な能力は一般化が可能であり、「健康に生活できる」「教育を受けている」「一定の収入がある」などという誰にでも共通の能力がある。

このように**より善い人生を送るための基礎的な能力の集合体**が潜在能力である。この潜在能力が平等化されることで、人間はより実質的な自由が保障されると考えたのである。

### (5) 人間の安全保障・人間開発指数

以上のようにセンの議論は、途上国における現実の不平等の存在を解決することを目的としたものであり、これらの議論は国際社会における開発援助や途上国支援に大きな影響を与えている。

例えば、**人間開発指数**(HDI：平均余命、識字率、所得水準などによって測られる指標。所得やGDPだけで評価しないところに特徴がある)、**人間の安全保障**(個人の生存を脅かす貧困、環境破壊、人権侵害など様々な脅威から護ることを重視するコンセプト。伝統的な安全保障は国家の安全保障(国防)を重視する)などである。

このような貢献からセンはノーベル経済学賞(1998)も受賞している。

## 4.5 アレント ★★★

### (1) 背　景

20世紀は、ナチズムやスターリニズムなどの全体主義が猛威を奮った時代である。全体主義体制では複数政党制が否定され、イデオロギーに基づく単一政党によるテロル(恐怖政治・粛清政治)が行われた。

自身もユダヤ人としてナチスから逃れた経験を持つドイツ出身の政治哲学者**H.アレント**(1906～75)は、この全体主義と徹底的に向き合い、政治の意味や人間の本質を再検討することを試みた。



### (2) 人間の条件

アレントはまずその著書『人間の条件』(1958)において、人間の行動様式には「労働」「仕事」「活動」の３つの類型があると論じている。

このうち、「労働」と「仕事」は人間と物(自然)との関係を前提としたもので、基本的に単独で行うことができるものである。しかし、「活動」は言葉を通じて他の人間と交わること、つまり複数であることを前提としている。彼女は**この複数性を前提とした「活動」を最も高く評価**した。

ではなぜ複数性が重要なのだろうか。それは唯一の絶対真理を強制する全体主義を批判し、個性をもった個々人を徹底的に肯定する根拠となるからである。

| | |
|---|---|
| **労働(labor)** | 生産活動や家事労働など日々の糧を得るためのルーティンなもの。 |
| **仕事(work)** | 芸術的・文学的な制作活動など一回限りの個性的な作品を残すためのもの。 |
| **活動(action)** | 主に言葉を通じたコミュニケーションによる相互行為。複数性が前提となる。 |

### (3) 政治と経済の癒着

以上の人間の行動様式の３類型を見ると、アレントが「労働」つまり経済活動を非常に低く評価していることが分かる。それは彼女が現代社会の問題を**「政治と経済の癒着」**に見出しているからである。

アレントによれば、古代ギリシャでは公的領域(政治)と私的領域(経済)は明確に分離しており、私的な利害対立を超えたところで各人は政治に参加し、それぞれが弁論の卓越さを競い合う場所、まさに「活動」が展開されている場所であった。

しかし、近代以降の社会では、この厳密な区別が崩れ、むしろ「労働」が我々の生活を覆い尽くし、経済の論理が政治を支配するようになってしまった。彼女はこの労働が覆い尽くす領域を「**社会的領域**」と呼び、現代社会では**公的領域が社会的領域に侵食されている**と批判した。

彼女によれば、政治の本質とはあくまで「活動」を通じて、各人が個性を競い合う場所である。しかし、現代の政治は例えば誰に補助金を配分するかなどといった利益配分の手段に過ぎなくなってしまったというのがアレントの考えである。

## 4.6 ハーバーマス ★★★

J.ハーバーマス
［1929～　］

### (1) 背　景

先に見たアレントの議論は「公共性」を改めて問い直すという点で重要な貢献を果たした。しかし、例えば労働を低く評価するなど「社会的領域」を否定的に論じている点には課題も多かった。

アレントの議論を継承しつつも、これらを乗り越えようとする公共性論を展開したのがドイツの政治哲学者**J.ハーバーマス**(⇒第1章第1節 3.3)である。

### (2) 市民的公共性（公共圏）

まず、ハーバーマスは『**公共性の構造転換**』(1962)において、公共性の歴史について論じている。彼によれば封建的な身分制度の弱体化に伴い、近代社会には「**市民的公共性**」(公共圏)が登場したという。

この市民的公共性とは、市民すべてに開かれており、公共的な意見と呼ばれるような何かが形成される場所であり、国家とは区別され、国家と対置される市民社会における人々の関係の中に成り立つとされる。そして、18～19世紀の啓蒙主義の時代には、フランス社交界のサロン、イギリスのコーヒー・ハウスといった場所、雑誌や新聞といったメディアが発達し、公共の事項について自律的に「読書し議論する公衆」が生まれた。

こうした人々の開かれた理性的な議論が、公共の意見、世論を形成することになったという。

### (3) 理性的コミュニケーション

以上のような市民的公共性での議論について、より詳細に確認しよう。この点は第1章でも少し説明している。

ハーバーマスは、市民的公共性での理念を「**理性的コミュニケーション**」に求めている。理性的コミュニケーションとは、外部からのあらゆる支配や制約から解放され、個人が自由に意見表明でき、すべての参加者に平等に発言の機会が与えられた「**理想的発話状況**」の下で、互いの対立を乗り越え合意に至る行為をいう(コミュニケーション的理性、対話的理性ともいう)。このようにして形成された合意の上に市民的公共性が成り立つというのがハーバーマスの主張である。

そもそもそのような理想的発話状況がありうるのかという批判もあるが、現実には実現困難な高い目標であっても現状の問題点を照らし出す源泉としての価値があるとハーバーマスは主張している。

### (4) 現代大衆社会における市民的公共性

このようにハーバーマスは、国家に回収されない市民的公共性の姿を肯定的に評価した。ただし、19世紀以降、国家は様々な形で市民社会に介入するようになり、大手メディアによる画一化も進展するなどして、市民は自発的に議論する「公衆」から単に消費するだけの「大衆」に化したと批判的に分析している。このような閉塞した現代社会をどのように乗り越えるのかというのがその後、彼の重要な研究テーマとなった。

以上のような彼の議論は、以降公共性論を語る上での重要な参照点となり、**討議的民主主義**など様々な分野に大きな影響を与えた。

**ハーバーマスの公共性論**

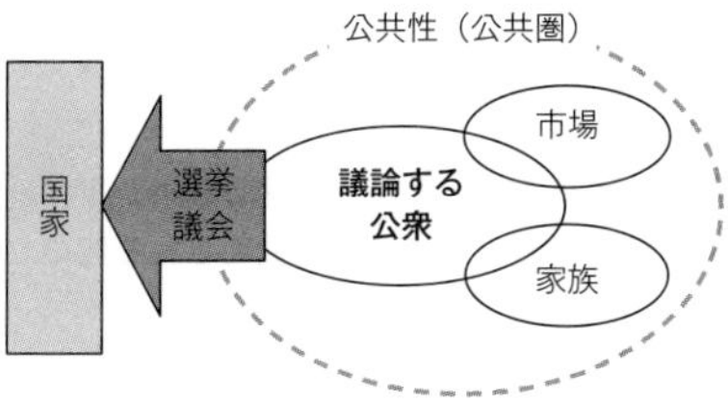


図にも見られるように、ハーバーマスは、市民的公共性を形成する人々の関係として家族(親密圏)や市場(商品交換)も重視している。家族は個人の自由や愛など普遍的な価値を有する場所であり、市場は身分を超えて万人に平等に及ぶものである。
このようにハーバーマスは、アレントのように公共的領域と私的領域を明確に区別し、私的領域を公的領域の下に見るような発想をしなかった。

## 過去問チェック

01 シカゴ学派は、政治学における法学的、制度論的、歴史的、規範的アプローチの必要性を強調し、政治行動は計測不可能であるとの立場から、政治学を観察データに基づく記述と説明の科学として再構築しようとする科学主義を批判した。**国家専門職2001** 1.1

× シカゴ学派の説明として全くの誤り。「法学的、制度論的、歴史的、規範的アプローチ」とは従来の伝統的な政治学の立場である。シカゴ学派はこうして伝統的なアプローチではなく、観察データに基づく実証的な分析を目指したのである。

02 イーストンの政治システムでは、政治体系は、政策形成、政治共同体、政治体制、諸権威の四層構造を持つものであるとした。**特別区Ⅰ類2009** 2.2

× 「政策形成」「四層構造」が誤り。イーストンの政治システムは、政治共同体、政治体制、諸権威の３つの構造となっている。

03 イーストンは、それまでの政治学が政治現象を生物学のアナロジーによって全体的に理解していたことを批判し、政治をめぐる現象を単純な構成要素に分解することによって、政治現象をとらえる経験的な一般理論を構築した。**国家総合職2001** 2.1 2.2

× まず「それまでの政治学が〜生物学のアナロジーで全体的に理解していたことを批判」が誤り。イーストンの政治システム論はむしろ生物学のアナロジー（類推）で説明されている。

04 1960年代後半のアメリカ合衆国における都市の荒廃、環境の悪化、ヴィエトナム戦争の泥沼化等を背景として行動主義に対して批判的な意見が出されるようになった。このためいわゆる脱行動論革命を背景に、K.W.ドイッチュは機械論的モデルであるサイバネティクスモデルを政治学へ適用することを唱えた。**国家専門職2002** 2.3

× 「脱行動論革命を背景に、K.W.ドイッチュは〜サイバネティクスモデル」が誤り。ドイッチュは政治システム論の代表的な論者であり、脱行動論革命においてはむしろ批判される側の立場である。

05 T.スコッチポルに代表される「国家論の復権」を唱える人々は、自らの主張を「国家中心主義」と呼び、論敵を「社会中心主義」と呼んだ。スコッチポルらによると、前者は国家と社会の連動性や一体性を強調するのに対して、後者はそれぞれの独立性や自律性を強調するものとし、それまでの政治学を後者に過度に傾斜し過ぎ

てきたと批判した。**国家総合職2013** 3.1

╳「前者は国家と社会の連動性や一体性を強調」「後者はそれぞれの独立性や自律性を強調」が誤り。要するに説明が逆になっている。社会中心主義が国家を社会の単なるアリーナと見なすのに対して(国家の政策は社会の利益集団の影響力の産物であるとみなす)、国家中心主義(アプローチ)は国家が社会から自律し、独自の決定を行うことを想定している。

**06** 合理的選択制度論は、社会秩序や制度もない原初的な無政府状態においては、意思決定を行う独立したアクターが存在し、そのアクターが自分の効用を最大化しようとしているという前提から社会現象や政治現象を説明した。ゲーム理論を使った政治分析がその代表的な分析手法であり、既存の制度や社会的ルールといったものはアクターの行動を規定する要因とはならないとした。**国家専門職2015** 3.2

╳「原初的な無政府状態〜独立したアクター」「既存の制度や社会的ルールといったものはアクターの行動を規定する要因とはならない」が誤り。アクター（政党、利益団体）がルール(憲法、法律、慣習などを含めた制度)の中でどのように振る舞うのかというのが合理的選択制度論(歴史的制度論)の分析手法である。

**07** 税制や社会保障制度のように、各国に共通した政策課題を解決するために採用される施策が、国ごとに違うことの理由を説明するにあたっては、それぞれの国の制度に注目したアプローチがなされることが多い。こうしたアプローチのうち、政治的アクターの行動とは切り離されたフォーマルな制度の仕組みに専ら注目したものが歴史的新制度論と呼ばれる。**国家一般職2013** 3.2

╳「政治的アクターの行動とは切り離されたフォーマルな制度の仕組みに専ら注目」が誤り。「フォーマルな仕組み」しか見ないのは例えば憲法学である。歴史的(新)制度論とは、フォーマルな制度の中で政党や利益団体がどのように作用し合っているのかなどを分析する。つまりアクターの行動を分析するのである。

**08** 一般的に、ある政策領域に関して、それぞれの政党にとってこれ以上は妥協できないという限界点が存在する。こうした限界点の存在により、その政策領域に含まれる法案審議において、政党間の合意が困難となることがしばしばある。このように合意を困難とするような、それぞれの政党にとっての政策上の限界点をE.イマグートは拒否点(veto points)と呼んだ。**国家一般職2013** 3.2

╳「政党にとってはこれ以上妥協できないという限界点」「政党にとっての政策上の限界点」など拒否点の定義がそもそも誤り。拒否点とは要するに利益団体などが影響力を行使するポイントのことである。例えば、政党の中で派閥対立があり、いずれかの派閥を支援することで立法化が防止できれば、政党の分権的な構造が拒否点である。

09 E.イマグートは、フランス、スイス、スウェーデンの健康保険政策の比較を行い、各国の医療の社会化の程度差を「拒否点」という概念で説明した。すなわち、医師の組織化の程度及び政治的影響力をみると、フランスやスイスでは両者が高く「拒否点」となったため、医師らが政府に強く迫って国民保険制度を早期に実現できたのに対し、スウェーデンでは両者が低く「拒否点」とならなかったため、医師らが政府を説得することができず、同制度の導入に失敗したという。国家総合職2017 3.2

× 「医師の組織化の程度及び政治的影響力をみると～両者が高く「拒否点」」が誤り。医師会のような組織が拒否権を持っていることではなく、そうした組織が影響力を行使できるポイントがどれだけあるのかというのがイマグートの「拒否点」のポイントである。したがって、「二院制で上下両院どちらでも邪魔できる」、「国民投票で世論を喚起して邪魔できる」というように利益団体の影響力を行使できるポイントを指している。

10 拒否権プレイヤーとは、現状維持を打開するためにその同意が必要とされる個人若しくは集団アクターを意味する。G.ツェベリスによれば、拒否権プレイヤーの数、拒否権プレイヤー間の政治的距離、拒否権プレイヤー内部の結束、という三つの変数が大きいほど、様々な政治システムにおける政策転換能力は高くなるという。国家総合職2006 3.2

× 「政策変換能力は高くなる」が誤り。拒否権プレイヤーの数など3つの変数が大きければ、つまり交渉して合意を取り付けなければならないプレイヤーが多いと政策転換は難しい(政策転換能力は低い)ということである。

11 歴史的制度論は、歴史的に先行する政府システムの選択や政策選択を重視し、各アクターが追求する目標が制度的文脈に依存しており、採用される政策が経路依存的であることを強調する。具体的な研究事例として、S.スタインモは『課税と民主主義』において、米国、スウェーデン及び英国の税制の違いを明らかにし、そのような違いは政治制度から生じると指摘した。国家専門職2015 3.2

○ 妥当な記述である。

12 各国における中央銀行の独立性については、政治家が中央銀行の決定に介入しようとする際、その介入に向けた意思決定過程において、様々な政治アクターの同意を必要とするか否かも影響するとの見解がある。例えば、バーンハード(Bernhard.W)は、二院制や連立政権などの存在が中央銀行の独立を高めると指摘した。国家専門職2011 3.2

◯妥当な説明である。

(13) J.ロールズは、社会的に不遇な者にとって利益にならないような社会的・経済的不平等があるならば、それは政策的に正さなければならないという格差原理を主張した。その上で、恵まれた者と恵まれない者の間の格差がゼロとなるように、財の再分配を行う必要があるとした。**国家専門職2013** 4.1

×「格差がゼロとなるように」が誤り。ロールズは完全な平等を主張していない。ロールズは公正な機会均等原理も主張しており、機会均等が保障されているのであれば、格差が生じることも認められるとしている。

(14) J.ロールズは『正義論』を著して、社会的・経済的な不平等を是正することこそが正義にかなうと主張し、そのためには政治的自由などの基本的自由の制限も正当化されるとした。彼の議論は、基本的自由の擁護を優先する古典的自由主義を真っ向から批判するものであった。**国家一般職2007** 4.1

×「政治的自由などの基本的自由の制限も正当化」が誤り。ロールズの議論では、基本的自由が最優先とされており、社会的・経済的不平等の是正(格差原理)も、基本的自由を侵害しない限りにおいて認められるものである。したがって「古典的自由主義を真っ向から批判」するものではない。

(15) J.ロールズは、『正義論』において、正義の第一原理として「平等な自由の原理」、第二原理として「格差原理」を示した。このうち、第一原理における自由とは、最低限の市民的・政治的自由に限られず、自由一般を指す。また、第二原理においては、全ての市民の間に絶対的な平等を達成することが求められると主張した。**国家一般職2019** 4.1

×「第二原理においては～絶対的な平等を達成」が誤り。第二原理の公正な機会均等原理では機会均等であれば待遇の格差が認められ、格差原理では不利な人々の利益を高めるために不平等な取り扱いが認められている。

(16) R.ノージックは、人間は自己の所有物を思うがままに処分する絶対的権利、すなわち「権原」をもつと主張し、それを実質的に保障するものとして、所得再分配を行ったり、福祉サービスを提供したりする福祉国家の役割を高く評価した。**国家専門職2006** 4.2

×「所得再分配を行ったり～福祉国家の役割を高く評価」が誤り。所得の再分配は、所得が高いという理由で税金が高くなる制度であり、自分の所有物である財産を不当に奪われることになるというのがノージックの主張であり、福祉国家も否定している。

**17** R.ノージックは、国家は、生命や契約や所有権に対する個人の権利を防衛するというごく限定的な役割のみを果たせばよいと主張した。しかしながら、貧富の格差を是正するため、国家が課税という形で勤労収入の一部を他の人間に強制的に移転することについては、福祉国家型自由主義の観点から、正当性があると指摘した。**国家専門職2013** 4.2

✕「強制的に移転することについては～正当性がある」が誤り。ノージックは財の一部を他の人間に強制的に移転すること(所得の再分配)には正当性がないとして、福祉国家を否定している。

**18** M.サンデルは、国家が行う様々な政治活動を、他者と共有する共通善の実現活動として捉える考え方を批判した。そして、平等で正義にかなった意思決定を行うためには、共同体の規範とは独立した目的や独自の善悪の観念を持ち、何の負荷も課されていない自己として思考することが条件であると主張した。**国家一般職2019** 4.3

✕ サンデルの主張と全く逆になっているので誤り。サンデルは、何の負荷も課されていない自己(負荷なき自己)を想定しているロールズの議論を批判し、共同体の中で規範などを共有する自己(位置づけられた自己)の重要性を主張するコミュニタリアニズムの立場である。したがって共通善も擁護している。

**19** M.サンデルは、人間が自らの持つ属性や自らの置かれた環境とは関係なく、独立した自我として思考していくことが、平等で正義にかなった意思決定を行うための条件であるとした。そして、政治権力の過大な行使を伴う積極的是正措置は、個人の自由や権利を不当に侵害するものであると批判した。**国家専門職2020** 4.3

✕ サンデルの主張とは全く逆になっているので誤り。サンデルは「独立した自我」(負荷なき自己)を批判し、「位置づけられた自己」の立場である。またサンデルは積極的是正措置を積極的に擁護する立場である。

**20** A.センは、単に資源配分の平等性だけでなく、人間が現実に享受する「福利」の平等を保障すべきであるとした。また、各人が多様な資源を活用して自らの生の質を高め福利を実現するための能力を「潜在能力」と呼び、この能力の平等化を目指すべきと主張した。**国家一般職2019** 4.4

◯ 妥当な説明である。

**21** J.ハーバーマスは、多様な市民が政治社会の共通の事項について論じる場を公共的領域と呼び、それは私的領域や経済活動を主な目的とする社会的領域より価値が高く、質的に異なると考えた。そして、近代以降、私的領域・社会的領域により公共的領域が侵食され、古代ギリシアのポリスで行われたような対等な市民同士の言葉のやり取りを通じた活動の可能性が狭められたと批判した。**国家一般職2017** 4.5 4.6

╳ 本問はハーバーマスではなく、アレントの議論であれば妥当な説明である。アレントが私的領域や社会的領域を公的領域より低く評価したのに対して、ハーバーマスは公共的領域を私的領域や社会的領域と深く関わるものであると考え、否定的な評価を与えていない。

(22) J.ハーバーマスは、自由で理性的なコミュニケーションを可能とする「理想的発話状況」の達成が現実には不可能であることから、こうしたコミュニケーションを必要とせずに政治的な正統性の調達を可能とするような、自己完結的な法的システム構築の重要性を訴えた。**国家一般職2014** 4.6

╳ 本問はドイツの社会学者N.ルーマンの議論であれば妥当である。ハーバーマスは「理想的発話状況」を想定し、コミュニケーションを通じた正統性の確保(コミュニケーション的正統性)を主張している。

(23) H.アレントは、多様な市民が政治社会における共通の課題について論じる場を公共的領域と呼び、公共的領域における討議を政治の中心に据えた。アレントは公共的領域を、家族などの私的領域や、経済活動を中心とする社会的領域と区別したが、近代社会では、マス・メディアなどの発展によって、公共的領域が飛躍的に発展したと考えた。**国家総合職2015** 4.5

╳「マス・メディアなどの発達によって、公共的領域が飛躍的に発展」が誤り。アレントは、近代以降の社会では、公的領域が社会的領域などに徐々に侵食され縮小してしまっていると批判しており、公共的領域の再構築を主張している。

# 4 権力とリーダーシップ

第4節では権力とリーダーシップについて解説します。権力論についてはすでに第1章で学習していますが、現代の政治学ではすでに見た権力論以外にも様々な発展を遂げており、現代政治における権力を分析するための重要な手法として定着しています。また、最後に政治家（政治的リーダー）とはどのような存在か、政治家と一般市民はどのような関係にあるのかという点を検討する政治的リーダーシップについて解説します。

**キーワード**

非決定権力／三次元的権力／規律権力／ゼロサム的権力と非ゼロサム的権力／リーダーシップの特性論と状況論／哲人王／「ライオンの獰猛さ」と「キツネの狡猾さ」／心情倫理と責任倫理／代表的リーダーシップと創造的リーダーシップ

## 1 現代の権力論

### 1.1 明示的権力と黙示的権力 ★★★

#### (1) 背　景

権力論についてはすでに第1章で学習済みである。実はすでに見た権力はすべて観察可能な「見える権力」という点で共通しており、これを「**明示的権力**」と呼ぶ。これに対して、一見権力関係が明確でない「見えない権力」というものに注目する議論があり、これを「**黙示的権力**」という。ここではこの黙示的権力を中心に説明する。

| | 明示的権力 | 黙示的権力 |
|---|---|---|
| 概要 | 権力を、明確な（対立する）意図を持った行為者間の関係としてとらえる立場 | 明確な対立関係が見られない、あるいは対立しているという意識のない権力関係 |
| 主な理論 | M.ウェーバーの権力論<br>H.ラズウェルの権力論<br>R.ダールの多元主義的権力論 | バクラックとバラツの非決定権力<br>S.ルークスの三次元的権力<br>M.フーコーの権力論 |

## 1.2 バクラックとバラツ：「非決定権力」 ★★★

### (1) 背　景

すでに学習したように、ダールの多元主義的権力は観察可能であることを前提としていた。しかし、アメリカの政治学者P.バクラックとM.S.バラツは、権力には「２つの顔」があるとして、多元主義的権力では説明できない権力のもう一つの側面に注目した。それが「**非決定権力**」である。

### (2) 定　義

非決定権力（権力の非決定）とは、**潜在的争点があるにもかかわらず、それを表面化させない権力作用**であり、「争点化を挫折」させたり、「〈安全な〉争点に決定作成の範囲を制限」したりする作用をいう。

つまり、ある問題が課題になることを妨げる権力（**課題設定の防止**）、言い換えれば、特定の利益の社会的表明が抑制される形で機能するのが非決定権力である。

### (3) 事　例

例えばある企業城下町を想像しよう。その市はある大手製造業の本社があることで潤っており、たくさんの税収を市にもたらしている。市長や市議会はその企業から何ら働きかけがなくても、会社の立場を考慮して、あえて大気汚染防止を議題としては挙げず、大気汚染防止条例を骨抜きにするようなことをするかもしれない。

このように、非決定権力は企業（経済）の権力を分析するのに適した側面もある。

**非決定権力**

今日の飲み会なのですが…（本当は欠席したい）
何時から参加できる？6時？、7時？店も自由に選んでいいよ。（うちの社で飲み会欠席という選択肢はないぞ）

## 1.3 S. ルークス：「三次元的権力」 ★★★

### (1) 背　景

先に見た非決定権力は「見えない権力」であるというが、実際にはどうだろうか。先述の事例で言えば、環境保護を重視する市民からすれば「大事な争点が議論されていない」ということは明らかであり、権力は〈見えている〉はずである。

では、本当に〈見えない権力〉とは何か。これを論じたのがイギリス出身の政治学者**S.ルークス**(1941～　)である。

### (2) 権力の３つの分類

まず、ルークスは、従来の主な権力論を「一次元的権力」と「二次元的権力」に分類している。**一次元的権力**とは**多元主義的権力**であり、**二次元的権力**は**非決定権力**が該当する。

先と同じく企業城下町を事例にしよう。企業が市長に圧力をかければ、そこには明確な権力が見られる。これが一次元的権力である。そして、企業が何も働きかけなくても市長が企業に〈忖度〉して企業寄りの決定をする。これが二次元的権力である。

ただし、そこでは環境保護が無視されたと感じる市民がいる。つまり、対立は表面上隠蔽されているが、潜在的には存在するわけである。したがって、この権力はある意味〈見えている〉わけである。

### (3) 三次元的権力

そこで、ルークスは新たな権力概念として「**三次元的権力**」を提唱した。三次元的権力とは、**人々の知覚や認識、さらには選好までも形成する作用**をいう。

例えば、環境保護など考えもしないように市民を〈教育〉してしまえば、環境保護という争点が握りつぶされているとは誰も思いもしないだろう。利害対立の認識自体が存在しないのであるから、これが真の意味での〈見えない権力〉となる。

このようにマス・メディアや社会化諸過程(教育など)を通じて、人々の選好や認識が形成される構造やプロセスを権力と見るのが三次元的権力である。

権力の3つの分類

| | 一次元的権力 | 二次元的権力 | 三次元的権力 |
|---|---|---|---|
| 概要 | 多元主義的権力（ダール） | 非決定権力（バクラックとバラツ） | 人々の知覚や認識、さらには選好までも形成する作用 |
| 対立の状況 | 対立が顕在化〈対立の自覚あり〉 | 対立を隠蔽〈対立の自覚あり〉 | 対立の認識が消滅〈対立の自覚なし〉 |

三次元的権力

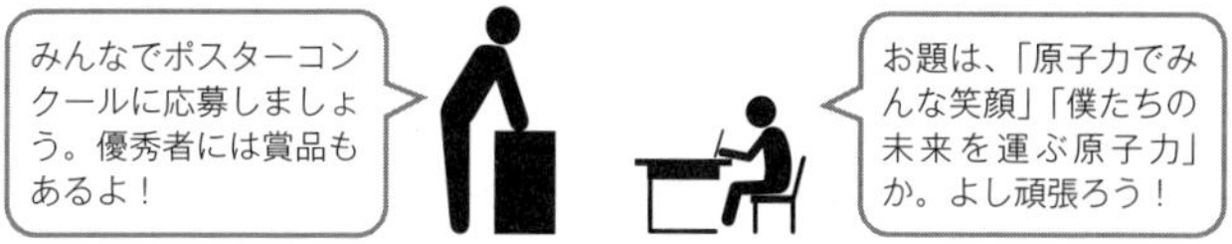




## 1.4 フーコーの「規律権力」 ★★★

### （1）背　景

これまで見てきた権力論は、権力を「私の選好とは異なることを強制するもの」とみなしている点では概ね共通していた。これに対してルークスの三次元的権力が画期的であったのは、その「**選好が作られる構造**」自体に注目した点である。

このような性格の権力を、ルークスとは異なる観点から論じたのがフランスの哲学者**M.フーコー**（1926～84）である。

### （2）「監獄の誕生」

フーコーは重要な著作を数多く残しているが、政治学において最も重要なのは『**監獄の誕生**』(1975)である。この本でフーコーは、近代社会において刑罰の観念が劇的に変化した点を分析している。

彼によると、前近代の社会では公開処刑や鞭打ちといった見せしめ的な刑罰が主流であったが、18～19世紀になると、犯罪者を監獄に隔離し、犯罪者の人間性を矯正し更正させるという教育的な意味が強調されるようになったという。すなわち、監視と訓練を通じて人々の精神と身体に「正しい行為」を植え付け、自己規律できる人間を作り出す。

このように「自律した個人」を作ることが近代社会に登場した新たな権力であると

したのである。

### (3) 規律権力

以上のような権力を、フーコーは「**規律権力**」(discipline)と呼んでいる。この規律権力は刑務所だけに限定されるものではない。近代社会では、軍隊、工場、学校、病院などの集団管理の場で、監視と指導を通じて、要するに〈しつけ〉によって、人々に「正しい」行為の規範を内面化・身体化させると彼は考えたのである。

例えば、学校という場所は試験・監視・賞罰を通じて「自律した人間」を形成することを目的とした場所である。試験では一人ひとりに点数が付けられ、教師はその点数に注目し(監視)、そこで点数が悪ければ叱り、点数が良ければ褒める(賞罰)。

このような環境の中で、生徒は次第に高い得点を目指し、自ら進んで学習できる、つまり「自律した個人」に成長するのである。

前近代の権力と近代の権力

ダルいなあ。先公が黒板向いたら昼寝すっか。
ほら、そこ、話聞いているか?
教育(しつけ)
寝ちゃダメだ。明日に備えて勉強だ。
前近代の権力
近代の権力

### (4)「真理それ自体が権力である」

では、学校、刑務所、病院などといった場所で「正しい」とされる行為は何によって根拠づけられているのか。それは心理学、精神医学、教育学などの諸学問である。

本来学問とは真理を探求するものであり、人間は真理を学ぶことで無知蒙昧から解放されて自由になると考えられている。しかし、「自律した個人」こそが権力だとしたら、自律した正しい個人に理論的根拠を与える真理(学問)もまた権力であるというのがフーコーの主張である。

**Power UP** パノプティコン

パノプティコン（一望監視装置）とは、イギリスの思想家J.ベンサムが最小限の監視費用で犯罪者の更生を実現するための装置として考案した刑務所である。フーコーはこのパノプティコンを、規律権力の代表的な事例としてとりあげている。

パノプティコンでは、中央の監視塔からすべての独房が丸見えの状態なのに対して、独房からは監視塔は見えない構造になっている。このような状態に置かれた囚人は、監視塔からの眼差しを内面化して、自分を監視するようになる。

パノプティコン

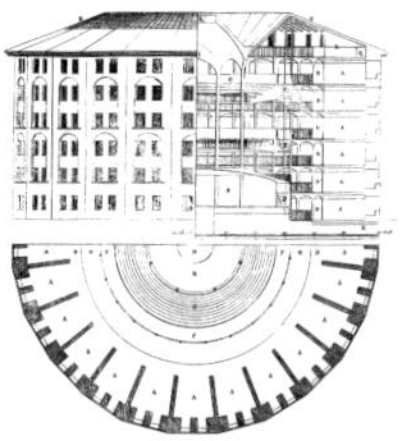

**Power UP** フーコー以降の権力論

権力と自由の問題は現代社会でも重要課題であり、近年はセキュリティ（安全）というテーマで語られることが多い。

犯罪やテロといったセキュリティ対策のために国家レベルの監視強化は当然として、企業や地域社会においても監視カメラが張り巡らされるような「監視社会」が現代では登場している。他方でこの「監視社会」は我々にとってはある種のメリットも有している。

例えば、インターネットで検索し、通販サイトで買い物をする時、その企業は我々の検索履歴や購入履歴を把握し、その個人が再度アクセスした時には過去のデータから予測される興味のありそうな広告や「おすすめ」の商品が提示される。これは企業による「監視」そのものであるが、我々はそれを便利な機能としても受け入れている。このように現代社会はフーコーが論じたような学校という「監禁」状態で規律権力が作用する段階よりもさらにその先に進んでいる。

このような情報処理とコンピュータネットワークに支えられた新たな権力をフランスの哲学者G.ドゥルーズは「管理型」権力と呼んでいる。

## 1.5 共同体的権力 ★☆☆

### (1) 背　景

改めて権力の古典的なイメージを確認しておきたい。

第1章で学習したように、ウェーバーは権力を「ある社会関係の中において、抵抗を排除してでも、自己の意志を貫徹しうるすべての可能性」であるとしていた。ここでは、当事者間の対立があることを前提に権力者が服従者に権力者の意図を〈押し付ける〉ことが念頭に置かれている。

ただし、相手を「説得」したり、「取引」したりすることで、相手の意図を変えさせた場合にはどのように考えるべきか。このように権力が「強制」としては作用せず、一種の「協力」関係として現れるという見方を共同体的権力（非ゼロ・サム的権力）という。

### (2) パーソンズの権力論

アメリカの社会学者**T.パーソンズ**(1902～79)は、従来の権力論は、権力を一方の利得は他方の損失という「ゼロ・サム」(零和)的、非対称的な関係としてのみ理解しているとして、これを**ゼロ·サム的権力**と名付け、権力の一側面しか見ていないと批判した。

パーソンズによれば権力には非対称的ではない、つまり総和がプラスになるような権力、**非ゼロ·サム的権力**があるという。具体的には、権力を「社会の目標によって正当化された義務を遂行することを保証する能力」と定義している。

例えば、ジャイアンがのび太にランドセルを運ばせることはジャイアンが得をし、のび太が損をする点においてゼロサム的である。しかし、映画版のジャイアンがそうであるように、みんなで危機を乗り越えるためにジャイアンがのび太に命令し、のび太は本当はそうしたくないが「みんなのため」にと勇気を振り絞ることもある。パーソンズはこのように全体の利益に貢献する機能を権力が果たしていることに注目したのである。

**ゼロサムと非ゼロサム**

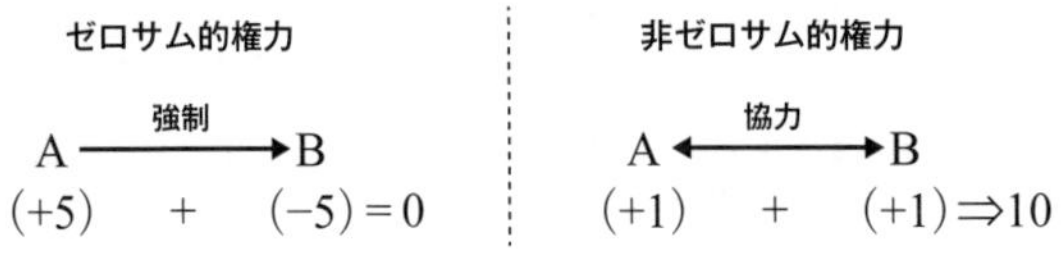


### (3) アレントの権力論

パーソンズと同じように権力の積極的な側面に注目したのが**H.アレント**である。毛沢東がかつて「権力は銃口から生まれる」と述べたように、権力は強制力と同一視されがちである。しかし、アレントは「**銃口から暴力は生まれても権力は生まれない**」と批判した。

彼女によれば、権力とは、個人の性質ではなく集団に属するものであり、「他者と協力して活動する人間の能力」と定義される。ここでは先にアレントの公共性論を学習した際に、「**複数性**」が重要なキーワードであったことを思い出してほしい。彼女は「複数」の人間による自発的な協力に権力の本質を見出しているのである。

ここで彼女がイメージしているのは、例えばロックの社会契約論にみられるような人々の「協力」によって政府が設立されるという議論や植民地から脱して最終的にはアメリカという国家権力を生み出したアメリカ独立革命である。つまり、権力が生み出される過程に注目した議論であることが分かるだろう。

## 2 政治的リーダーシップ

### 2.1 リーダーシップ論の分類 ★★★

#### (1) 背　景

第２節ではエリートと大衆について学習した。そもそもエリートと大衆という捉え方は少数のエリートが多数の大衆を「支配」するという前提に立ったものであり、エリートと大衆の関係を「**支配服従**」の関係と見なしている。

しかし、この見方は現代のエリートと大衆の関係を理解するには一面的なものである。エリートが大衆の利益のために大衆を「**指導**」するという側面もあるからである。

すなわち、エリートと大衆は共通の利益で結びついており、エリートが大衆のためにリーダーシップを発揮しているという見方もできる。これを**政治的リーダーシップ**という。

#### (2) 特性論と状況論

政治的リーダーシップについて論じた議論は古代から現代まで様々にあるが、主に特性論と状況論に分類することができる。

| | リーダーシップの特性論 | リーダーシップの状況論 |
|---|---|---|
| 概要 | 政治的リーダーに必要とされる資質や技能が何であるかという点に着目した議論である。 | 政治的リーダーシップは、リーダーと大衆との間の相互作用によって成立するとの前提で、リーダーシップが発揮される社会経済状況に着目した議論である。 |
| 論者 | プラトン、マキャヴェリ、ウェーバー | R.シュミットなど |
| 特徴 | 革命や戦争など社会の動乱期のリーダーシップの説明に適合的である。 | 制度や社会状況に拘束される現代の政治リーダーの説明に適合的である。 |

## 2.2 政治的リーダーシップの特性論 ★★★

### (1) プラトン：哲人王

第6章で見たように、古代ギリシャの哲学者**プラトン**はその著書『国家』(ポリテイア)において、「善のイデア」を認識できる支配者による政治(**哲人王の支配**)を理想として論じた。

この議論は要するにリーダーの個人的資質として倫理的・道徳的に完成された人格を要求するものであり、特性論の典型と言える。

### (2) マキャヴェリ：ライオンの獰猛さとキツネの狡猾さ

また、ルネッサンス期の思想家**N.マキャヴェリ**は『君主論』において、君主は「**ライオンの獰猛さとキツネの狡猾さ**」を持たなければならないと論じたことはすでに見たとおりである。

この議論は要するにリーダーの資質から倫理性を排除し、現実的な能力を強調した議論となっており、特性論としての特徴を有している。

### (3) ウェーバー：責任倫理

#### ① 情熱・責任感・判断力

そして、近代以降ではドイツの社会学者**M.ウェーバー**の議論が特に有名である。彼は『**職業としての政治**』(1919)において、政治家には「**情熱・責任感・判断力**」の3つの資質が必要であると論じている。

この中で特に重要なのが責任感である。政治を「天職」(使命を受けた仕事)と考えたウェーバーは、政治家には強い責任感が必要であると強調した。

#### ② 心情倫理と責任倫理

では責任感とは何か。まずウェーバーは、人間の行為の格率には相互に対立する心情倫理と責任倫理の2つがあるとしている。

心情(信条)倫理とは、要するに**純粋な心情(信条)を重視する倫理**で、例えば「私は社会正義を目指している」などといった、ある大義に対する一定の確信に基づいたものをいう。

これに対して、責任倫理とは、要するに**結果に対する責任を重視する倫理**で、例えば「政治的失敗は自らの責任である」というように、人間の不完全さを考慮に入れて結果に対する責任を受け入れるものをいう。

ウェーバーは、心情倫理のみに基づく政治家は「ロマンティックな感動に酔っている法螺吹き」であると批判し、**政治家には特に責任倫理が問われる**ことを強調したのである。

| | 心情倫理 | 責任倫理 |
|---|---|---|
| 概要 | 行為の動機となる純粋な心情（信条）を第一の基準とする倫理。しばしば結果を顧慮しないものとなりがちである。 | 行為がもたらす現実的な結果に対する責任を第一の基準とする倫理。結果を他者に責任転嫁せず、自分の行為のせいであると受け入れる。 |

## 2.3 リーダーシップの状況論 ★★★



### （1）リーダーシップの2つの分類

アメリカの政治学者**R.シュミット**は、政治社会における価値体系の安定性を基準として、「代表的リーダーシップ」と「創造的リーダーシップ」の２つに類型化した。そして、社会の安定期には「代表的リーダーシップ」が、変動期には「創造的リーダーシップ」が登場すると論じている。

これらの詳細については次項で説明する。

### （2）リーダーシップの４つの分類

そして、日本の政治学者高畠通敏（たかばたけみちとし）（1933～2004）は、シュミットの２分類を踏まえて、リーダーシップをさらに①伝統的、②代表的、③創造的、④投機的の４つに分類している。

#### ① 伝統的リーダーシップ

**伝統的リーダーシップ**は伝統社会に固有なリーダーシップである。リーダーは身分によってその地位につき、慣習や伝統に則って支配する。政治はリーダーの仁慈として、要するに聖人君子たるリーダーが庶民を慈しみ情けをかけるというように一方的に行われるのであり、本来的にはリーダーシップとは言えないとされる。

#### ② 代表的（制度的）リーダーシップ

**代表的（制度的）リーダーシップ**は現代の安定した政治社会に成立する典型的なリーダーシップである。政治は大衆の同意に基づいて行うべきという建前が「制度」原理として成立しており、大衆は政治に利益の充足を求め、リーダーは大衆の利益の「代表者」として現れる。**既存の価値を前提としている**という点では後述の創造的リーダーシップと比較すると保守的な性格がある。

なお、かつてイギリスの政論家W.バジョットは政治家を「平凡な意見を持った非凡な人間」と評している。意見は平凡(大衆の代表)だが、能力は非凡でなければ政治家は務まらないというのは代表的リーダーシップの本質をまさに表している。

### ③ 投機的リーダーシップ

代表的リーダーシップが行き詰まり大衆の欲求不満が募った時、社会の閉塞感を投機的に(一か八かの賭けで)充足させるのが**投機的リーダーシップ**である。

例えば、不満の矛先をスケープゴートに向けさせ、対外戦争にうってでる、矛盾した公約を乱発するなどという手法を取ったナチズムやファシズム(ヒトラーやムッソリーニ)などが典型である。

あくまで大衆の不満を解消するのが目的であるから、投機的リーダーシップでは、**新しい価値体系は提示されず、既存の価値が持続している**のが特徴である。

### ④ 創造的リーダーシップ

代表的リーダーシップが行き詰まった時に、すなわち政治社会の**価値体系が不安定**になった時に、新たな価値体系(世界像・イデオロギー)を提示し、政治体制の変革を図ろうとするのが**創造的リーダーシップ**である。

例えば、フランスのナポレオン、ソ連のレーニン、中国の毛沢東などは、その是非はともかく、新しいヴィジョンを示しそれに大衆が追従し、政治体制が根本的に変わった(その理念が死後も長い間定着した)という点では創造的リーダーシップの典型である。

ただし、新たに「創造」された価値体系が定着すれば、いずれ代表的リーダーシップとして機能するようになる。

**代表的リーダーシップと創造的リーダーシップ**

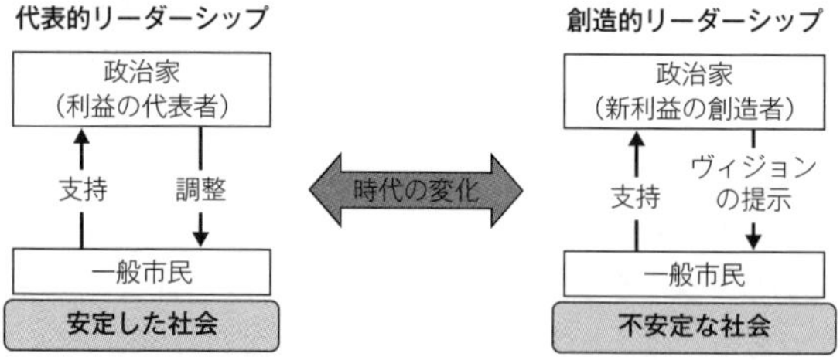

## 2.4 リーダーシップの相互作用論 ★★★

### (1) 背　景

これまで見てきた特性論と状況論は決して相互排他的なものではない。現実のリーダーシップを分析するにはその両方の要素に注目する必要がある。

このようにリーダーの個人的要素(特性論)、リーダーシップ環境(状況論)の双方に注目する議論をリーダーシップの**相互作用論**という。

### (2) リーダーシップを決定する要素

例えば、イギリスの政治学者**R.エルジー**は、リーダーシップを決定する要因を詳細に分類して、個人的要素(野心的かどうか、妥協的かどうかなど)とリーダーシップ環境(執政府と立法府の構造、中央地方関係、政党の組織構造、歴史的要因など)の2つの軸でリーダーシップを論じている。

### (3) 主要国のリーダーシップの分類

さらにエルジーは、特に執政府と立法府の構造など制度的要因に注目して、主要国のリーダーシップを4つに分類している。

なお、これは1995年時点での各国の制度を踏まえて分類したものであるため、とりわけ日本の位置づけには注意が必要である。日本はで1990年代～2000年代に首相のリーダーシップを高める様々な改革が行われており、エルジーの議論は今日では当てはまらないことが多い。

少なくともここでは、政治学ではアメリカの大統領は一般に想像されるよりはそのリーダーシップは弱く評価され、イギリスの首相のリーダーシップが強いと評価される傾向にあることが確認できればよい。

**各国のリーダーシップのパターン**

(強 ↑ ↓ 弱)

| | |
|---|---|
| **イギリス：首相型リーダーシップ**<br>弱い議会、強力な首相権力。政党のみが首相権力の制約要因となる。 | **フランス：大統領型リーダーシップ**<br>弱い議会、強い大統領。首相の役割のみが大統領権力の制約要因となる |
| **ドイツ：分散型リーダーシップ**<br>首相の権力は強いが、強い議会と連邦制などにより首相権力は制約される。 | **アメリカ：分割型リーダーシップ**<br>大統領の権力は、議会と連邦制によって制約、最高裁、連邦制も制約要因となる。 |
| **日本：反作用型リーダーシップ**<br>首相の権力は、派閥や官僚制に制約されるため弱い。 | **イタリア：無中枢型リーダーシップ**<br>首相は弱く、派閥や多党連立政権により制約されている。 |

## 2.5 三隅二不二のPM理論 ★★★

### (1) 背　景

もともと社会科学の分野でリーダーシップ論が盛んなのは社会学(社会心理学)や経営学(組織論)の世界であり、政治的リーダーシップもこれらの研究に示唆を受けて発展してきた。

その中で特に有名なのが、日本の社会心理学者三隅二不二(1924～2002)によるPM理論である。

### (2) PM理論

三隅はリーダーが集団において果たす機能に着目して、リーダーシップを類型化している。彼によれば、リーダーシップはP機能とM機能の2つから説明できるという。

**P機能**(集団目標達成：performance)とは、目標設定、計画立案、指示、叱咤などにより、成績や生産性を高めるような働きをいう。これに対して、**M機能**(集団維持：maintenance)とは、集団の人間関係を良好に保ち、チームワークを強固にするような働きをいう。そして、この2つの機能からリーダーシップを下掲の図のように4つのタイプに分類している。

リーダーシップの類型

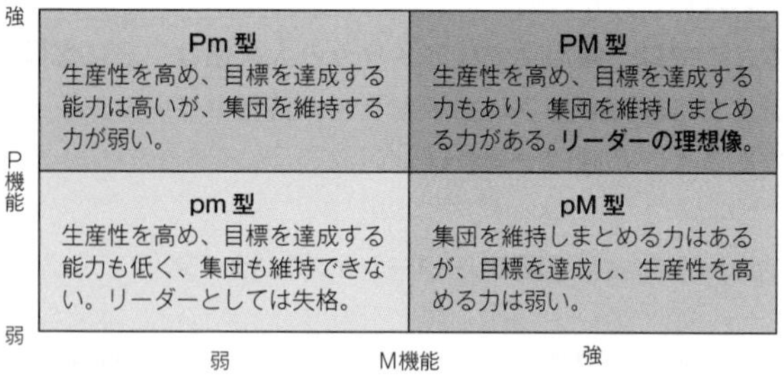
強
P機能
弱
Pm型
生産性を高め、目標を達成する能力は高いが、集団を維持する力が弱い。
PM型
生産性を高め、目標を達成する力もあり、集団を維持しまとめる力がある。リーダーの理想像。
pm型
生産性を高め、目標を達成する能力も低く、集団も維持できない。リーダーとしては失格。
pM型
集団を維持しまとめる力はあるが、目標を達成し、生産性を高める力は弱い。
弱
M機能
強

### (3) 日本の首相のリーダーシップ

では、このPM理論を日本の政治リーダーに適用するとどのように分析できるだろうか。日本の行政学者村松岐夫(1940～　)は、PM理論を用いて、戦後日本の首相にはP型とM型の双方が見られると主張している。

例えば、典型的なM型と見えるのが竹下登、P型が中曽根康弘であるという。竹下は「気配り」が座右の銘であり、敢えて言えばM型である。中曽根は「戦後政治の総決算」という壮大な目標を掲げて、大統領的な首相を目指した点で有名であり、敢えて言えばP型の典型である。ただし、現実のリーダーシップはどちらかに必ず分類できるというような単純なものではない。

竹下は消費税の導入という大きな改革を成し遂げた点でP型の要素があり、中曽根は「風見鶏」と呼ばれたぐらい派閥の配慮にも怠らなかった点でM型の要素も有する。つまり、リーダーシップを発揮するにはどちらの要素も必要だということが分かるだろう。

## 過去問チェック

**01** バクラックは、本来であれば争点化するであろう問題が制度的に隠蔽され、決定から排除された者の真の利害が表出されないどころか、当人に意識されることすらない形で行使される権力に注目し、「三次元的権力観」を提示した。**特別区Ⅰ類2014** 1.2

× 「当人に意識されることすらない」「三次元的権力観」が誤り。バクラックらの非決定権力では利害が表出されていないことは当人に意識されている。当人にすら意識されないような形の権力はルークスのいう三次元的権力観である。

**02** S.ルークスは、多元主義者の権力観を「一次元的権力観」、P.バクラックとM.バラッツの権力観を「二次元的権力観」と名付けた上で、自らは「三次元的権力観」を提示した。三次元的権力観とは、潜在的争点の顕在化を阻むために決定を回避する「非決定」において行使される権力に着目する見方である。**国家総合職2010** 1.3

× 「三次元的権力観とは～「非決定」」が誤り。争点の顕在化を阻む非決定は二次元的権力観である。三次元的権力とは争点があることが当人に意識すらされていない形で行使されるものをいう。

**03** S.ルークスは、多元主義的権力概念とは区別される新たな権力概念を提示し、それを三次元的権力概念と位置付けた。その特徴は、本人に意識させないまま人々の認識や思考まで形成するような権力を否定し、権力をあくまで観察可能な経験的事象としてとらえたことにある。**国家一般職2005** 1.3

× 「本人に意識させないまま～権力を否定」「観察可能な経験的事象」が誤り。三次元的権力とは本人に意識させないまま認識や思考まで形成するような権力をいう。認識や思考まで形成され意識させないということは観察不可能なものである。観察可能な経験的事象としてのみ権力を分析するのはダールの権力論である。

04 M.フーコーは、自ら考案した「パノプティコン(一望監視装置)」という集団監視施設を例に挙げ、規律権力は、監視と指導を通じて人々に正しい行為の規範を内面化させ、自発的に規律正しい振る舞いができる人間を作ることを目指すものであるとした。彼は、このように、権力をその行使者と服従者との二者間関係として明確にとらえることを重要視した。**国家一般職2009** 1.4

× 「自ら考案した「パノプティコン(一望監視装置)」」が誤り。パノプティコンはベンサムが考案したものであり、フーコーはそれを自身の権力論の事例として取り上げたに過ぎない。また「行使者と服従者の二者間関係として明確にとらえることを重要視」が誤り。個人が行為の規範を内面化させ、自発的に振る舞うようになるということは、自分自身が「権力者」であり「服従者」でもあるということであり、権力の行使者と服従者の二者間関係では捉えきれない議論である。

05 M.フーコーによると、自らの意思に基づき合理的決定を行うと推定される「主体」とは決して実体的なものではなく、近代社会の黙示的な権力構造によって生み出されたものにすぎない。彼は、厳しい監視と拷問により近代社会の行動様式を強制する装置であるパノプティコン(一望監視装置)を考案し、英国の刑務所における普及に貢献した。**国家一般職2018** 1.4

× まず「パノプティコン(一望監視装置)を考案」「英国の刑務所における普及に貢献」が誤り。パノプティコンを考案したのはベンサムであり、普及もしていない。また「厳しい監視と拷問により～強制する装置」も誤り。パノプティコンは囚人が自分で自分を監視し、自ら進んで規律を守るようになる仕組みである。

06 パーソンズは、服従者の利益を奪うことによって政治権力が成り立っており、権力者が収奪したものと、服従者が収奪されたものを差し引きすればゼロになるとする零和概念を提示し、権力行使を必要最小限にしようとした。**特別区Ⅰ類2016** 1.5

× 「権力行使を必要最小限」が誤り。パーソンズは従来の権力論を零和概念として批判し、権力を一種の協力関係として説明する非零和(ノン・ゼロサム)概念を提唱した。つまり、権力行使の積極的な側面を論じているので、「必要最小限」などという主張はしていない。

07 T.パーソンズによれば、権力とは、ある社会の構成単位に、その社会の掲げる目標によって正当化された義務を遂行することを保証する能力であるとされる。これに対し、H.アーレントは、権力は人民の支持や合意に依拠した目標を達成するために行使されるのではなく、単に利害対立の一方の当事者がもう一方の当事者に不利益を強制するために行使されるものだとした。**国家総合職2007** 1.5

× H.アーレントの説明が誤り。アーレントの権力論はパーソンズの権力論と同じように、権力をある目標に向かって人々が協力する仕組みとして理解されている。「一方の当事者に不利益を強制する」というのは暴力であって権力ではないというのがアーレントの立場である。

08 政治的リーダーシップ論については、リーダーの個人的特性を重視する立場と、それを条件づける環境を重視する立場に分けて考えることができる。プラトンが『国家』で行った理想国家の指導者に関する議論や、N.マキャヴェリが『君主論』で行った指導者に関する議論は、専ら後者に該当するものと考えられる。**国家総合職2006** 2.1 2.2

×「プラトン～マキャヴェリが～専ら後者」が誤り。プラトンの議論もマキャヴェリの議論もリーダーの個人的特性を重視した議論(特性論)である。

09 M.ウェーバーの『職業としての政治』では、国家とはある一定の領域の内部で正統な物理的暴力行使の独占を実効的に要求する人間の共同体であるとされた。そして、政治家は国家の暴力性をはっきり自覚し、高い政治倫理が求められるとする一方で、官僚は党派性を持ち、政治家に正統性のない物理的暴力行使を行うように命令された場合は、大衆を守るために断固として拒否すべきであるとされた。**国家専門職2015** 2.2

×「官僚は党派性を持ち～大衆を守るために断固として拒否」が誤り。ウェーバーは官僚制を合法的支配の最も純粋な形であり、没主観的・非人格的な秩序に服従するとしており、党派性を有することは否定されている。

10 M.ウェーバーは、政治家の責任に関し、目的に沿わない結果が生じた場合、その原因を行為者ではなく周囲の諸事情に帰することもできるので、結果にかかわらず、純粋な心情の炎を燃やし続けることこそが行為の目的であるべきであるとし、そうした行為をなすことに責任を見いだす「責任倫理」を提唱した。**国家総合職2006** 2.2

×「その原因を行為者ではなく周囲の諸事情に帰する」「結果にかかわらず、純粋な心情」が誤り。純粋な心情を重視するのは心情倫理である。ウェーバーが政治家に求められる資質として重視したのは責任倫理であり、失敗した場合の原因を周囲の諸事情に帰することなく、自身の責任として引き受ける結果責任が重要だとされている。

11 制度的リーダーシップでは、指導者は大衆利益の充足という利益感覚の延長線上に課題を設定し、課題解決の方向は価値体系の全面的転換を企図する。**特別区Ⅰ類2017** 2.3

×「価値体系の全面的転換を企図」が誤り。価値体系の転換を図るのは創造的リーダーシップである。制度的リーダーシップは代表的リーダーシップと同義であり、既存の価値体系のままで利益の充足を図るものをいう。

(12) R.シュミットは、政治的リーダーシップを、創造的リーダーシップと代表的リーダーシップに区分した。そのうち創造的リーダーシップは危機的状況に際してこれまでの価値体系そのものの変革を図ることによりリーダーシップを獲得するものであり、代表的リーダーシップは大衆の不満を一挙に充足させる解決方法を提示するものであり、全く矛盾する公約の濫発やスケープゴートの創出等を行うことによりリーダーシップを獲得するものである。**国家一般職2009** 2.3

×「大衆の不満を一挙に充足させる〜」が誤り。これは投機的リーダーシップである。代表的リーダーシップとは価値体系が安定している中で、大衆の利益を代表し、利益の充足を図るものをいう。

(13) R.エルジーは、憲法や法律などによって規定される制度面を重視する立場から、先進国の政治的リーダーシップを比較した。その中で、議会や裁判所などから制度的に制約を受けることが少ないアメリカ合衆国の大統領の方が、そうした制約をより強く受ける英国の首相より強いリーダーシップを発揮しやすいと論じた。**国家総合職2006** 2.4

×「議会や裁判所などから制度的に制約を受けることが少ないアメリカ合衆国の大統領の方が〜英国の首相より強いリーダーシップ」が誤り。アメリカの大統領は厳格な三権分立の下で政治的リーダーシップが強く制約されているが、英国の首相は議会の多数派の支持によって成り立っており、効率的に立法も進めることができるなどリーダーシップの制約要因が少なく、英国の首相の方が強いリーダーシップを発揮しやすいと考えられている。

(14) 政治的リーダーシップの在り方を、リーダーの個人的特性と政治制度や社会状況などの環境要因との相互作用として説明する方法を、相互作用アプローチと呼ぶ。これによれば、戦争や革命などのない安定した社会環境では、環境要因は小さく、リーダーの個人的特性がリーダーシップの在り方を決める主な要素となる。**国家総合職2004** 2.4

×「戦争や革命などのない安定した社会環境〜個人的特性がリーダーシップの在り方を決める」が誤り。安定した社会環境であれば「環境要因」の方が強く働き、戦争や革命などの不安定な社会環境では「個人的特性」が重要となる。

# 過去問 Exercise

## 問題1

政治思想に関する次の記述のうち、妥当なのはどれか。

国家専門職2013

1. J.ロックは、人間は、生まれながらに平等に自然権を与えられており、全員一致の契約によって政府を設立し、この政府に各人の自然権を信託するとした。その上で、政府が市民の信託に違反して、市民の権利を侵害したとしても、支配の正統性を保ち続けるため、市民は政府に抵抗することができないとした。

2. C.モンテスキューは、国家権力を制限するためには、ある権力を絶えず別の権力が抑止するような抑制と均衡のメカニズムを制度的に作り上げることが最も効果的な方法であると主張した。とりわけ、モンテスキューは、政府の権力が、立法・行政・司法の三権に分けられ、それぞれが相互にコントロールし合う制度を重視した。

3. T.グリーンは、所得の再分配による平等な社会の建設を推進する社会主義を批判し、新自由主義の立場から、いかなる場合でも、国家によって個人の所有権や契約の自由に制限が課されるべきではないと主張した。

4. J.ロールズは、社会的に不遇な者にとって利益にならないような社会的・経済的不平等があるならば、それは政策的に正さなければならないという格差原理を主張した。その上で、恵まれた者と恵まれない者の間の格差がゼロとなるように、財の再分配を行う必要があるとした。

5. R.ノージックは、国家は、生命や契約や所有権に対する個人の権利を防衛するというごく限定的な役割のみを果たせばよいと主張した。しかしながら、貧富の格差を是正するため、国家が課税という形で勤労収入の一部を他の人間に強制的に移転することについては、福祉国家型自由主義の観点から、正当性があると指摘した。

## 解説

正解 ❷

❶ × ロックは、政府が信託違反を犯した場合、そうした政府に対して人民は抵抗する権利を持つと主張しているので、本肢問題文最後の記述は誤りである。ロックは、そうした信託違反に関して、政府に改善の余地が無い場合には、革命権をも主張している。

❷ ○ 妥当な記述である。モンテスキューはロックと異なり、三権の分立による抑制と均衡を説いたところに特徴がある。

❸ × グリーンは、共通善のためには国家によって個人の所有権や契約の自由に制限を課すことが有効な場合もあるとする「新自由主義(new liberalism)」の立場に立つ思想家であり、その点で、本肢問題文の内容は誤りである。

❹ × ロールズの提唱する「格差原理」は、恵まれた者と恵まれない者の間の格差がゼロとなるような完全平等を求めるものではない。その点で、本肢問題文の内容は誤りである。

❺ × ノージックは「最小国家論」の立場から、国家が課税というかたちで勤労収入の一部を他の人間に強制的に移転することは、たとえそれが所得の再分配を目的としたものであっても、個人の尊厳の著しい侵害であって、そうした移転にはいかなる正当性もないと主張している。

**問題2** 権力に関するア～エの記述のうち、妥当なもののみを全て挙げているのはどれか。 国家専門職2017

**ア** R.ミヘルスは、ドイツの社会民主党の分析を通じて、民主主義を標榜する政党であっても、それが発展して、肥大化するにつれて、指導する者と指導される者に分化し、次第に少数者の手に組織運営の実質的権限が集中していく傾向があることを指摘した。彼は、どのような組織でも肥大化するにつれて避けられない現象であるという意味で、それは「鉄則」であるとした。

**イ** M.フーコーは、近代の権力を、実力や暴力のように目に見える形で行使されるよりは、権力作用を受ける者が自らを規律するように仕向けるという形で、自動的に行使されるものとした上で、各人が、外的な監視や指導がなくても、規律正しく振る舞うようになる点に着目した。彼は、このような「規律権力」による管理は、刑務所のみならず、軍隊、学校、病院など近代社会の様々な領域に見られると主張した。

**ウ** S.ルークスは、何らかの争点について決定がなされる場合のアクターの行動に焦点を合わせた権力観を「一次元的権力観」、潜在的争点の顕在化を阻止するために決定が回避されるという形の権力行使に焦点を合わせた権力観を「二次元的権力観」と整理した。その上で、彼は、自らの権力観を「三次元的権力観」とし、対立そのもの、若しくは対立の認識を消滅させるという形で行使される権力に着目した。

**エ** 権力構造に関するネオ・コーポラティズムの理論では、権力が広く分散しているのではなく、少数の組織された職業団体に集中し、また、エリートは協調的というよりは、むしろ対立と競争を通じて政府の重要政策の決定に参加することが制度的に保証されたとする。こうしたネオ・コーポラティズムが典型的に見られる国としては、米国、オーストリア、スウェーデン、オランダが挙げられる。

1. ア
2. ア、エ
3. イ、ウ
4. ウ、エ
5. ア、イ、ウ

## 解説

正解 5

**ア ○**　ミヘルスの「寡頭制の鉄則」に関する正しい内容の記述である。

**イ ○**　フーコーの「規律権力」に関する正しい内容の記述である。

**ウ ○**　ルークスの「三次元的権力」に関する正しい内容の記述である。

**エ ×**　ネオ・コーポラティズムの理論では、「権力が少数の組織された職業団体に集中する」との前半の記述は正しいが、それに続く、エリートは「協調的というよりは、むしろ対立と競争を通じて、政策決定過程に参加する」とした箇所は誤りである。ネオ・コーポラティズムの理論では、エリートは「協調・協議」を通して政策決定過程に参加することが特徴とされている。また、こうしたネオ・コーポラティズムが典型的に見られる国として「米国」が第一に挙げられているが、米国は多元主義の典型国であるので、この箇所の記述内容も誤りである。

# 人物・主著・キーワードリスト

**アーモンド，G**
＊アメリカの政治学者［1911～2002］
＊主著：『現代市民の政治文化』（1963）
＊キーワード：**未分化型政治文化・臣民型政治文化・参加型政治文化、市民文化、構造機能分析、比較政治学、政治システム論**

**アイエンガー，S**
＊アメリカの政治学者
＊キーワード：**フレーミング効果**

**アドルノ，T**

＊ドイツ出身の哲学者［1903～1969］
＊主著：『権威主義的パーソナリティ』（1950）
＊キーワード：**フランクフルト学派／権威主義的性格（権威主義的パーソナリティ）／F尺度**

**アリストテレス**

＊古代ギリシャの哲学者［前384～前322］
＊主著：『政治学』
＊キーワード：**人間はポリス的動物である／六政体論（王制・貴族制・国制・僭主制・寡頭制・民主制）／国制（ポリティア）**

**アレント，H**
＊ドイツ出身の哲学者［1906～1975］
＊主著：『人間の条件』（1958）
『全体主義の起源』（1951～1968）
＊キーワード：**公共性（公的領域）／労働・仕事・活動／複数性**

**イーストン，D**

＊アメリカの政治学者［1917～2014］
＊主著：『政治体系（システム）』（1953）
＊キーワード：**政治システム論／「政治とは価値の権威的配分である」**

**イングルハート，R**
＊アメリカの政治学者［1934～2021］
＊主著：『静かなる革命』（1977）
＊キーワード：**脱物質主義的価値・自己実現的価値／静かなる革命／ニューポリティクス（新たな価値観に基づく政治）**

**ウェーバー，M**

＊ドイツの社会学者［1864～1920］
＊主著：『職業としての政治』（1919）
＊キーワード：**支配の正当性の３類型（伝統的正当性・カリスマ的正当性・合法的正当性）／情熱・責任感・判断力／心情倫理・責任倫理**

**ウォーラス，G**

＊イギリスの政治学者［1858～1932］
＊主著：『政治における人間性』（1908）
＊キーワード：**主知主義的誤り／政治的実在**

**エスピン=アンデルセン，G**

＊デンマーク出身の政治学者［1947～　］
＊主著：『福祉資本主義の３つの世界』（1990）
＊キーワード：**福祉国家の３類型（社会民主主義型・自由主義型・保守主義型）／脱商品化指標・階層化指標・脱家族化指標**

**オーウェン，R**

＊イギリスの実業家・思想家［1771～1858］
＊キーワード：**初期社会主義／人間の性格は環境の産物である／性格形成学院／ニューハーモニー平和共同体**

**オルソン，M**
＊アメリカの経済学者［1932～1998］
＊主著：『集合行為の理論』（1965）
＊キーワード：**合理的選択論／集合行為問題／フリーライダー**

**オルテガ・イ・ガセット，J**

＊スペインの哲学者［1883～1955］
＊主著：『大衆の反逆』（1930）
＊キーワード：**平均人／大衆の反逆**

**ガーブナー，G**

＊ハンガリー出身の政治学者［1919～2005］
＊キーワード：**涵養効果**

**キルヒハイマー，O**
＊ドイツの政治学者［1905～1965］
＊キーワード：**包括政党**

---

**クラッパー，J**
＊アメリカの社会学者［1917～1984］
＊キーワード：**選択的メカニズム（心理学的要因）・対人ネットワーク（社会学的要因）、メディアの限定効果論**

---

**グリーン，T.H**

＊イギリスの思想家［1836～1882］
＊キーワード：**新自由主義（new liberalism）／福祉国家**

---

**ケインズ，J.M**

＊イギリスの経済学者［1883～1946］
＊主著：『雇用、利子及び貨幣の一般理論』（1936）
＊キーワード：**ケインズ経済学（ケインズ主義）／有効需要**

---

**コーンハウザー，A**
＊アメリカの政治社会学者［1925～2004］
＊キーワード：**大衆社会論／エリートへの接近可能性・非エリートの操縦可能性**

---

**サルトーリ，G**

＊イタリアの政治学者［1924～2017］
＊主著：『現代政党学』
＊キーワード：**政党システム論（一党制・ヘゲモニー政党制・一党優位政党制・二党制・穏健な多党制（限定的多党制）・極端な多党制（分極的多党制）・原子化政党制）**

---

**サン＝シモン**

＊フランスの思想家［1760～1825］
＊キーワード：**初期社会主義／神学的（軍事的）段階・形而上学的段階・産業的段階／産業エリートによる中央集権体制**

---

**サンデル，M**

＊アメリカの政治哲学者［1953～　］
＊主著：『これからの「正義」の話をしよう』（2009）
＊キーワード：**コミュニタリアニズム／負荷なき自己／位置づけられた自己**

---

**シュミッター，P**

＊アメリカの政治学者［1936～　］
＊キーワード：**多元主義・コーポラティズム**

---

**シュミット，C（カール）**
＊ドイツの憲法学者［1888～1985］
＊主著：『政治的なものの概念』（1932）
『現代民主主義の精神史的地位』（1926）
＊キーワード：**友敵論／例外状況／委任独裁**

---

**シュミット，R（リチャード）**
＊アメリカの政治学者
＊キーワード：**代表的リーダーシップ・創造的リーダーシップ**

---

**シュンペーター，J**

＊オーストリアの経済学者［1883～1950］
＊主著：『資本主義・社会主義・民主主義』（1942）
＊キーワード：**手続的民主主義／エリート民主主義**

---

**スミス，A**

＊イギリスの経済学者［1723～1790］
＊主著：『国富論（諸国民の富）』（1776）
＊キーワード：**自由放任主義／見えざる手**

---

**セン，A**

＊インド出身の経済学者［1933～　］
＊主著：『貧困と飢饉』（1981）
『自由と経済開発』（1999）
＊キーワード：**潜在能力／人間の安全保障／HDI**

---

**ダール，R**
＊アメリカの政治学者［1915～2014］
＊主著：『ポリアーキー』（1971）
＊キーワード：**権力の関係概念／多元主義的権力／ポリアーキー／地域権力構造論争／争点法／多元主義**

---

**ダウンズ，A**
＊アメリカの経済学者［1930～2021］
＊主著：『民主主義の経済理論』
＊キーワード：**空間競争モデル、中位投票者定理、合理的選択論**

**デュヴェルジェ，M**

＊フランスの政治学者
［1917～2014］
＊主著：『政党社会学』（1951）
＊キーワード：**政党システム論／幹部政党・大衆政党／デュヴェルジェの法則**

---

**ドイッチュ，K**

＊アメリカの国際政治学者［1912～1992］
＊主著：『サイバネティクスの政治理論』（1963）
＊キーワード：**政治システム論／サイバネティクス理論**

---

**トクヴィル，A.de**

＊フランスの政治家・思想家
［1805～1859］
＊主著：『アメリカのデモクラシー』（1835～1840）
＊キーワード：**諸条件の平等（境遇の平等）／多数の専制／地方自治・陪審制・結社の自由**

---

**トルーマン，D**

＊アメリカの政治学者［1913～2003］
＊キーワード：**集団理論／増殖仮説・均衡化仮説／重複的メンバーシップ／潜在的多数者集団**

---

**ノエル＝ノイマン，E**

＊ドイツの政治学者［1916～2010］
＊キーワード：**沈黙の螺旋**

---

**ノージック，R**

＊アメリカの政治哲学者［1938～2002］
＊主著：『アナーキー・国家・ユートピア』（1974）
＊キーワード：**権原理論／最小国家／リバタリアニズム**

---

**バーカー，E**

＊イギリスの政治学者［1874～1960］
＊キーワード：**政党の架橋機能／利益集約機能、多元的国家論**

---

**バーク，E**

＊イギリスの政治家・思想家
［1729～1797］
＊主著：『フランス革命の省察』（1790）
＊キーワード：**歴史的産物としての権利／保守主義／フランス革命批判／国民代表／ブリストル演説**

---

**パーソンズ，T**

＊アメリカの社会学者［1902～1979］
＊主著：『社会体系論』（1951）
＊キーワード：**ゼロ・サム的権力・非ゼロ・サム的権力／社会システム論**

---

**ハーバーマス，J**

＊ドイツの社会哲学者
［1929～　］
＊主著：『公共性の構造転換』（1962）
『コミュニケーション的行為の理論』
＊キーワード：**市民的公共性（公共圏）／理性的発話状態／理性的コミュニケーション／討議的民主主義**

---

**バーリン，I**

＊イギリスの思想家
［1909～1997］
＊主著：『自由論』（1969）
＊キーワード：**消極的自由・積極的自由**

---

**ハイエク，F**

＊オーストリアの経済学者
［1899～1992］
＊主著：『隷従への道』（1944）
＊キーワード：**ネオ・リベラリズム／計画主義的思考／自生的秩序／法の支配／リバタリアニズム**

---

**バクラック，P、バラツ，M.S**

＊アメリカの政治学者
＊主著：「権力の２つの顔」（1962）
＊キーワード：**非決定権力／課題設定の防止**

---

**パットナム，R**

＊アメリカの政治学者
［1941～　］
＊主著：『哲学する民主主義』（1993）
『孤独なボウリング』（2000）
＊キーワード：**社会関係資本（人間関係資本）**

---

**パレート，V**

＊イタリアの経済学者
［1848～1923］
＊キーワード：**エリートの周流**

---

**ハンター，F**

＊アメリカの政治学者［1912～1992］
＊キーワード：**地域権力構造論争／声価法（評判法）／エリート論**

### ハンティントン，S

＊アメリカの政治学者
［1927～2008］
＊主著：『第三の波』（1991）
『文明の衝突』（1996）
＊キーワード：**民主化の第三の波／文明の衝突**

### フィオリーナ，M

＊アメリカの政治学者
＊キーワード：**業績投票（回顧的投票）**

### フーコー，M

＊フランスの思想家［1926～1984］
＊主著：『監獄の誕生』（1975）
『狂気の歴史』（1961）
＊キーワード：**規律権力／真理それ自体が権力である**

### フーリエ，C

＊フランスの思想家
［1772～1837］
＊キーワード：**初期社会主義／自己完結的な協同体（ファランジュ）**

### プラトン

＊古代ギリシャの哲学者
［前427～前347］
＊主著：『ポリティア（国家）』
＊キーワード：**イデア／善のイデア／魂の三分説（理性・意志・欲望）／哲人王の支配**

### フリードマン，M

＊アメリカの経済学者
［1912～2006］
＊主著：『選択の自由』（1980）
＊キーワード：**ネオ・リベラリズム／マネタリズム／教育クーポン（バウチャー制度）／負の所得税**

### フロム，E

＊ドイツ出身の社会心理学者
［1900～1980］
＊主著：『自由からの逃走』
（1941）
＊キーワード：**フランクフルト学派／権威主義的性格**

### ペイトマン，C

＊イギリス出身の政治学者
［1940～　］
＊キーワード：**参加民主主義**

### ペイン，T

＊アメリカの思想家
［1737～1809］
＊主著：『コモン・センス』
（1776）
＊キーワード：**人民主権論／代議制**

### ヘーゲル，G.W.F

＊ドイツの哲学者
［1770～1831］
＊主著：『精神現象学』（1807）
『法哲学』（1821）
＊キーワード：**人倫／家族（愛情）・市民社会（欲求の体系）・国家（人倫の最高形態）／止揚**

### ベンサム，J

＊イギリスの思想家
［1748～1832］
＊主著：『道徳及び立法の諸原理序説』（1789）
＊キーワード：**哲学的急進派／功利の原理（量的功利主義）／最大多数の最大幸福**

### ベントレー，A

＊アメリカの政治学者［1870～1957］
＊主著：『統治過程論（政治過程）』（1908）
＊キーワード：**集団理論／死んだ政治学／集団のクリス・クロス／習慣背景**

### ボダン，J

＊フランスの思想家
［1530～1596］
＊主著：『国家論六編』（1576）
＊キーワード：**ユグノー戦争／主権**

### ホッブズ，T

＊イギリスの思想家
［1588～1679］
＊主著：『リヴァイアサン』
（1651）
＊キーワード：**ピューリタン革命（清教徒革命）／自然権：自己保存の権利／自然状態：万人の万人に対する闘争／自然権の全面譲渡／抵抗権の否定**

### ポルスビー，N

＊アメリカの政治学者［1934～2007］
＊キーワード：**変換型議会・アリーナ型議会**

### マートン，R

＊アメリカの社会学者［1910～2003］
＊キーワード：**メディアの潜在的機能、逆機能**

**マキャヴェリ，N**

＊イタリアの外交官・思想家［1469～1527］
＊主著：『君主論』（1532）
＊キーワード：**権力の実体概念、スタート／権力国家論／ライオンの獰猛さ・キツネの狡猾さ／近代政治学／国家理性／マキャヴェリズム**

---

**マクファーソン，C.B**

＊カナダの政治学者［1911～1987］
＊主著：『自由民主主義は生き残れるか』（1977）
＊キーワード：**均衡的民主主義／参加民主主義**

---

**マコームズ，M、ショー，D**

＊アメリカの政治学者
＊キーワード：**議題設定効果**

---

**マルクス，K**

＊ドイツ出身の経済学者［1818～1883］
＊主著：『共産党宣言』（1860）『資本論』（1867～1894）
＊キーワード：**権力の実体概念／科学的社会主義／疎外された労働／／唯物史観（史的唯物論）／階級国家論／共産主義革命、階級闘争**

---

**ミヘルス，R**

＊ドイツ出身の社会学者［1876～1936］
＊キーワード：**社会民主党／寡頭制の鉄則（少数者支配の鉄則）**

---

**ミル，J.S**

＊イギリスの思想家［1806～1873］
＊主著：『自由論』（1859）『功利主義論』（1861）『代議制統治論』（1861）
＊キーワード：**満足した愚か者よりも、不満足なソクラテスである方が優れている（質的功利主義）／消極的自由／代議制／比例代表制**

---

**ミルズ，C.W**

＊アメリカの社会学者［1916～1962］
＊主著：『パワー・エリート』（1956）
＊キーワード：**パワー・エリート**

---

**ムフ，C**

＊ベルギー出身の政治学者［1943～　］
＊主著：『政治的なるものの再興』（1993）
＊キーワード：**ラディカル・デモクラシー／アゴーンの民主主義（多元主義）**

---

**メリアム，C**

＊アメリカの政治学者［1874～1953］
＊主著：『政治権力』（1934）
＊キーワード：**政治学の科学化／ミランダ・クレデンダ**

---

**モア，T**

＊イギリスの思想家［1478～1535］
＊主著：『ユートピア』（1516）
＊キーワード：**ユートピア、共産主義**

---

**モスカ，G**

＊イタリアの政治家・思想家［1858～1941］
＊キーワード：**少数派支配**

---

**モチヅキ，M**

＊アメリカの政治学者［1950～　］
＊キーワード：**国会機能論、ヴィスコシティ（粘着性）**

---

**モンテスキュー，C**

＊フランスの法律家・思想家［1689～1755］
＊主著：『法の精神』（1748）
＊キーワード：**三権分立（司法権・立法権・行政権）／権力の抑制と均衡**

---

**ライカー，W**

＊アメリカの政治学者［1920～1993］
＊キーワード：**合理的選択論、R=PB－C+D、政権追求モデル、最小勝利連合**

---

**ラザースフェルド，P**

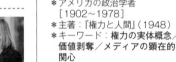

＊アメリカの社会学者［1901～1976］
＊主著：『ピープルズ・チョイス』（1944）『パーソナル・インフルエンス』（1955）
＊キーワード：**メディアの潜在的機能、限定効果論／エリー調査／オピニオン・リーダー／コミュニケーションの２段階説／コロンビア・モデル**

---

**ラズウェル，H**

＊アメリカの政治学者［1902～1978］
＊主著：『権力と人間』（1948）
＊キーワード：**権力の実体概念／価値剥奪／メディアの顕在的機能／政治的無関心**

**リースマン，D**
＊アメリカの社会学者［1909～2002］
＊キーワード：**政治的無関心（伝統型無関心・現代型無関心）**

---

**リップマン，W**

＊アメリカのジャーナリスト［1889～1974］
＊主著：『世論』（1922）
＊キーワード：**擬似環境／ステレオタイプ／大衆民主主義批判**

---

**リンス，J**
＊スペイン出身の政治学者［1926～2013］
＊キーワード：**権威主義体制**

---

**ルークス，S**

＊イギリス出身の政治学者［1941～　］
＊キーワード：**三次元的権力**

---

**ルソー，J.J**

＊スイス出身の思想家［1712～1778］
＊主著：『学問芸術論』（1750）
『人間不平等起源論』（1755）
『社会契約論』（1762）
＊キーワード：**自然状態：完全な平和／自己愛・憐れみの情／特殊意志・全体意志・一般意志／直接民主制**

---

**レイプハルト，A**
＊オランダ出身の政治学者［1936～　］
＊主著：『民主主義対民主主義』（1999）
＊キーワード：**多極共存型民主主義／多数決型民主主義・合意型民主主義**

---

**ローウィ，T**

＊アメリカの政治学者［1931～2017］
＊主著：『自由主義の終焉』（1969）
＊キーワード：**利益集団自由主義（利益集団民主主義）／恒久的管財体制／法の支配・依法的民主主義**

---

**ロールズ，J**
＊アメリカの政治哲学者［1921～2002］
＊主著：『正義論』（1971）
＊キーワード：**公正としての正義／原初状態・無知のヴェール・マキシミンルール／正義の二原理（平等な自由の原理、機会均等原理・格差原理）**

**ロック，J**

＊イギリスの思想家［1632～1704］
＊主著：『市民政府論（統治二論）』（1690）
＊キーワード：**名誉革命／自然権：所有権（生命・自由・財産）／自然状態：一応の平和／二権分立（立法権、執行権・連合権）／抵抗権と革命権の肯定**

# 索　　引

■す



■せ



■そ



■た

# 出典一覧

p.4, 398　M. ウェーバー
https://commons.wikimedia.org/wiki/File:Max_Weber_1894.jpg

p.5, 402　H. ラズウェル　Martap95
https://commons.wikimedia.org/wiki/File:Harolddwightlasswell.png

p.11　ナチスの党大会の様子　German Federal Archives
https://commons.wikimedia.org/wiki/File:Bundesarchiv_Bild_183-1982-1130-502,_N%C3%BCrnberg,_Reichsparteitag,_Lichtdom.jpg

p.14　アテナイのアクロポリス　A.Savin
https://commons.wikimedia.org/wiki/File:Attica_06-13_Athens_50_View_from_Philopappos_-_Acropolis_Hill.jpg?uselang=ja

p.18, 399　A. スミス
https://commons.wikimedia.org/wiki/File:AdamSmith.jpg

p.18, 399　J.M. ケインズ
https://commons.wikimedia.org/wiki/File:Keynes_1933.jpg

p.39, 285, 400　E. バーク　Studio of Joshua Reynolds
https://commons.wikimedia.org/wiki/File:EdmundBurke1771.jpg

p.63　ジョージ１世　Gottfried Kneller
https://commons.wikimedia.org/wiki/File:King_George_I_by_Sir_Godfrey_Kneller,_Bt.jpg

p.63　ウォルポール　Workshop of Jean-Baptiste van Loo
https://commons.wikimedia.org/wiki/File:Jean-Baptiste_van_Loo_-_Robert_Walpole.jpg

p.105　ゲリマンダー　Elkanah Tisdale
https://commons.wikimedia.org/wiki/File:The_Gerry-Mander.png

p.141　F. フランコ
https://commons.wikimedia.org/wiki/File:RETRATO_DEL_GRAL._FRANCISCO_FRANCO_BAHAMONDE_(adjusted_levels).jpg

p.141　A. ヒトラー
https://commons.wikimedia.org/wiki/File:Hitler_portrait_crop.jpg

p.149, 401　S. ハンティントン　World Economic Forum, Photo by Peter Lauth
https://commons.wikimedia.org/wiki/File:Samuel_P._Huntington_(2004_World_Economic_Forum).jpg

p.150, 399　A. セン　National Institutes of Health
https://commons.wikimedia.org/wiki/File:Amartya_Sen_NIH.jpg

p.158, 402　R. ミヘルス　Ssociólogos
https://commons.wikimedia.org/wiki/File:Robert-michels.jpg

p.174　竹下登　内閣官房内閣広報室
https://commons.wikimedia.org/wiki/File:Noboru_Takeshita_19871106.jpg

p.174　宮澤喜一　内閣官房内閣広報室
https://commons.wikimedia.org/wiki/File:Kiichi_Miyazawa_19911105.jpg

p.175　細川護熙　内閣官房内閣広報室
https://commons.wikimedia.org/wiki/File:Morihiro_Hosokawa_199308.jpg

p.176　河野洋平　Cluster Munition Coalition
https://commons.wikimedia.org/wiki/File:Y%C5%8Dhei_K%C5%8Dno.jpg

p.176　村山富市　内閣官房内閣広報室
https://commons.wikimedia.org/wiki/File:Tomiichi_Murayama_19940630.jpg

p.176　小沢一郎　kyouichi sato
https://commons.wikimedia.org/wiki/File:Ichiro_Ozawa_cropped_2_Yoshitaka_Kimoto_and_Ichiro_Ozawa_20010718_colorized.png

p.177　橋本龍太郎　内閣官房内閣広報室
https://commons.wikimedia.org/wiki/File:Ryutaro_Hashimoto_19960111.jpg?uselang=ja

p.178　小渕恵三　内閣官房内閣広報室
https://commons.wikimedia.org/wiki/File:Keizo_Obuchi_19980730.jpg

p.179　小泉純一郎　内閣官房内閣広報室
https://commons.wikimedia.org/wiki/File:Koizumi_Zunichiro.jpg?uselang=ja

p.220, 403　W. リップマン　Pirie MacDonald
https://commons.wikimedia.org/wiki/File:Walter_Lippmann_1914.jpg

p.221, 402　P. ラザースフェルド　Miremahe
https://commons.wikimedia.org/w/index.php?curid=46481960

p.236, 400　R. パットナム　Thomastheo
https://commons.wikimedia.org/wiki/File:Robert_Putnam,_lecturing.jpg
p.243　図版　伊藤 光利・田中 愛治・真渕 勝
『政治過程論』（有斐閣アルマ）
p.266, 401　プラトン　Marie-Lan Nguyen
https://commons.wikimedia.org/wiki/File:Plato_Silanion_Musei_Capitolini_MC1377.jpg
p.268　アリストテレス　Jastrow
https://commons.wikimedia.org/wiki/File:Aristotle_Altemps_Inv8575.jpg
p.269　アウグスティヌス　Sandro Botticelli
https://commons.wikimedia.org/wiki/File:Sandro_Botticelli_050.jpg
p.270　トマス・アクィナス　Carlo Crivelli
https://commons.wikimedia.org/wiki/File:St-thomas-aquinas.jpg
p.273, 402　T. モア　Hans Holbein the Younger
https://commons.wikimedia.org/wiki/File:Hans_Holbein,_the_Younger_-_Sir_Thomas_More_-_Google_Art_Project.jpg
p.274, 402　N. マキャヴェリ　Santi di Tito
https://commons.wikimedia.org/wiki/File:Santi_di_Tito_-_Niccolo_Machiavelli%27s_portrait.jpg
p.276, 401　J. ボダン　François Stuerhelt
https://commons.wikimedia.org/wiki/File:Jean_Bodin.jpg
p.279, 401　T. ホッブズ　John Michael Wright
https://commons.wikimedia.org/wiki/File:Thomas_Hobbes_(portrait).jpg
p.280　リヴァイアサンの表紙
https://commons.wikimedia.org/wiki/File:Leviathan_by_Thomas_Hobbes.jpg
p.280, 403　J. ロック　Godfrey Kneller
https://commons.wikimedia.org/wiki/File:John_Locke.jpg
p.282, 403　J.J. ルソー　Maurice Quentin de La Tour
https://commons.wikimedia.org/wiki/File:Jean-Jacques_Rousseau_(painted_portrait).jpg
p.284, 402　C. モンテスキュー
https://commons.wikimedia.org/wiki/File:Montesquieu_1.png
p.287, 401　T. ペイン
https://commons.wikimedia.org/wiki/File:Thomas_Paine.jpg?uselang=ja
p.287　T. ジェファーソン　Rembrandt Peale
https://commons.wikimedia.org/wiki/File:Official_Presidential_portrait_of_Thomas_Jefferson_(by_Rembrandt_Peale,_1800).jpg
p.288　A. ハミルトン　John Trumbull
https://commons.wikimedia.org/wiki/File:Alexander_Hamilton_portrait_by_John_Trumbull_1806.jpg
p.288, 401　G.W.F. ヘーゲル　Jakob Schlesinger
https://commons.wikimedia.org/wiki/File:Hegel_portrait_by_Schlesinger_1831.jpg
p.290, 400　A.de. トクヴィル　Théodore Chassériau
https://commons.wikimedia.org/wiki/File:Alexis_de_tocqueville_cropped.jpg
p.292, 401　J. ベンサム　Henry William Pickersgill
https://commons.wikimedia.org/wiki/File:Jeremy_Bentham_by_Henry_William_Pickersgill_detail.jpg
p.293, 402　J.S. ミル
https://commons.wikimedia.org/wiki/File:JohnStuartMill.jpg
p.295, 399　T.H. グリーン
https://commons.wikimedia.org/wiki/File:Thomashillgreen.jpg
p.296, 399　サン＝シモン　Charles Baugniet
https://commons.wikimedia.org/wiki/File:Claude_Henri_de_Saint-Simon.jpg
p.297, 401　C. フーリエ
https://commons.wikimedia.org/wiki/File:Fourier.gif
p.297, 398　R. オーウェン　William Henry Brooke
https://commons.wikimedia.org/wiki/File:Portrait_of_Robert_Owen.png
p.298, 402　K. マルクス　John Jabez Edwin Mayal
https://commons.wikimedia.org/wiki/File:Karl_Marx.jpg
p.308　O. グージュ　Alexander Kucharsky
https://commons.wikimedia.org/wiki/File:Marie-Olympe-de-Gouges.jpg
p.308　M. ウルストンクラフト　John Opie
https://commons.wikimedia.org/wiki/File:Mary_Wollstonecraft_by_John_Opie_(c._1797).jpg

p.308　ハリエット・テイラー
https://commons.wikimedia.org/wiki/File:Harriet_Mill_from_NPG.jpg

p.309　B. フリーダン　Fred Palumbo
https://commons.wikimedia.org/wiki/File:Betty_Friedan_1960.jpg

p.322, 399　J. シュンペーター　アルベルト・ルートヴィヒ大学フライブルク
https://commons.wikimedia.org/wiki/File:Joseph_Schumpeter_ekonomialaria.jpg

p.324, 401　C. ペイトマン　Marcelo Camargo/Agência Brasil
https://commons.wikimedia.org/wiki/File:Carole_Pateman_in_Brazil_2015_02.jpg

p.325, 402　C. ムフ　Stephan Röhl
https://commons.wikimedia.org/wiki/File:Chantal_Mouffe_2013.jpg

p.326, 400　I. バーリン　Rob C. Croes (ANEFO)
https://commons.wikimedia.org/wiki/File:IsaiahBerlin1983.jpg

p.328, 400　F. ハイエク　ミーゼス研究所
https://commons.wikimedia.org/wiki/File:Friedrich_Hayek_portrait.jpg

p.329, 401　M. フリードマン　The Friedman Foundation for Educational Choice
https://commons.wikimedia.org/wiki/File:Portrait_of_Milton_Friedman.jpg

p.334, 398　G. ウォーラス
https://commons.wikimedia.org/wiki/File:Graham_Wallas.jpg

p.335, 398　J. オルテガ・イ・ガセット
https://commons.wikimedia.org/wiki/File:Jose_Ortega_y_Gasset.jpg

p.337, 401　E. フロム　Müller-May
https://commons.wikimedia.org/wiki/File:Erich_Fromm_1974.jpg?uselang=ja

p.337, 398　T. アドルノ　Jeremy J. Shapiro
https://commons.wikimedia.org/wiki/File:Theodor_W._Adorno.jpg

p.341, 400　V. パレート
https://commons.wikimedia.org/wiki/File:Vilfredo_Pareto.jpg

p.352, 398　D. イーストン　David Easton
https://commons.wikimedia.org/wiki/File:DavidEaston.JPG

p.368, 400　J. ハーバーマス　Wolfram Huke
https://commons.wikimedia.org/wiki/File:JuergenHabermas.jpg

p.381　パノプティコン　Jeremy Bentham
https://commons.wikimedia.org/wiki/File:Panopticon.jpg

p.398　G. エスピン＝アンデルセン　European University Institute
https://search.creativecommons.org/photos/5d86696e-cca6-4201-a46c-495cbd3af9fd

p.398　G. ガーブナー
https://commons.wikimedia.org/wiki/File:George_Gerbner.jpg

p.399　G. サルトーリ　Presidencia de la República Mexicana
https://search.creativecommons.org/photos/c0d8c6d9-3677-4cdf-a59d-7490a2f19864

p.399　M. サンデル　MeJudice
https://commons.wikimedia.org/wiki/File:Michael_Sandel_Me_Judice.png

p.399　P. シュミッター　Davide Denti
https://commons.wikimedia.org/wiki/File:PhilippeSchmitter.jpg

p.400　M. デュヴェルジェ
https://commons.wikimedia.org/wiki/File:Maurice_Duverger_-_Honoris_Causa_UAB.jpg

p.403　S. ルークス　KorayLoker
https://commons.wikimedia.org/wiki/File:Steven_Lukes.jpg

p.403　T. ローウィ　Skranish
https://commons.wikimedia.org/wiki/File:Prof_Theodore_Lowi_(Cornell_Univ)_at_CCOB_May_2009.jpg

【執　筆】
山本 武秀（TAC公務員講座）

【校　閲】
TAC公務員講座講師室

◎本文デザイン／黒瀬 章夫（ナカグログラフ）
◎カバーデザイン／河野 清（有限会社ハードエッジ）

本書の内容は、小社より2022年４月に刊行された「公務員試験 過去問攻略Ｖテキスト 10 政治学 第２版（ISBN：978-4-300-10093-6）」と同一です。

公務員試験　過去問攻略Ｖテキスト　10　政治学　新装版

2019年６月15日　初　版　第１刷発行
2024年４月１日　新装版　第１刷発行

| | |
|---|---|
| 編著者 | ＴＡＣ株式会社（公務員講座） |
| 発行者 | 多田敏男 |
| 発行所 | ＴＡＣ株式会社　出版事業部（TAC出版） |
| | 〒101-8383<br>東京都千代田区神田三崎町3-2-18<br>電話　03(5276)9492(営業)<br>FAX　03(5276)9674<br>https://shuppan.tac-school.co.jp |
| 組　版 | 朝日メディアインターナショナル株式会社 |
| 印　刷 | 日新印刷株式会社 |
| 製　本 | 東京美術紙工協業組合 |


ISBN 978-4-300-11150-5
N.D.C. 317



乱丁・落丁による交換，および正誤のお問合せ対応は，該当書籍の改訂版刊行月末日までといたします。なお，交換につきましては，書籍の在庫状況等により，お受けできない場合もございます。
また，各種本試験の実施の延期，中止を理由とした本書の返品はお受けいたしません。返金もいたしかねますので，あらかじめご了承くださいますようお願い申し上げます。

## 合格できる3つの理由

### 1 必要な対策が全てそろう！ ALL IN ONEコース

TACでは、択一対策・論文対策・面接対策など、公務員試験に必要な対策が全て含まれているオールインワンコース（＝本科生）を提供しています。地方上級・国家一般職／国家総合職／外務専門職／警察官・消防官／技術職／心理職・福祉職など、試験別に専用コースを設けていますので、受験先に合わせた最適な学習が可能です。

**カリキュラム例：地方上級・国家一般職 総合本科生**

オリエンテーション

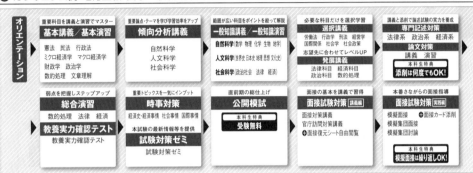

- 重要科目を講義と演習でマスター
  **基本講義／基本演習**
  憲法　民法　行政法
  ミクロ経済学　マクロ経済学
  財政学　政治学
  数的処理　文章理解
- 重要論点・テーマを学び学習効率をアップ
  **傾向分析講義**
  自然科学
  人文科学
  社会科学
- 範囲が広い科目をポイントを絞って解説
  **一般知識講義／一般知識演習**
  自然科学(数学 物理 化学 生物 地学)
  人文科学(世界史 日本史 地理 思想 文化史)
  社会科学(政治社会　法律　経済)
- 必要な科目だけを選択学習
  **選択講義**
  労働法　行政学　刑法　経営学
  国際関係　社会学　社会政策
  志望先に合わせてレベルUP
  **発展講義**
  法律科目　経済科目
  政治科目　数的処理
- 講義と添削で論述試験の実力を養成
  **専門記述対策**
  法律系　政治系　経済系
  **論文対策**
  講義　演習
  本科生特典 添削は何度でもOK！

- 弱点を把握しステップアップ
  **総合演習**
  数的処理　法律　経済
  **教養実力確認テスト**
  教養実力確認テスト
- 重要トピックスを一気にインプット
  **時事対策**
  経済史・経済事情　社会事情　国際事情
  本試験の最新情報等を提供
  **試験対策ゼミ**
  試験対策ゼミ
- 直前期の総仕上げ
  **公開模試**
  本科生特典 受験無料
- 面接の基本を講義で習得
  **面接試験対策 講義編**
  面接対策講義
  官庁訪問対策講義
  ＋面接復元シート自由閲覧
- 本番さながらの面接指導
  **面接試験対策 実践編**
  模擬面接　＋面接カード添削
  模擬集団面接
  模擬集団討論
  本科生特典 模擬面接は繰り返しOK！

※上記は2024年合格目標コースの内容です。カリキュラム内容は変更となる場合がございます。

### 2 環境に合わせて選べる！ 多彩な学習メディア

**通学メディア**

教室＋Web講座
教室・ビデオブース・Webで講義が受けられる

ビデオブース＋Web講座
TAC校舎のビデオブースとWeb講義で自分のスケジュールで学習

**通信メディア**

Web通信講座
外出先で、さらにWebで。自由に講義が受けられる！

**フォロー制度も充実！**
受験生の毎日の学習をしっかりサポートします。

- **欠席・復習用フォロー**
  クラス振替出席フォロー
  クラス重複出席フォロー
- **質問・相談フォロー**
  担任講師制度・質問コーナー
  添削指導・合格者座談会
- **最新の情報提供**
  面接復元シート自由閲覧
  官公庁・自治体業務説明会　など

※上記は2024年合格目標コースの一例です。年度やコースにより変更となる場合がございます。

### 3 頼れる人がそばにいる！ 担任講師制度

TACでは教室講座開講校舎と通信生専任の「担任講師制度」を設けています。最新情報の提供や学習に関する的確なアドバイスを通じて、受験生一人ひとりを合格までアシストします。

**担任カウンセリング**

学習スケジュールのチェックや苦手科目の克服方法、進路相談、併願先など、何でもご相談ください。担任講師が親身になってお答えします。

オンラインでも実施！

**ホームルーム（HR）**

時期に応じた学習の進め方などについての「無料講義」を定期的に実施します。

Webホームルーム(HR)標準装備！

**パンフレットのご請求は**

TAC カスタマーセンター 0120-509-117（ゴウカク イイナ）

受付時間
平　日 9:30～19:00
土曜・日曜・祝日 9:30～18:00

※受付時間は、変更させていただく場合がございます。詳細は、TACホームページにてご確認いただきますようお願い申し上げます。

TACホームページ https://www.tac-school.co.jp/

# 公務員講座のご案内

# 無料体験入学のご案内

## 3つの方法でTACの講義が体験できる！

## 教室で体験

迫力の生講義に出席

**予約不要！**　**最大3回連続出席OK！**

### 1. 校舎と日時を決めて、当日TACの校舎へ

TACでは各校舎で毎月体験入学の日程を設けています。

### 2. オリエンテーションに参加（体験入学1回目）

初回講義「オリエンテーション」にご参加ください。体験入学ご参加の際に個別にご相談をお受けいたします。

### 3. 講義に出席（体験入学2・3回目）

引き続き、各科目の講義をご受講いただけます。参加者には体験用テキストをプレゼントいたします。

- 最大3回連続無料体験講義の日程はTACホームページと公務員講座パンフレットでご覧いただけます。
- 体験入学はお申込み予定の校舎に限らず、お好きな校舎でご利用いただけます。
- 4回目の講義前までにご入会手続きをしていただければ、カリキュラム通りに受講することができます。

※地方上級・国家一般職、理系（技術職）、警察・消防以外の講座では、最大2回連続体験入学を実施しています。また、心理職・福祉職はTAC動画チャンネルで体験講義を配信しています。
※体験入学1回目や2回目の後でもご入会手続きは可能です。「TACで受講しよう！」と思われたお好きなタイミングで、ご入会いただけます。

## ビデオで体験

校舎のビデオブースで体験視聴

TAC各校のビデオブースで、講義を無料でご視聴いただけます。（要予約）

各校のビデオブースでお好きな講義を視聴できます。視聴前日までに視聴する校舎受付までお電話にてご予約をお願い致します。

**ビデオブース利用時間** ※日曜日は④の時間帯はありません。

①　9：30～12：30　②12：30～15：30
③15：30～18：30　④18：30～21：30

※受講可能な曜日・時間帯は一部校舎により異なります。
※年末年始・夏期休業・その他特別な休業以外は、通常平日・土日祝祭日にご覧いただけます。
※予約時にご希望日とご希望時間帯を合わせてお申込みください。
※基本講義の中からお好きな科目をご視聴いただけます。（視聴できる科目は時期により異なります）
※TAC提携校での体験視聴につきましては、提携校各校へお問合せください。

## Webで体験

スマートフォン・パソコンで講義を体験視聴

TACホームページの「TAC動画チャンネル」で無料体験講義を配信しています。時期に応じて多彩な講義がご覧いただけます。

TACホームページ　**https://www.tac-school.co.jp/**

※体験講義は教室講義の一部を抜粋したものになります。

# TAC出版 書籍のご案内

TAC出版では、資格の学校TAC各講座の定評ある執筆陣による資格試験の参考書をはじめ、資格取得者の開業法や仕事術、実務書、ビジネス書、一般書などを発行しています！

## TAC出版の書籍

＊一部書籍は、早稲田経営出版のブランドにて刊行しております。

### 資格・検定試験の受験対策書籍

- 日商簿記検定
- 建設業経理士
- 全経簿記上級
- 税　理　士
- 公認会計士
- 社会保険労務士
- 中小企業診断士
- 証券アナリスト
- ファイナンシャルプランナー(FP)
- 証券外務員
- 貸金業務取扱主任者
- 不動産鑑定士
- 宅地建物取引士
- 賃貸不動産経営管理士
- マンション管理士
- 管理業務主任者
- 司法書士
- 行政書士
- 司法試験
- 弁理士
- 公務員試験(大卒程度・高卒者)
- 情報処理試験
- 介護福祉士
- ケアマネジャー
- 社会福祉士　ほか

### 実務書・ビジネス書

- 会計実務、税法、税務、経理
- 総務、労務、人事
- ビジネススキル、マナー、就職、自己啓発
- 資格取得者の開業法、仕事術、営業術
- 翻訳ビジネス書

### 一般書・エンタメ書

- ファッション
- エッセイ、レシピ
- スポーツ
- 旅行ガイド（おとな旅プレミアム/ハルカナ）
- 翻訳小説

TAC出版

(2021年7月現在)

# 書籍のご購入は

## 1 全国の書店、大学生協、ネット書店で

## 2 TAC各校の書籍コーナーで

資格の学校TACの校舎は全国に展開!
校舎のご確認はホームページにて

資格の学校TAC ホームページ
https://www.tac-school.co.jp

## 3 TAC出版書籍販売サイトで

CYBER BOOK STORE TAC出版書籍販売サイト

24時間 ご注文 受付中

TAC 出版 で 検索

https://bookstore.tac-school.co.jp/

新刊情報を いち早くチェック!

たっぷり読める 立ち読み機能

学習お役立ちの 特設ページも充実!

TAC出版書籍販売サイト「サイバーブックストア」では、TAC出版および早稲田経営出版から刊行されている、すべての最新書籍をお取り扱いしています。
また、無料の会員登録をしていただくことで、会員様限定キャンペーンのほか、送料無料サービス、メールマガジン配信サービス、マイページのご利用など、うれしい特典がたくさん受けられます。

### サイバーブックストア会員は、特典がいっぱい!(一部抜粋)

通常、1万円(税込)未満のご注文につきましては、送料・手数料として500円(全国一律・税込)頂戴しておりますが、1冊から無料となります。

専用の「マイページ」は、「購入履歴・配送状況の確認」のほか、「ほしいものリスト」や「マイフォルダ」など、便利な機能が満載です。

メールマガジンでは、キャンペーンやおすすめ書籍、新刊情報のほか、「電子ブック版TACNEWS(ダイジェスト版)」をお届けします。

書籍の発売を、販売開始当日にメールにてお知らせします。これなら買い忘れの心配もありません。

# 公務員試験対策書籍のご案内

TAC出版の公務員試験対策書籍は、独学用、およびスクール学習の副教材として、各商品を取り揃えています。学習の各段階に対応していますので、あなたのステップに応じて、合格に向けてご活用ください!

## INPUT

**『みんなが欲しかった!
公務員
合格へのはじめの一歩』**

A5判フルカラー

- 本気でやさしい入門書
- 公務員の"実際"をわかりやすく紹介したオリエンテーション
- 学習内容がざっくりわかる入門講義

・数的処理(数的推理・判断推理・空間把握・資料解釈)
・法律科目(憲法・民法・行政法)
・経済科目(ミクロ経済学・マクロ経済学)

**『みんなが欲しかった!
公務員 教科書&問題集』**

A5判

- 教科書と問題集が合体!
  でもセパレートできて学習に便利!
- 「教科書」部分はフルカラー!
  見やすく、わかりやすく、楽しく学習!

・憲法
・【刊行予定】民法、行政法

**『新・まるごと講義生中継』**

A5判
TAC公務員講座講師
郷原 豊茂 ほか

- TACのわかりやすい生講義を誌上で!
- 初学者の科目導入に最適!
- 豊富な図表で、理解度アップ!

・郷原豊茂の憲法
・郷原豊茂の民法Ⅰ
・郷原豊茂の民法Ⅱ
・新谷一郎の行政法

**『まるごと講義生中継』**

A5判
TAC公務員講座講師
渕元 哲 ほか

- TACのわかりやすい生講義を誌上で!
- 初学者の科目導入に最適!

・郷原豊茂の刑法
・渕元哲の政治学
・渕元哲の行政学
・ミクロ経済学
・マクロ経済学
・関野喬のパターンでわかる数的推理
・関野喬のパターンでわかる判断整理
・関野喬のパターンでわかる空間把握・資料解釈

## 要点まとめ

**『一般知識
出るとこチェック』**

四六判

- 知識のチェックや直前期の暗記に最適!
- 豊富な図表とチェックテストでスピード学習!

・政治・経済
・思想・文学・芸術
・日本史・世界史
・地理
・数学・物理・化学
・生物・地学

## 記述式対策

**『公務員試験論文答案集
専門記述』**

A5判
公務員試験研究会

- 公務員試験(地方上級ほか)の専門記述を攻略するための問題集
- 過去問と新作問題で出題が予想されるテーマを完全網羅!

・憲法〈第2版〉
・行政法

# 書籍の正誤に関するご確認とお問合せについて

書籍の記載内容に誤りではないかと思われる箇所がございましたら、以下の手順にてご確認とお問合せをしてくださいますよう、お願い申し上げます。
なお、正誤のお問合せ以外の**書籍内容に関する解説および受験指導などは、一切行っておりません。**
そのようなお問合せにつきましては、お答えいたしかねますので、あらかじめご了承ください。

## 1 「Cyber Book Store」にて正誤表を確認する

TAC出版書籍販売サイト「Cyber Book Store」の
トップページ内「正誤表」コーナーにて、正誤表をご確認ください。

CYBER BOOK STORE TAC出版書籍販売サイト

**URL:https://bookstore.tac-school.co.jp/**

## 2 1の正誤表がない、あるいは正誤表に該当箇所の記載がない ⇒ 下記①、②のどちらかの方法で文書にて問合せをする

★ご注意ください★

**お電話でのお問合せは、お受けいたしません。**
①、②のどちらの方法でも、お問合せの際には、「お名前」とともに、
「対象の書籍名(○級・第○回対策も含む)およびその版数(第○版・○○年度版など)」
「お問合せ該当箇所の頁数と行数」
「誤りと思われる記載」
「正しいとお考えになる記載とその根拠」
を明記してください。
なお、回答までに1週間前後を要する場合もございます。あらかじめご了承ください。

**① ウェブページ「Cyber Book Store」内の「お問合せフォーム」より問合せをする**

【お問合せフォームアドレス】

**https://bookstore.tac-school.co.jp/inquiry/**

**② メールにより問合せをする**

【メール宛先 TAC出版】

**syuppan-h@tac-school.co.jp**

**※土日祝日はお問合せ対応をおこなっておりません。**
**※正誤のお問合せ対応は、該当書籍の改訂版刊行月末日までといたします。**

乱丁・落丁による交換は、該当書籍の改訂版刊行月末日までといたします。なお、書籍の在庫状況等により、お受けできない場合もございます。
また、各種本試験の実施の延期、中止を理由とした本書の返品はお受けいたしません。返金もいたしかねますので、あらかじめご了承くださいますようお願い申し上げます。



(2022年7月現在)